本书为中国人民大学教育部人文社会科学重点研究基地新闻与社会发展研究中心自主课题"传媒经济学：中国的学科构建（2003—2014）"研究资助项目成果

# 传媒经济学

## 中国的学科构建

喻国明　丁汉青　主编

人民日报出版社

图书在版编目（CIP）数据

传媒经济学：中国的学科构建 . 2003—2014 / 喻国明，丁汉青主编 . —北京：人民日报出版社，2015.10
ISBN 978-7-5115-3410-1

Ⅰ . ①传… Ⅱ . ①喻…②丁… Ⅲ . ①传播媒介－经济学 Ⅳ . ① G206.2-05

中国版本图书馆 CIP 数据核字（2015）第 250200 号

| | |
|---|---|
| 书　　　名： | 传媒经济学：中国的学科构建 |
| 主　　　编： | 喻国明　丁汉青 |
| 出 版 人： | 董　伟 |
| 责任编辑： | 梁雪云 |
| 封面设计： | 春天书装工作室 |
| 出版发行： | 人民日报出版社 |
| 社　　　址： | 北京金台西路 2 号 |
| 邮政编码： | 100733 |
| 发行热线： | （010）65369527　65369846　65359509　65369510 |
| 邮购热线： | （010）65369530　65363527 |
| 编辑热线： | （010）65369526 |
| 网　　　址： | www.peopledailypress.com |
| 经　　　销： | 新华书店 |
| 印　　　刷： | 北京中新伟业印刷有限公司 |
| 开　　　本： | 710mm×1000mm　1/16 |
| 字　　　数： | 518 千字 |
| 印　　　张： | 33 |
| 版　　　次： | 2016 年 1 月第 1 版　2016 年 1 月第 1 次印刷 |
| 书　　　号： | ISBN 978-7-5115-3410-1 |
| 定　　　价： | 59.00 元 |

# 本书编辑者与写作者

主　　编：喻国明　丁汉青
副 主 编：李　彪　王　斌
编委会成员（按姓氏笔画为序）：
　　　　　丁汉青　王　菲　王树良　李　彪
　　　　　张辉锋　倪　宁　韩晓宁　喻国明
主要撰稿人：喻国明　丁汉青　吴信训　李　彪
　　　　　王　斌　杭　敏　潘佳宝　胡杨涓
　　　　　宋美杰　何　睿　曹　璞　包路冶
　　　　　张诗诺　赵　睿　李　珊

**本书出品人**
中国人民大学新闻与社会发展研究中心
中国人民大学新闻学院

# 中国发展的"紧要关头":呼唤责任与大智慧

喻国明[①]

"这是一个最好的年代,也是一个最坏的年代;这是一个智慧的年代,也是一个愚昧的年代。"狄更斯在其小说《双城记》开篇语中这句宿命式的名言,似乎总适用于每一个发展变化中的大时代。就中国社会的当前发展而言,人们普遍的心结是,无法判断这是一个最好的年代,还是一个最坏的年代,但几乎人人都可以确认的是——这是一个充满迷宫式选择与错愕的纠结年代。中国传媒业正经历着一场深刻的革命,从未有哪个时代的媒体格局像现在这样纷纷扰扰、万象横生。传统意义上的"受众"从未像今天这样拥有巨大的传播话语权;而大众传播者也从未如当下这般地拥有如此多的传播技术手段,却对传播影响力的发挥绞尽脑汁、搏命厮杀。互联网趋势研究者谢尔·以色列在其著作《微博力》中指出:"我们正处在一个转换的时代——一个全新的交流时代正在代替老朽的、运转不灵的传播时代。"

显然,我们所处的时代,在历史发展的大坐标系上,恰正处在一种必须做出某种重大抉择的"紧要关头"。如果说,在非"紧要关头"时,我们尚可以将关注的重点放在"如何做"这类战术性问题上的话,在"紧要关头"时,我们必须将关注重点放在"在哪做""做什么"这类战略性的问题上,因为它是"系好衬衣的第一个纽扣"。正是在这个意义上,我们说,方向比速度更重要。

---

[①] 喻国明:中国人民大学新闻学院教授,中国人民大学新闻社会发展研究中心(国家级社会人文学科重点研究基地)主任,国家长江学者奖励计划特聘教授。同时兼任国务院学位委员会新闻传播学学科评议组成员、北京市社会科学联合会副主席、中国传媒经济与管理研究专业委员会会长、《中国传媒发展指数(蓝皮书)》主编、《中国社会舆情年度报告(蓝皮书)》主编等。

然而，时下的中国社会如同一个寓言所描述的：在黑夜里，有一个醉汉丢了钱，他在路灯下一圈一圈地寻找，直到倒卧在地。勤奋的记者们完整再现了醉汉是如何转了一圈又一圈，并且访问了他的家属，甚至追溯了他的童年；专家们则争吵不休，有人说他应该再多转一圈，有人说他应该转得更快一点，有人说他为什么醉酒带钱走夜路呢——要么策略有问题要么背后有阴谋，还有人说这"本质上"是一个法治问题，加强酒后理财机制建设势在必行。

这个寓言几乎成了所有社会问题的公共讨论的"标准模板"：几乎人人都是在醉汉逻辑框定的范式内寻找答案。其实，事实的真相是，钱并不在路灯下，只是因为醉汉觉得灯下最明亮、最便利。这也正是我们目前应对发展中的危机与困境时的真实状态，短视、自欺、直觉主义、饶舌绕圈子。远见卓识缺位，整体性的理解力丧失，一切流于虚浮和泡沫，最终被一盏路灯、一条新闻或一句断言所遮蔽了。必须指出的是，在当前的"紧要关头"，我们需要竭力呼唤理论的超越意识和批判力，重归时代引领者的关键位置。而选择的大智慧的第一要义是：我们所面对的外部环境究竟发生了哪些深刻的变化？这些变化对于我们意味着什么？接下来，需要做的就是——"有勇气来改变可以改变的事情，有胸怀来接受不可改变的事情，有智慧来分辨两者的不同。"

"凡大医治病，必当无欲无求，誓愿普救含灵之苦。不得瞻前顾后，自虑吉凶，护惜身命。昼夜、寒暑、饥渴、疲劳，一心赴救。"唐代名医孙思邈将这篇《大医精诚》冠于中医巨著《备急千金要方》之首，提倡为医者必须发扬救死扶伤的人道主义精神，"精"于专业、"诚"于品德，这样才是德才兼备的"大医"。其实，任何一个有着专业主义追求的人又何尝不是这样呢？所谓专业主义，是包括一套关于学术工作的社会功能的信念，是一系列规范学术工作的职业伦理，是一种服从于政治和经济权力之外的更高权威的精神，是一种服务公众的自觉态度。学术研究，对一个专业工作者而言，绝不仅仅是一个职业，而是一项事业。这项事业用喜欢是远远不够的，它要求任何一个希望卓越的从业者有一种为之献身的勇气和决心。历史实践告诉我们：学术研究者的社会荣誉在于深刻地关注和融入社会上正在发生和形成的历史，正是基于这种关注和融入，学术研究者的职业成果才能有效地影响社会发展的进程。显然,一篇真正意义上的优秀的学术思想成果永远是和时代发展的现实"问题单"联系在一起的。汤因比曾经说过:"一部人类文明史,不过是人类面对自然和社会的挑战而不断应战的历史。"事实上,一个优秀的学术研究者的真正价值就在于科学地观察这种"挑战—应战"的社会状态,揭示这一时代发展进程中的瓶颈因素和问题单子,深刻地反映学术界应对挑战的智慧及其成果。所以,我们可以这样说,造就一个好的学术成果的,绝不仅仅是漂亮的文字、缜密的逻辑和丰厚的引证,最重要的是一种俯仰天地的境界、一种悲天悯人的情怀、一种大彻大悟的智慧。当这种境界、情怀和智慧面对社会发展进程的现实"问题单"时,一个好的学者的思想成果也就应运而生了。

本书是对于传媒经济学科在中国发展十余年的一种梳理和概括,如果读者能够从中领悟到中国传媒经济学科发展的大势与关键,那便是我们最大的欣慰了。孙逸仙先生在1923年说"革命尚未成功,同志仍需努力",我们谨用这句话与所有致力于传媒经济学在中国发展进步的同人们共勉吧。

# 目 录

## 第一部分　国内传媒经济学研究：热点与学术圈场域

003 | 基于文献计量学分析的 2003—2014 年国内传媒经济学研究
　　　回顾（"传媒经济学：中国的学科构建（2003—2014）"课题组）
026 | 随中国传媒业思想解放崛起的中国传媒经济学科（吴信训）
030 | 中国大陆传媒经济学术圈分析（丁汉青）
041 | 中国传媒经济研究的"学术地图"（喻国明　宋美杰）
　　　——基于共引分析方法的研究探索

## 第二部分　中国传媒经济学研究年度概述（2006—2014）

061 | 现实困顿之下的理性起步（喻国明　王斌）
　　　——2006 年我国传媒经济学研究概述
068 | 从"增量改革"到"语法革命"（喻国明　王斌）
　　　——2007 年我国传媒经济学研究概述
075 | 发展之困与"突围"之道（喻国明　李彪）
　　　——2008 年我国传媒经济学研究概述

085 | 传媒业变革节点的理论回应（喻国明　王斌）
　　　——2009年传媒经济研究关键词

093 | 2010年的传媒经济研究：跨界与整合（《中国传媒发展指数报告（2011）》项目组）

105 | 传媒经济研究的热点、局限与未来期待（喻国明　宋美杰）
　　　——2011年传媒经济研究综述

117 | 大数据时代传媒经济研究框架及工具的演化（喻国明　何睿）
　　　——2012年我国传媒经济研究文献综述

133 | 重压之下中国传媒经济研究的主题（喻国明　何睿）
　　　——2013年传媒经济研究文献综述

143 | 互联网逻辑下传媒经济研究的探索与困顿（喻国明　胡杨涓）
　　　——2014年中国传媒经济研究文献综述

## 第三部分　国外传媒经济学研究：历史与现状

155 | 传媒经济学研究的历史、范例与方法（杭敏）

178 | 2013年国外传媒经济研究热点与场域（丁汉青　曹璞）
　　　——基于文献计量学的方法探索

207 | 鲁莽与疯狂之后的第二十五年：2014年国际传媒经济与管理研究综述（杭敏）

## 第四部分　中国传媒经济学科影响力排名前30篇论文（数据截至2015年6月）

233 | 关于传媒影响力的诠释（喻国明）
　　　——对传媒产业本质的一种探讨

243 | 微博客的概念（孙卫华　张庆永）

247 | 微博客传播特性及盈利模式分析（卢金珠）

256 | 何为新媒体？（廖祥忠）

268 | 媒介融合前景下的新闻传播变革（蔡雯）
　　　　——试论"融合新闻"及其挑战

276 | 解读新媒体的几个关键词（喻国明）

284 | 中国传媒普及率追赶的实证分析（胡鞍钢　张晓群）

299 | 传媒业的产业融合与传播符号学的新视域（李思屈　关萍萍）

310 | 论中国新闻媒体的双制（李良荣）
　　　　——再论中国新闻媒体的双重性

320 | 3G元年的困惑与思考（彭兰）

326 | 中国民营报业托拉斯道路的破灭（刘小燕）

337 | 自媒体：新媒体发展的最新阶段及其特点（邓新民）

347 | 社会资本与媒体产业发展（刘年辉）

358 | 3G环境下手机媒体的赢利模式（匡文波　高岩）

367 | 什么是"全媒体"（罗鑫）

372 | 大数据浪潮中的传媒业（王武彬）
　　　　——兼谈大数据讨论的若干误区

379 | 微博：一种蕴含巨大能量的新型传播形态（喻国明）

383 | 再造流程，实施报业战略转型（郑强）

390 | 论新时期我国传媒业的改革与发展（郑保卫）

399 | 制度环境与传媒治理结构创新（周劲）
　　　　——一个传媒治理结构的理论分析框架及其在中国的应用

418 | 中国传媒迅速崛起的实证分析（胡鞍钢　张晓群）

437 | 新闻传播的变化融合了什么（蔡雯）
　　　　——从美国新闻传播的变化谈起

444 | 我国媒介广告市场集中度分析（王威）

451 | 纸质媒体产业竞争性分析（陈敏）

458 | 微信传播机制与治理问题研究（方兴东　石现升　张笑容　张静）

471 | 我国传媒业建立和完善激励机制初探（刘社瑞）

479 | 试析抗战时期《新华日报》的经营管理（刘洪）

494 | 中国传媒产业政府规制改革研究（尹明）

504 | 关于报业集团上市的几点思考（袁舟）

510 | 新加坡新闻传媒控制模式透视（孙发友　李艳华）

# 第一部分

国内传媒经济学研究：
热点与学术圈场域

# 基于文献计量学分析的 2003—2014 年国内传媒经济学研究回顾

"传媒经济学：中国的学科构建（2003—2014）"课题组*

我国的传媒经济学研究起步于 20 世纪上半叶，真正的集中研究开始于 20 世纪 80 年代初期。近些年来，国内的传媒经济学越来越成为一个活跃的跨学科领域，综合了新闻传播学、经济学和管理学等学科的知识背景。在学科发展的过程中，学科的研究成果日渐丰富，因此有必要对研究成果进行梳理。

科学知识图谱是近年来文献计量学领域比较新兴的研究方法，它不仅能揭示某一领域的知识来源、知识结构关系及演进规律，并且能够以图形表达和呈现，其绘制主要包括引文分析和共词分析两种。其中，共词分析是通过对文献中集中出现的词汇进行统计，分析某一学科领域研究主题或研究方向的专业术语共同出现在一篇文献中的现象，从而判断学科领域中各个研究主题间的关系，纵向和横向展示出学科领域的研究热点、发展进程、未来趋势以及领域之间的关系，展现该领域的研究现状；而共引分析与其类似，只是关注的对象是文献之间的共同引用某篇文献的现象，而非专业术语的共现。

共词分析和共引分析都可揭示某一研究领域的主题结构和发展趋势，探测研究领域的热点和前沿。这两种研究方法相比，共词分析方法相对来说更适合用于分析新兴学科，这是因为新兴学科的文献内容往往比较零散，文献引用情况也相对不稳定，因此共引分析方法有时难以发挥作用（姜阳阳，

---

\* 此报告由"传媒经济学：中国的学科构建（2003—2014）"课题组共同完成。课题组成员包括喻国明、潘佳宝、曹璞、包路冶、张诗诺、赵睿、李珊。中国人民大学新闻学院喻国明教授为本课题负责人；传媒经济专业 2014 级博士研究生潘佳宝为报告执笔人；传媒经济专业 2015 级博士研究生曹璞、2014 级硕士研究生包路冶、张诗诺、赵睿、李珊为课题主要参与者。

2011），而共词分析则对当前文献所集中关注的主题的呈现更为直观。

国内的传媒经济学研究的种种指标显示，这一领域还难以归为成熟学科（冉华、王凤仙，2014），因此本研究主要基于文献计量学中的共词分析方法，利用 CiteSpace 等科学知识图谱的可视化技术，基于中国知网学术期刊数据库，以 2003 年中国人民大学新闻学院设立传媒经济学系为起点，梳理 2003—2014 年间传媒经济学的期刊学术论文呈现的热点议题变迁、核心作者及合作关系、重要的研究期刊等，在此基础上解读我国传媒经济研究的发展状况，以期展望今后学科发展的方向与可能性。

## 一、研究方法

本研究以传媒经济研究领域有一定影响力的学术论文为研究对象，基于中国知网学术期刊数据库，选择 2003—2014 年间"新闻与传媒"学科中与传媒经济研究相关①的、被引频次在 6 次及以上的期刊学术论文（不包括硕博论文），去重之后共 2467 篇。

研究围绕着论文的综合影响力设置了 6 个变量，包括关注度、影响力和权威性三个层次，构成了论文影响力指标体系，如图 1 所示。

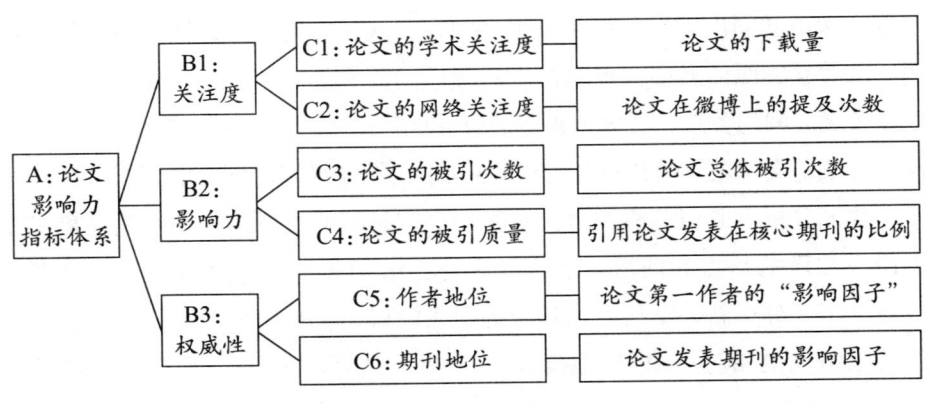

**图 1 传媒经济论文影响力指标体系**

---

① 筛选方式以"主题"方式搜索下列关键词组合"传媒/媒介经济""传媒经济学""传媒（产）行）业""传媒市场""传媒经营""传媒管理""APP""互联网经济"等，即关键词出现在论文的"标题"、"关键词"或"摘要"其一即可。

论文的下载量和微博上的提及次数反映了该论文受到关注的广泛程度，微博提及次数是指该论文的标题在新浪微博中被提及的总次数；被引次数和被引质量能够描述该论文在什么程度上得到了同行关注、在什么层次上对学术共同体的发展起到了促进作用，被引质量是指该论文的引证文献出现在当年的 CSSCI 来源期刊目录中的新闻传播学期刊上的比例；作者和期刊的权威性也会在某种程度上影响其论文获得的关注、反映论文的质量，其中期刊的影响因子主要来源于中国学术期刊网络出版总库和清华大学图书馆推出的 2013 年度的《中国学术期刊影响因子年报（人文社会科学）》中的复合影响因子，指的是该期刊前两年发表的论文在当年的总体引用次数除以该期刊在这两年内发表的论文总数。作者影响因子是借鉴期刊影响因子提出的指标，是指论文的第一作者在发表该论文的前两年中，所发表论文的总体被引次数除以该作者前两年所发表的论文总数。所涉及的论文下载和被引数据都是基于 CNKI 的平台统计的。

在指标加权方式上，研究参考了专家意见，对影响力层面的变量赋予了最高的权重，权威性其次，由于有多种因素如论文题名等均可以影响论文的关注度，因此关注度有时并不能代表论文质量，故赋予权重相对较低。具体加权方案如表 1。

**表 1　传媒经济论文影响力指标加权方法**

| 指　　标 | 赋　　权 |
| --- | --- |
| 论文的学术关注度 | 10% |
| 论文的网络关注度 | 5% |
| 论文的被引次数 | 40% |
| 论文的被引质量 | 20% |
| 论文作者影响因子 | 15% |
| 论文发表期刊影响因子 | 10% |

按照这一指标体系，对 2003—2014 年间的传媒经济学有一定影响力的研究论文进行了排序，筛选出了前 100 篇论文，对其研究方法、研究对象的产业和地域等进行了内容分析。在整体的数据处理与可视化手段方法上，本

文采用了美国德雷克赛尔大学信息科学与技术学院的陈超美博士开发的信息可视化软件 CiteSpace，该软件目前广泛运用于知识图谱的绘制，其主要功能之一即探测相关知识领域的研究热点、研究主题之间的关系以及演变过程（陈悦、陈超美、胡志刚、王贤文，2014：12）。

## 二、传媒经济研究的共词分析

表 2　高频和高中心度关键词

| 频次排名 | 关键词 | 初现年份 | 频次 | 中心度排名 | 关键词 | 初现年份 | 中心度 |
|---|---|---|---|---|---|---|---|
| 1 | 报业集团 | 2003 | 375 | 1 | 报业集团 | 2003 | 0.21 |
| 2 | 传媒产业 | 2003 | 358 | 2 | 媒介融合 | 2006 | 0.14 |
| 3 | 传媒市场 | 2003 | 265 | 3 | 传媒产业 | 2003 | 0.12 |
| 4 | 媒介融合 | 2006 | 242 | 4 | 传媒企业 | 2003 | 0.1 |
| 5 | 自媒体 | 2006 | 225 | 5 | 传媒市场 | 2003 | 0.09 |
| 6 | 传媒企业 | 2003 | 126 | 6 | 传播渠道 | 2004 | 0.09 |
| 7 | 新媒体 | 2007 | 113 | 7 | 南方周末 | 2003 | 0.09 |
| 9 | 媒介形态 | 2005 | 106 | 9 | 传媒业 | 2003 | 0.08 |
| 8 | 数字报业 | 2006 | 103 | 8 | 自媒体 | 2006 | 0.07 |
| 10 | 微博 | 2010 | 91 | 10 | 纽约时报 | 2003 | 0.07 |
| 11 | 广州日报 | 2003 | 90 | 11 | 传媒竞争 | 2003 | 0.07 |
| 12 | 传媒经济 | 2003 | 89 | 12 | 广州日报 | 2003 | 0.06 |
| 14 | 传播渠道 | 2004 | 84 | 14 | 广电产业 | 2003 | 0.06 |
| 13 | 广告 | 2003 | 82 | 13 | 媒体网络 | 2007 | 0.06 |
| 15 | 传媒业 | 2003 | 78 | 15 | 媒介形态 | 2005 | 0.05 |

总体看来，传媒产业和市场、报业、媒介融合、新媒体和广告是受到研究者关注较多的研究对象和问题。如表 2 所示，几乎所有高频次和高中心度

的关键词均出现于 2008 年之前；在 2008 年之后出现的关键词中，仅有"微博"（2010）、"三网融合"（2010）、"意见领袖"（2009）和"议程设置"（2009）等词排名较高。这一方面表明，从研究的热度来看，中国的传媒经济学研究早期阶段就已经提出了有持续研究价值的议题，并对这些议题保持了关注；但另一方面也说明，在 2008 年之后虽然业界出现了一些值得研究的问题，但从整体的关注热度上并没有早期的报业研究高。

从关键词显示的研究对象的产业属性来看，针对大众传媒整体的产业和行业研究占了主要比例，"传媒产业""传媒市场""传媒企业"这些没有明显的细分产业属性的关键词频次都比较高。除了整体性的研究之外，报纸是传媒经济研究领域受到关注最多的媒介形式，广州日报、南方周末、纽约时报等报刊是非常受到关注的具体研究对象，其他的热点产业还包括以微博为代表的社交媒介和新媒体。这和对综合排名在前 100 的论文显示出的结果类似，在综合影响力排名前 100 的论文中，有 59 篇都是针对整体传媒行业的研究，其次是报业研究。

表 3　TOP 100 论文的研究对象产业分布

| 研究产业 | 频次 |
| --- | --- |
| 传媒业整体 | 59 |
| 报纸期刊 | 22 |
| 社交媒体 | 8 |
| 电视 | 6 |
| 互联网 | 4 |
| 通信 | 3 |
| 广播 | 1 |

利用 CiteSpace 以历年论文关键词词频的前 4% 且各年不超过 100 个为标准，生成了传媒经济研究高频关键词的关键词图谱。图中的字体大小代表关键词的词频高低，节点之间的连线表示关键词之间的共现关系，连线的颜色深浅代表了不同年度时的共词关系，颜色越深所代表的时间越新近。

从图 2 中可以看出，传媒市场、传媒产业、报业集团是处于传媒经济知识图谱中最核心位置的三个研究主题，既受到了研究者的广泛关注，也和其他研究主题关联紧密。图 2 中的左侧区域集中了相对早期的研究，基本以报业研究为主，包括报业集团、报业经营、数字报业等；上下区域的研究领域主要包括了广电产业的研究，对国际传媒的研究及手机媒体研究；右上角的区域集中了传媒管理和经营的研究主题；而最右侧区域的聚集了新出现的一些研究议题，但相对而言还比较分散，包括社交媒体、新媒体、大数据等。

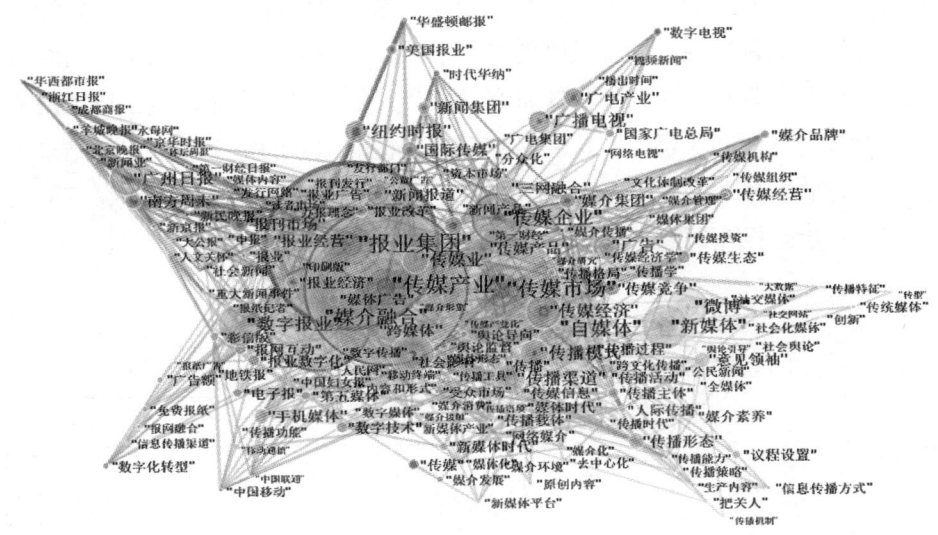

图 2　2003—2014 年传媒经济研究关键词共现知识图谱

## 三、传媒经济的研究者及其合作网络

在 2003—2014 年发表的传媒经济学领域的 2467 篇高被引论文、2287 位作者中，发表论文量排名前 10 位的作者每人发表论文在 10 篇及以上，共占所有作者总发文频次的 5.8%；每人发表论文在 7 篇及以上的作者共有 37 位，共占所有作者总发文频次的 12.2%。这些研究者可以看作传媒经济研究领域的核心研究者。

表 4  传媒经济学核心研究者

| 排 名 | 学 者 | 论文数量 | 排 名 | 学 者 | 论文数量 |
|---|---|---|---|---|---|
| 1 | 喻国明 | 74 | 17 | 常永新 | 8 |
| 2 | 朱春阳 | 15 | 17 | 谭天 | 8 |
| 3 | 李良荣 | 14 | 17 | 邰书锴 | 8 |
| 3 | 蔡雯 | 14 | 17 | 付玉辉 | 8 |
| 5 | 谢耘耕 | 13 | 17 | 周笑 | 8 |
| 5 | 郭全中 | 13 | 17 | 蔡骐 | 8 |
| 5 | 黄升民 | 13 | 26 | 崔保国 | 7 |
| 8 | 陈国权 | 11 | 26 | 童兵 | 7 |
| 8 | 陈力丹 | 11 | 26 | 郑保卫 | 7 |
| 10 | 张晓群 | 10 | 26 | 严三九 | 7 |
| 11 | 吴海民 | 9 | 26 | 李本乾 | 7 |
| 11 | 石长顺 | 9 | 26 | 王斌 | 7 |
| 11 | 李岚 | 9 | 26 | 闵大洪 | 7 |
| 11 | 匡文波 | 9 | 26 | 罗建华 | 7 |
| 11 | 范以锦 | 9 | 26 | 刘年辉 | 7 |
| 11 | 戴元初 | 9 | 26 | 吴锋 | 7 |
| 17 | 彭兰 | 8 | 26 | 谷虹 | 7 |
| 17 | 庞春燕 | 8 | 26 | 禹建强 | 7 |
| 17 | 肖赞军 | 8 | | | |

根据文献计量学中用于衡量科学工作者的生产力的洛特卡定律，在某一个学科领域中，写 N 篇论文的作者数量约为写一篇论文作者数量的 $1/N^2$，而写 1 篇论文作者的数量约占所有作者数量的 60%（庞景安，1999：358）。参考洛特卡定律，在传媒经济学领域中，发表了 1 篇论文的作者比例为 82.2%，远远高于定律中的 60%；而发表了 2 篇和 3 篇论文的作者数量也远远低于洛特卡定律估计的 470 人和 209 人，更高产的作者群也远远小于洛特卡定律的规模。这说明，传媒经济学和一般学科的平均水平相比，核心研究者的群体规模较小，有 80% 以上的研究者在 12 年间仅发表了 1 篇具有一定

影响力（被引频次达到6次以上）的论文。这从某种程度上说明，传媒经济学还没有吸引足够多的稳定的、高质量的研究者群体。

表5 传媒经济研究者分布

| 发文篇数 | 作者人数 | 百分比 |
| --- | --- | --- |
| 74 | 1 | 0.04% |
| 15 | 1 | 0.04% |
| 14 | 2 | 0.09% |
| 13 | 3 | 0.13% |
| 11 | 2 | 0.09% |
| 10 | 1 | 0.04% |
| 9 | 6 | 0.26% |
| 8 | 9 | 0.39% |
| 7 | 12 | 0.52% |
| 6 | 15 | 0.66% |
| 5 | 14 | 0.61% |
| 4 | 35 | 1.53% |
| 3 | 67 | 2.93% |
| 2 | 239 | 10.45% |
| 1 | 1880 | 82.20% |

通过社会网络分析发现，2003—2014年间我国传媒经济研究领域作者合作的整体网络密度低，网络节点间的关系非常稀疏，整体网络结构极为松散。虽然形成了一定数量的合作团队，但团队间的联系相当分散，尤其是较大的合作团队相比较少，稳定的合作群体还不多，最高产的10位研究者之间也没有合作关系。

按照子网络规模的大小分析，在研究者的合作网络中，由2个或3个节点组成的子网数量最多，即研究者之间基本以2—3人的小范围合作为主，并未形成广泛的合作网络。包含节点数最多即合作范围最大的一个子网共含有16位研究者，网络的中心是中国人民大学的喻国明，他的74篇论文中有24篇为合著，他也是整体网络中发表论文数量最多的学者。这一子网主要是基于师生关系而形成的。

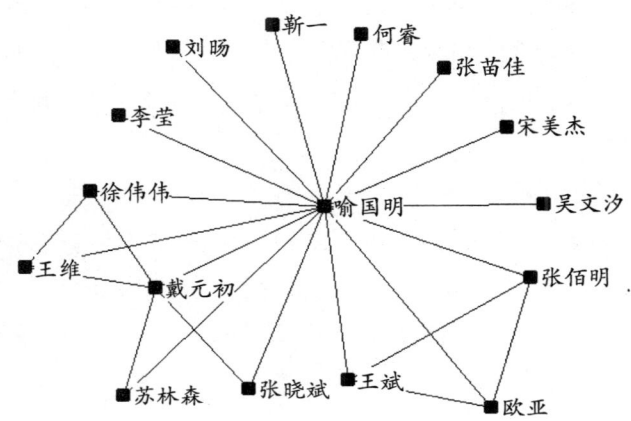

图 3 传媒经济学合作网络子网代表

### 四、研究的无形场域：论文发表期刊统计

中国大陆关于传媒经济的研究论文主要发表在新闻传播学期刊以及各高校学报之中。根据本文的 2467 篇传媒经济学研究领域高被引论文的来源期刊频次排序，前 10 位期刊如表 6 所示。

表 6 传媒经济论文发表期刊

| 排 名 | 期 刊 | 论文数 | 影响因子（2013） |
| --- | --- | --- | --- |
| 1 | 新闻记者 | 128 | 1.122 |
| 2 | 当代传播 | 125 | 1.142 |
| 3 | 新闻界 | 121 | 0.731 |
| 4 | 传媒 | 116 | 0.487 |
| 5 | 青年记者 | 112 | 0.222 |
| 6 | 现代传播（中国传媒大学学报） | 103 | 1.085 |
| 7 | 中国记者 | 97 | 0.38 |
| 8 | 中国报业 | 85 | 0.206 |
| 9 | 国际新闻界 | 83 | 1.1 |
| 10 | 新闻战线 | 67 | 0.323 |

可以看出，发表于《新闻记者》《当代传播》和《新闻界》上的论文数量最多，这三本期刊可以被认为是较为集中地呈现传媒经济研究成果的期刊。在所有的新闻传播学领域的期刊中，大部分都刊登了一定数量的传媒经济研究的论文，这表明国内关于传媒经济的相关研究得到了越来越多的国内期刊的广泛关注。

结合 2013 年的中国知网期刊复合影响因子看，新闻传播学领域影响因子最高的《新闻与传播研究》（影响因子 1.854）和《新闻大学》（影响因子 1.323）并不在排名最高的前 10 种期刊中，两者的排名分别是 26 和 17。这说明新闻传播学领域质量最高的两本期刊相对来说较少关注传媒经济领域的研究。

## 五、讨论

### 1. 纵向：热点议题变迁

按照时间阶段具体分析，将 2003—2014 年这 12 年平均分为四个时间段，分别是 2003—2005 年、2006—2008 年、2009—2011 年、2012—2014 年，利用 CiteSpace 选取了历年论文关键词词频的前 5%，经过整理形成了这四个时间段的知识图谱。

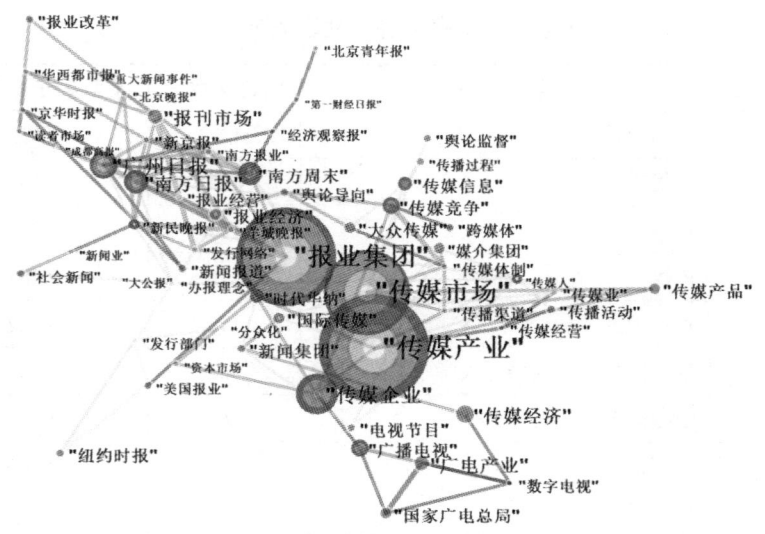

图 4  2003—2005 年传媒经济研究关键词共现知识图谱

在2003—2005年间,传媒经济学的研究热点分布相对清晰,研究的重点基本围绕着媒介产业和报业展开,频次排名前十的关键词中有四个都是和报业相关的(报业集团、广州日报、南方日报、报刊市场)。国内的报业市场研究热点分布在左上角,主要研究对象有《南方周末》《广州日报》《南方日报》等报刊,特别是集中于报业集团的研究,如张卫华、张志安的《关于组建区域性报业集团的构想》,黄旦、邬晶晶、陈静静的《中国"报业集团化"话语分析:加入WTO前后——从报业和报业管理部门的角度分析》等;对国际报业的研究以美国为代表,主要在左下角,以经营经验的介绍和分析为主,如陈昌凤的《纽约时报公司的经营模式探析》。这一阶段对报业的研究还基本是对传统报业经营的研究,具体研究议题有发行策略("发行网络""发行部门")和受众研究("读者市场""分众化"),也有一部分论文提到了报业改革。除了报业之外,广播电视和传媒集团的研究也在这一阶段占有一席之地,集中在图中的右下角,但研究议题相对模糊。

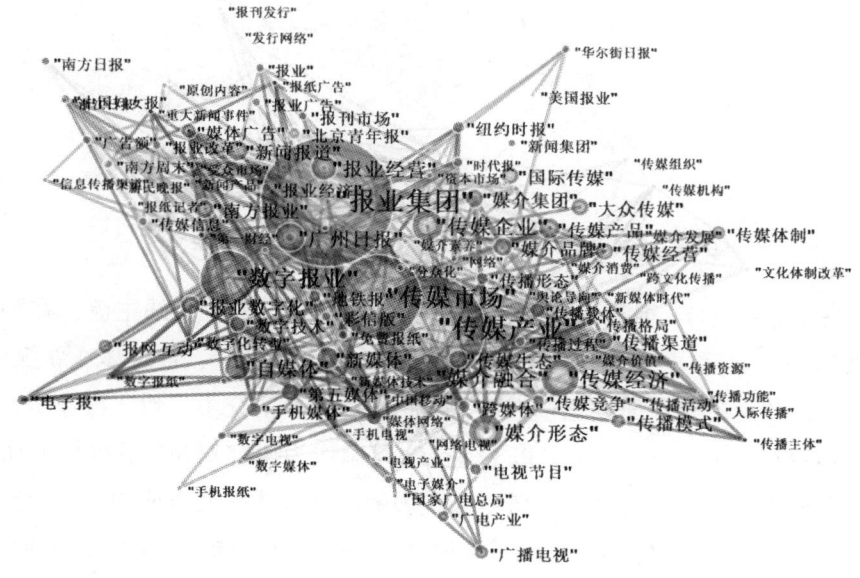

**图5　2006—2008年传媒经济研究关键词共现知识图谱**

在2006—2008年间,传媒经济学的研究更加丰富,研究议题也更加多元,入选的2467篇论文中有约40%是发表于这一阶段的,且除了传统的报业研究之外,涌现了如媒介融合、新媒体等更多的研究领域。这一阶段的报业研究依然占有比较重要的地位,议题主要集中于图中左侧,除了发行策略和报业广告之外,这一阶段的数字报业研究也是一大领域,如电子报、数字报纸、报业数字化转型、报网互动等。新媒体研究和媒介融合研究在这一阶段开始出现,新媒体研究的主要代表是手机媒体,如手机报纸、手机电视等;而媒介融合成为了联系传统报业研究、新媒体研究和广电产业研究的中介议题,伴随着媒介产业化进程和媒介融合的脚步,产业规制的研究("传媒体制""文化产业改革")也成为一个研究热点。

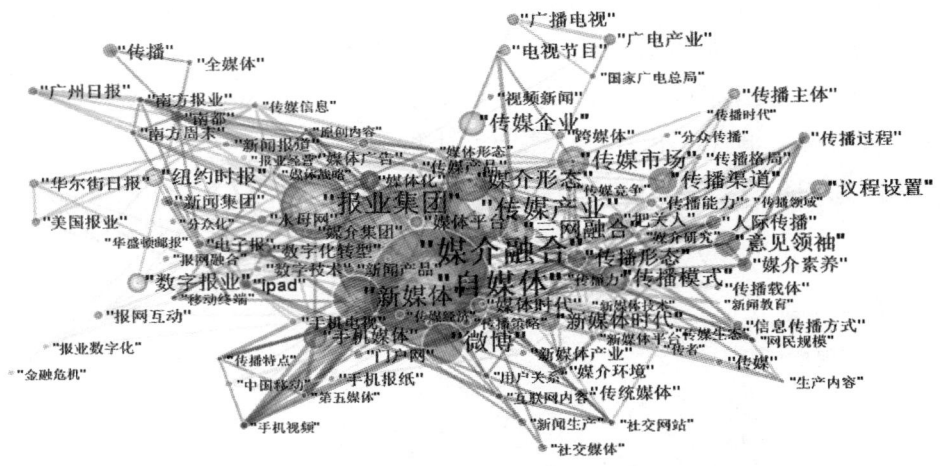

图6　2009—2011年传媒经济研究关键词共现知识图谱

在2009—2011年间,媒介融合和新媒体研究成为研究的主流,在频次最高的十个关键词中,有一半都与此相关,如媒介融合、自媒体、新媒体、微博等,传统的报业研究比例进一步缩小。在报业研究中,数字报业研究已经是研究的重点,但加入了iPad等移动终端作为研究对象;新媒体的研究除了手机媒体的研究之外,以微博为代表的社交媒体研究也成为一个研究热点,如前30篇论文中喻国明的《微博:一种蕴含巨大能量的新型传播形态》和卢金珠的《微博客传播特性及盈利模式分析》。另外值得注意的是,这一阶段的传媒经济学研究也开始结合了传播学的理论,如议程设置、意见领袖、人际传播等。

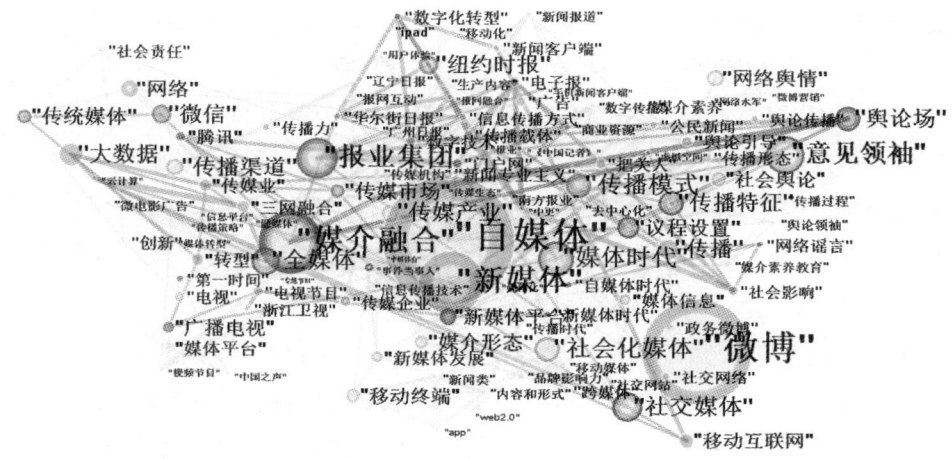

**图 7　2012—2014 年传媒经济研究关键词共现知识图谱**

2012—2014 年间,传媒经济学的研究呈现了更丰富的研究议题,这一阶段的报业研究已经变成了研究整体图谱中的一隅,而以微博为代表的新媒体和自媒体研究是这一阶段的核心议题,微信、微电影和大数据等新事物也受到了研究者的关注,如前 30 篇论文中王武彬的《大数据浪潮中的传媒业——兼谈大数据讨论的若干误区》。

综上所述,在国内的传媒经济学研究中,对传媒产业的整体研究居多,报业研究是贯穿 12 年来的一大研究主题,但随着媒介技术的发展,媒介融合和新媒体逐渐上升为主要的研究议题和研究热点。

### 2. 横向:中外研究差异

为了了解国内的传媒经济研究在世界传媒经济研究中的位置,找出国内研究和国际研究的差异,本研究也对 2003—2014 年国外的传媒经济研究的研究成果进行了文献计量学的分析。以三本核心国际学刊《传媒经济学刊》(*Journal of Media Economics*)、《国际传媒管理学刊》(*International Journal on Media Management*)和《传媒经营研究学刊》(*Journal of Media Business Studies*)在 2003—2014 年间发表的共 498 篇学术论文(不包括书评、介绍等)为研究对象,采用人工编码的方式提取了论文关键词,基于对论文的研究方法、研究对象的产业和地域的统计和论文关键词的共词分析,梳理了国外传媒经济研究的状态。

（1）研究热点和范式差异

经过对关键词共词矩阵的聚类分析，2003—2014年间，国外的传媒经济研究可以分为8个研究热点：媒介内容研究、规制与投资、传媒市场分析、组织管理研究、策略与战略研究、媒介生产与消费研究、文化贸易研究和报网融合研究，这些热点又可以进一步归纳出四个主要的领域，即宏观市场、组织管理、世界贸易、媒体策略与战略。

前文的分析表明，国内研究以针对大众传媒整体的产业和行业研究为主，"传媒产业""传媒市场"这些关键词频次都比较高；规制的研究主要集中于伴随着媒介产业化和媒介融合进程的传媒业整体的文化体制改革，以及与"国家广电总局"相关的政策研究；而国内的媒介消费研究相对较少，其中一部分是通过报业的读者和受众研究体现的；针对传媒组织内部的管理研究也比较少，缺乏像国外研究那样比较明确的研究议题；贸易研究在国内学界相对不受重视。整体来说，从研究热点来看，国内的研究热点基本能够覆盖国外研究的几大领域，其中报业研究是相对的"重头戏"，而组织管理研究和世界贸易研究是相对薄弱的环节。

从研究对象的产业属性来看，国内研究状态也和国外呈现出了较大差异。国内有大量的研究（57.3%）是针对大众传媒整体的分析，但在国外研究中，虽然整体性的论文也最多，但是关注的程度（24%）远远低于国内水平；报纸是国内传媒经济研究领域受到关注最多的媒介形式，其关注程度远远高于其他媒介，但在国际领域，电视行业受到的关注度要高于报纸；专门针对社交网络的研究而国外研究占有一定比例的电影（6.0%）和音乐产业（5.1%）在国内研究中相对来说很少受到关注。

表7 研究对象的产业差异

|  | 频数（篇） | 频率 | 国际该行业的关注频率 |
| --- | --- | --- | --- |
| 传媒业整体 | 59 | 57.3% | 24.0% |
| 报纸期刊 | 22 | 21.4% | 17.1% |
| 社交媒体 | 8 | 7.8% | 0.9% |
| 电视 | 6 | 5.8% | 23.1% |

续表

| | 频数（篇） | 频　率 | 国际该行业的关注频率 |
|---|---|---|---|
| 互联网 | 4 | 3.9% | 11.6% |
| 通信 | 3 | 2.9% | 3.4% |
| 广播 | 1 | 1.0% | 5.1% |

从学科背景和研究范式来看，国内的传媒经济研究更多地偏向新闻传播学，借鉴了新闻传播学的理论成果，如"传播学""人际传播""议程设置""意见领袖"等是国内研究中的高频词汇。而相比之下，国外传媒经济学研究虽然也有新闻传播学的背景，吸收了如"创新扩散"等传播学理论，但是更能清晰地看到经济学和管理学的范式影响，比如"商业模式""决策""兼并与收购""市场结构""集中度"等高频词汇的出现，产业经济学的"结构—行为—绩效"范式也应用于相当一部分论文中。而这些经济学和管理学的理论和研究范式在国内的传媒经济学研究中比较少见，消费者研究中常用的问卷调查法、管理研究中使用的深度访谈法、金融领域使用的事件研究法在国内研究中也较少或者几乎没有使用。这说明，国内的传媒经济学研究更多地具有新闻传播学的学科属性，在未来的发展中也亟须吸收更多经济学和管理学的理论和方法。

（2）研究视野有待开阔

从研究视野的开阔程度来看，在国内的前100篇论文中，针对大陆的研究占到了研究对象地理分布总体频次的60%，另外有17.3%的研究是没有特定地理区域的纯理论研究，涉及五个以上国家的跨国研究和有具体地理区域指向的国外研究的总体比例约为五分之一，其中美国受到的关注最多。

表8　TOP 100论文研究对象的地理分布

| 研究对象地域 | 频　次 | 频　率 |
|---|---|---|
| 中国大陆 | 66 | 60.0% |
| 无特指 | 19 | 17.3% |
| 美国 | 12 | 10.9% |
| 跨国研究 | 4 | 3.6% |
| 新加坡 | 3 | 2.7% |

续表

| 研究对象地域 | 频次 | 频率 |
|---|---|---|
| 英国 | 2 | 1.8% |
| 加拿大 | 1 | 0.9% |
| 日本 | 1 | 0.9% |
| 俄罗斯 | 1 | 0.9% |
| 印度 | 1 | 0.9% |

在三本核心国际学刊上，论文研究对象的地理分布共涉及30多个国家和地区，其中对美国的研究是最多的（34.9%），其次是欧洲（29.3%），跨国研究有7.0%。和国际传媒经济学研究对比，国内的传媒经济研究对欧洲问题的关注还不够，关注的国别还不够多样。在国外的研究聚类中，有一类研究即以电影票房（office box）和世界贸易（international trade）为代表的文化贸易研究，但这一类研究在国内相对缺失。因此，国内的整体研究视野还有待进一步开阔。

（3）研究方法不够规范扎实

在国内传媒经济研究的前100篇论文所使用的研究方法中可以看出，这些有重要影响力的论文中，有相当一部分缺少规范的研究方法，以对传媒经济现象的思辨性的阐释和解读为主。

表9 中外研究方法差异

| 研究方法 | 频次 | 频率 | 国外该方法的频率 |
|---|---|---|---|
| 二手资料分析 | 44 | 44.0% | 30.8% |
| 其他 | 37 | 37.0% | 21.6% |
| 个案研究 | 7 | 7.0% | 11.5% |
| 文献综述 | 6 | 6.0% | 1.7% |
| 深度访谈 | 3 | 3.0% | 8.4% |
| 内容分析 | 1 | 1.0% | 4.0% |
| 参与式观察 | 1 | 1.0% | 0.8% |
| 话语分析 | 1 | 1.0% | 0.2% |

国内的传媒经济研究所使用的方法和国际有比较显著的差异。首先，国外研究中，定量方法略多于质化，最主要的研究方法是问卷调查（17.4%），其他的定量方法还有内容分析（4.0%）和实验法（1.0%），而国内是定性方法略多于定量；其次，国内研究普遍缺少一手资料，主要收集一手资料的方法是定性的（深度访谈和参与式观察），而定量研究中的问卷调查法和实验法都没有用到。这在某种程度上可以说明，相比于国外的研究状态，即使是在国内传媒经济学最有影响力的论文中，相对来说依然缺少扎实的研究资料收集过程。

（4）研究者协作意识有待增强

传媒经济学作为一门交叉学科，更依赖于不同学科背景的研究者的合作。但总体来说，无论是国内的传媒经济研究学界，还是国际的传媒经济研究者之间，均没有形成比较广泛的合作网络。但相比之下，国内的传媒经济研究者之间的协作意识更弱，合作规模也更有限。

在2003—2014年的国内的传媒经济研究者中，合作度（即作者总数与论文总数之比）为0.93，论文发表的合作率（即合作的论文篇数占论文总数的比例）为27%，而国际传媒经济学研究者的合作率为55%，也就是说，国际传媒经济研究的论文中，大多数的论文都是以合作形式发表的，且合作论文的比例是国内的两倍。不仅如此，国际传媒经济研究者超过两人的合作比例也远高于国内的水平。

表10　单篇论文的作者人数

| 单篇论文作者数 | 国内研究 | | 国际研究 | |
| --- | --- | --- | --- | --- |
| | 篇数 | 比例 | 篇数 | 比例 |
| 1 | 1802 | 73.0% | 224 | 45.0% |
| 2 | 574 | 23.3% | 176 | 35.3% |
| 3 | 71 | 2.9% | 74 | 14.9% |
| 4 | 14 | 0.6% | 23 | 4.6% |
| ≥5 | 6 | 0.2% | 1 | 0.2% |

## 六、小结

基于上文的文献计量分析,可以描述出 2003—2014 年间目前国内传媒经济学研究的概况。

总体看来,传媒产业和市场、报业、媒介融合、传媒企业、广告是受到研究者关注较多的研究问题,以对产业整体的研究居多,报业是受到关注最多的媒介,报业研究是贯穿 12 年来的一大研究主题,但随着媒介技术的发展,媒介融合和新媒体逐渐上升为主要的研究议题和研究热点。

和国际研究的整体状况对比表明,国内的整体研究视野还有待进一步开阔,针对世界贸易的研究是国内学界的薄弱环节。国内的传媒经济学研究更多地具有新闻传播学的学科属性,在未来的发展中也亟须吸收更多经济学和管理学的理论和方法,在方法上更加规范化,加强一手数据的收集。

从作者的分布和合作关系来看,无论是国内还是国外,这一学科领域还没有形成具有一定规模的、稳定的研究者群体。但相比之下,国内的传媒经济研究者之间的合作网络结构更松散,合作规模也更有限。

从刊登传媒经济学研究的学术期刊来看,《新闻记者》《当代传播》和《新闻界》是较为集中的呈现传媒经济研究成果的期刊。大部分的新闻传播学领域的期刊都刊登过传媒经济研究的论文,这一学科领域已经得到了国内期刊的普遍关注;但另一方面,新闻传播学领域质量最高的两本期刊《新闻与传播研究》和《新闻大学》却较少关注传媒经济领域的研究,说明传媒经济研究还没有充分得到最核心的研究场域的重视。

## 七、研究不足

首先,在收集论文的过程中,单纯以论文被引频次代表了论文的影响力,设定被引次数在 6 次及以上的论文才会入选。这种相对单一的筛选方法会导致近几年的研究成果和新近热点的研究议题入选的可能性降低了。因此本研究的研究样本在时间分布上,主要集中于 2010 年之前,近四年内的研究成果只占到了总体的 22% 左右,相对较少。

其次,由于有一定比例的论文存在同题发表的情况,但本研究仅仅将入

第一部分　国内传媒经济学研究：热点与学术圈场域

选高被引论文的范围中的同题发表论文的下载和被引数据进行了合并，如果某篇论文多次同题发表但是只有一篇的被引量达到了本研究设定的标准，在研究中没有将这些同题发表的被引和下载数据加入，可能会造成一定程度的误差。

**参考文献：**

［1］陈德金、李本乾、陈晓云：《中国传媒集团国际化目标市场选择模型研究——基于文化差异实证与 DMP 方法的分析》，《中国软科学》2011 年第 1 期，第 163—172 页。

［2］陈虹：《新媒体环境下的美国广播发展新趋势》，《现代传播：中国传媒大学学报》2009 年第 4 期，第 47—49 页。

［3］陈悦、陈超美、胡志刚、王贤文：《引文空间分析原理与应用：Cite Space 实用指南》，科学出版社 2014 年版。

［4］姜阳阳：《基于共词分析的组织变革知识图谱研究》，东北财经大学硕士毕业论文，2011 年。

［5］罗以澄、吕尚彬：《民本化，产业化，数学化，国际化：我国传媒发展的四大战略走向》，《新闻传播》2009 年第 8 期，第 7—10 页。

［6］庞景安：《科学计量研究方法论》，科学技术文献出版社 1999 年版。

［7］冉华、王凤仙：《基于文献计量分析的我国传媒经济学研究现状》，《新闻大学》2014 年第 6 期，第 96—101 页。

［8］谢耘耕：《全球金融危机对传媒业的影响及对策研究》，《中国电子商情：通信市场》2009 年第 1 期，第 5—9 页。

［9］喻国明、宋美杰：《中国传媒经济研究的"学术地图"——基于共引分析方法的研究探索》，《现代传播：中国传媒大学学报》2012 年第 2 期，第 30—38 页。

［10］章平、池见星：《10 年来中国传媒经济研究回顾——对 1996 年至 2005 年〈新闻与传播研究〉〈新闻大学〉的实证分析》，《新闻大学》2007 年第 2 期，第 123—129 页。

［11］《中国学术期刊（光盘版）》电子杂志社有限公司（2014），《中国学术期刊影响因子年报》（人文社会科学）2014 年第 12 卷。

［12］朱伟峰：《打造国际一流传媒集团迫在眉睫》，《新华文摘》2010 年第 3 期，第 152—155 页。

附：中国传媒经济学科影响力前 30 篇论文一览表

| 排序 | 题 目 | 作 者 | 期 刊 | 发表年度 | 下载量 | 微博数 | 被引量 | 被引质量 | 作者因子 | 期刊因子 | 总分 |
|---|---|---|---|---|---|---|---|---|---|---|---|
| 1 | 关于传媒影响力的诠释——对传媒产业本质的一种探讨 | 喻国明 | 国际新闻界 | 2003 | 3872 | 11 | 413 | 0.20 | 6.49 | 1.10 | 0.507 |
| 2 | 微博客传播形态解析 | 孙卫华、张庆永 | 传媒观察 | 2008 | 9409 | 1 | 393 | 0.03 | 5.00 | 0.32 | 0.472 |
| 3 | 微博客传播特性及盈利模式分析 | 卢金珠 | 现代传播（中国传媒大学学报） | 2010 | 7544 | 55 | 209 | 0.00 | 8.00 | 1.09 | 0.333 |
| 4 | 何为新媒体? | 廖祥忠 | 现代传播（中国传媒大学学报） | 2008 | 12736 | 0 | 174 | 0.02 | 10.00 | 1.09 | 0.305 |
| 5 | 媒介融合前景下的新闻传播变革——试论"融合新闻"及其挑战 | 蔡雯 | 国际新闻界 | 2006 | 4425 | 5 | 185 | 0.14 | 29.29 | 1.10 | 0.301 |
| 6 | 解读新媒体的几个关键词 | 喻国明 | 广告大观（媒介版） | 2006 | 3135 | 5 | 233 | 0.09 | 15.71 | 0.04 | 0.289 |
| 7 | 中国传媒普及率追赶的实证分析 | 胡毅钢、张晓群 | 新闻与传播研究 | 2004 | 320 | 0 | 17 | 1.00 | 26.01 | 1.85 | 0.285 |
| 8 | 传媒业的产业融合与传播符号学的新视域 | 李思屈、关萍萍 | 浙江大学学报（人文社会科学版） | 2009 | 730 | 13 | 6 | 1.00 | 13.50 | 2.06 | 0.277 |

续表

| 排序 | 题目 | 作者 | 期刊 | 发表年度 | 下载量 | 微博数 | 被引量 | 被引质量 | 作者因子 | 期刊因子 | 总分 |
|---|---|---|---|---|---|---|---|---|---|---|---|
| 9 | 论中国新闻媒体的双轨制——再论中国新闻媒体的双重性 | 李良荣 | 现代传播 | 2003 | 2269 | 3 | 155 | 0.37 | 9.75 | 1.09 | 0.277 |
| 10 | 3G元年的困惑与思考 | 彭兰 | 中国记者 | 2010 | 452 | 0 | 7 | 1.00 | 51.31 | 0.38 | 0.275 |
| 11 | 中国民营报业托拉斯道路的破灭 | 刘小燕 | 新闻大学 | 2003 | 408 | 0 | 12 | 0.40 | 136.00 | 1.32 | 0.271 |
| 12 | 自媒体：新媒体发展的最新阶段及其特点 | 邓新民 | 探索 | 2006 | 5585 | 0 | 197 | 0.06 | 2.00 | 0.73 | 0.263 |
| 13 | 社会资本与媒体产业发展 | 刘年辉 | 新闻与传播研究 | 2006 | 403 | 0 | 11 | 1.00 | 7.27 | 1.85 | 0.259 |
| 14 | 3G环境下手机媒体的赢利模式 | 匡文波、高岩 | 传媒 | 2010 | 444 | 0 | 9 | 1.00 | 25.17 | 0.49 | 0.250 |
| 15 | 什么是"全媒体" | 罗鑫 | 中国记者 | 2010 | 3158 | 2 | 198 | 0.10 | 0.00 | 0.38 | 0.247 |
| 16 | 大数据浪潮中的传媒业——兼谈大数据讨论的若干误区 | 王武彬 | 新闻记者 | 2013 | 884 | 1 | 12 | 1.00 | 1.67 | 1.12 | 0.244 |
| 17 | 微博：一种蕴含巨大能量的新型传播形态 | 喻国明 | 新闻与写作 | 2010 | 2694 | 1 | 200 | 0.03 | 6.66 | 0.62 | 0.242 |
| 18 | 再造流程：实施报业战略转型 | 郑强 | 青年记者 | 2009 | 99 | 0 | 9 | 1.00 | 24.50 | 0.22 | 0.241 |

续表

| 排序 | 题目 | 作者 | 期刊 | 发表年度 | 下载量 | 微博数 | 被引量 | 被引质量 | 作者因子 | 期刊因子 | 总分 |
|---|---|---|---|---|---|---|---|---|---|---|---|
| 19 | 论新时期我国传媒业的改革与发展 | 郑保卫 | 现代传播（中国传媒大学学报） | 2008 | 622 | 0 | 6 | 1.00 | 7.47 | 1.09 | 0.241 |
| 20 | 制度环境与传媒治理结构创新——一个传媒治理结构的理论分析框架及其在中国的应用 | 周劲 | 江西财经大学学报 | 2006 | 361 | 0 | 16 | 0.71 | 41.67 | 1.64 | 0.240 |
| 21 | 中国传媒迅速崛起的实证分析 | 胡鞍钢、张晓群 | 战略与管理 | 2004 | 1007 | 0 | 128 | 0.28 | 26.01 | 1.05 | 0.237 |
| 22 | 新闻传播的变化融合了什么——从美国新闻传播的变化谈起 | 蔡雯 | 中国记者 | 2005 | 1207 | 0 | 149 | 0.27 | 18.75 | 0.38 | 0.236 |
| 23 | 我国媒介广告市场集中度分析 | 王威 | 国际新闻界 | 2007 | 559 | 0 | 8 | 1.00 | 0.25 | 1.10 | 0.235 |
| 24 | 纸质媒体产业竞争性分析 | 陈敏 | 当代传播 | 2006 | 229 | 0 | 6 | 1.00 | 0.00 | 1.14 | 0.231 |
| 25 | 微信传播机制与治理问题研究 | 方兴东、石现升、张笑容、张静 | 现代传播（中国传媒大学学报） | 2013 | 10584 | 3 | 88 | 0.04 | 26.00 | 1.09 | 0.230 |

续表

| 排序 | 题目 | 作者 | 期刊 | 发表年度 | 下载量 | 微博数 | 被引量 | 被引质量 | 作者因子 | 期刊因子 | 总分 |
|---|---|---|---|---|---|---|---|---|---|---|---|
| 26 | 我国传媒业建立和完善激励机制初探 | 刘社瑞 | 湖南大学学报（社会科学版） | 2003 | 150 | 0 | 6 | 1.00 | 3.86 | 0.88 | 0.229 |
| 27 | 试析抗战时期《新华日报》的经营管理 | 刘洪 | 广西大学学报（哲学社会科学版） | 2009 | 227 | 0 | 6 | 1.00 | 7.50 | 0.65 | 0.229 |
| 28 | 中国传媒产业政府规制改革研究 | 尹明 | 东北财经大学学报 | 2010 | 381 | 0 | 8 | 1.00 | 0.00 | 0.89 | 0.229 |
| 29 | 关于报业集团上市的几点思考 | 袁舟 | 新闻界 | 2004 | 110 | 0 | 9 | 1.00 | 3.33 | 0.73 | 0.228 |
| 30 | 新加坡新闻传媒控制模式透视 | 孙发友、李艳华 | 编辑之友 | 2005 | 570 | 0 | 11 | 1.00 | 2.63 | 0.49 | 0.228 |

# 随中国传媒业思想解放崛起的中国传媒经济学科

吴信训*

作为一个新兴的学科——传媒经济学科,能在一个不太长的历史进程中,成为中国高等教育学科体系中引人注目的学科,无疑是得益于改革开放的时代大潮,推动了中国传媒业的思想解放。因为,改革开放前一个时期(尤其是"文化大革命")中,是将传媒简单等同于宣传工具,只存下政治属性,完全置于与经济及产业无关的地位。根本不提传媒经济这种概念,更不用说对传媒经济的研究了!

1978年中国共产党十一届三中全会的召开,拓开了由计划经济模式逐步向有计划的商品经济过渡,直至最终确立社会主义市场经济体制的革命性历史进程。在新闻传播领域,新闻传播业界学界的思想得到空前的解放,自身发展的规律日益被人们认识并受到尊重,市场经济法则逐渐为新闻传播媒体接受,新闻传播媒体具有政治属性、信息属性、文化属性、商品属性等多重属性的特性得到确认并得以发挥。传媒经济研究与传媒实践也得到良好的互动。

根据资料显示,将"传媒"与"经济"具体联系起来的相关概念在中国的出现,始于20世纪80年代。在传媒业界学界相继提出"广播电视经济""出版经济学""报业经济"等概念。90年代中后期,传媒经济成为热门话题。[1]

---

\* 吴信训:教授、博士生导师,上海大学·上海市社会科学创新研究基地主任、传媒经济研究中心主任、中国艺术产业研究院执行院长。

[1] 参见吴信训、金冠军主编:《中国传媒经济研究 1949—2004》,复旦大学出版社 2004 年版。

在高等教育的新闻传播学科中,有关传媒经济的教学科研也迅速形成热潮。对传媒经济的本质、属性等核心基础理论概念的研究日渐深入,产生了广泛的社会影响。代表性成果如:《从注意力经济的角度看媒体品牌》(2000)①、《影响力经济与媒体赢利模式》(2001)②、《影响力经济——对于传媒产业本质的一种诠释》(2003)③、《舆论经济:传媒经济的本质解析》(2004)④ 等。

一批高等院校中逐渐形成了传媒经济研究与教学的人才队伍,以及教学科研机构和实验环境,并相继正式开设了硕士生、博士生层次的专业教育。例如,2003 年,中国人民大学在全国率先自主设立传媒经济学二级学科,并于同年 11 月设立传媒经济学硕士、博士点;中国传媒大学经济与管理学院也设立了传媒经济学硕士、博士点;上海大学自 2002 年开始了传媒经济研究方向的硕士研究生培养,2007 年开始博士研究生培养;清华大学从 2002 年起开始传媒经济与管理方向的硕士生培养,2008 年开始博士生培养;武汉大学于 2005 年开始媒介经济与管理方向博士研究生及硕士研究生培养;暨南大学自 2006 年起,招收传媒经营管理方向的博士研究生;还有华中科技大学、华东师范大学、暨南大学等也较早开设了媒介经营管理方向硕士及博士研究生培养。

一批传媒经济研究的著作如雨后春笋般问世。如中国人民大学喻国明团队的《媒介革命》《植入式广告——操作路线图》《微博:一种新传播形态的考察》《中国人的媒介接触:时间维度与空间界面》《新闻传播的大数据时代》《传媒经济学:理论、历史与实务》《电视广告视觉注意研究》《传媒经济行为:策略与博弈》《谁在网络中呼风唤雨——网络舆情传播的动力节点和动力机制研究》《中国传媒发展指数报告》《中国社会舆情年度报告》蓝皮书等;上海大学吴信训团队自 2003 年以来,出版《中国东西部传媒经济研究》《中国传媒经济研究 1949—2004》《现代传媒经济学》《新媒介与传媒经济》《美国

---

① 喻国明:《从注意力经济的角度看媒体品牌》,《现代广告》2000 年第 5 期。
② 曹鹏:《影响力经济与媒体赢利模式》,《新闻与写作》2001 年第 12 期。
③ 喻国明:《影响力经济——对于传媒产业本质的一种诠释》,《新闻战线》2003 年第 6 期。
④ 吴信训等:《现代传媒经济学》,复旦大学出版社 2004 年版;《中国传媒报告》2005 年第 2 期。

新媒体产业》《日本新媒体产业》《印度新媒体产业》《发达国家与新兴国家的数字电视产业》《当代传媒制度变迁》《亚洲传媒的结构转型》《网络新闻业与跨文化传播》《上海传媒产业制度变迁》等10余部著作。自2008年开始，主编出版辑刊《世界传媒产业评论》（中国国际广播出版社），迄今已出版11辑。自2011年开始，与中国社会科学院新闻与传播研究所联合编辑出版《中国新媒体发展报告》（新媒体蓝皮书），迄今已出版5辑。该报告于2012年获全国皮书二等奖，2013年与2015年连续两届获全国皮书一等奖；中国传媒大学周鸿铎团队出版的《广播电视经济学》《中国广播电视经济管理概论》《电视节目经营策略》《传媒产业经营实务》《网络经济》《传媒经济丛书》（8卷）、《媒介经营与管理丛书》（12卷）等；清华大学崔保国团队出版学术专著、教材20余部。其尤有代表性的成果是每年出版一部的《传媒蓝皮书》，已经出版了12辑，并从2012年起被收入CSSCI集刊索引；武汉大学团队出版学术专著、教材20余部。代表性成果如《中国大陆报纸转型》《中国报业：市场与互联网视域下的转型》《传媒市场研究：理论与实践》《大众传媒的竞争与合作研究》等。武汉大学传媒经济与管理学科自2002年主办的辑刊《中国传媒发展研究报告》也一度成为CSSCI学术集刊；暨南大学团队则出版了《媒介管理》《中国报业的产业化运作》《新闻事业经营管理》《西方媒介产业化历史研究》《媒介经济学》《娱乐产业经济学》等系列教材与论著；浙江大学团队则成功创办了富有特色的中英文两种版本的《中国传媒报告》和 China Media Research 两本学术期刊。

中国传媒经济学科的国内国际学术交流活动也得到有声有色的推进。各个高校从不同的视角主办的学术会议此起彼伏，难以计数，影响深远。从中国传媒经济学科的影响力不仅在国内，而且也传播到国际的高度来看，有几个镜头尤其值得定格：一是2012年在上海大学召开的"传媒新经济：中国与世界的对话"国际研讨会，首次聚集了以世界传媒经济大会主席罗伯特·皮卡德为代表的一批国际知名传媒经济学者来到中国，与中国学者共襄盛会；二是2013年，经郑保卫教授、崔保国教授、杭敏博士等学者的努力，由中国人民大学新闻与社会发展研究中心、中国传媒大学传媒经济研究所、清华大学媒介经营与管理中心、北京大学珠海分校传播学院、中国教育报刊社新闻研究中心联合主办的"第七届世界传媒经济学术会议"首次在中国召开；

三是 2009 年,世界传媒经济大会主席罗伯特·皮卡德为几位中国学者颁发了"中国传媒经济与管理教育杰出贡献奖"奖牌。

作为中国传媒经济学科崛起的标志性事件,还值得提到的是:2008 年 10 月 24 日,作为中国新闻教育学会下属的分会——传媒经济与管理学会第一届常务理事会在上海大学召开。会议讨论、审议并通过了中国传媒经济学会章程;选举建立了会长、常务副会长、副会长、秘书长、副秘书长,国际学术部、国内学术部、博士硕士学术部、学术顾问委员会等常设领导机构和人选;研究了学会近期和远期的建设目标,宣告了学会的正式成立。由此,中国传媒经济学科有了与新闻学科、传播学科并列的学会组织。在教育部最新一轮的学科目录调整中,传媒经济被列为二级学科。2012 年,学会还隆重举办了"首届中国传媒经济与管理学会优秀成果奖"颁奖典礼。有 5 种期刊、辑刊荣获"杰出期刊/辑刊奖";有 19 种专著和有 19 篇论文分别获得优秀科研专著及论文的一、二、三等奖。是我国传媒经济学科优秀科研成果的一次生动展示和检阅。①

中国传媒经济学科的发展,在一定意义上可以说,为改革开放以来整个新闻传播学科的发展增添了一道格外亮丽的风景。

但是,"路漫漫其修远兮"!互联网科技的发展对传统媒体的命运提出了严峻的挑战,媒体融合已成新的时代大潮。尤其是在新媒体科技创新发展一日千里、目不暇接的情景下,传统媒体与新兴媒体如何融合发展,是传媒经济学科开展科研与教学面临的前所未有的重大课题。更需要高度的智慧、创新的思维、决胜的行动。传媒经济学科从一诞生起,可以说就带着与传媒产业行业的实践,尤其是发展前沿,关联最紧密、最接地气的特点,尤其需要我们传媒经济学科的学者、师生更自觉地置身于媒介融合的第一线、最前沿,"精骛八极,思接千载",充分发挥科学的想象,获得有价值的创新灵感,争取为中国乃至世界媒体融合的发展做出杰出的贡献!

---

① 获奖作品名单参见人大复印资料《新闻与传播》2013 年第 2 期。

# 中国大陆传媒经济学术圈分析[*]

## 丁汉青[**]

**【摘要】** 本文分析了中国大陆传媒经济学术圈的基本情况。对1998—2007年《新闻与传播研究》《国际新闻界》《现代传播》《新闻大学》四种期刊所发表的传媒经济类论文做引文分析后发现,中国大陆传媒经济学术圈"中西兼顾,以中为主",既未形成核心作者群,又未形成核心信息源。该学术圈无论从主要学者研究方向来看还是从被引次数居于前列的信息源上看,都显示出根植于新闻传播学的特点。

**【关键词】** 传媒经济,学术圈,引文

在中国,虽然传媒经济学科远较新闻学与传播学年轻,但有数据称现今开设传媒经济或相关专业的院校已逾百所,全国招收传媒经济或传媒管理专业博士研究生的高校也已超过5所。一个生机勃勃的传媒经济学术圈正在形成。本研究采用引文分析法,旨在分析中国传媒经济学术圈的基本状况。

## 一、文献回顾

现有以实证方法研究"传媒经济学"之文献的关注点主要集中在"研究

---

[*] 中国人民大学新闻学院2007级传媒经济专业研究生王道静、陈会君、武慧锋、张美娜完成了四份期刊的编码工作。他们之间的编码信度为94.7%。

[**] 丁汉青,中国人民大学新闻学院副教授,中国人民大学新闻与社会发展研究中心研究员、博士。本文为作者主持的国家社科基金项目"中国大众传媒竞争与合作研究"的阶段性成果,项目编号为08CXW006。

什么"和"怎样研究"两个方面。譬如郭志法、刘年辉以 Journal of Media Economics 自 1988 年创刊至 2004 年的论文目录和 2002—2004 年全部论文为对象，分析了西方国家传媒经济研究的主题分类、研究范式与研究方法[①]；杭敏（2006）则从时间、研究领域/话题、研究范式和研究方法四个方面对 1257 篇论文编码，根据内容分析的结果，识别出中国媒介经济研究的三个独特属性[②]。比较而言，已有研究对中国大陆传媒经济学术圈所倚重的作者、学科、资料类型等的关注较少。章平、池见星虽根据对 1996—2005 年《新闻与传播研究》《新闻大学》的实证分析揭示了"研究人员的构成"[③]，但第一，用这两份期刊代表中国传媒经济学术圈的全貌有些欠周全；第二，用由研究者身份、研究者所在机构等指标描述的"研究人员构成"来描述传媒经济学术圈的轮廓过于模糊；第三，已有研究是从论文而非引文角度切入。鉴于此，本研究拟从引文角度切入，分析中国大陆传媒经济学术圈的基本状况，并与 1998 年托德·钱伯斯（Todd Chambers）对 1988—1997 年 Journal of Media Economics 中有关媒介经济的论文和评论所做的引文分析进行比较[④]。

Bradford 法则认为，与某一主题相关的论文会集中在少数期刊上。Lotka 法则则预测同样的现象也发生在论文作者身上[⑤]。据此，我们可以根据对一些重要期刊引文的分析来了解中国传媒经济学术圈的情况。

本研究的前提假设是作者被引率与其在学术圈中的影响力呈正相关关系。

## 二、研究方法

"引文分析是利用各种数学及统计学的方法对科学期刊及文献甚至作者

---

[①] 郭志法、刘年辉：《美国媒介经济研究的进展》，《新闻与传播研究》第 13 卷第 1 期。

[②] Min Hang: The History and Development of Media Economics Research in China, *Journal of Media Business Studies*, 2006, 3（2）。

[③] 章平、池见星：《10 年来中国传媒经济研究回顾——对 1996 年至 2005 年〈新闻与传播研究〉〈新闻大学〉的实证分析》，《新闻大学》2007 年第 2 期。

[④] 文中引文分析比较时所采用的数据均出自 Todd Chambers: Who's On First? Studying the Scholarly Community of Media Economics, *Journal of Media Economics*, 1998, 11（1）。不再一一加注。

[⑤] Todd Chambers: Who's On First? Studying the Scholarly Community of Media Economics, *Journal of Media Economics*, 1998, 11（1）。

等对象的引用与被引用现象进行比较、归纳、抽象评断,以探索其数量特征及内在价值。"① 该方法假设,研究人员借由引用文献,表明对前人研究成果的承认、借鉴、继承、修正、反驳、批判或是向读者提供更进一步研究的参考线索等,于是著文与引文之间建立起一种引证关系②。引文分析可从引文数量上进行分析,亦可从引文的网状系统进行分析,本文侧重于从引文数量分析。

中国内地有关传媒经济的研究论文多散见于各新闻与传播类期刊中,本研究选定1998—2007年的《新闻与传播研究》《国际新闻界》《现代传播》《新闻大学》四种新闻传播类核心期刊为研究对象,这四家期刊均为研究所或大学主办,较部、署、协会、电视台等主办的同类核心期刊学术性更强,更能代表中国传媒经济学术圈。预想到某些经济类或管理类期刊可能会刊登传媒经济研究方面的论文,但已有研究者考察1996—2006年的《经济研究》(社科院经济研究所主办)和《经济学季刊》(北京大学中国经济研究中心主办)后发现,"10年来两本经济学期刊中无一篇文章涉及对传媒行业的经济分析"。③ 鉴于此,本研究并未选定经济学领域的专业期刊作为研究对象。

本研究共对667篇文章、3275条引文进行编码,编码项目包括引文总量、引文语言、引文作者、引文篇名、引文来源和引文发表日期。

目前来看,SSCI等数据库已相当成熟,引文分析功能强大,但由于本研究锁定的四份期刊皆非SSCI文献,因此无法使用SSCI数据库。由南京大学研究制的CSSCI和CNIK虽然包括本研究选定的四份期刊,但由于此数据库缺失本研究设定的某些编码项目,且数据库综合数据分析的能力尚存缺陷,因此,本研究仍采用人工编码。

---

① 俞培果:《论引文分析方法的发展》,《图书情报工作》1995年第4期。
② (台)孟连生:《试问引文索引法的性质与功能》,《资讯传播与图书馆学》第3卷第1期(1996年9月)。
③ 章平、池见星:《10年来中国传媒经济研究回顾——对1996年至2005年〈新闻与传播研究〉〈新闻大学〉的实证分析》,《新闻大学》2007年第2期。

## 三、研究结果

### (一)引文几乎全部发表于1989年之后

本研究发现,92.61%的引文发表于1989年之后,62.37%的引文发表于1999年之后。其中发表于2003年和2000年的引文数最多,分别占引文总数的9.99%和9.88%。2004年(8.96%)、2001年(8.78%)、1999年(8.74%)、2005年(8.46%)的引文数量亦较多(见图1)。引文的这种分布态势既在一定程度上印证了Brook识别出的引文重要动机之一是新颖性,又反映出知识的扩散需要一定的时间(2007年与2006年的引文数量均偏低)。

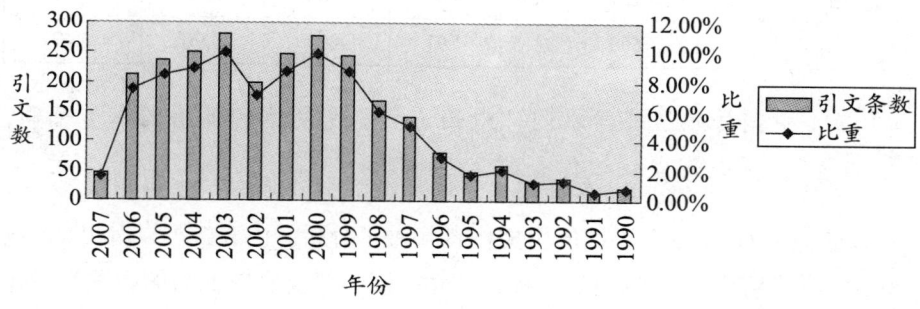

图1 1990—2007年引文量分布图

### (二)平均每篇论文的引文量偏低

本研究发现,四期刊平均每篇传媒经济论文的引文量只有4.91条/篇,即使平均引文量最多的《新闻与传播研究》也只有6.99条/篇,远低于1988—1997年 Journal of Media Economics 所刊载论文27.1条/篇的数据。以中文引文与外文(主要是英文,包括原文及译作)引文条数之比来衡量,中国传媒经济研究对中文文献的倚重远高于外文文献(见表1)。虽然引文量并不能作为权衡论文质量的一个重要指标,但引文量及权威性在一定程度上可以体现出知识传承的顺畅程度。

表 1　四份期刊平均每篇论文引文数[①]

| 期刊名称 | 论文篇数 | 引文数（条） | | | 平均每篇论文引文数（条） | 平均每篇论文中文引文数（条） | 平均每篇论文外文引文数（条） | 平均每篇论文中文引文数与外文引文数之比 |
| --- | --- | --- | --- | --- | --- | --- | --- | --- |
| | | 中文 | 外文（主要是英文） | 合计 | | | | |
| 新闻与传播研究 | 81 | 464 | 102 | 566 | 6.99 | 5.73 | 1.26 | 4.55 |
| 国际新闻界 | 186 | 599 | 154 | 753 | 4.05 | 3.22 | 0.83 | 3.89 |
| 新闻大学 | 208 | 868 | 204 | 1072 | 5.15 | 4.17 | 0.98 | 4.25 |
| 现代传播 | 192 | 745 | 139 | 884 | 4.60 | 3.88 | 0.72 | 5.36 |
| 合计 | 667 | 2676 | 599 | 3275 | 4.91 | 4.01 | 0.90 | 4.47 |

（三）中国传媒经济学术圈"中西（主要是发达的英语国家）兼顾，以中为主"，并未形成核心作者群

该研究共对 2195 名不同的引文作者[②]做了分析。由表 2 可以看出，以被引频次作为衡量学术影响力的指标，该学术圈中最具有影响力的中国学者包括喻国明（被引 41 次）、黄升民（被引 32 次）、李良荣（被引 28 次）、胡正荣（被引 17 次）、昝廷全（被引 14 次）等，外国学者包括皮卡德（被引 14 次）、麦奎尔（被引 14 次）、道尔（被引 12 次）、科特勒（被引 11 次）等。引文量居于前十位的这 18 位学者的被引次量累计为 13.53%。这说明核心作者群尚未形成[③]。尽管如此，仍需肯定被引次数居于前列的这些作者仍是目前为中国传媒经济研究输送智慧的代表人物。其中中国学者占 68.42%，西方学者占 31.58%。这种分布情况说明中国传媒经济学术圈具有"中西（主要是发达的英语国家）兼顾，以中为主"的特点。

---

① 此分析主要是考察知识来源，因此引文语言以发表时的原版语言为准，翻译为中文的引文仍视为外文引文。

② 联合发表的引文以第一作者为准。

③ 1988—1997 年 *Journal of Media Economics* 引文分析显示前十作者累计被引次数为 23%，仍被认为 "there was not a core number of authors"。

表2 被引次数居于前十位的引文作者

| 引文作者 | 被引次数 | 在总引文中的比例 | 累计百分比 | 研究方向 |
| --- | --- | --- | --- | --- |
| 喻国明 | 41 | 1.87% | 1.87% | 新闻传播理论、传媒经济与社会发展、传播学研究方法 |
| 黄升民 | 32 | 1.46% | 3.33% | 媒介经营与产业化 |
| 李良荣 | 28 | 1.28% | 4.60% | 新闻理论、宣传学、当代世界新闻媒体 |
| 胡正荣 | 17 | 0.77% | 5.38% | 传播学理论、广播电视传播、媒介政策与制度、传播政治经济学、媒介发展战略与管理、新媒介等 |
| 昝廷全 | 14 | 0.64% | 6.01% | 经济科学理论 |
| [美]罗伯特·G.皮卡德（Picard, G.Robert） | 114 | 0.64% | 6.65% | 媒介经济 |
| [美]麦魁尔·丹尼斯（Mcquail Denis） | 114 | 0.64% | 7.29% | 传播理论 |
| 魏永征 | 13 | 0.59% | 7.88% | 媒介法 |
| 唐绪军 | 13 | 0.59% | 8.47% | 传媒产业、报业研究 |
| 孙坚华 | 13 | 0.59% | 9.07% | 不详 |
| 邵培仁 | 13 | 0.59% | 9.66% | 传播学和媒介管理学 |
| [英]吉莉安·道尔（Gillian Doyle） | 12 | 0.55% | 10.21% | 媒介经济学 |
| 孙旭培 | 11 | 0.50% | 10.71% | 新闻理论、新闻法、新闻改革 |
| 陆地 | 11 | 0.50% | 11.21% | 媒介经营管理、影视传播、广播电视理论 |
| 陈力丹 | 11 | 0.50% | 11.71% | 新闻传播理论、新闻传播史、舆论学、传播学研究 |
| [美]菲利普·科特勒（Philip Kotler） | 11 | 0.50% | 12.21% | 营销学 |
| 周鸿铎 | 10 | 0.46% | 12.67% | 传媒经济 |
| [美]保罗·萨缪尔森（Paul A.Samuelson） | 9 | 0.41% | 13.08% | 经济学 |
|  | 287 |  | 13.08% |  |

说明：研究方向以网上查得的资料为准。

在表2所示的这18位作者中,一半学者的研究方向都包括新闻传播学,这从一个侧面反映出传媒经济学术圈与新闻传播学学术圈血脉相连。

(四)与传媒经济学术圈联系最密切的学科为新闻传播学

除传媒经济学外,新闻传播学与经济学是目前传媒经济研究最倚重的两个学科。

本研究根据引文所属的学科领域对2980[①]条引文做了分析,结果发现(见图2),除传媒经济学(51.17%)外,传媒经济论文最倚重的学科为新闻传播学(24.87%),其下依次为经济学(9.70%)、社会学(3.76%)和管理学(3.46%)。这种情况与表2所反映出的多数学者的研究方向包括新闻传播学相呼应。

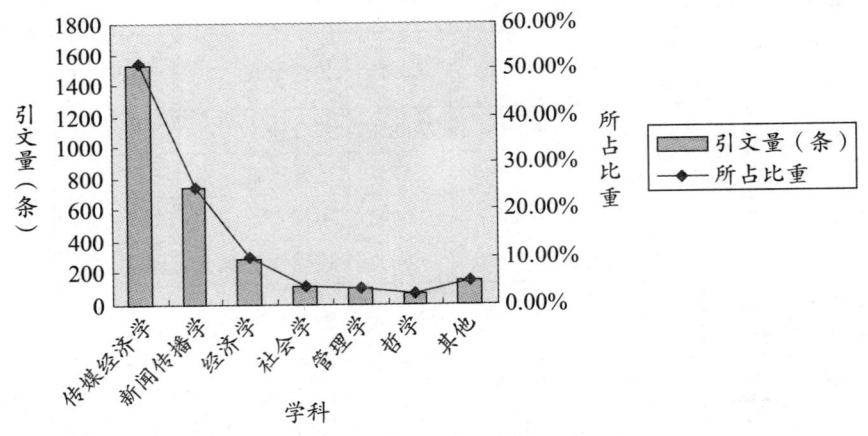

图2　引文所属学科分布图

(五)引文类型集中于图书与学术期刊,主要信息源相对分散

中国大陆传媒经济研究最为倚重的引文类型为图书(占37.92%),其次为学术期刊论文(28.61%)。二者合占所有引文类型的66.53%(见表3)。而1988—1997年 Journal of Media Economics 所发表论文的引文有34.8%来自

---

① 某些引文根据引文标题无法准确辨识所属学科领域,被视为无效。引文所属学科领域根据引文内容而非作者主要研究领域而定。

学术期刊，24.6% 来自图书。两相比较便会发现，无论是对中国传媒经济研究还是西方传媒经济研究来说，图书与学术期刊都是最重要、最具影响力的两种引文类型，差别仅在于中国传媒经济学术圈对图书的倚重甚于对学术期刊的倚重，而西方传媒经济学者则最倚重期刊。此外，相对于 *Journal of Media Economics* 3.4% 的新闻/杂志引文来源来说，中国 13.04% 的同类数据偏高。新闻/杂志以时效性为显著特点，对新闻/杂志的倚重缘于中国传媒经济研究常需从新闻/杂志上引用新的传媒政策和新的传媒经济业界动态。

表3  引文类型分布

| 引文类型 | 百分比 | 累计百分比 |
| --- | --- | --- |
| 图书 | 37.92% | 37.92% |
| 学术期刊论文 | 28.61% | 66.53% |
| 报纸或新闻类杂志 | 13.04% | 79.57% |
| 电子文献 | 10.50% | 90.07% |
| 其他 | 4.85% | 94.92% |
| 报告 | 1.65% | 96.57% |
| 官方文件 | 1.13% | 97.70% |
| 会议论文 | 1.10% | 98.80% |
| 年鉴 | 0.85% | 99.65% |
| 学位论文 | 0.34% | 100.00% |

表4显示，引文居于前列的16种信息源包括10种期刊，4种报纸，1种图书，1种年鉴。与托德·钱伯斯（Todd Chambers）对1988—1997年 *Journal of Media Economics* 中有关媒介经济的论文和评论所做引文分析发现[1]相比，中国传媒经济学者所倚重的核心信息源有如下几个特点：第一，中国传媒经济研究更倚重新闻传播类期刊。托德·钱伯斯所罗列的8个重要学术期刊类信息源中有1个经济类期刊，1个媒介经济类期刊，6个新闻传播类期刊。而中国传媒经济学者所倚重的前9个期刊均为新闻传播类期刊。

---

[1] Todd Chambers: Who's On First? Studying the Scholarly Community of Media Economics, *Journal of Media Economics*, 1998, 11（1）.

第二，中国传媒经济学术圈对报纸的倚重高于西方。表4所显示的信息源有4份报纸。根据统计，新闻/杂志类引文中被引次数最多的是《光明日报》，其次是《人民日报》《南方周末》和《经济参考报》。这些报纸主要为传媒经济学术圈提供政策变动、传媒业界动态等方面的信息。第三，中国传媒经济学术圈所倚重的信息源相对分散，核心信息源尚未形成。托德·钱伯斯的研究显示，西方传媒经济学术圈前15种核心信息源被引用的频次累计80%，而中国传媒经济学术圈前16种重要信息源的被引频次累计仅为11.39%。

表4 被引次数居于前列的信息源

| 期刊名称 | 被引次数 | 频次 | 累计百分比 |
| --- | --- | --- | --- |
| 现代传播 | 53 | 2.24% | 2.24% |
| 国际新闻界 | 25 | 1.05% | 3.29% |
| 新闻大学 | 24 | 1.01% | 4.30% |
| 新闻与传播研究 | 23 | 0.97% | 5.27% |
| 新闻记者 | 22 | 0.93% | 6.20% |
| 中国广播电视学刊 | 19 | 0.80% | 7.00% |
| 新闻战线 | 15 | 0.63% | 7.63% |
| 新闻界 | 13 | 0.55% | 8.18% |
| 世界广播电视参考 | 12 | 0.51% | 8.69% |
| 光明日报 | 12 | 0.51% | 9.19% |
| 中国记者 | 11 | 0.46% | 9.66% |
| 人民日报 | 10 | 0.42% | 10.08% |
| 南方周末 | 9 | 0.38% | 10.46% |
| 中国新闻年鉴 | 8 | 0.34% | 10.80% |
| 媒介经营与产业化研究 | 7 | 0.30% | 11.09% |
| 经济参考报 | 7 | 0.30% | 11.39% |
| 信息源总量 | | 2371 | |

说明：频次=被引次数/不同信息源总数。

## 四、结论

与西方传媒经济学术圈相比,中国传媒经济学术圈仍是个年轻的、发展中的学术圈。主要表现在两点:第一,并未形成核心信息源;第二,不仅未形成核心作者群,而且主要作者被引用的频次亦较分散。这种现实反映了传媒经济学吸引了不少研究者涉足其中,但大家的研究兴趣分散,在研究范式、研究对象等基本问题上缺乏共识,因此学术圈未能有效聚合起来。

重要作者群落"中西兼顾",皮卡德等国外传媒经济研究代表人物已为中国传媒经济圈熟悉。不过,由于此引文分析发现以外文形式呈现的引文数量较低,只占外文引文总量的32.3%,其余均为翻译的中文版。因此可以判断,目前中国传媒经济学术圈中有不少西方学者的声音这一事实在很大程度上得益于出版社对西方文献的快速引进与翻译。与港台相比,语言仍是阻碍中国内地传媒经济学术圈内中外学者顺畅沟通的一个障碍。外文数据库的完善、中西学者互访交流的频繁及熟练掌握外语的新生代研究者的成长等将有利于中国传媒经济学术圈内中西学者间的进一步融合。

虽然本引文分析没有全面考量传媒经济论文作者的学科背景,但表2显示的重要引文作者的研究方向多为新闻传播学、表5显示的所倚重的学术期刊多为新闻传播类期刊等方面的数据有力地说明中国传媒经济研究所表现出的"理论性不够,对经济学、管理学、统计学、社会学等学科的融合不够深入"[①]的不足是情理之中的事情。作为旁观者,应对此学术圈内的不足有宽容之心;作为圈内人,则应认清不足,加强学术规范。

中国传媒经济学术圈与新闻传播学间的密切联系使中国的传媒经济研究短期内难以很快与经济学与管理学有机融合。这种情况的改善既需要新闻传播学出身的研究者经过再学习弥补自己在经济学、管理学方面的知识缺陷,又需要更多经济学、管理学研究背景的学者将研究焦点投向传媒。

本研究的不足之处在于:第一,未能进一步验证经济学领域内的期刊是

---

① 詹新慧:《与世界传媒经济大师对话——访世界传媒经济学术会议创始人罗伯特·G.皮卡德》,《传媒》2005年第7期。

否确实无传媒经济研究方面的文章。第二，未能将《中国传媒经济研究》（中国传媒大学）、《世界传媒产业评论》（上海大学）等以书代刊的传媒经济类出版物纳入分析视野。第三，若能从引文的网状系统进行分析，更能把握中国大陆传媒经济学科形成、发展的学术脉络。

# 中国传媒经济研究的"学术地图"
## ——基于共引分析方法的研究探索

喻国明　宋美杰

【摘要】本文以范式理论为框架，采用共引分析与社会网络分析的方法，结合多元统计分析的数据处理手段，利用 Bibexcel、CiteSpace 等科学知识图谱的可视化技术，构建出了中国传媒经济研究的学术地图，对中国近十年来传媒经济研究的学术共同体状况与研究问题进行了梳理与归类，进而探究大陆传媒经济的研究范式和科学发展阶段。

【关键词】传媒经济；学术研究；学术地图；范式理论

## 一、本项研究的角度与方法

"范式"一词是由托马斯·萨缪尔·库恩在其1962年的著作《科学革命的结构》一书中正式提出的，是库恩科学观的中心概念。在此书中，库恩用"范式"一词来表示范例、模式、模型等，后又扩大到包括范例在内的重大科学成就，以及科学共同体成员共同持有的一整套规定等。事实上"范式"这一概念与两个问题紧密关联："科学共同体"和"科学发展模式"。范式革命论是库恩在对自然科学研究史的基础上提出的，但是社会科学研究者发现社会研究领域也存在相似的现象，于是社会科学家将范式与范式革命概念移植到了自己的研究领域。

传媒经济研究的取向较多，包括存在经济学取向、管理学取向、传播学取向、交叉取向等多种争论。从这些取向来看，传媒经济研究范式与传播学范式、经济学范式的关系最为密切，由于本文所做的研究对象"传媒经济学"

为归属于新闻传播学之下的学科,因此应先对传播学范式进行梳理。

传播学与社会学、心理学、经济学,信息论、系统论与控制论等多学科相互交叉,如施拉姆所言,传播学就如一个"公共汽车站"。波特(1993)、麦奎尔(2002)等学者区分了传播研究的三大范式:社会科学范式、诠释范式和批判分析范式[1]。这种研究典范"三分法分类模式"(trichotomous scheme)似乎更为传播学者所接受[2]。Fink & Cantz(1996)从10个方面对245篇传播学研究学术刊物上的论文进行内容分析研究,发现研究者对传播研究的这三个典范的认同度(conformit)总体较高。[3]

在传播学的同一范式内部,还存在坚持不同的看法和研究重点的学术共同体(学派 school),如法兰克福学派、文化研究(伯明翰)学派、政治经济学派、多伦多学派、芝加哥学派、耶鲁学派等[4]。这些学派一般拥有比较一致的主张,有核心人物,甚至有的就集中在某一个研究机构。

基于以上的研究综述与研究问题,本研究涉及"范式""科学共同体""科学图谱"几个关键概念,这些概念之间也存在着紧密的内在关联,因此,寻找一个可操作、可以实现并有较强信度与效度的研究方法是研究的关键所在。

目前对于我国传媒经济学领域动态与进展的描述和分析主要采用两种方法:内容分析法与文献综述法。内容分析方法,研究者多选取新闻传播学目前的四大期刊(《新闻与传播研究》《国际新闻界》《新闻大学》《现代传播》)所刊载的文章为研究对象,分析其作者、研究领域、研究方法等。此外,也有一些国内学者通过梳理每个年度传媒经济研究领域公开发表的有代表性的论文、研究报告等,基于研究者的专业判断,用文献综述的方法来梳理本年度传媒经济研究的总体状况与学术进展。

眺望其他学科我们发现,文献计量学的相关方法已经成为一种重要的关于学科进展的研究范式,由此所描述出来的科学共同体与学术地图得到了学界较为普遍的认可。引文分析方法中的共引分析与共词分析方法已经广泛应用于经济学、医学、图书馆学等学科以及战略管理、知识管理等研究领域。相对于内容分析法,引文分析法更能体现知识基础与研究问题之间的关联。

事实上,库恩本人也认为对于知识图谱的研究:"访谈和问卷发放一般都用不上,这种共有的原始资料(共同吸收的文献)倒往往最能说明共同体的结构……我应当说,这些著作是一个共同体的'专业基体'要素的主要来源。"[5]

**1. 共引分析**

科学知识图谱研究是一个以科学学为基础涉及应用数学、信息、科学及计算机科学等交叉科学领域，是科学学和信息、计量学的新发展，基本原理是分析单位（科学文献、科学家、关键词等）的相似性分析及测度。[6]根据不同的方法和技术绘制不同类型的科学知识图谱。主要的研究方法为共引分析方法。

1973年美国情报学家亨利·斯莫尔（Small）和苏联情报学家依林娜·马沙科娃（I. V. Marshakova）基于文献耦合概念提出共引分析的研究方法（被称为共引、同被引），已成为日前文献计量学中应用最广泛的引证分析方法之一。

共引，是指若两篇文献被另一篇文献同时引用，则说明这两篇文献之间存在着密切的关系，经常一起被引用的著者表示他们在研究主题的概念、理论或方法上是相关的[7]。同被引的次数越多，他们之间的学科专业关系就越密切，距离也就越近[8]。共引分析就是利用相关数据库，挖掘具有一定学科代表性的文献，以共引频率为对象，利用多元统计方法，分析文献之间错综复杂的关系，以使得它们所代表的学科、专业结构可视化。[9]共引分析经过不断的延伸与实践，目前主要有作者共引、论文共引、期刊共引与学科（专业）共引几类，这些以不同目标为节点的共引研究都可以为传媒经济学所用，来揭示传媒经济研究的发展现状和变化情况。共引分析这一研究方法的引入，可以为传媒经济学的研究前沿分析、领域划定和研究成果评价提供新的探索路径，并且可以借助数据统计手段和相关软件实现学术地图的可视化。

**2. 文献选择**

在新闻传播学领域中，国外已有应用引文分析法进行研究的尝试。1984年Tankard等人首次采用共引方法分析新闻学研究领域前沿热点。[10] 2005年两位华人学者Chang & Tai对2000—2002年间 *Journalism and Mass Communication Quarterly* 进行文献共引网络分析，试图展示传播学科"无形学院"的面貌。[11]但是，在传媒经济领域中，国内外目前都尚无采用如此严谨的引证分析的方法进行研究。

传媒经济已经成为学术研究热点，近年有统计显示，传媒经济方面的论文已达到1000余篇，专著超过200部[12]。本书的意图是构建传媒经济的学术地图并进一步探索传媒经济的研究范式,因此学术论文是本研究的主要分析资料。目前国外的引文数据库主要有 SCI、SSCI 和 AHCI,而国内包含社会科学的数据库仅有 CSSCI 和 CNKI。由于分析单位为高被引论文,目前仅有 CNKI 数据库可以查到某学科下的论文被引频次,因此本研究采用 CNKI 为论文筛选的基础数据。

由于内地传媒经济学没有专业期刊,关于传媒经济的研究散落在各种期刊之中,因此本研究选择了 CNKI 的"新闻与传媒"数据库(586597 篇,3 个子库)和"出版"数据库(6265 篇)。从两个大库中筛选出了 1998 年至 2009 年 12 年间以传媒经济为主题的,所有被引频次在 1 次以上的论文总共 731 篇(简讯、硕博论文不包含在其中),共有引文(参考文献)3027 条。去除综述文章[13]以及相同题目发表于不同期刊的文章得到净化后文献 727 篇,引文(参考文献)2977 篇,引文作者 1701 人。

### 3. 操作步骤

在分析了大量关于共引分析的研究后发现,虽然两者的研究方法上存在一些差别,但是基本的研究流程可以概括为如下几项。

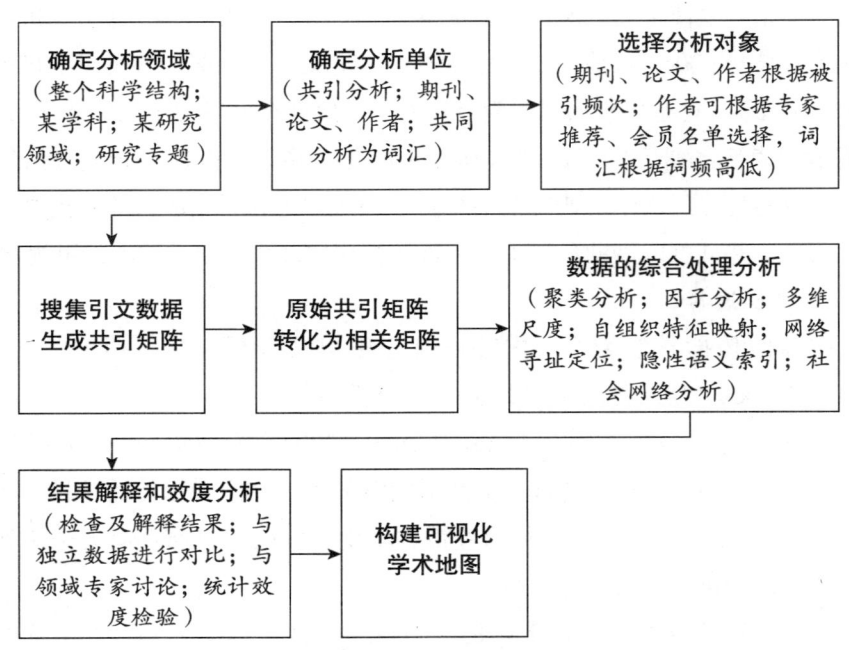

图 1　学术地图构建的操作步骤

## 二、数据处理与分析

1975年,库恩在《再论范式》一文中承认《科学革命的结构》中的"范式"一词无论实际上还是逻辑上都很接近于"科学共同体","一种范式是,也仅仅是一个科学共同体成员所共有的东西"[14]。科学共同体是产生科学知识的单位,是在科学发展的某一历史时期该学科领域中持有共同基本理论、基本观点和基本方法的科学家集团。[15]科学工作者由于学科的不同而分成不同的科学家团体,有的科学家由于学识广博、研究领域宽泛,同时属于好几个团体。而范式实际上则是科学共同体拥有共同的信念、价值标准、技术手段等,因而某学科的科学共同体是该学科存在范式可能的前提。本文着力于探究传媒经济研究的科学共同体状况以及高被引用的"典范"文献的研究范例,来描画目前内地传媒经济的学术地图,进而推及传媒经济的研究范式。

首先采用瑞典科学家佩尔松(Persson)开发的文献计量学研究软件Bibexcel进行作者共引分析的共现矩阵构建。首选选取了被引频次在4次及以上的作者,共76人(去除国外作者后剩余65人)通过Co-occurrence的数据分析方法查询65个作者中每两人间的共同被引用次数,建立了65×65的作者被共引矩阵。

**1. 核心研究者——发表、引用与中心度分析**

在社会网络分析中,通过分析各节点的中心度数据,可以判断研究者在传媒经济研究领域学术影响力、研究领域的跨度与桥梁作用以及在研究中的控制地位。中心度的判定包括度数中心度、中间中心度、接近中心度与特征向量中心度等多种分析视角。度数中心度一般测量一个点的核心地位与其他点直接关联的关系,如果一个点与许多点直接相连,则该点具有较高的度数中心。高中心度说明该研究者在传媒经济这一学术群体中处于核心的地位,是该领域的权威,该专家在所属领域具有较高的地位。

分析被引频次在4次及以上的传媒经济研究者的论文被引量、论文发表量和其构成的社会网络中的度数中心度计算出类传媒经济研究者的综合排序的前20位(如表1所示)发表量高,表明该研究者积极参与传媒经济的研究,较为活跃。高被引量则表明其研究质量较高,影响力大。对比同一研究者三个指标的相对差别,可以得出以下发现。[17]

表 1 传媒经济研究者综合排序（部分）[16]

| 排序 | 作者 | 被引量 | 发表量 | 中心度 | 总分 |
| --- | --- | --- | --- | --- | --- |
| 1 | 喻国明 | 54 | 21 | 64.063 | 88.5 |
| 2 | 李良荣 | 30 | 12 | 57.813 | 61.1 |
| 3 | 曹鹏 | 9 | 32 | 20.313 | 49.5 |
| 4 | 黄升民 | 29 | 8 | 32.813 | 43.3 |
| 5 | 胡正荣 | 22 | 3 | 42.188 | 38.7 |
| 6 | 邵培仁 | 21 | 6 | 31.25 | 35.5 |
| 7 | 陈力丹 | 12 | 6 | 34.375 | 31.5 |
| 8 | 周鸿铎 | 20 | 2 | 31.25 | 30.7 |
| 9 | 魏永征 | 15 | 5 | 26.563 | 28.3 |
| 10 | 昝廷全 | 16 | 4 | 20.313 | 24.6 |
| 11 | 蔡雯 | 11 | 4 | 23.438 | 23.2 |
| 12 | 张国良 | 14 | 3 | 21.875 | 23.1 |
| 13 | 陆小华 | 9 | 2 | 29.688 | 23.1 |
| 14 | 朱春阳 | 4 | 8 | 23.438 | 23.0 |
| 15 | 赵曙光 | 13 | 1 | 26.563 | 22.9 |
| 16 | 孙正一 | 9 | 4 | 25 | 22.7 |
| 17 | 陆地 | 10 | 1 | 28.125 | 21.8 |
| 18 | 刘洁 | 8 | 0 | 31.25 | 21.2 |
| 19 | 唐绪军 | 9 | 1 | 26.563 | 20.4 |
| 20 | 吴信训 | 8 | 5 | 17.188 | 19.1 |

（1）高发表量、高被引量、高中心度的"领军"研究者

喻国明在传媒经济的论文发表量排第一位，而论文被引量和中心度都居第一位。黄升民同样具有较高的发表量，被引量排序第三、中心度排第五。这类在传媒经济领域保持活跃并且有较大学术贡献和影响力的"三高"作者可以称为内地传媒经济研究的领军人物。

（2）以教材、学术著作为核心的"影响力"研究者

胡正荣、邵培仁、周鸿铎、昝廷全、张国良、赵曙光等人在近十年间发

表的传媒经济领域文章数量并不多，但是都有着较高的被引频次和较高的中心度。其原因是上述研究者编著了大量传媒经济基础教材和学术著作，并被圈内的研究者广泛引用，具有较强学术影响力。因此上述研究者可以归为中国传媒经济研究中奠定学科研究基础的"影响力"研究者。

（3）高发表量、低被引量的"实践型"研究者

曹鹏在近十年来传媒经济研究领域的论文发表量居第一位，但是有着相对较低的被引量和中心度，这种情况事实上存在于内地传媒经济研究者之中。由于传媒经济与传媒业现实的发展情况紧密关联，很多传媒业的从业者也将实践经验的总结发表于各类期刊。这非常有利于传媒经济研究实际资料和经验的获取，但是由于学术水平和价值不高，因此被引量与重要性偏低。

## 2. 无形学院——传媒经济研究者的社会网络分析

表2 传媒经济研究者"社会圈"

| | 传媒经济研究者引文派系圈 | | | | | | |
|---|---|---|---|---|---|---|---|
| 1 | 喻国明 | 黄升民 | 邵培仁 | 陈力丹 | 陆小华 | 刘洁 | 周笑 |
| 2 | 喻国明 | 胡正荣 | 赵曙光 | 周鸿铎 | 李良荣 | 陆地 | |
| 3 | 喻国明 | 黄升民 | 胡正荣 | 邵培仁 | 蔡雯 | 刘洁 | |
| 4 | 黄升民 | 陈力丹 | 陆地 | 邵培仁 | 孙正一 | | |
| 5 | 喻国明 | 李良荣 | 胡正荣 | 郭庆光 | 周鸿铎 | 唐绪军 | |
| 6 | 喻国明 | 刘洁 | 吴信训 | 曹鹏 | | | |
| 7 | 黄升民 | 胡正荣 | 陆地 | 赵曙光 | | | |
| 8 | 黄升民 | 陆小华 | 眉忠俊 | 朱春阳 | | | |
| 9 | 喻国明 | 邵培仁 | 魏永征 | 陈力丹 | | | |
| 10 | 喻国明 | 蔡雯 | 郭全中 | | | | |
| 11 | 黄升民 | 周笑 | 谢耘耕 | | | | |

"无形学院"这个词由英国著名科学家罗伯特·波义耳约在1646年提出，指的是英国皇家学会的前身——由十几名杰出的科学家组成的非正式小群体。在20世纪60年代，这个词为科学社会学家所借用，指科学界的非正式

交流群体。美国科学社会学家普赖斯用这个术语指那些从正式的学术组织中派生出来的非正式学术群体。1972年，黛安娜·克兰出版了《无形学院——知识在科学共同体中的扩散》一书。该书把无形学院定义为：研究领域的合作者群体中的少数多产科学家形成的交流网络[18]。通过分析传媒经济研究者之间基于共引关系形成的社会网络可以探究出这个群体内部是否形成了基于共同研究领域或研究兴趣而形成的小圈子。

将数据转化为二值的对称矩阵后输入 LJCNET 软件进行派系分析，将派系的最小成员值设为3，得到了25个派系，之后采用杜卡山（Kadushin）的"社会圈"合并各派系共享 2/3 的成员，而后再合并共享 1/3 的成员。得到了11个传媒经济研究的"社会圈"。同一个"社会圈"之中的研究者的研究领域或研究问题较为相近，可以形成传媒经济群体内部的"无形学院"。

而通过派系分析可以发现喻国明、黄升民、李良荣、胡正荣是25个派系中交叉最多的共享成员，这说明以上4位研究者在传媒经济领域的研究兴趣与成果最为广泛，与较多的其他研究者研究领域相近。也表明传媒经济研究群体中已经出现了无形学院所特有的"文献内容间联系加强……有一个思想领袖，他提出理论或方法上的创新。"但值得注意的是，共引分析网络中有65个研究者，而以上的"社会圈"仅由25位研究者共享[19]。这也揭示多数所谓的"传媒经济研究者"仅是偶尔对某个传媒经济问题进行暂时性研究。

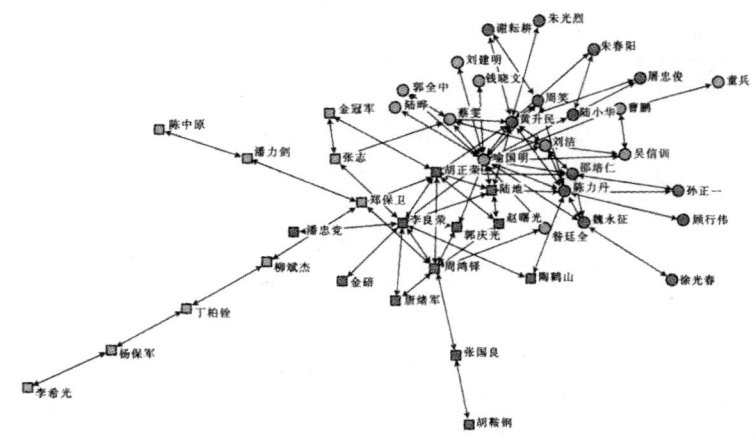

**图2　传媒经济研究者共引分析网络关系**

进一步借助社会网络分析,可以划分为 4 个群体,各群体并分别形成了以喻国明、周鸿铎、李良荣、胡正荣、黄升民等为核心的研究者群。同一个群体内部关注的问题与研究的路径较为相近。

### 3. 研究进路与范式探究——基于统计与共引分析

首先,将获得的原始被共引矩阵转化为相关矩阵,采用 Spss 18.0 软件的 Pearson 相关系数方式转化为相关矩阵,之后,将采用因子分析、聚类分析、多维尺度分析和社会网络分析的方法来综合判别传媒经济研究中的学术群体状况。首先聚类分析、因子分析结果,结合 MDS 图呈现的散点群落状况,可以将高被引量的传媒经济作者划分为四个大群体,属于以上同一圈层的研究者被共引的频次较高,这说明他们更可能采取相似的研究进路与研究范式(见图 3)。

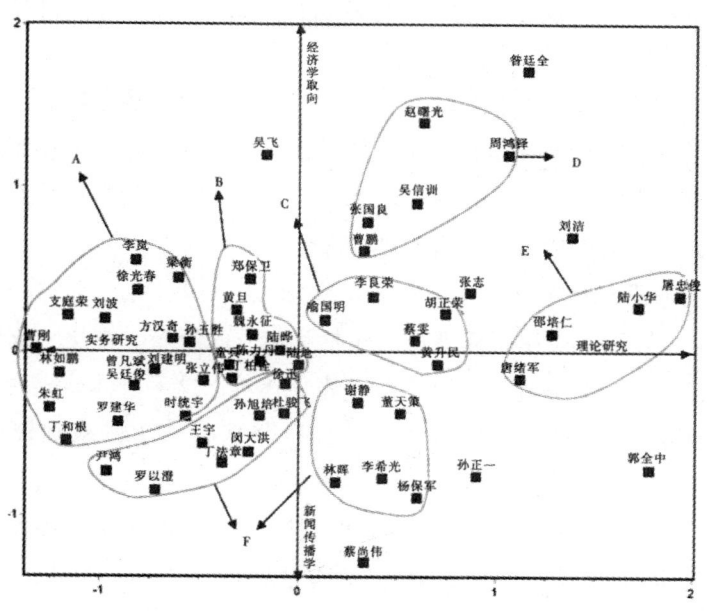

**图 3　传媒经济研究者小群体图谱**

经过对以上研究者被引论文的逐篇分析可以发现 MDS 图总坐标轴所代表的区分性意义:横坐标表示研究领域,原点左侧偏向于实务研究,原点右侧偏向于理论研究;纵坐标表示学科基础,原点上部越偏向于经济学学科基础,原点下部越偏向于新闻传播学学科基础。从 MDS 图整体来看,传媒经济实务研究较偏重于新闻传播学基础，而传媒经济理论研究偏重于经济学学科基础。

（1）传媒经济核心研究者群

C群：传媒经济核心研究者，包括喻国明、李良荣、黄升民、胡正荣，以上几位研究者处于共引网络的核心，是被引较多、影响力较大的传媒经济研究者。他们的特性是处于新闻传播学基础与经济学基础的交接地带，但较侧重于传媒经济理论研究。

传媒经济的核心研究者都处于经济学学科基础与新闻传播学学科基础的交接地带，其学科背景与研究领域同时跨越两个学科：喻国明的研究方法向包括新闻传播理论、传媒经济与社会发展、传播学研究方法法，黄升民偏重于广告、媒介经营与产业化，李良荣在新闻理论、宣传学、当代世界新闻媒体方法而都有研究，胡正荣的研究方法包括传播学理论、传播政治经济学、媒介发展战略等。

由于中国传媒经济学起步较晚，因此即使是传媒经济领域的核心研究者也有不少是以新闻传播学学科背景为依托，其优势在于充分借鉴新闻传播学的专业基础，但从另一方面来说也限制了传媒经济学的独立性，而较广泛的研究领域，也会造成传媒经济研究难以深化。

（2）实务研究取向

A群：传媒经济应用研究者群，包括梁衡、时统宇、李岚、支庭荣、林如鹏、刘波、朱虹、罗建华、孙玉胜、张立伟等，这一群体研究者的特征是注重于传媒经济现实问题的研究，并且研究基础与学科基础较偏重于经济学。

这批研究者较侧重于研究传媒业发展过程中实际存在的各种问题与现象，较多地运用管理学、营销学等应用经济学科的理论和知识，对报业、广电业以及整体传媒产业集团化、跨行业、产业集群、组织与管理、市场与经营、资本运营、竞争战略等多方面的传媒业某一时期的现实性问题进行研究。

由于A群内部多数研究者所研究的问题具有暂时性与阶段性，并且研究的持续性较差，研究领域较为分散，因此还较难区分出基于某个媒体或基于某一具体领域的应用传媒经济小群体，但从其内部各点间的距离接近性可以有一定的认识。

（3）传媒经济理论研究取向

D群：理论传媒经济研究者，包括周鸿铎、吴信训、曹鹏、赵曙光，以上几位研究者的特点是较侧重于传媒经济理论研究，并且更偏向于经济学学科基础，更倾向于从经济学与传媒经济的视角去研究传媒经济理论问题。

相对于应用传媒经济学研究，这个研究者群体之间的距离较大，这说明他们的共引频次低，从一个侧面表明他们的研究领域和对于传媒经济学的看法存在一定的差距。从以上研究者出版的与传媒经济学的合著或专著来看，其研究领域中都将经济学理论和实践紧密联系起来，通过经济学理论来解释传媒经济的现象。但是曹鹏更加关注报纸的市场定位以及资本运作，而赵曙光更关注媒介集团中的并购、业务结构等经营管理问题，吴信训更倾向于从产业层面来研究传媒经济，周鸿铎则对媒介产品本身有较多的兴趣。另外，昝廷全也是对经济学学科基础倚重较高的研究者，他从系统经济学理论着手来研究传媒经济问题。

（4）媒介经营管理研究取向

E群：媒介经营领域研究者，包括邵培仁、屠忠俊、唐绪军。

管理学也是传媒经济研究中一种重要理论范式，对管理经济学中的"经济"一词，奥地利经济学家米歇尔·霍夫曼认为即指在经济过程中运用经济要素的收益，包括生产率（劳动要素收益）、盈利率（资本要素收益）和经济性（企业行为收益）三方面。[20] 媒介经营领域的研究视角是站在媒介组织的立场上，通过把媒介组织看成"企业"的市场主体，借鉴已有管理学理论，来思考媒介组织在经营管理中的问题。这种研究视角和西方传媒经济研究中的"公司研究"方法较为类似，媒介经营与管理的主要研究领域包括媒介战略管理、媒介领导、媒介计划与决策、媒介生产与媒介产品、媒介市场与媒介营销、媒介人力资源管理、媒介财务管理、媒介组织结构等。

唐绪军与屠忠俊是报业市场的专业研究者，唐绪军的《报业经济与报业经营》、屠忠俊的《报业经营管理》在传媒经济研究领域被广泛认可，而邵培仁的《媒介管理学》《媒介经营管理学》《媒介管理学经典案例》被引频次较高。

(5）学科交叉研究者群

B 群：学科交叉—偏应用研究者群，包括郑保卫、黄旦、魏永征、陆晔、陆地、陈力丹、丁柏铨。这些研究者处于经济学学科基础与新闻传播学科基础之间，传媒经济应用研究与传媒经济理论研究领域之间，具有很强的交叉性特征。

他们的特性是，大多本属于新闻传播类的权威研究者，主要学科基础为新闻传播学，但由于传媒经济学与新闻传播学的交叉性，很多研究者发表了对于传媒业实际问题与传媒经济理论或学科的探讨性文章，但在研究领域偏向上，还较偏重于传媒经济应用研究。如郑保卫的《论媒介经济与传媒集团化发展》，魏永征的《报业无形资产初探》《中国传媒利用业外资本合法性研究》，陆晔的《WTO 背景下中国广播电视业的市场重组：特征与矛盾》，陆地的《略论"两电"市场的双向不完全对称开放》等。

(6）新闻传播学学科基础研究者群

F 群：新闻传播学学科基础群，包括徐迅、孙旭培、杜骏飞、王宇、闵大洪、丁法章、尹鸿、罗以澄、谢静、董天策、林晖、李希光、杨保军。这部分研究者的位置处于新闻传播基础区域的应用传媒经济学与理论传媒经济学交叉区域。他们的研究基础和研究问题主要是新闻传播学，仅有部分研究者发表了少量的传媒经济相关论文。正如前文对研究者在传媒经济共引社会网络中扮演的角色部分的描述，他们处于传媒经济共引网络的原因在于为传媒经济与新闻传播学相关的某些问题提供参考借鉴，因而并不属于传媒经济研究群体。

此外，在传媒经济研究者群体中还存在一些较为孤立的散点，他们大多是研究某一问题的专门性研究者。如蔡尚伟侧重于文化产业研究、刘洁侧重于研究中国媒介产业布局与产业区域联合、张志的研究集中于广电业的政府规制、孙正一侧重于媒体资本运营研究。

## 三、传媒经济的研究领域

任何一项研究都是建立在以往研究的基础之上，通过梳理之前的研究成果，反思研究的不足以寻找新研究的落脚点，借鉴有洞见的研究而为新的研究寻求理论、事实、数据乃至观点的支撑。这一研究的操作流程是研究者进行学术研究需遵循的基本途径,而在一篇论文中则表现为成果与引文或参考文献之间的关系。

分析本研究涉及的 731 篇传媒经济论文,共得到关键词 1524 组,其中关键词出现频次在 5 次以上的如表 3 所示。

总体看来,传媒产业化、媒介经营管理、传媒体制改革与制度、传媒资本运营、集团化等问题是传媒经济研究关注较多的核心问题,报业、电视、网络新媒体是关注较多的媒介。

选取了历年关键词词频的前 30% 生成了传媒经济研究高频关键词的词汇图谱,可以发现图中的关键节点包括:传媒产业、中国传媒业、传媒业、传媒经济、传媒经济学,围绕以上 5 个研究对象形成了传媒经济的五个主要研究问题群。

总体上看,结合上述关键节点发现,网络高频关键词共勾勒出十年来传媒经济研究 4 个相互区隔较大的主要研究领域:传媒产业研究、传媒经济研究、电视运营研究与报业市场研究,还有一个新兴的研究热点——媒介融合研究。

表3 传媒经济高频关键词

| 关键词 | 频次 | 关键词 | 频次 | 关键词 | 频次 | 关键词 | 频次 |
| --- | --- | --- | --- | --- | --- | --- | --- |
| 传媒产业 | 143 | 新闻媒体 | 12 | 网络媒体 | 7 | 广播电视 | 6 |
| 中国传媒业 | 65 | 中国传媒产业 | 12 | 传统媒体 | 7 | 传媒业改革 | 6 |
| 传媒业 | 61 | 媒介市场 | 10 | 媒介融合 | 7 | 书评 | 5 |
| 传媒经济 | 43 | 文化产业 | 10 | 传媒经营 | 7 | 新闻教育 | 5 |
| 媒介经济 | 24 | 新闻媒介 | 9 | 传媒业发展 | 7 | 传媒管理 | 5 |
| 传媒经济学 | 22 | 核心竞争力 | 9 | 大众传媒 | 7 | 多元化经营 | 5 |
| 新闻传播业 | 20 | 新闻传媒业 | 9 | 资本运营 | 7 | 收视率 | 5 |
| 传媒产业化 | 19 | 传媒集团 | 8 | 媒介产业 | 6 | 传媒竞争 | 5 |
| 媒介管理 | 18 | 体制改革 | 8 | 报业竞争 | 6 | 全球化 | 5 |
| 传媒市场 | 17 | 资本市场 | 8 | 新闻传播 | 6 | 新闻传播学 | 5 |
| 报业市场 | 17 | 新闻改革 | 8 | 美国传媒业 | 6 | 广告经营 | 5 |
| 传媒发展 | 16 | 中国传媒 | 8 | 中国新闻业 | 6 | 市场竞争 | 5 |
| 媒介经营 | 13 | 传媒体制 | 7 | 电视媒体 | 6 | 电视产业 | 5 |

续表

| 关键词 | 频次 | 关键词 | 频次 | 关键词 | 频次 | 关键词 | 频次 |
| --- | --- | --- | --- | --- | --- | --- | --- |
| 报业集团 | 13 | 电视节目 | 7 | 现代企业制度 | 6 | 报业经营 | 5 |
| WTO | 12 | 新媒体 | 7 | 传媒集团化 | 6 | 传媒改革 | 5 |

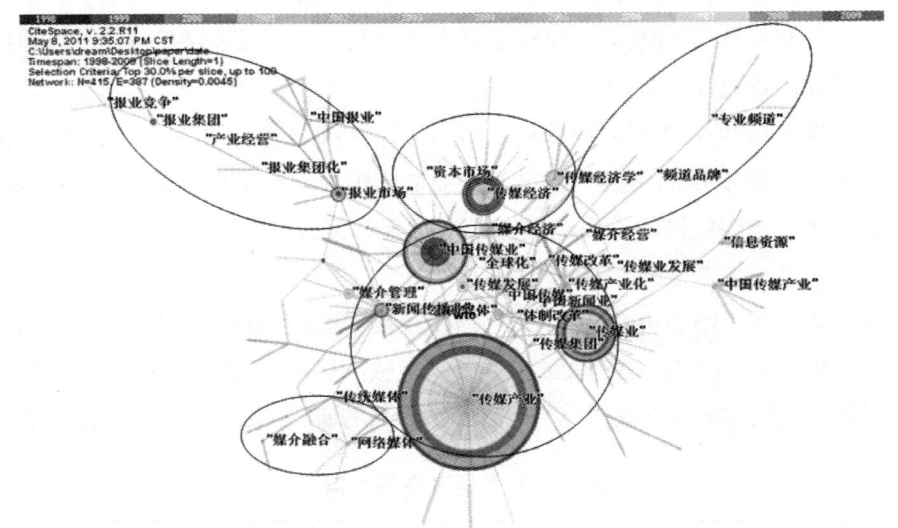

**图4 传媒经济研究问题群划分**

分析入选的传媒经济研究文章的文章内被引量，发现被引次数在3次及3次以上的论文29篇，仅占所有引文的1.3%，这说明传媒经济研究所倚重的知识基础非常分散，较难探寻研究的典范。构造了29×29的共引矩阵，共引频次为1次的有26组，共引频次为2的有2组，共引频次为0的有811组，有共引关系的文献仅占3.329%，极弱的相关性依然无法良好地支持因子分析、聚类分析与多维尺度分析，输入至Ucinet中也仅发现了非常松散的社会网络关系图。

以派系分析的方法，设定每个派系至少包含3个行动者，得到了传媒经济高被引论文的6个派系划分：

1. 报业经济与报业经营 | 整合传媒 | 媒介市场与资本运营

2. 整合传媒 | 国际化背景下的中国媒介产业化透视 | 媒介经营与产业化研究

3. 传播理论 | 新闻学导论 | 大众传播模式论

4. 新闻学导论 | 传播学教程 | 报业经济学

5. 媒介经济学——一个急速变革行业的原理和实践 | 传媒经济学的研究范式：传媒经济研究的一个基础问题 | 传媒经济学研究的简要回顾

6. 传媒经济学的研究范式：传媒经济研究的一个基础问题 | 传媒经济学研究的简要回顾 | 当代西方新闻媒体

结合聚类分析、文献具体研究内容与派系分析结果尝试实现传媒经济研究领域的划分。派系5与派系6共享2个成员，可以归并为一个派系，派系3与派系4共享1个成员，但具体分析其派系成员发现，派系3、派系4主要是新闻传播的相关教材，因而可以归并为一类，最后将原来的6个派系归并为4个。

按照派系归并结果，以4类进行小群体分析后得到了如图5的社会网络分析图，节点的大小代表共引网络中文献度数中心度的高度，节点的颜色代表所属的小群体。

结合具体的文献内容，可以将基于共引网络的传媒经济研究划分为以下四个主要研究领域。

1. 传媒经济基础理论研究领域：传媒经济的基础理论、传媒经济研究历程与存在问题的梳理、传媒经济学范式的探究。

2. 媒介经营、管理研究领域：包括报业、广播电视以及传媒产业整体的媒介经营与管理问题。

3. 传媒市场与资本运营研究领域：主要包括传媒业市场运作、资本运营以及媒体市场化产业化等问题。

4. 新闻传播学中关涉传媒经济的研究领域：新闻传播学研究对象的现实化是媒介与媒体，这与传媒经济研究的实体是一致的，在新闻传播学的大领域中也会涉及与传媒经济相关的问题的研究。

## 四、传媒经济的学术地图

学术共同体的主体一般是由许多有着共同追求、遵循同一范式的、有着很强的专业取向的人所组成的团体，判断学术共同体的标准有：（1）内聚性，一个学术共同体往往有一权威的学术带头人，而把众多有才华的学者或专家吸引到自己的身边。学术体越成熟，其内聚性也越强，吸引力也越大。（2）封闭性，学术共同体不是一般的社会团体或组织，有其高度的专业权威性以及赖以从事活动的专门领域。[21]

传媒经济已经形成一个较为稳定的研究者群体，并且有明显的学术超星即权威的学术带头人。但是由于制度原因，中国传媒经济是新闻传播学的下级学科，由于主观原因，传媒经济研究者跨科学研究者多，很少专注于传媒经济的研究，这导致目前传媒经济的研究群体与新闻传播学的学术研究群体交叉混同，并没有形成一个独立的，具有较高排他性的传媒经济研究专门的群体。即便是学术带头人也都是基于新闻传播专业，并且跨越多个研究领域，因而传媒经济研究还没有形成一个独立的学术共同体，依然是嫁接在新闻传播学研究之上。

近十年来，传媒经济主要的研究问题包括传媒集团化、传媒体制改革、报业市场、媒介产业化、资本运营等，可以划分为传媒经济基础理论研究领域、媒介经营管理研究领域、传媒市场与资本运营研究领域、新闻传播学中关涉传媒经济的研究领域，已经形成了较为清晰和集中的研究问题与领域。由于传媒经济引文量较小，所以得到的高被引文献有限，但已有的共引文献，即作为典范和知识基础被引用参考的文献大多为基础的教科书，无法充分辨析其研究进路、研究方法与研究中的价值取向。这一方面说明，大陆传媒经济研究还较为基础，处于起步期，也说明目前还少有传媒经济研究者共同承认的学术成就。

综合上述分析，虽然基于应然角度探讨传媒经济研究的范式已有众多结论，但是从实然角度（基于本文的数据和分析方法）可以判断大陆传媒经济研究还没有存在明确清晰的范式。

## 五、研究局限于展望

本研究的有效性很大程度上受制于研究资料的充分与完善，本研究以传媒经济研究的高被引学术论文为研究对象，这一方法在经济学、管理学、生物学、医学、情报学、图书馆学甚至台湾传播学等学科都取得了很好的研究信度与效度。然而在应用到传媒经济学研究中遇到的问题是，传媒经济学术论文的参考文献过少,大量论文甚至没有参考文献。这就导致基于研究前沿与知识基础映射的研究问题与参考文献的对应关系断裂。这个无法克服的现实问题导致本研究的资料有限,甚至无法对研究领域与研究范式一章进行更为深入的探讨,而这章应是本研究的重点。

然而正是这个研究的巨大缺陷与问题暴露出目前内地传媒经济学的知识基础与研究方法的较低层次,也印证了本文关于传媒经济学术共同体尚未完全形成。这虽然推翻了本研究的假设与初衷,但是有着深刻的反思和反省的意味,值得每个参与传媒经济的研究者继续探讨。

**注释:**

[1] 参见 [英] 丹尼斯·麦奎尔:《麦奎尔大众传播理论》(第4版),崔保国、李琨译,清华大学出版社2006年版,第3章。

[2] Fink, E.J.& W.Gantz (1996). A content analysis of three mass communication research traditions: Social science, interpretive studies, and critical analysis. Journalism Mass Communication Quarterly. 73 (1): 114–134。

[3] 金兼斌:《传播研究典范及其对我国当前传播研究的启示》,《新闻与传播研究》1999年第2期。

[4] 李海龙:《大众传播理论:范式与流派》,中国人民大学出版社2008年版,第90页。

[5]、[14] [美] 托马斯·库恩:《必要的张力——科学的传统和变革论义选》,范岱年、纪树立译,北京大学出版社2004年版。

[6] 刘则渊、王贤文、陈超美:《科学知识图谱方法及其在科技情报中的应用》,《数字图书馆论坛》2009年第10期。

[7] 罗式胜、范并思、吴永臻:《文献计量学概论》,中山大学出版社1994年版,第218—220页。

[8] 路红、凌义铨、吴宁驹、黄丹丹:《基于著者同引分析的组织行为学研究知识地图绘制》,《科技进步与对策》2010年第2期。

[9] 宋国萍、徐引篪:《基于可视化的作者同被引技术的发展》,《情报学报》2005年第24期。

[10] Tankard, J. W. Jr., Chang Taan-kuo & Tsang Kuo-jen (1984). Citation

networks as indicators of journalism research activity. *Journalism Quarterly*, 61: 89-96.

[11] Chen, C. M. & Kuljis. J.（2003）. The rising landscape: a visual exploration of superstring revolutions in physics. *Journal of the American Society for Information*, 54（5）: 435.

[12] 李思屈、曾丽颖、胡倩、张碧霞：《中国新闻传播研究30年12大热点》,《中国传媒报告》2008年第1期。

[13] 共引分析的基本原理在于共同被引用的两篇义文章间相似性的概率较大，而综述性文章多是对一年发表的新闻传播总体领域文章的盘点和总结，无法体现共引分析的特点，故此去除。

[15] 石磊等：《哲学新概念词典》，黑龙江人民出版社1988年版，第249页。

[16] 统计了被引频次在以上的作者所发布传媒经济论文的数量（727篇入选文章中）、被引用的次数（被727篇传媒经济高被引文献所引用的次数）和中心度（65位作者形成的共引网络中心度），采用三个变量等权重的分配方式（三个变量合计满分100），计算出65位作者的排名，最高分为88.5，最低分为3.3。

[17] 通过查找20位高被引研究者的主要研究领域后，排除了主要研究方向并非传媒经济学的李良荣、陈力丹、魏永征、蔡雯、张国良等人，由于以上数据的取得是基于1998—2009年间被引用次数大于1次的传媒经济论文，不包括传媒经济书籍，因此在涵盖范围上不一定可以包含总体。

[18] 彭克宏主编：《社会科学大词典》，中国国际广播出版社1989年版，第1150页。

[19] 朱春阳、周笑、周鸿铎、赵曙光、喻国明、谢耘耕、吴信训、魏永征、屠忠俊、唐绪军、孙正一、邵培仁、陆小华、陆地、刘洁、李良荣、黄升民、胡正荣、郭全中、郭庆光、陈力丹、曹鹏、蔡雯。

[20] 陈佳贵、杜莹芬：《企业经济学的形成与发展》,《首都经济贸易大学学报》1999年第1期。

[21] 苌光锤、李福华《学术共同体理论研究综述》,《中国电力教育》2010年第21期。

（作者喻国明系中国人民大学新闻学院副院长、教授、博士生导师，中国人民大学新闻与社会发展研究中心副主任；宋美杰系中国人民大学新闻学院2011级博士研究生）

# 第二部分
中国传媒经济学研究年度概述（2006—2014）

# 现实困顿之下的理性起步

## ——2006年我国传媒经济学研究概述

喻国明　王斌*

**【摘要】** 本文主要通过对期刊文献的回顾分析，从学科本身、传媒产品、传媒组织行为、媒体市场结构、传媒产业结构、政策与规制等六个方面综述了2006年国内传媒经济研究的进展，并指出了不足和今后研究建议。

**【关键词】** 赢利模式；新媒体；产业关联；产业布局/集聚

本文用产业经济学的框架来梳理有关传媒经济的研究，希望能容纳更多有新意的研究成果。

### 趋向理性的构建：对传媒经济学科自身的检视

2006年对媒介经济、传媒经济等概念的辨析文章明显减少，研究者转而审视更为细致的研究主题上的中外差异。有学者对世界著名的《媒介经济学刊》杂志1994—2004年刊发的169篇论文进行全面分析，区分媒介经济研究中西方经济学、政治经济学、管理学、传播学的研究进路，并对媒介经济学的未来发展做了预测。还有的研究者对该刊自1988年创刊至2004年论文目录和2002—2004年全部论文进行了分析，认为论文集中的主题有媒介产业经济分析、媒介竞争与竞争战略、媒介组织管理与经营战略等；该刊文献的主要理论基础是微观经济学和产业经济学，基本采用经济学的研究范式，

---

\* 喻国明，中国人民大学新闻与社会发展研究中心研究员；王斌，中国人民大学新闻学院博士生。

以数理模型为主的计量研究方法占据主导地位[1]。

戴元光对2001—2005年期间国内4种主要新闻传播学期刊上涉及传媒经济的360多篇论文进行了归类分析,从传媒实业和传媒经济理论两个角度摘要了主要观点,认为"新世纪的传媒经济研究理论还未形成系统的、完整的、科学的理论体系"[2]。

### 多重视角的省察:对传媒产品经济特征的认识

传媒产品因其高智力的活动和对社会的广泛影响而具有多重的属性,2006年的相关研究对此有新的切入点。在传媒产品是否是公共物品这一点上,张辉锋博士认为在公共品概念体系里,凡是传媒业销售的内容产品都是准公共品;在实践中,传媒业内容产品由于受体制的影响,会以公共品的形式被提供;传媒业内容产品的公共品或准公共品属性,会随着其所在国家与地区传媒体制以及技术的变化发生变化。反对者认为广播电视业的内容产品是准公共产品,而纸质媒体的内容产品属于私人产品;技术进步可以改变传媒业内容产品的属性,但体制并不影响其属性[3]。

有研究者从效用的角度出发,认为传媒产品的生产过程是信息资源改变效用和扩大效用的过程。在传媒产品的生产中,人力、信息和资本是三种重要的投入资源,三者之间基本上不具有物质产品生产中的那种替代关系。数字时代的传媒产品还具有特殊的成本结构,多样化的收入二重性和复杂的生产者使用价值。相应地,媒体管理者需要注意探索一系列新的营利思路与策略,包括差别定价、用户锁定、知识产权管理与内容管理等[4]。

### 赢利模式的新思维:对传媒组织市场行为的探讨

这方面成果涉及媒体的品牌推广、营销、发行、集团化、并购与投资等方面,新的话题有媒资管理、媒体联盟、组织柔性等。值得注意的是出现了集中的探讨媒体赢利模式的文章。[5]阎峰对媒体赢利模式的背景、概念和实践案例做了较为系统的阐述;泰迪·迪奈里·约翰逊对免费报纸的赢利方式的介绍;陈越红等提出了电视产业化经营的四个模式;姜进章认为新媒体所创造的商业模式使公司提供的服务更能贴近消费者的实际需求与个人化；也有研究者认为无论传统还是新型的媒介，资本运作都是最高级的经营模式。

针对网络媒体的市场行为，喻国明认为随着传统媒体对知识产权的重视，网络也有自己的赢利危机。以维基百科为代表的第三代网络赢利模式才是真正符合网络的技术特征而进行的媒介生产。与之对应的生产方式是 DIY，也即全民出版全民传播，与之对应的内容形态是微内容（microcontent），对于"微内容"的聚合、呈现、利用的有效工具的打造终将成为未来网络媒体赢利的趋势[6]。对整个文化和娱乐产业的组织行为做出更一般性的分析的是"长尾理论"。《连线》杂志主编安德森旨在颠覆经济学家帕累托的二八定律，他所谓的"长尾"关注以往被忽视的小众市场。姜奇平认为长尾理论是去年流行的"蓝海战略"的续篇：通过创意和网络，进入个性化生产的"蓝海"。通过数字化网络的"边际成本递减"这一低成本扩张特性，小批量创意产品的低成本化生产（取得类似"大规模"那样的成本优势）成为可能。[7]

### 新媒体崛起背景下竞争格局的重构：对媒体市场结构及其变化的分析

市场结构是一个关于竞争的概念，本年度的论述焦点仍然是各种新形态媒介与传统媒体的竞争关系。手机电视和网络电视是讨论的热点。[8]有研究者认为手机电视可以改变目前的传播内容，创造新的媒介文化，拥有乐观的市场前景；由于手机电视的私用性、便携性、移动性和互动性，其内容产品的设计应该短小精悍、时尚娱乐、适合受众参与及小景别拍摄。而网络电视对于其他媒体来说有双重影响，一方面，网络电视的出现使其优势地位受到挑战，导致传统电视用户的流失，并且流失的这部分观众大部分是年轻精英，属于高收入和高消费群。另一方面，它为传统电视业、广播业和网络业发展提供了长足的机会，它可以盘活这些行业巨大的内容库存，变成可以带来利润的资产。

新媒体的引入和跨媒体的竞争已不是新话题，本年度的特点在于媒体的实践促发了更具体深入的探讨。突出的事件有央视的新媒体全执照和解放日报报业集团的 4i 新媒体框架。这些试水行动激发了学界和业界对下一步媒体竞争格局的热烈讨论。

### 关联与布局：对传媒产业结构变化趋势的描摹

产业结构的研究重点在 2006 年体现在两个方面：一是对产业关联的全面展开，二是对产业布局和产业集群的初步探讨。较之以往的传媒产业多元化发展的概括表述，新的研究重视分析产业之间关联的具体机制：陈宇家分析了传媒和体育的互动关系，认为传媒对体育赛事的经济运作、体育竞赛规则的改变都有了相当的黏合度，注意力经济使得传媒和体育紧密合作。张立伟认为媒体应在文化产业的核心层与外围层之间建立联结。报业发展要关注整个文化产业带来的合作机会。周笑认为媒介产业进行边界拓展的主要方向将是提供异质化的娱乐信息传播与互动式沟通。娱乐因素的多少会影响受众对媒介产品的替代性消费。[9]

随着城市化进程加速，媒介产业的地理分布状态也引起了研究者的关注。[10] 从产业布局来看，有研究者认为中国媒介产业布局形成了"井"字结构、平行结构和倾斜式结构。媒介区域联合的主要困难是行政区划的刚性和媒介产业内生的扩散性之间的矛盾，具体表现为行政区域和媒介产业发展区域的不重合、行政区域和自然区域的重合以及行政区域间的竞争。武志勇对长三角地区报业市场的个案分析表明：区域报业现状是同城大战硝烟弥漫，以及跨区域合作步履维艰。作者提出区域市场整合的途径：一是发行、广告网络与渠道共享，加大报纸区域覆盖和相互渗透；二是品牌合作；三是深化发行增值服务。学者把媒介集群定义为在一定时间内生存和坐落于特定区域环境的各种媒介实体所形成的集合体。集群具有优化和整合的功能，可以促进良性竞争。中国媒介要发挥集群的效应，必须主动加强媒介产业的合作与交流。有研究者在对英国舰队街和北京呼家楼 CBD 地区的传媒集聚做了对比后提出，数字时代的传媒集聚能促进和形成信息、知识的交换中心，对于城市发展而言，也即形成处于物理空间和虚拟空间之间的第三空间——灰空间。

## 沉重的起飞：传媒产业政策及规制的动态

产业政策新近最重要的规定性首先来自于两份文件：8月份新闻出版总署发布的《全国报纸出版业"十一五"发展纲要（2006—2010）》，9月份中办国办发布的《国家"十一五"时期文化发展规划纲要》。尤其是前者提出的"数字报业"成为国家主导的报业主动转型工程。这一课题首先在"第三届中国报业竞争力年会"提出，《中国报业》杂志在2006年10月号组织了专题讨论，"中国数字报业战略与实践高层研讨会"随后在11月举行。早在4月份的"第二届中国媒体经营管理论坛"也把"报纸、期刊与新媒体的互动整合"作为议题，值得注意的是这些会议都是由新闻出版总署及其下属机构主办的，面对数字化的浪潮冲击，官产学在报业转型问题上的结合自然而又务实。

第二个系列事件是年初颁布的《关于深化文化体制改革的若干意见》及其执行。该意见强调要对传媒业区别对待、分类指导。据7月8日《中国青年报》报道，深圳市将现有事业单位划分为监督管理、经营服务和公共服务三大类，新闻传媒出版单位划为经营服务类事业单位中的经营开发类，对这一类单位原则上全部转为企业，注销事业单位法人登记并依法进行企业注册登记。

第三个事件是对三网融合的持续讨论。[11]"两会"期间，全国人大代表朱立军议案提出，在三网融合的进程中，电信网与计算机网、有线电视网与计算机网的融合较为顺利，有线电视网与电信网的融合却存在着较多障碍，并建议我国统一网络监管机构；2006年1月3日《中国广播影视报》报道，三网融合在技术上早已成熟，以三大业务来分割三大市场的技术障碍已不存在。有学者称未来的新型产业形态是大媒体产业，一种具有跨国家、跨产业、跨媒介特点的新型产业生态和产业群。

对传媒规制的研究集中在以制度经济学的视角分析现有的制度及其变迁过程，较重要的文章有对中国报业的制度变迁进行的"财政成本拉动型"和"市场利益推动型""两阶段论"基本理论框架，对传媒产业制度的路径依赖的分析，对产业规制变革的设计，以及对西方传媒规制的介绍等[12]。

概览一年来的传媒经济研究，我们发现无论数量和质量，该领域都有长足进步。一是学界和业界通过几大主题会议保持了较好的互动与交流；二是研究视角更为多元，值得一提的是几位研究者从历史角度出发的研究颇有启发意义[13]，第七届世界传媒经济学术会议的召开给国内学者展示了研究方法的多样和成熟，也提供了更真切的学习和对话的机会。但是我们也应看到，讨论的话题仍比较分散，对一些基础问题如跨媒体经营的测评、市场供需的规律、媒体组织的市场绩效等没有持续和深入的积累；同时，宏观层面研究有数据和实证资料支持，但微观层面的研究仍以规范研究为主，换言之，具有学理导向的个案深入研究不多；系统的产业数据整理工作亟待加强，以利于学术社群摆脱各自为政、共享度低的局面，促进学术积累的效率。

**注释：**

[1] 邵培仁、张洁:《全球媒介经济学的生态状况与发展趋势》,《杭州师范学院学报（社会科学版）》2006年2期；郭志法、刘年辉:《美国媒介经济研究的进展》,《新闻与传播研究》2006年第1期。

[2] 戴元光、张海燕:《新世纪中国传媒经济研究综述》,《当代传播》2006年第1、2期。

[3] 张辉锋:《传媒业的内容产品是否是公共品？》；肖赞军:《传媒业内容产品的产品属性及其政策含义》,《国际新闻界》2006年第2期和第5期。

[4] 吴海荣:《数字时代新闻产品经济特征及其对管理的启示》,《国际新闻界》2006年第3期。

[5] 张增琦:《媒体资产管理在中国》,《市场观察·媒介》2006年第3期；丁柏铨、张敬一:《联盟：报业跨地域合作的新形式》,《青年记者》2006年第9期；刘年辉:《组织柔性：动态环境下的媒体核心竞争力》,《湖南师范大学社会科学学报》2006年第1期。

[6] 喻国明:《直面数字化：媒介市场新趋势研究》,《国际新闻界》2006年第6期。喻国明:《微内容的聚合与开发：网络媒体内容生产的技术关键》,《网络传播》2006年第10期。

[7] 安德森:《传媒急转弯：从二八定律到长尾理论》,《市场观察·媒介》2006年8期；安德森:《长尾理论》,中信出版社2006年版；姜奇平:《从蓝海战略到长尾理论》,《互联网周刊》2006年第18期。

[8] 石长顺、方雪琴:《手机电视：新收视时代媒介格局的重构》,《河南社会科

学》2006年第5期；陈强：《手机电视：媒介特性与内容产品设计》，《视听界》2006年第4期。

［9］参见陈宇家：《体育产业与传媒产业的互动与双赢》，《北京体育大学学报》2006年第4期；张立伟：《报纸媒体如何开发文化产业？》，《青年记者》2006年第5期；周笑：《娱乐化：媒介产业边界拓展的主动力》，《视听界》2006年第2期。

［10］参见刘洁《中国媒介产业布局与产业区域联合》，《现代传播》2006年第3期；《媒介产业地方保护与地方政府》，《新闻大学》2006年春季号，武志勇：《长三角报业市场的发展前景与区域整合途径》，《新闻界》2006年第2期；邵培仁：《论中国媒介的地理集群与能量积聚》，《新闻大学》2006年第3期；王斌：《传媒与城市创意产业的协同发展》，《第五届亚太地区媒体与科技和社会发展研讨会论文集》，2006年。

［11］转自孙正一、柳婷婷：《2006：中国新闻业回望》，《新闻记者》2006年第12期。陈力丹、付玉辉：《论电信业和传媒业的融合》，《现代传播》2006年第3期。

［12］陈戈、储小平：《当代中国报业制度变迁的一个理论解说》，《经济社会体制比较》2006年第2期；柳旭波：《传媒体制改革的制度经济学分析》，《新闻界》2006年第2期；戴元初：《中国传媒产业规制的解构与重构》，《青年记者》2006年第2期；王海：《西方传媒市场的规制问题刍议》，《新闻界》2006年第1期。

［13］如汤耀国《近代民营报纸的发行策略》，《中华新闻报》2006年6月28日第F03版；刘斌：《市场化·大众化·产业化》，《传媒》2006年第3期；古晓峰、赵宗强：《民国时期报业市场的利益与政治纷争》，《新闻大学》2006年夏季号等。

# 从"增量改革"到"语法革命"

## ——2007年我国传媒经济学研究概述

喻国明　王斌[*]

**【摘要】** 本文通过对主要期刊的文献分析，从学科本身、传媒产品、传媒组织行为、媒体市场结构、传媒产业结构、产业规制等方面综述了2007年国内传媒经济研究的进展，并指出了今后研究建议。

**【关键词】** 品牌；版权；数字报业

本文用产业经济学的框架来梳理有关传媒经济的研究，所选文献主要侧重于新观点和新方法。

### 寻找整合学科的关键词：对传媒经济学科自身的检视

本年度有关传媒经济学科的文章较少，典型的切入点是对学科分析框架和视角的探讨。[1]有研究者对我国10年来相关论文进行统计分析后，建议除了微观经济学和产业经济学范畴，传媒行业的经济性质，政府政策，市场、政治与公共利益的关系等方面也应进入这一研究领域。黄升民在对核心概念产业化的十年研究进程梳理之后，强调引入这个概念，是因为它较市场化、商品化更有张力，更有涵盖能力。谭天发表争鸣文章认为讨论同一研究对象必须把它置于同一学科话语框架内才有意义，而有研究者未能区分作为传播

---

[*] 喻国明，中国人民大学新闻与社会发展研究中心研究员、新闻学院副院长、责任教授；王斌，中国人民大学新闻学院博士生。

行为的新闻报道和作为信息产品的新闻节目，实质上是在新闻学和经济学两个范式内推理同一样东西。

也有人提出由媒介现存技术、媒介规则结构及媒介扮演人类感知过滤器的能力三个层面构成的媒介经济学框架，指明该视角重在更好地理解关于传播系统和经济决策之间的关系。新的观点还有提议从社会资本的视角来把经济学与传播学整合成媒介经济学的一个通路。[2]

## 时间产品与"平台经济"：对传媒产品经济特征的认识拓展

2007年对传媒产品的认识较为多元化，集中体现为对其外延的拓展。有人提出大众传媒除了内容产品还同时生产时间产品，而时间产品正是传媒经济最基本的价值通货。当我们把所有形态媒介的内容产品都当作时间产品来看待时，它们彼此间最重要的差异化因素就不再是内容，而是内在的时间结构与受众消费时支配时间的方式与偏好。电视活动营销作为媒体的一种新产品，具有较好的盈利能力和发展空间，被媒体、企业和受众广泛接受。有研究者从供需角度和福利经济学角度对其进行了解释。[3]

针对数字时代的媒介运营特征，"平台经济"成为新的统摄传媒产品效用的概念。陆小华认为Google并购YouTube的案例最具价值的启示，就是作为一种核心运作方式与物质载体的分享平台。分享平台适应了在技术进步与信息消费方式变化的背景下人们复杂的心理需求与信息需求。传媒的运作理念应当从传播平台向整合传播平台转变。颜梅以平台经济为题完成了博士论文，较为系统地阐述了这一概念的独特指向。[4]

## 节目版权的标准界定与媒介组织的管理新思维：对传媒组织市场行为的细分化探讨

这方面成果集中的话题是电视产业的节目版权和媒介组织的品牌管理。前者源于国内卫视竞争白热化导致的节目创新压力，抄袭国内外同行成为一个普遍的实践，对其学理审视日渐增多。[5]央视的石村认为，应从版权的角度评价一个节目制作的整体水平，看其再利用率和利用的形式。媒体要从仅为播出而制作节目向既为播出又为市场制作节目转变，这是电视产业化发展应具有的价值理念。东方卫视的研究者认为对于靠电视剧播出发家致富的电视台而言，它们的核心竞争力就是电视剧的版权。孙移芳对节目版权的认定标准及其价值做了较为详尽的总结。研究者都承认我国电视媒体在节目样式上存有大量侵权行为，有的认为目前的政策有默许，电视台有无奈，法律实施有盲区；有的认为可以采用一定的"克隆"研发体系。

后者一直是学界业界关注的问题，但大多囿于意识倡导，本年度出现了设计较为精良的实证研究。[6]一个研究团队基于量化和质化结合的研究设计，对媒体品牌的质量与其广告效果的关系进行了深入分析。姚林基于CTR的数据得出收视率、广告收入与品牌健康度的两条S曲线，进而说明通过品牌健康分析的重要性。上海交大的研究团队则对媒体品牌竞争力的失效模式和预警流程做了研究。

此外值得一提的是，学位论文中逐步增多以媒体组织行为为题的理论导向（Theory-Oriented）的作品，为传媒经济的基础研究贡献颇多。如今年的两篇，杭敏博士基于产业组织理论（IO）和资源依赖理论（RBV）的矛盾假设检视了媒体组织创业行为中的决策问题，韩晓宁博士基于博弈论（Game Theory）系统地分析和解读了传媒组织实际运营过程中的市场策略行为。[7]

## 新旧媒体互动模式的深入讨论与省察：对媒体市场结构变化的冷思考

本年度对各类媒体竞争格局的研究不局限于惊呼新媒体时代的到来，而转为更冷静全面的省察，体现在对新旧媒体之争的进一步分析以及对报网互动模式的深入讨论。在对新媒体的认识上，有人提出长尾现象、领结理论等新媒体定律昭示了互联网对媒介产业的影响，即在于其强大的信息发布和处理技术，为媒介产业进入高位运行或者说虚拟运行时代提供了技术可能。也有人认为新媒体变革，为中国传媒业管理制度提供了一个对照性的体制变革示范。这种对照可以使我们看到，适用于传统有序的管理方式和适用于现代有序的管理方式的差异，以及在制度中为创新和创新者提供的空间和方向感。[8]

数字报业实验室于今年6月2日公布了经业内专家评估确定的第一批数字报业创新项目,共9类45项。这批试水者成为报网互动的良好观察样本,研究者从不同角度予以了剖析。[9]蔡雯从我国媒体的内容集纳的实践中归纳出六种报网互动的模式。有人认为数字报业≠报业数字化,发展数字报业不只是开发新的媒介产品,而要从体制和机制上为数字化生产、传播、营销、投资和管理搭建统一平台和战略架构。人民大学的研究者对45项申报计划书进行了多维的内容分析,在描述统计的基础上还对行业报、都市报的项目进行了个案研究,提出了数字报业实验室申报项目存在的主要问题。

### 去行政化、极化效应与传媒发展指数:对传媒产业结构的现实判断和趋势分析

产业布局方面[10],有研究者分析:始终存在国家政府部门的既定布局政策和媒体组织的能动性拓展之间的张力,二者的博弈与合作塑造了传媒产业布局的演变路径。产业创新的内在冲动成为传媒产业布局去行政化的天然努力,这种努力不仅改变了一省一区之内按照行政级别划分传播资源的旧格局,同时也改变了省际、区际之间平均化的传播产业力量对比。

也有研究指出,中国媒介产业布局形成了数个增长极,但增长极的极化效应远远大于扩散效应。媒介跨地区经营遭遇政策风险与产业链遭遇地区分割等所造成的扩散通道不畅是出现"孤岛现象"的主要原因。中国地方广电的自我发展逻辑正在成形与强化,地方广电开始作为地方发展与建设的力量,促成了一种地方政治、经济与媒体的力量合流。未来的地方广电会逐渐演变为地方社会稳定和发展的"软力量"。

产业关联方面,集中出现了对媒体业与宏观经济的关系探讨的文章。[11]人大的研究团队从传媒业对国民经济的依附性、传媒与社会发展的嵌入性出发,提出了"中国传媒发展指数"并进行了初步测量。张伟提出关联度的概念,旨在说明媒体要根据产业景气波动和政策的变化,来适时调整和制定传媒战略,以使内部业务结构最大限度地与外部商务结构同构。也有研究者针对中国报业与宏观经济做了回归分析,对报业与广告业的互动关系做了思辨研究,对传媒集团化和广告业波动的关系假设做了检验。在个案上,有人认

为西部一定比东部落后的观念值得慎思,应从相对的动态的角度来看待绝对量的差距,在量化分析中国西北地区与东部地区的报业发展差距之后,认为这种差距目前是"适度差距"而非"严重失衡"。

### 从"增量改革"到实现"语法革命":传媒产业规制的再造孕育着突破

产业政策的研究从国内现状和国际经验两方面展开。[12]前者有从转轨国家与传媒业改革的勾连入手的研究,认为传媒变化是一国经济转轨进程最好的浓缩。也有研究重返"增量"与"存量"的老话题,但切入点不同,有人沿用中国经济改革对此的定义来阐述进入"存量改革"阶段后需要解决的制度和市场秩序问题;而有人从测量的角度认为存量是指某一时点上传媒业市场状况,传媒业发展中的增量是指传媒业的增长空间;还有人认为"增量改革"是以既往的"存量逻辑"为"圆心"的一种延伸和扩张。现在亟须进行"语法改革",把媒介"单词"借助"语法"改变成表达时代要求的传播"语句"。对国际经验的研究涉及媒介融合政策、内容促进政策、电信法的政策预期与实效之反差等。

中宣部课题组发布的《我国文化体制改革状况报告(2007)》提出一系列明确的表述,[13]如出版发行业改革走在前列;媒体剥离转制明显快于经营性文化事业单位;事业单位改革尚无成熟经验;上海文新集团等单位进行人事、收入分配和社会保障等构建内部运行机制的改革探索;非公有资本和外资进入文化产业领域;坚定不移推动流通网络整合;确保不让改革者吃亏。

概览一年来的传媒经济研究,我们发现一是对个别话题出现了集中深入的研讨;二是研究者群体的合作研究增多;三是对宏观数据的整合开始起步。但我们也应看到,具有学理导向的个案深入研究仍不多;规范的质化研究尤为稀缺;皮卡德教授所说的媒介经济三大传统之一的"批判传统"还未有丰富的展开。

**注释:**

[1] 章平、池见星:《10年来中国传媒经济研究回顾》,《新闻大学》2007年第2

期。黄升民：《"媒介产业化"十年考》，《现代传播》2007年第1期；谭天：《试论我国传媒经济的研究》，《暨南学报（哲学社会科学版）》2007年第1期。

［2］Marc Michael Treutler：《感知的秩序：媒介经济学的理论方法》，孙艺丹编译，《上海大学学报（社会科学版）》2007年第1期；陈力丹：《社会资本：理解媒介经济的新视角》，《中国报业》2007年第2期。

［3］周笑：《时间产品：传媒经济学的价值基点》，《社会科学》2007年第7期；王琳、张允：《供需特征、替代效应与经济福利——对中国电视活动营销的理论解析》，《国际新闻界》2007年第3期。

［4］陆小华：《分享平台：新媒体的核心运作模式》，《新闻记者》2007年第1期。颜梅：《数字时代电视产业平台化趋势及对策》，中国人民大学博士学位论文，2007年。

［5］石村：《电视节目版权管理的基本概念》，《电视研究》2007年第3期；谢耘耕、单琳琳：《版权与自制：电视剧频道核心竞争力的构建》，《视听界》2007年第4期；孙移芳：《电视节目模板的价值衡量与法律保护》，《经济研究参考》2007年第11期；向芬：《略论电视节目的传媒知识产权保护》，第一届全国新闻学传播学博士生学术研讨会论文，2007年；林丽臣：《关于电视节目版权之争再讨论》，《现代视听》2007年第6期。

［6］CTR市场研究等：《媒体品牌力与广告效果评估研究》，《广告大观（理论版）》2007年第5期；姚林：《媒体品牌研究的理论和应用》，《中国报业》2007年第9期；薛可、余明阳、刘春章：《基于FMEA的媒体品牌竞争力风险模式研究》，《新闻与传播研究》第14卷第3期。

［7］Min Hang（2007）. Media Business Venturing. Jönköping：JIBS. 韩晓宁：《传媒经济行为博弈分析》，中国人民大学博士学位论文，2007年。

［8］南方传媒研究：《互联网定律渐成媒介产业新规则》，《新闻与传播》2007年第4期；朱春阳：《新媒体经济：效率竞争、创新榜样与国际化示范》，《新闻记者》2007年第11期。

［9］参见蔡雯、陈卓：《试论报网互动的基本模式》，《现代传播》2007年第5期；张姝：《数字报业≠报业数字化》，《传媒》2007年第6期；喻国明、戴元初、王维、徐伟伟：《中国数字报业发展的现况、问题与路径选择》，《中国报业》2007年第7、8期。

［10］参见喻国明、王斌：《规制与突破：传媒产业布局的演变路径》，《新闻与

写作》2007年第4期；刘洁、胡君：《媒介产业增长极"孤岛现象"成因及解决路径》，《新闻与传播研究》第14卷第3期；黄升民、宋红梅：《新趋势、新逻辑与新形态——区域媒体的形成轨迹与发展趋势解读》，《现代传播》2007年第2期。

[11] 见中国传媒发展指数课题组《中国传媒发展指数报告》，《国际新闻界》2007年12月；张伟：《传媒盈利模式的经济学分析》，《新闻学论集》（第19辑），经济日报出版社2007年版；新闻出版总署传媒发展研究所：《中国宏观经济与报业互动关系研究报告》，北京大学广告系《中国报业与广告业发展关系研究报告》，均载林江主编：《中国报业发展报告2007》，社会科学文献出版社，2007年版；葛岩、李新立：《媒体集团化对于广告产业影响的宏观研究》，《新闻大学》2007年第1期；赵星耀：《是"适度差距"而非"严重失衡"》，《国际新闻界》2007年第2期。

[12] 参见陈慧颖：《转轨国家传媒经济研究》，《辽宁大学学报（哲学社会科学版）》，第35卷第3期；张涛甫：《"存量改革"阶段的中国传媒体制改革》，《中国传媒报告》2007年第1期；郭全中：《传媒业发展和改革中的"增量"与"存量"研究》，《中国报业》2007年第1期；喻国明：《传媒发展：从"增量改革"到"语法改革"》，《青年记者》2007年6月上。以及蔡雯、黄金：《规制变革：媒介融合发展的必要前提》，《国际新闻界》2007年第3期；王甫、吴丰军：《广电内容产业促进政策：中国问题与美英经验》，《现代传播》2007年第4期；戴元初：《1996电信法与电子传媒管制的制度演进》，《国际新闻界》2007年第5期。

[13] 见孙正一、柳婷婷：《2007：中国新闻业回望（上）》，《新闻记者》2007年第12期。

# 发展之困与"突围"之道

## ——2008年我国传媒经济学研究概述

喻国明 李彪

**【摘要】** 本文主要通过对2008年新闻传播类相关期刊文献的回顾分析，从学科本身、传媒产品、传媒组织行为、媒体市场结构、传媒产业结构、政策与规制等六个方面综述了2008年国内传媒经济研究的进展，并指出了不足和今后的研究建议。

**【关键词】** 影响力经济；产品为王；市场绩效；小步快走

本文主要是从传媒经济学研究的学科本身、传媒产品、传媒组织行为、媒体市场结构、传媒产业结构、政策与规制等几个方面对2008年来在国内新闻传播类期刊中公开发表的文章进行梳理、分类，本文所选文献主要来源是新闻传播类核心期刊，侧重于总结新观点、新视角和新方法。

## 一、"影响力经济"的辨析、认知心理学的研究方法的引入及传媒发展指数的测度：对传媒产业价值本质的追问在研究范式上的突破

本年度对传媒经济学学科自身检视的文章很少，主要是反思和总结的研究视角。有研究者指出目前的传媒经济学研究依然存在学科归属不清、研究进路不确定、传媒经济本质存在争议等问题[1]。在传媒经济学理论方面，主要聚焦于传媒经济实质这一命题，有研究者对近年的三种热点理论——注意力经济论、影响力经济论与舆论经济论进行了梳理，认为影响力经济是注意

力经济的一种延伸，媒体影响力扩大后，媒体希望能从更高层次来指导受众行为、影响社会发展因而产生了舆论经济理论，并指出三者虽都有缺陷，但三种理论可以多元共存[2]。本年度对传媒经济实质的研究主要有三种代表观点：一是有人提出传媒经济是"权力经济"，认为媒介拥有话语权等各种权力性资源，媒介的功能、媒介的影响力都源于媒介的权力，媒介的经济资源也是基于媒介权力的运作而形成和发展起来的[3]；二是有人提出传媒经济的实质是社会资本与经济资本之间的转化，认为传媒影响力的实质在于传媒通过与舆论互动而形成的对社会资本的占有，而传媒经济的实质就是实现这种社会资本与经济资本之间的转化[4]；三是有人用感化力来表述目前我国转型时期传媒经济的本质，该观点旨在突出强调传媒对终端市场目标受众的直接感化和引导，其间具有其他层面、其他阶层不可替代的巨大传播潜力，并由此产生真正持久的经济效益[5]。这些观点无疑为我们理解传媒经济提供了新的视角，但不论是"权力""感化力""社会资本"都是"影响力"的一种外在表现。

传媒经济学研究在方法论意义上出现了新的尝试，有研究者试着引入认知心理学的研究方法和研究工具探究受众资源在接收信息环节上的生理指标和心理指标等的变化，希图得到受众对信息资源的需求和行为偏好[6]。还有研究者通过实验法研究发现当受众对品牌没有认识时，受众对品牌的态度能受制于多数意见的影响，并会和多数意见保持一致，说明在网络传播中传统群体传播的信息影响理论和从众理论仍适用；当受者对品牌有初始态度时，受众品牌态度主要受初始品牌态度的影响，不受口碑信息影响[7]。

《中国传媒发展指数报告（2008）》的付梓，为中国传媒经济学提供了一个新的视角——基于二手数据的深度挖掘而非传统意义上的调查所得，用系统的理论和构建指标体系的方法对传媒的内环境、外环境进行研究，在此基础上延伸出中国传媒经济景气指数、中国传媒投资指数等指数集簇，有利于更客观深入地刻画我国传媒产业的现状。

## 二、从内容研究到产品研究：对传媒产品经济特征的进一步拓展

针对新媒体时代的媒介运营特征，本年度对传媒产品的研究延续了2007

年的学术逻辑，传媒产品的外延进一步延展。有研究者将传媒产品和内容产品区别开来，指出传媒产品远大于内容产品，极大延展了传媒产品的外延，提出传媒产品包括载体、资讯、规则三要素，该观点对新媒体冲击下的传媒产业竞争提供了全新的视角[8]。丁汉青认为媒介产品的性质会随具体条件的变化而呈现动态，技术、规制与商业模式之选择是影响媒介产品性质变化的三个关键因素，并在此基础上构建了媒介产品性质变化动态机制模型[9]。也有人认为媒介产品的价值由主体价值和附加价值构成，媒介产品的附加值包括物化层面的附加值和精神层面的附加值两个方面，媒介产品附加值的特性包括双重性、系统性、可变性[10]。这些研究都为理解媒介产品的价值提供了新的视角。

本年度还有一些对媒介产品进行具化研究和延展研究，有人参照科特勒的产品层次论将报纸产品分为核心产品层、形式产品层和附加产品层三个层次，并认为形式产品层日益成为报纸产品更新的着力点和突破口[11]。也有人将传媒产品上升到文化产品的层面探讨，提出日常性占用是传媒时代文化产品消费的基本方式，"日常性占用"主要包含两个方面：对信息的解码和对物品的使用，两者相互作用建构了消费者的文化认同和生活方式；随着传媒手段的发展，文化产品的日常性占用表现出一种新的趋势——意义解读与物品消费的不断增值，并且由于媒体融合的出现，消费者对文化产品的占用方式模糊了公共与私人领域的划分，并对这种界限的象征权力构成了挑战和破坏[12]。这些研究都有利于对传媒产品经济特征和文化特征的认识不断深化。

### 三、关注传媒上市、探究传媒核心竞争力：对传媒机构市场化研究的深化

这方面成果涉及媒体的品牌推广、营销、发行、集团化、并购与投资等方面，新的话题主要集中在两个方面，一是对传媒上市的一系列问题的争鸣；二是对传媒的核心竞争力的观点的短兵相接。

本年度有许多研究关注传媒上市，主要是受到政策的松动和辽宁出版IPO试水的刺激，双重规制下期待突破。研究主要集中在上市的利弊、整体上市和剥离上市的利弊、关联交易、传媒无形资产等议题上。有研究者通过

利弊和风险分析,为传媒机构提供了一个上市选择的目标与风险的谱系,希望传媒机构在选择上市的操作上更加理性和成熟[13];有人比较了IPO上市与借壳上市的利弊,建议媒介组织要见机行事,根据传媒组织自身的条件选择上市方式,用两条腿走路[14];还有人研究总结了传媒企业上市融资扩张的四条主要路径:一是国内市场直接IPO;二是国内"借壳上市";三是海外上市;四是CDR上市,即中国预托证券[15]。还有些研究进一步深化该话题,有人认为在中国目前的政策环境下,关联交易存在是必然的,并且传媒集团的关联交易往往是不公开、不公平、不合理的,是有损公司价值的[16]。还有人研究了传媒无形资本的特征、经营方式、评估和分切,指出培育和经营好无形资本,能有效地提升传媒产业的竞争力[17];还有人探讨了报业上市后舆论控制的问题,建议通过金融工具和制度安排来保证国有资产对上市报业的实际控制权,并在此基础上,允许整体上市。我们应该明确规定国有业外资本、非国有资本及国际资本所占比例,并对其享有的权利进行限制[18]。

关于竞争力的观点主要集中在传媒产业整体竞争力和不同介态、地域的竞争力两个议题上。有研究者认为大媒体时代的竞争力具化为用不同的运营模式占有不同的市场"相位"、用生产方式和资源布局的改变来赢得产品效能的差异化、在新的"语法"规则体系的激励下成功地实现内容创新、形式创新和市场创新[19];还有人根据波士顿矩阵与SWOT分析等理论提出了衡量媒介竞争力的基本方法[20]。有人从传媒集团的角度,提出传媒家是传媒集团核心竞争力之所系,但也指出目前中国缺乏传媒家成长所需要的环境[21];还有人从企业组织的角度,认为构建传媒企业核心竞争力,传媒企业制度创新是保证,"传媒职业经理人"精神塑造是关键,学习型动态网络组织的建立有利于提升核心竞争力[22]。曹鹏认为传媒的营销与竞争本质上争夺的是受众的时间,传媒市场按时长重排各媒体的竞争座次,另外,吸引力是效益的决定因素,传媒市场竞争是时长和吸引力的双向竞争[23]。

本年度还有从不同介态进行的研究,有研究者认为品牌是纸质媒体核心竞争力最直接的反映,构建纸质媒体品牌竞争力的整合体系,要重点针对报纸版面品牌价值核心要素,剖析影响报纸版面品牌价值核心要素的诸多因素,实现"无形"的品牌价值"有形化"[24];还有研究者认为都市报的核心竞争力是思想力[25]。就区域性媒体的核心竞争力，有人认为县域报纸要抢占汽车、超市、商场和户外等流动的阅读第三空间，把桌面上的报纸朝"行走"的报纸方向推进，同时搭建多元经营架子[26]。

## 四、市场集中度与市场绩效：对媒体市场结构及其变化研究的切入

市场结构是一个关于竞争的概念。本年度对各类媒体竞争格局的研究更加广泛，尤其关注对媒介形态个案的研究。郑保卫等通过对不同媒体受众覆盖率、受众媒介接触时间、媒体经营收入分布和媒体发展空间等定量的统计分析，指出是传媒竞争促进了媒体市场格局的变化，媒体市场格局的变化是技术、市场、制度三股合力共同作用的结果，媒体市场格局的变化始终遵循满足受众与市场需要的目标[27]。还有研究者指出在网络数字媒介的冲击之下，言论价值和话题谈资成为传统媒体战胜新媒体的最重要的手段[28]。

还有相当多的研究关注各类具体媒介形态的市场结构，商建辉通过计算全国主要城市都市类报业市场集中度，提出一些都市类报纸出现过度竞争现象的原因之一就在于都市类报业市场的市场集中度偏低，必须通过合并和兼并的策略调整市场结构的方案[29]。有研究借助 SCP 范式、市场集中度等指标，指出我国电视产业的高政策性壁垒、寡占型的市场集中度和行政垄断是我国卫星电视产业资源配置效率低下的原因所在[30]。还有人引入经济学的市场结构理论对全国的电视广告市场进行动态分析，根据省级卫视参与市场竞争的不同决策，建立了垄断竞争市场和双寡头市场模型[31]。该类研究多重在对现象的描述，深层次解读和探索尚不足。

还有研究者研究了媒介市场绩效的问题，引入 DEA 的分析方法，在考察利润率等指标后，构造了一个以投入为主导的、多阶段松弛变量计算法的一期 C2R 模型，通过相关数据是实测，论证了目前中国报业具有行政垄断与市场垄断相结合的混合型垄断特征，行政因素的影响仍然是报业市场绩效集弱的主要因素[32]。

## 五、产业集群、产业融合与相对常数原理：对传媒产业结构的现实判断和趋势分析

产业的集群方面，王斌认为随着传播技术引发的媒介融合以及传媒组织与其他创意产业部门的渗透，传媒产业也出现了集群的空间形态，媒介组织及其伴生的创意组织在大城市及周边地区的集群现象越来越显著，媒介产业在地理上的集散运动与所在地域的发展态势密切相关，提出了嵌入性概念，认为嵌入性可以解释媒体发展与区域经济的关系——媒介作为有能动性的地理存在单元，其与物理空间及虚拟空间的互动演化极大地影响着一地的创新氛围、知识流动、社会网络等方面[33]。

产业融合和产业关联方面，彭兰认为尽管在体制上要理顺传媒业、电信业、IT业等几个产业的关系，需要国家层面的全面改革与调整，但是非传媒产业从技术渗透为先导，逐渐与传媒业融合，这将是无法回避的事实，媒介融合时代，传媒业迎接的不仅是内部的重组或媒体间的整合，还有多个产业间的震荡性调整[34]。相对常数原理的介绍和深化研究为产业关联提供了全新的视角和方法论，有研究者介绍了相对常数原理审视目前媒体产业结构变化，认为鉴于媒介演变和竞争的复杂性，仅仅检验媒介消费相对常数成立与否过于简单，应从更广阔的视角，将相对常数研究纳入整个媒介消费的研究领域中，并研究了媒介消费的四种趋势[35]。

## 六、"小步快走""模块化"和大部门机制：传媒产业政策及规制的发展逻辑及再造

对产业政策及规则的思考主要从两个角度，一个是新闻改革30年来的检视；二是数字时代新规制的探讨。

对新闻改革检视主要从历史的梳理和现状的检视两个角度展开的。有研究者指出中国传媒业的三个基本面（市场面、政策面和技术面）决定了中国传媒产业发展的最主要的三个因素，中国传媒业发展是通过不变或微调的存量来支撑现状和现实关系的稳定，通过增量的发展来使整个社会结构、产业结构适应时代发展的要求[36]。有研究者总结了中国传媒产业的制度选择

过程,中国传媒的制度选择过程是政府、媒介、资本等行为主体不断反复的博弈过程,传媒产业的制度选择大都遵循制度默许(试点)—理性选择—制度确立(中止)—推广的运行轨迹[37]。也有人指出改革开放以来我国传媒产业管理模式经历了从"全面管理"模式转变为"重点管理"模式的深刻变革,今后将出现由"重点管理"模式逐渐朝着"调控管理"模式变革的趋势。郭全中总结了传媒改革形成的四种代表模式:以南方报业传媒集团为代表的"广东模式",以宁波日报报业集团、浙江日报报业集团、杭州日报报业集团等为代表的"浙江模式",以辽宁出版传媒集团为代表的"辽宁模式"和以解放日报报业集团为代表的"上海模式"[38]。

对现状的检视方面,刘军茹认为我国媒介规制的现实困境是媒介规制的无序与失控,还利用新制度经济学的理论分析了非正式约束对传媒产业的影响[39];还有研究认为传媒业制度安排的欠缺和制度供给不足的规则环境,造成了目前发展目标不明、发展动力不足的现实情境,必须借助体制外的重大调整来实现重新定位,摆脱"事业单位企业化管理"的过渡性束缚,摆脱行业内外阻碍技术互通、产业融合的人为桎梏,使制度真正起到激励和约束的作用[40]。程贵孙等以电视媒介为产业背景,在双边市场理论的框架下,基于Salop圆形城市模型,建立了一个自由市场进入的消费者付费情形两阶段动态博弈模型,认为自由进入的市场竞争将导致"市场失灵"的现象,没有达到社会福利最优的电视媒介数量和广告量,放松管制并不一定能带来社会福利的增加和社会效率的增进,现阶段仍然要实施管制政策[41]。

对未来规制的再造方面,张志认为数字时代,垂直统合型的媒介产业结构由于技术的变革正在趋于解体,向水平分离型转变,新型产业结构的主要特征是水平分离型的"模块化"结构,具有独立性的产业模块之间可以自由组合,形成更有效率、更低成本的信息传播路径,相应地,媒介政策为了适应这一变化,也开始出现"模块化"趋势[42]。有人认为目前传媒管制存在行政性管制,存在功能缺陷,可以考虑通过新一轮的党政机构改革,采用"大部门机制",成立一个新闻传媒与文化产业改革发展机构,形成党政联动的协调决策体制[43]。

概言之,随着传媒实践的发展,我国传媒经济研究无论是研究的深度还是广度都比过去有了较大提升。但我们更应看到,处于中国急剧变动的伟大传媒实践的传媒研究原本是可以产生更丰硕的学术成果的,但目前传媒经济学研究整体上还处在基于经验判断的低层次水平上,片面追求现象性的热点问题,议题过于狭窄,而学科在研究规范、研究范式等基础研究上的匮乏,具有国际水准的研究成果尚未产生等。因此,中国传媒经济学人应以更加开阔的视野、更加前沿的观照和更加扎实的研究来面对我们这个注定要产生伟大理论的实践。

**注释:**

[1] 顾永波、殷晓蓉:《略论当前中国传媒经济研究存在的几个问题》,《新闻界》2008年第5期。

[2] 周韵:《试论三种传媒经济理论》,《重庆广播电视大学学报》2008年6月。

[3] 陈燕、杜远远:《浅论传媒经济是"权力经济"》,《新闻界》2008年第3期。

[4] 李庆林:《传媒经济的实质是社会资本与经济资本之间的转化》,《经济研究导刊》2008年第13期。

[5] 张自文:《转型期中国传媒经济的本质》,《企业家天地·理论版》2008年第2期。

[6] 喻国明等:《基于神经科学的传播学研究——工具、路径与研究框架》,《国际新闻界》2008年第7期。

[7] 龚玲、蒋燕玲等:《网络口碑对受众品牌态度的影响》,《新闻与传播研究》2008年第4期。

[8] 喻国明:《产品为王:传媒产业竞争的新主旋律》,《当代传播》2008年第2期。

[9] 丁汉青:《论媒介产品性质的动态变化》,《国际新闻界》2008年第9期。

[10] 陶喜红:《媒介产品附加值的特性及意义》,《新闻界》2008年第2期。

[11] 姚劲松:《报纸形式产品层更新探析》,《怀化学院学报》2008年第9期。

[12] 温朝霞:《论传媒与文化产品的日常性占用》,《暨南学报(哲学社会科学版)》2008年第3期。

[13] 喻国明、张苗佳:《传媒上市的利弊谱系——传媒上市的利弊分析与风险评估》,《新闻与写作》2008年第7期。

[14] 向长富:《报业IPO上市与借壳上市利弊分析》,《新闻战线》2008年第8期。

[15]刘星保:《论传媒企业上市融资扩张的主要路径》,《企业家天地》2008年第7期。

[16]张金海、张燕:《传媒上市公司的关联交易及其对公司价值的影响》,《新闻界》2008年第4期。

[17]胡忠青:《传媒产业无形资本的培育与运营》,《湖北大学学报(哲学社会科学版)》2008年第2期。

[18]陈晓芳:《试论报纸上市与舆论控制》,《新闻知识》2008年第7期。

[19]喻国明:《传播规则变革背景下传媒竞争力构建》,《新闻与写作》2008年第4期。

[20]王冬梅:《衡量媒介竞争力的基本方法》,《记者摇篮》2008年第5期。

[21]张小争:《传媒家:传媒集团核心竞争力之所系》,《青年记者》2008年7月上。

[22]包国强:《市场经济条件下传媒企业核心竞争力的提升》,《编辑之友》2008年第2期。

[23]曹鹏:《传媒市场新理念:市场竞争与吸引力竞争》,《新闻记者》2008年第3期。

[24]巢建新:《品牌构建提升纸质媒体竞争力》,《传媒观察》2008年第4期。

[25]刘有才:《重塑都市报的核心竞争力》,《青年记者》2008年9月上。

[26]成锦如:《多媒体格局下县域报纸核心竞争力的塑造》,《传媒观察》2008年第10期。

[27]郑保卫等:《试论当前我国媒体格局变化的现状及特点》,《国际新闻界》2008年第3期。

[28]喻国明:《报纸竞争之引领模式的创新——从2008奥运媒体大战说起》,《广告人》2008年第9期。

[29]商建辉:《都市类报业市场集中度分析》,《当代传播》2008年第4期。

[30]卢文浩、袁皓:《我国卫星电视产业市场结构实证分析及优化对策》,《当代经济管理》2008年第5期。

[31]孟志军、陈昊:《省级卫视广告市场竞争的经济模型分析》,《新闻界》2008年第4期。

[32]刘强等:《基于DEA分析框架下我国报业市场绩效研究》,《中国社会科学

院研究生院学报》2008年第5期。

［33］王斌：《空间变革：嵌入地域发展的传媒产业集群》,《山西大学学报（哲学社会科学版）》2008年第6期。

［34］彭兰：《融合趋势下的传媒变局》,《新闻战线》2008年第7期。

［35］苏林森：《相对常数研究的方向：超越常数的媒介消费研究》,《国际新闻界》2008年第9期。

［36］喻国明：《"小步快走"是我国传媒制度变革的基本方式》,《广告大观（综合版）》2008年第11期。

［37］黄蓉：《中国传媒产业的制度选择——基于博弈的分析视角》,《当代传播》2008年第3期。

［38］郭全中：《传媒单位改制的四种模式比较》,《青年记者》2008年8月上。

［39］刘军茹：《论我国媒介规制的现实困境及制度原因》,《国际新闻界》2008年第2期。

［40］梅明丽：《对传媒产业现实情境的制度检视》,《视听界》2008年第2期。

［41］程贵孙、陈宏民：《基于双边市场的传媒产业政府规制》,《上海交通大学学报》2008年第9期。

［42］张志：《论数字时代媒介政策的"模块化"趋势》,《国际新闻界》2008年第9期。

［43］李向阳：《文化软实力与传媒业的规制创新》,《视听界》2008年第2期。

# 传媒业变革节点的理论回应
## ——2009年传媒经济研究关键词

喻国明　王斌

【摘要】本文从产业前景、产业现状测评、媒介竞争理论、媒体发展策略、媒体业务流程、产业规制等方面综述了2009年国内传媒经济研究的进展。

【关键词】金融危机；研究方法；媒体竞争

2009年是中国经济转型较为关键的一年，外在的金融危机和内在的结构调整同时作用于市场，对传媒业来讲，宏观经济波动和传播技术革新是两个主要的影响因素。在行业内外压力的共同作用下，媒体变革的系统性进程集中涌现为数个亟须突破的节点，这些传媒业市场的焦点现象也引发了理论探讨的相对聚焦。沿着从宏观到微观的观察视角，回顾一年来的有关研究，分别体现在以下几个方面：对产业整体前景的感知，也即对金融危机与传媒业互动关系的细致探讨；对产业现状的测评，也即通过研究方法创新获得对传媒业的有效把握；对市场竞争格局的认知，也即开掘媒介竞争的新理论；对媒体发展策略的更新，也即建构适应新环境挑战的媒体发展理念；对媒体业务流程的优化，也即剖析和归纳全媒体运作的示范意义；对行业游戏规则的审视，也即探讨媒体市场融合规制。

## "口红效应"：金融危机与传媒业增长

当经济萧条到来的时候，人们对低端的生活必需品情有独钟，比如口红，花费不多但还能有所享受，兼具经济实效和情感抚慰。在遭受金融危机冲击一年多以后，研究者普遍关注到传媒业的一些逆势上扬的市场表现，借用"口红效应"来表达对传媒业乃至文化产业的乐观预期。有研究者总结产生"口红效应"的那支"口红"，必须满足三大条件：一是商品绝对价格低廉；二是商品本身除实用价值外，还需具备心理安抚作用；三是相比同价位的消费品，其安慰作用更强。[1]媒介产品的独特性就在于其文化和精神的抚慰作用。多数研究梳理了金融危机以来传媒业的业绩数据及其可能的影响，并为发挥"口红效应"支招。[2]但是金融危机和传媒业的互动关系并非如"口红效应"那么简单的逻辑推演，而需要更加细致的分析。

以电影为例，后两项条件基本满足，而目前中国人进电影院看电影目前仍属高消费，并不符合价格低廉这一条件。如果金融危机在下阶段继续延续，过高的票价势必遏制观众的消费意愿，电影业可能就不会产生"口红效应"，我们对此不宜盲目乐观。并且，与20世纪30年代电影院吸引精神压抑的人们消遣度日不同，现今家庭有更为丰富的视频设备选择以及网络论坛等情绪宣导途径。因此2008年以来中国电影市场的繁荣和美国电影市场的波动都不能简单归因于"口红效应"，需要结合产业历史背景和现实数据继续观察。[1]

口红效应还带来了另一种困惑：在经济危机时，一方面，人们对传媒产品的接触率会增加，另一方面，作为传媒业收入主要来源的广告收入却面临衰退。两者之间的矛盾在于如何将受众对传媒产品接触的愿望转化为新的收入来源，而不是仅仅依赖于原有的广告增长机制这种经济态势良好时传媒业收益模式。[3]解决这一矛盾首先是在接触环节上强化传媒与受众之间的内容交易关系，使之呈现稳定、规模化的扩张；其次是发掘广告市场上的"长尾"，在汽车、房地产等奢侈品广告出现困境时，扩展对中小广告行业和客户的服务。

## 景气指数与全效指标：研究方法的创新

在传媒业发展前景较为稳定的时期，研究者通常从一些单一的产业指标如广告额、发行量、收视率等进行产业测评。由于传媒业与社会资源的链接日益紧密，如何准确全面地判断产业现状是一个前提条件，学界和业界都需要更为统筹兼顾的方法来展示传媒业的多元因子。中国人民大学舆论研究所课题组继去年推出《中国传媒发展指数蓝皮书》后，今年结合产业分析方法

PEST 及传媒业流程特点，对"中国传媒发展指数"进行了修正和调整。特别是对主观判断因素较多、没有可获得性的数据的指标，专用调查问卷的方式处理，新创设了"传媒业景气指数"。[4]中国传媒产业景气指数通过两个指标来反映：一是广告主信心指数，是根据媒体投放量最多的前20位行业的广告主对企业外部市场经济环境与宏观政策的熟悉看法、判定与预期而编制的指数。二是传媒经营景气指数，是根据传媒经营者对本媒体综合经营情况的判定与预期而编制的指数。

综合性指标体系的各个指标之间可能存有一定的相关关系、不适用统一的量纲进行定量分析，针对这一问题，研究者采用因子分析，寻找少量能够控制所有变量起决定作用的公因子。在对19个影响浙江文化产业的初始指标进行因子分析后，解析出目前对浙江省文化产业竞争力起主要促进作用的要素是：①文化市场因子；②文化产品因子；③政府行为因子。[5]研究发现文化市场的培育起决定性作用，成熟的文化市场是文化产业进入成熟期的标志。

对单一指标的改善首先在广受争议的收视率上获得突破。传统的电视收视率调查仅能反映出通过电视机这一媒介终端获取电视节目的"开机率"，不能囊括电视剧等文化产品在网络的影响力。另外，收视率评价的是电视观众总数中有多少人看某个电视媒体节目，而无法了解观众所持看法和真实满意程度，也无法测量电视产品的社会影响力。中国电视网络影响力课题组推出了"电视网络影响力"调查，对电视机构、电视内容、电视人物和电视事件等在网络世界中所具有的知名度、被关注度、收视度以及美誉度等进行了排行。有研究者构造了电视剧的"全效评估指标"，[6]利用基于第三代语义网的舆情搜索监测平台，收集媒介产品的网络使用体验评价，也即上星电视机构中播出数量最多的10部电视剧的网络反映（博客、论坛、贴吧、跟帖等），引入网民对电视剧的关注度、推荐度、满意度等，给电视剧等的传统评价引入其在线上的影响力。

**生产网络与利基：媒介竞争的理论深耕**

媒介竞争是一个常规话题，以往多采用波特模型、SWOT分析等来解释媒体机构之间的竞争关系，对于传媒业来讲缺乏适合行业特性的理论话语和分析框架。从个体视角入手，本年度对国外传媒经济学界近年来使用的利基理论进行了本土化的应用；从关系视角入手，有研究者对价值链进行了批判性思考，把全球生产网络迁移到媒体竞争格局的研究中。

价值链突出的是媒体的生产流程，这一链条取向的策略在本质上是线性思维的。而价值链不能脱离媒体所处的环境，媒体生产本身陷入更宽广的社会关系之中。媒介生产行为不是抽象的和通用的，有其面对的特定的生活圈和消费圈，也体现在一些地方化的情境之中，如本地化的社会关系、独特的制度和文化习俗。规模、区位和资源各异的媒体机构组成了多维度、多层次的媒介生产网。媒体的生产活动深深镶嵌于整个网络中。[7]

单个媒体或媒体类别在产业版图中的决策选择可以用"利基"（Niche）这一中观理论来分析。利基理论的基本逻辑为：媒体的竞争与合作类似于生态系统，由于一个环境之中的资源是有限的，当不同传媒组织或产业存在生态位的相似性时，就产生了媒体的竞争关系。这一理论的特点在于提出了利基宽度、重合度、竞争优势等具操作性的分析框架。通过利基分析，研究者超越了纸媒存亡、新媒体崛起等话题的一般性结论，得到了更为具体也更有依据的发现：[8] 对1999—2006年五大传媒业类别的广告统计数据分析表明，各传媒产业皆在努力拓宽其广告资源的行业来源，而非朝向广告资源窄化利用的方向发展；各传媒产业对广告资源的竞争愈来愈激烈，但网络与四种传统媒体广告资源竞争的强度最弱。对于报纸来讲，由于在本地市场上的竞争更加激烈，要求报纸媒体能为受众提供更有针对性、贴近性的服务，其地理市场利基化，"超地方化"成为报纸媒体在新媒体环境下开发本地市场的重要策略。

值得思考的是，媒介竞争理论常常指涉到对资源的争夺，有限资源是一个约束前提，报纸和网络在竞争有限的受众、有限的广告和有限的地域市场。学理上的判断来源于相对常数假说（Principle of Relative Consistency），也即一个国家或地区的媒介消费水平相对于国民生产总值而言是一个较为稳定的比率，媒体的广告资源或者说媒体的增长空间是有限的。而对中国不同区域的数据检验表明，[9] 城市化、工业化和收入水平显著影响人们的媒介消费水平，各地媒介消费占宏观经济的比重并不固定，鉴于中国各地经济发展的严重不平衡,从跨地区角度看,相对常数在中国并不成立。

### 嵌入性与黏性:媒体发展逻辑的更新

碎片化的内容格局和碎片化的用户群体对传统的媒体竞争策略提出了严苛的挑战。如何开发 Web2.0 时代的微内容,媒体组织一直欠缺有效的理念牵引和具体模式。媒体发展逻辑的更新不能限于对既有模式的微调,而是要有崭新的发展理念。首先要对微内容的价值有整体认识。微内容在内容类别、表达风格上都具有他人难以替代的"独特性"。从产业的角度来看,每个这种 Web2.0 网站都是一个"个性化"数据内容库,并因此具备潜在的独特的商业价值。[10] 其次是要研究微内容的使用机制。微内容虽然缺乏权威性,呈现不出系统性和组织性,但这些内容是用户自制(UGC)的,在社区中经过筛选、转发、沉淀,会存留那些原生智慧,又能吸引更多新的网络用户加入社区,进而形成良性循环。随着社区用户互动程度的上升,将对自己所属的社区产生归属感和依赖感,社区成员彼此之间也会形成维系更长时间互动的情感纽带。所以,虚拟社区被认为能为商业网站带来在线忠诚度也就是"黏性"。[11]

最后要从网络微内容的发展逻辑中发现媒体的新价值。混杂的微内容来自用户的真实生活体验,富有生命力,但也需要整合与提升。媒体为社会、为消费者和受众不仅仅是提供新的生活要素,还应该组织新的生活方式。媒体要更强调对于社会生活、对于消费生活、对于时尚生活的组织和引领,从生活时尚,到社会公益,到人们的消费投资等,应该使各种资源在媒体平台上交汇并形成社会价值。媒体发展的一个基本方式就是嵌入人们生活链条中,成为辅助人们生活、消费、经营的平台和节点,成为各种商业资源、社会资源、人脉资源、信用资源等汇流整合的中介和枢纽。[12]

### 全媒体运作:媒介融合在组织层面的探索

在媒介融合的背景下,相对于融合前景的展望,具体可行的融合实现方式显得尤为有价值。去年的媒体融合话题聚焦于业界的"全媒体运作"实践。

《中国记者》(2009年第5期)、《新闻与写作》(2009年第7期)、《青年记者》(2009年第6期)等刊物都较为集中地探讨了目前媒体中较为流行的全媒体运作现象,对这一风潮的来龙去脉和可能影响进行了较为全面和多元的分析。学界和业界特别对媒介融合的两个样本——烟台传媒集团和成都传媒集团——的改革理念及其全媒体流程操作关注较多。[13] 它们之所以如此引起关注,如研究者所指出的:"全媒体"的概念外衣之下,不仅包裹着媒介融合的大趋势,而且蕴含了众多个体的有价值的经营新思维,即使人们未必完全认同全媒体,至少也会承认它是"变革正在发生"的一个符号。[14]

与关注业务流程具体设计及其运作伴随的,是对全媒体这一阶段性媒介融合样式的理性思考,如全媒体运作对新闻教育人才培养理念的挑战,新闻教育不能因此成为融合技能的培训,而有赖于人文精神和社会价值观念,更有赖于专业主义新闻理念和道德操守的养成。[15] 又如全媒体化不是媒体产品的单一发展路径,媒体的产品必须超越"内容为王"的单一视野,需要把内容、服务和社区等有机结合起来,构建用户与媒体、用户与用户之间的牢固关系。全媒体发展的意义不仅在于为媒体的新闻提供多元化的平台,还在于为多元化的产品提供新的空间。[16]

烟台和成都这两个样本的意义不止于业务创新、组织创新,它们的实践随之而来会对媒体管理体制提出相应的新要求。如成都传媒集团的"媒体结对运行"动员了更多类型的媒体,包括电视、广播、报纸和网络,引发了对融合进程中媒体组织规制的讨论。成都传媒集团旗下拥有众多的媒体,在多媒体融合状态下要求互相协作。但每一个媒体都是一个利益主体,其媒体属性、表达方式、运作机制、利益诉求、考核体系等大相径庭,特别是我国的报业和广电由于分属不同的部门管理,形成了条块分割和部门利益的思维,这对全媒体运作是一项挑战。[17] 而对包括成都在内的四地城市传媒集团个案的绩效分析显示,在经济方面和舆论生态方面并无显著改善,从跨媒体集团中获益最少的是受众,因而同一城市的跨媒体集团应该缓行。[18]

综观一年来的传媒经济研究,在传媒业关键问题的牵引下,学术探讨的话题相对聚焦起来,新鲜有效的研究方法有了突破性尝试,大型调研项目导向的跨机构课题团队也应运而生,这些都为未来的研究能够深入下去奠定了良好基础。同时，在一片融合、互动、数字化的喧嚣声中，"媒体中的媒体"《中华新闻报》的倒闭重新提示了我国媒介市场发育的顽疾：权责不明导致的运营低效乃至无效。在少部分明星媒体频繁上演国际化的、高科化的管理时尚的同时，作为研究者我们理应清醒地警觉：媒体市场改革的步伐不一，除了那些进入到改革节点的媒体，中国还有更多数的媒体仍处于市场化和行政化两种资源配置方式的纠葛之中，它们的改革进程还在生死未明的前夜阶段，培育和完善权责明晰的市场主体、建立和完善规范有效的市场竞争机制是我国传媒业长期存在的核心任务。

**注释：**

［1］余佳丽、李亦中：《金融危机背景下中美电影市场"口红效应"透视》，《现代传播》2009年第4期。

［2］如蔡尚伟：《1929—2009：金融危机与传媒业发展》，《现代传播》2009年第1期；郭全中：《"口红效应"对传媒业的影响及表现》，《新闻与写作》2009年第7期；谢耘耕：《金融危机对传媒业的影响及对策研究》，《新闻记者》2009年第3期。

［3］朱春阳、曾培伦：《传媒业如何面对"口红效应"的诱惑》，《新闻实践》2009年第4期。

［4］《中国媒介业信心指数报告——中国媒介经济景气度调查报告之一》《中国广告主信心指数报告——中国媒介经济景气度调查川报告之二》，《国际新闻界》2009年第6期。

［5］傅梅烂、奚建华、刘杏：《浙江文化产业竞争力的影响因子研究》，《新闻界》2009年第3期。

［6］喻国明、李彪：《收视率全效指标评估体系研究——以电视剧为例》，《现代传播》2009年第4期。

［7］王斌：《链与网：媒介竞争和媒介生产的视角切换》，《国际新闻界》2009年第8期。

［8］强月新、张明新：《中国传媒产业间的广告资源竞争：基于生态位理论的实证分析》，《新闻与传播研究》2009年第5期；王春枝：《寻找利基：报纸媒体与网络媒体的竞争关系研究》，中国人民大学新闻学院博士学位论文，2009年。

［9］苏林森：《城市化、工业化和收入水平对媒介消费水平的影响》，《国际新闻

界》2009年第2期。

［10］刘丹:《从"微内容"运作看媒介融合时代内容产业的发展》,《中国报业》2009年第6期。

［11］王战、张弘韬:《用户生成内容（UGC）与虚拟社区的经济价值》,《广告大观理论版》2009年第2期。

［12］喻国明:《媒体应更多地嵌入社会生活》,《新闻与写作》2009年第4期;《新媒体在严峻经济形势下的发展机遇》,《当代传播》2009年第1期。

［13］有代表性的如滕岳:《对全媒体报道运作方式的探索——烟台日报传媒集团的实践与思考》,《青年记者》2009年2月下；蔡雯、刘国良:《纸媒转型与全媒体流程再造——以烟台日报传媒集团创建全媒体数字平台为例》,《今传媒》2005年第5期；黄昌林:《融合后的传媒运作新模式——以成都传媒集团媒体融合为例》,《编辑之友》2009年第5期；侯利强:《媒体结对运行 部分新闻联动——成都传媒集团全媒体运作探索》,《传媒》2009年第6期。

［14］支庭荣:《网络聚合、社区互动与增值运营——论"全媒体"背景下的赢利模式创新》,《新闻与写作》2009年第11期。

［15］温海玲、杜骏飞:《变革时代的战略理性——全媒体热潮中的冷思考》,《青年记者》2009年2月下。

［16］彭兰:《如何从全媒体化走向媒介融合——对全媒体化业务四个关键问题的思考》,《新闻与写作》2009年第7期。

［17］参见侯利强:《媒体结对运行 部分新闻联动——成都传媒集团全媒体运作探索》,《传媒》2009年第6期；黄基秉、向妍:《传媒集团整合发展策略初探——以成都传媒集团为例》,《成都大学学报（社科版）》2009年第1期。

［18］支庭荣:《我国报纸、广播、电视跨媒体集团的政治经济学分析——以牡丹江、佛山、红河、成都个案为例》,《国际新闻界》2009年第6期。

# 2010年的传媒经济研究：跨界与整合

《中国传媒发展指数报告（2011）》项目组

**【摘要】** 本文对2010年传媒经济研究的期刊文章做了内容分析、社会网络分析与文献分析，以定性定量相结合的方法综述和分析了传媒经济的研究领域、研究热点与研究突破。

**【关键词】** 传媒经济研究；内容分析；社会网络分析；文献分析

## 2010年学术界关注了什么：基于高频词的学术热点分析

本课题组对2010年度公开发表的与传媒经济研究相关的论文进行了内容分析，[1] 以期从研究者、研究领域、研究方法、学科交叉、宏观环境等方面客观、系统、定量地描述本年度传媒经济研究的整体状况。

词频分析可以归纳出某一研究领域文献中词汇的出现频率，通过统计高频词可以分析出该领域的研究热点和发展动向。我们对2010年度传媒经济的312篇论文的题目、摘要、关键词进行了词频分析，剔除无意义的虚词后共筛选出传媒经济研究的50个实词高频词（见表1）。统计结果表明：

表1 2010年度传媒经济研究领域前50位高频词

| 媒介类型 | 词频 | 热点议题 | 词频 | 热点议题 | 词频 | 热点议题 | 词频 |
|---|---|---|---|---|---|---|---|
| 期刊 | 106 | 出版 | 154 | 资源 | 54 | 制度 | 29 |
| 网络 | 90 | 产业 | 152 | 媒介融合 | 52 | 融合 | 29 |
| 电视 | 79 | 市场 | 132 | 创新 | 49 | 美国 | 28 |
| 报业 | 71 | 营销 | 97 | 组织 | 46 | 规则 | 26 |

续表

| 媒介类型 | 词频 | 热点议题 | 词频 | 热点议题 | 词频 | 热点议题 | 词频 |
| --- | --- | --- | --- | --- | --- | --- | --- |
| 科技期刊 | 59 | 改革 | 92 | 理论 | 46 | 植入 | 23 |
| 图书 | 53 | 品牌 | 89 | 转型 | 45 | 经济学 | 23 |
| 手机 | 49 | 广告 | 77 | 数字化 | 42 | 三网融合 | 21 |
| 新媒体 | 45 | 管理 | 76 | 产品 | 40 | 转企改制 | 20 |
| 报纸 | 41 | 竞争 | 64 | 受众 | 38 | 文化产业 | 20 |
| 出版社 | 31 | 经济 | 58 | 发行 | 37 | 版权 | 19 |
| 出版业 | 28 | 技术 | 56 | 风险 | 36 | 产业链 | 19 |
| 互联网 | 24 | 社会 | 55 | 融合 | 35 | | |
| 纪录片 | 19 | 策略 | 54 | 数字出版 | 35 | | |

（一）媒介类型

总体上，四大传统媒介仍然是学界研究的重中之重，但新媒体对于学术研究的影响巨大，图书出版业位列第三，手机媒体成为研究新宠。

如果我们从媒介类型的角度将词义意义相近的热词进行进一步的归类合并，我们可以看到，尽管以网络为代表的新媒体（"网络""新媒体""互联网""手机"）是学术界研究的一个热点（总词频数为218），但四大传统媒介的研究依然是学术界研究的重中之重（总词频数为356），是新媒体研究总数的1.63倍。当然，新媒体之于传统媒体的影响是巨大的，绝大多数对于传统媒体的研究都是在新媒体影响背景下所做的范式转型、规则变化、操作对策等方面的研究。

就单一媒体类别的研究而言，期刊（含科技期刊165）研究占据首位；网络（含互联网）的研究居第二位（114）；而出版研究（含图书、出版社、出版业，共计112）则居第三位。传统意义上媒介研究重点的报纸（含报业，112）、电视（79）忝列其后；此外，手机媒体的研究也开始成为学术研究的新宠（49）。

（二）热点议题

出版因改制动作巨大而成为学术界热议的第一议题；其次，传媒产业和传媒市场也是人们最为关注的一级议题。此外，在去年的学界视野中，营销、改革、品牌、广告、管理、竞争也是人们热议的研究主题。

如果我们将媒介类型之外的热词看作学术界研究的热点议题，将其按照词频数做三分法分析，我们可以看到，排列在学界热切研究第一阵列的有：出版、产业和市场；第二阵列的研究议题是：营销、改革、品牌、广告、管理、竞争。与人们一般印象形成鲜明对照的是，某些政策上、实践领域大轰大嗡的议题。

在学术界的研究视野中热度并不很高，比如：三网融合、转企改制、文化产业、版权以及产业链等。此外，中国的媒介经济学研究在研究中国传媒经济问题时参照、借鉴最多的是美国的传媒业，同时也较多地借用了经济学的理论或方法。

## 2010年学术界如何研究传媒经济：基于内容分析的研究方法分析

本课题组结合内容分析得到的统计数据，对2010年度传媒经济的研究方法与学科交叉情况进行了客观的描述，以期从宏观的角度整体把握本年度传媒经济研究的总体状况。

（一）定性研究为主，重视个案分析和调查研究

本年度的传媒经济实证研究中，定性研究数量是定量研究的2.7倍。有学者曾通过内容分析法对比了中国与美国的新闻传播学研究方法，研究结果是："与美国相反，中国的新闻传播学研究方法中定性研究方法处于绝对主导地位（80.8%）而定量研究很少（15.6%）。"[2] 相较而言，传媒经济的定量研究量高于国内新闻传播学的总体水平，更偏重于研究的精确性和可量化性。

在定性研究方面，传媒经济以个案研究法（34%）、文献分析法（16.1%）为主，而新闻传播学则更偏重于文献分析法（38.2%），这说明传媒经济更加重视对个案和典型的研究。在定量研究方面，传媒经济以调查法（60.4%）、内容分析法（18.9%）为主，此外也有部分研究引入了模型分析（18.8%），而新闻传播学中内容分析法占据显著地位。与新闻传播学相比，传媒经济研究更注重于大量实际数据的收集，研究难度与研究投入较大，但在定量研究的数据处理方面，仍以简单的频数（13.3%）、描述统计（55.6%）为主，数

据的深入挖掘和解析有待提高。

（二）产业经济学、微观经济学视角占主流，技术成为关注焦点

本年度涉及学科交叉的传媒经济论文有 105 篇，学科交叉论文比例为 34%，与经济学（69%）、管理学（25%）的交叉最多。由于传媒经济构架于不同的经济学理论和分析方法之上，因此经济学理论是研究传媒经济问题的基础理论，较常用的研究视角包括微观经济学、宏观经济学、产业经济学、制度经济学和政治经济学。2010 年传媒经济学的产业经济学视角最多（45%），其次为微观经济学（41%）、制度经济学（9%）、宏观经济学（2%）、政治经济学（7%）涉及较少。

经济、技术、制度是影响传媒经济发展的重要力量，涉及宏观环境对传媒业影响的论文有 143 篇。数字化、三网融合、电子书、微博等新的媒介技术和形式的爆发使技术（33.6%）成为对传媒经济研究涉及最多的宏观领域，整体的经济形势（经济 29.4%）和政府规制（政治 26.6%）也是研究者在研究中涉及的重要因素，而传媒经济对社会因素（10.5%）关注不多。

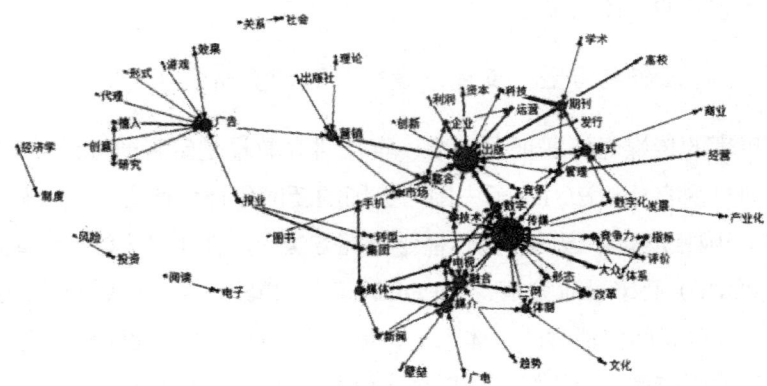

**图 1　2010 年研究热点与研究趋势：基于社会网络分析**

图 1 是对 2010 年入选的所有传媒经济学科的论文的关键词、题目和摘要做的社会网络分析，使用的软件为 NetDraw2.054 版本。

（一）核心层、中间层、边缘地带：传媒经济研究分层明显

结点（node）大小表示的是度数（degree），结点每与另外一个结点发生

一次联系（无论是主动还是被动、是流入还是流出）即为1度，结点越大表示与别的结点之间的联系度越高。从图1中可以看出，传媒、出版、融合、广告等为今年传媒经济学研究的焦点和重点。每两个结点之间线条的粗细程度表示是的两者的关系密切度，两个结点之间的线条越粗表示两者之间的联系越紧密，从上图可以看出，数字—出版、媒介—融合、三网—融合、科技—期刊、植入—广告等关键词之间的紧密度很高，这也在一定程度上反映了今年传媒经济学科研究的兴趣和前沿。

在以上分析的基础上，本研究还对关涉的关键词进行了K-cores分析，不同结点的颜色代表意义不同，可以看出，整个网络有三层构成：核心层、中间层和边缘地带，红色的结点处在整个网络的核心层，主要有以下关键词：传媒、出版、融合、模式、营销、整合、数字、出版、媒介、改革、体制等；深色的结点处在整个网络的中间层，主要有以下关键词：广告、报业、手机、集团、转型、三网、竞争等；黑色的结点处在整个网络的边缘层，包括制度经济学、风险投资、电子阅读、关系社会等，说明传媒经济学研究的议题还主要基于传统议题的基础上，对新的研究议题和对象的扩展度不够。

（二）研究热点：微博客、植入广告、媒介融合

由于2010年本年度的论文很难以被引用的次数（一般而言，论文被引率高点一般发生在发表后的3—4年）来判断其重要性与关注度，但从CNKI的下载频次多少这一指标，可以在相当程度上说明某篇传媒经济研究论文及其所代表的研究领域的被关注程度。一般而言，下载频次越高说明其影响力大，关注程度高，有可能成为未来研究的热点。以下为下载频次在300次以上的论文，共17篇。[3]

表2 2010年传媒经济高下载频次论文

| 题目 | 期刊 | 期数 | 下载量 |
| --- | --- | --- | --- |
| 微博价值：核心功能、延伸功能与附加功能 | 新闻与写作 | 3 | 1174 |
| 中国媒介规制的发展、问题与未来方向 | 现代传播 | 1 | 596 |
| "双转"：中国传媒业的一次制度性创新 | 现代传播 | 1 | 558 |
| 移动互联网背景下的"微博"发展分析 | 新闻爱好者 | 4 | 542 |

续表

| 题　目 | 期　刊 | 期数 | 下载量 |
|---|---|---|---|
| 微博及其盈利模式研究 | 新闻与写作 | 3 | 491 |
| 浅析SNS中的植入式广告——以开心网为例 | 青年记者 | 2 | 481 |
| 中国网络营销模式探索方向分析 | 新闻大学 | 1 | 463 |
| 电影植入式广告的传播效果研究——以《疯狂的石头》为例 | 新闻爱好者 | 2 | 433 |
| "三网融合"下的传媒新业态与监管 | 现代传播 | 8 | 419 |
| 互联网使用对传统媒体的冲击：从使用与评价切入 | 新闻大学 | 2 | 411 |
| 试论品牌形象管理"点—线—面"传播模式 | 国际新闻界 | 3 | 386 |
| 数字出版即全媒体出版论——对"数字出版"概念生成语境的一种分析 | 新闻大学 | 1 | 378 |
| 新媒体背景下的媒介融合走向 | 新闻爱好看 | 5 | 362 |
| 媒介影响力评价指标体系研究 | 新闻大学 | 1 | 360 |
| 媒介融合背景下传媒业的变革与发展 | 新闻爱好者 | 1 | 352 |
| 从版面扩张到界面拓展：传统媒介未来发展的关键转型 | 现代传播 | 6 | 347 |
| 产业视角下中国媒介融合研究的演进路径和核心议题——2005—2009年中国媒介产业融合研究综述 | 国际新闻界 | 3 | 343 |

　　结合前文词频分析的结果、社会网络分析结果以及17篇高下载频次论文的研究内容可以发现，本年度传媒经济研究的媒体热点是微博客。上表论文中以微博为研究对象的论文有3篇，平均下载频次为736次，并且"微博价值：核心功能、延伸功能与附加功能"下载量超过了千次，此外还有众多论文从微博媒介性质、盈利模式、营销应用等方面对这一新的媒介形式展开了研究。本年度媒介产业的研究热点是媒介融合，3篇有关媒介融合的文章下载频次为352，并且"媒介融合"一词出现的词频也达到了52次，三网融合背景、产业视角和综述性回顾是本年度媒介融合研究的亮点。本年度广告方面的研究热点是植入广告，2篇论文的平均下载频次为457次，对新的植入方式的探究和对其广告效果的评价研究使植入广告的研究趋于成熟。此外媒介规制与体制、新媒体对传统媒体的冲击及传统媒体的转型研究等传统仍旧是传媒经济研究者持续关注的话题。

## 2010 年传媒经济研究的创新点与突破口：基于文献分析的归纳与解读

### （一）话语释放与信息传播模式的变革：微博客研究从影响力机制到盈利模式进一步探索

2006 年 Twitter 面向公众开放，2010 年成为中国的"微博元年"，各网站微博服务呈现井喷式爆发，这一新的传播形态引起了传媒经济领域研究者的极大关注。

在微博价值探究和功能的梳理方面，有研究者指出微博的核心功能在于即时信息的发布与获取，延伸功能在于人际网络的构建与维护。[4]微博影响力在于它最大限度地激发了用户的贡献，打通了用户之间的社会关系，实现了社会话语空间的释放。在此基础上微博的信息凝聚力与整合力将使其逐渐成为互联网生态链内信息传入与输出的核心信源。[5]作为"自媒体"——微博客将进一步改变传统新闻业的新闻产制标准，传统媒体对微博的利用以及微博的营销功能是业界广泛讨论的话题。

在探究微博产品的发展逻辑与盈利模式方面的传媒经济研究有了新的进展。有研究者在分析 Twitter 的应用后指出，嵌套性构成了微博产品发展的根本逻辑。从微博产品的功能开发、微博信息的传播方式到微博对于人类社会网络的重构，无不体现微博产品的嵌套规则。[6]包括 Twitter 在内的诸多网站迄今为止尚未盈利，目前还处于积累用户、探索盈利模式的成长期，但微博可以充分发挥网络经济边际成本趋向于零的特点，借助规模经济和范围经济效应，利用免费优势吸引巨量的用户，进而搭建大型平台进行资源协同和共享，并在此基础上开展增值业务，此外品牌广告以及网站收入分成、运营商分成、用户数据库等都是可探索的盈利模式。"微博"有着移动互联网时代的鲜明特征，[7]打通了移动通信网与互联网的界限，发展微博手机用户，结合移动互联网的优势，充分发挥"微博"的特点是"微博"运营者需要重点关注的问题。

### （二）受众个人差异变量引入植入广告效果影响因素研究，定价机制研究仍待进一步科学化

作为一种新兴的营销方式，植入式广告备受业界关注。2010 年央视春晚

的植入广告，电影、电视剧甚至 SNS、图书、网游的广告植入都成为目前的研究热点。对植入广告效果影响因素的探索与定价机制的研究是本年度植入广告研究的一大突破点。

有研究者用问卷调查的方法，探究不同性别下年龄和职业的差异是否会影响植入式广告的效果。研究结论认为，在广告的接受程度上男性与女性没有显著差异，而在广告产品的购买意向方面年轻男性更为强烈。[8]还有实证，有学者以电影《疯狂的石头》中的植入式广告为实验对象，从记忆、情感、意动三个层面，对电影中植入式广告的效果进行研究。通过分析不同性别的受众对植入信息的回忆度、好感度、购买意向的差异后发现受众对植入式广告的记忆度与接受度较好，广告的植入方式、植入表现形式、受众的个人差异都在不同层次上影响广告效果。[9]对春晚植入广告的研究则表明，植入式广告的投放与第三人效果密切相关。

植入广告的定价机制是学界与业界亟须解决的问题，媒体行业必须建立自己的价值评估体系和收费标准。对中、美、日、韩 8 部电视剧中的植入广告的行业类别、植入类型、发展现状进行了对比分析后认为定量和定性两方面的综合价值评估将对其收费体系产生决定作用。[10]不同的植入类型与媒体平台的大小、受众的口碑等都应有不同的加权系数，但对植入广告定价机制的定量化探索仍有赖后续的研究推进。

（三）平台竞争：媒介融合的演进与建构"媒·信产业"新业态

从《新闻传播的变化融合了什么——从美国新闻传播的变化谈起》一文发表算起，"媒介融合"（Media Convergence）作为一个研究概念被引入中国已有五年时间，中国的三网融合在经历了十多年的争论、搁置和分头发展之后也已经形成了基于不同产业利益诉求的产业格局。本年度，对媒介融合与三网融合的综述与反思性研究提出了"平台竞争"这一新的研究视角与"媒·信产业"的新概念。

5 年来，我国媒介产业融合研究的演进路径体现出"从边缘突破到全面变革""从基本面论述到细分产业的深入分析""从微观的策略应变到宏观的战略思考""从企业产业发展上升到政府规制改革"几个重要走向，什么力量导致了媒介产业融合、媒介产业融合对相关产业将产生什么影响、媒业应该如何应对、融媒产业将如何发展、规制改革走向何方是贯穿始终的关键议题。[11]基于5年来对媒介融合研究的综述,有研究者提出今后我国的媒介融合研究以"三网融合"的推进为背景,以"平台"概念作为理论研究的新视角和切入点,构建一个包括"平台构建""平台竞合"以及"平台规制"的全新理论系统,并以这套理论指导"三网融合"过程中和融合之后传媒业、信息产业以及通信产业的发展、竞争和规制实践。

由于中国现实的国情,中国式的三网融合,不是单纯的市场、技术和利益的融合,也不是行政机构和事业单位的融合,而是在意识形态参与主导下的有中国特色的融合,是要构建一个以媒介为高地,以内容、网络和服务为骨干基础的崭新的媒·信产业,即媒介思维为主导的三网融合。因此不管是广电还是通信行业,在三网融合过程中,二者都应该符合并且围绕着媒介思维去融合,才能做大做强。[12]媒介融合与三网融合共同引入了平台竞争的视角,以三网融合为背景研究媒介融合,未来两者的研究交叉点将更多。

(四)意义经济、关系经济:传媒产业本质的研究进路

本年度,有研究者以传媒产品作为研究对象,从传媒产品的"意义"入手,提出意义经济(Meaning economy)这一新概念,进而建构传媒经济的主体理论。[13]意义经济包括意义消费、意义影响和意义服务三大部分,它具有文化性、产业性、技术性等多重属性。这一概念的提出使传媒产品核心价值,即信息产品的意义层面价值得到了重视。意义经济结合了经济学规律与文化、符号的视角,其"意义"也将随着新媒介新观念的推动更加丰富。

有研究者采用关系分析方法,从社会嵌入视野对社会关系互动中传媒产业关系本质进行了诠释,提出:"关系"优势决定着传媒竞争优势,传媒业进入了"关系为王"的时代,传媒产业的本质可从"社会关系"的生产与构造中找寻,其本质是一种关系经济形态。[14]产品与用户关系、传媒与用户关系、传媒与社会结构关系呈现了传媒产业的多重关系结构。"关系"编织与聚合将成为传媒竞争的主导方式,而基于合理的关系定位之上的"关系模式"选择,对传媒产业的聚合发展更是具有战略意义。

## （五）多维空间的解析与离散选择模型：受众研究与媒介选择的新突破

对于受众媒介接触时间的分析以往仅停留于"媒介接触行为的单一维度"，且不同媒介之间的测量手段有较大差异，缺少结合具体传播情境和接触体验的多维考察。本年度有研究者采取日记卡留置的数据采集方法让受众实时记录自己一天24小时的行为、所在位置、情绪类型以及媒介接触类型，利用时间的连续性将受众的物理路径、行为路径、心理路径和媒介接触类型路径串联起来，进一步分析受众媒介接触时间的变化轨迹，解决媒介接触时间在跨媒介、跨空间中比较的难题，从而将人的媒介接触行为深刻地还原于日常生活行为逻辑之中。[15]空间与时间的综合考量创新了受众媒介接触时间的研究，之后的数据分析和研究结果更值得期待。

以往受众媒介选择方面的研究多是从传播学的角度进行简单分析，本年度有学者从经济学视角引入媒介的网络外部性，应用离散选择模型来对媒介选择因素进行分析。研究结果指出，媒介价格与媒介选择显著负相关，媒介易得性、媒介操守和媒介的网络外部性都与媒介选择显著正相关，消费者的个人特征对媒介行为的影响很小。[16]社会转型与传播技术进步加剧了观众的差异化与碎片化趋势，随着用户主体时代的来临需要深入理解媒介环境与观众收视变化，重聚差异化观众。[17]如何充分体现并融会贯通数字化网络新媒体的实时性、互动性和社区性的探究是收视率研究的新突破。[18]

纵观2010年的传媒经济研究，iPad、电子书等新终端热潮再次挑战了传统媒体的神经，但与此相关的盈利模式研究与报业改革研究仍停留在现象描述方面，少见深入的研究。微博客完美地结合了受众的"生活圈""消费圈""兴趣圈"，由此带来的新营销方式探索不乏新意。更多的学者突破了传媒经济学的边界，嵌入社会之中，把研究置于复杂的环境中，以技术、规制、经济、受众、时空等各方的视角分析问题。改革与竞争仍是传媒经济研究的主题，变革与风险并存，但整合与融合则是未来实践与研究的大势所趋。媒介要发展，就要做到与其他媒介之间、与传播的"全民生产"能力、与更为丰富的社会资源和商业资源的整合，[19]这也将是现阶段传媒经济研究的关注点。

**注释：**

［1］本文选取了 2010 年 CSSCI 收录的新闻传播核心期刊 15 本，辅助以 2008 年北大图书馆中文核心期刊 GO/G21 信息与传播、新闻学、新闻事业期刊 15 本，30 期刊消除重叠后获得了样本选取期刊：编排学报、国际新闻界、新闻与传播研究、新闻大学、现代传播、编辑之友、新闻记者、编辑学刊、当代传播、出版科学、中国编辑、出版发行研究、中国出版、广告大观、现代广告、新闻爱好者、新闻界、青年记者、新闻战线、新闻与写作、新闻记者、中国记者、中国报业、电视研究、传媒观察。选择以上期刊中已经被 CNKI 收录的（截止日期为 2010 年 12 月 23 日）2010 年度全年的与传媒经济研究相关的论文，此外以传媒经济、传媒业为关键词在 CNKI 中进行搜索，获取了未在以上期刊上发表的论文。通过上述途径获得的论文为研究的初步样本，在此基础上剔除了会议消息、研究随笔等性质的文章，共获得有效论文 312 篇。

［2］董天策、昌道励：《中美新闻传播学研究方法比较——以 2000—2011 年〈新闻与传播研究〉和〈Journal of Communication〉为例》，《西南民族大学学报（人文社科版）》2010 年第 7 期。

［3］312 篇论文的平均下载次数为 85.1 次，此数据收集截止日期为 2010 年 12 月 23 日，但考虑到新发布文章的下载频次会受到影响，因此剔除 7 部分完成于 2009 年末，对 2010 年传媒业发展预测的文章。

［4］喻国明：《微博价位：核心功能、延伸功能与附加功能》，《新闻与写作》2010 年第 3 期。

［5］喻国明：《微博：影响力的产生机制与作用空间》，《中关村》2010 年第 4 期。

［6］喻国明、欧亚、张佰明、王斌：《微博：从嵌套性机制到盈利模式兼谈 Twitter 最受欢迎的十大应用》，《青年记者》2010 年第 21 期。

［7］范玉明：《移动互联网背景下的"微博"发展分析》，《新闻爱好者》2010 年第 4 期。

［8］肇乾：《对电影植入式广告效果的实证研究》，《中国集体经济》2010 年第 4 期。

［9］金若沙：《电影植入式广告的传播效果研究——以〈疯狂的石头〉为例》，《新闻爱好者》2010 年第 2 期。

［10］轰艳梅、严兴飞：《中外电视剧中的植入式广告创作研究——中、美、日、韩 8 部电视剧中植入式广告对比分析》，《广告大观（理论版）》2010 年第 2 期。

［11］谷虹：《产业视角下中国媒介融合研究的演进路径和核心议题——2005—2009 年中国媒介产业融合研究综述》，《国际新闻界》2010 年第 3 期。

［12］黄升民：《三网融合：构建中国式"媒·信产业"新业态》，《现代传播》2010 年第 4 期。

［13］谭天：《传媒经济的本质是意义经济》，《国际新闻界》2010 年第 7 期。

［14］麦尚文：《"关系"编织与传媒聚合发展——社会嵌入视野中的传媒产业本质论释》，《国际新闻界》2010 年第 1 期。

［15］"中国受众媒介'接触—使用'状态定量研究"课题组：《媒介接触时间考察的新范式：研究框架的构建逻辑》，《国际新闻界》2010 年第 9 期。

［16］李雪松、司有和、谭红成：《新闻信息媒介选择行为的经济学分析》，《新闻记者》2010 年第 7 期。

［17］郑维东、张天莉：《重聚差异化观众：深入理解媒介环境与观众收视变化》，《新闻大学》2010 年第 1 期。

［18］周笑：《新媒体环境中视听率研究的框架性构想》，《新闻大学》2010 年第 1 期。

［19］喻国明：《整合力：传媒的核心竞争力》，《广告人》2010 年第 4 期。

# 传媒经济研究的热点、局限与未来期待
## ——2011年传媒经济研究综述

喻国明　宋美杰[*]

【摘要】本研究收集了2011年传媒经济研究领域的高关注度文献660篇，结合研究题目的高频词对传媒经济的理论与学科、传媒产业与市场、传媒经营管理、传媒体制与改革研究进行综述，进而着重分析本年度传媒经济领域的研究突破和聚焦点。

【关键词】传媒经济研究；词频分析

传媒经济学的主要研究范式一般可以概括为：理论型范例、应用型范例和批判型范例，[1]采用行业市场研究、公司研究、影响力研究等共同的研究方法。按照这一范式划分，本研究收集了2011年传媒经济研究领域的高关注度文献660篇。[2]本文结合上述论文标题中的高频词分析，对传媒经济的理论与学科研究、行业市场研究、经营管理研究、体制与改革研究进行分类综述，进而探析2011年传媒经济研究领域的问题聚焦以及相应的理论创新。

## 2011年传媒经济学术界关注了什么：基于研究高频词与热点文章的分析

词频分析的理论依据在于，词频的波动与社会现象之间有着内在联系，

---

[*] 喻国明，中国人民大学新闻学院教授，中国人民大学新闻与社会发展研究中心研究员；宋美杰，中国人民大学新闻学院2011级博士生。

特定的社会现象会引起一定词频波动。[3]论文的下载频次在一定程度上反映了传媒经济领域研究者对某一研究议题的关注程度。基于这种论文标题词频映射出研究热点、下载频次映射出研究兴趣的推论，本研究采用以点带面的路径盘点本年度传媒经济的研究概况。

表1　2011年传媒经济研究高频词

| 词汇 | 词频 | 词汇 | 词频 | 词汇 | 词频 | 词汇 | 词频 | 词汇 | 词频 |
| --- | --- | --- | --- | --- | --- | --- | --- | --- | --- |
| 传媒 | 83 | 产业 | 31 | 全媒体 | 20 | 创新 | 16 | 中国传媒 | 12 |
| 发展 | 64 | 市场 | 29 | 传媒集团 | 19 | 报纸 | 16 | 中国传媒业 | 12 |
| 媒体 | 68 | 经营 | 27 | 三网融合 | 19 | 节目 | 16 | 美国 | 12 |
| 媒介 | 54 | 转型 | 26 | 竞争 | 19 | 营销 | 15 | 传统媒体 | 11 |
| 我国 | 49 | 融合 | 26 | 品牌 | 18 | 环境 | 14 | 路径 | 11 |
| 电视 | 47 | 媒介融合 | 24 | 受众 | 17 | 管理 | 14 | 广播电视 | 11 |
| 中国 | 41 | 策略 | 24 | 网络 | 17 | 趋势 | 13 | 价值 | 11 |
| 传媒产业 | 34 | 报业 | 23 | 广告 | 17 | 集团 | 13 | 传媒企业 | 10 |
| 传媒业 | 34 | 战略 | 23 | 改革 | 16 | 变革 | 12 | 核心竞争力 | 10 |
| 新媒体 | 34 | 新闻 | 22 | 模式 | 16 | 电视台 | 12 | 西方 | 10 |

通过词频分析结果可以发现我国传媒经济的研究现状有如下特点。

1. 宏观格局和发展策略研究多于微观要素及操作研究。其中，以"传媒"（含媒体、媒介）、"发展""媒介产业"（含媒介业）、"新媒体""产业""市场""战略"（含策略）等宏大叙事的研究远多于"传媒集团"（含集团）、"传媒企业""电视台""报纸""节目""品牌"等微观操作的研究。应该说，研究的重点和现实的困境是联系在一起的，它在一定程度上表明，我国传媒业发展的关键性问题依旧存在于宏观层面的问题。

2. 立足于本国问题的研究是我国传媒经济研究的重中之重。以"我国""中国""中国传媒""中国传媒业"为标题的论文远远多于以"美国""西方"为标题的论文，前者是后者的5.2倍。

3. 新媒体研究的热度居高不下，"融合"研究大大多于"竞争"性研究。其中，直接冠之以"新媒体"为主题的论文是以"传统媒体"为主题的论文数量的 3 倍左右,如果再加上多于"网络"的研究,则这个比例数还会更大。但这一年的研究中,"融合""媒介融合""三网融合""全媒体"研究等研究论文的数量要远远大于"竞争"性研究的论文数量。这表明,在"竞争—合作"的研究中,研究重心已经向"合竞"的方向倾斜。

4. 报业的研究成果远大于广播电视业的研究成果。报业的现实发展态势虽然处在一种困顿的格局中,但对于它的研究的活跃程度远大于仍处在市场影响力第一位的广播电视业的研究。统计结果显示,以"报业""报纸"为题的研究论文是以"电视台""广播电视"为题的研究论文的 1.7 倍。这种状况很可能会导致我国广播电视业在未来的发展中理论后劲不足等一系列问题。

剔除了下载量较高的综述类文章和重复论文后,[5] 得到了前 20 篇 2011 年度传媒经济领域的高关注度论文,如表 2。

### 表 2  2011 年传媒经济高关注度论文

| 题　　目 | 作　　者 | 下载量 |
| --- | --- | --- |
| 三网融合下的"全媒体营销"建构 | 黄升民、刘珊 | 765 |
| 植入式广告:研究框架、规制构建与效果评测 | 喻国明、丁汉青、李彪、王菲 | 614 |
| 论中国传媒走向"文化产业"的历史进程 | 陈力丹 | 467 |
| 跨界与混搭:中国传媒业当前发展的一道景观 | 喻国明 | 435 |
| 媒介融合语境下西方国家广播电视规制的变革 | 肖叶飞 | 357 |
| 三网融合大致方针确定后,我国传媒产业的创新发展考量 | 吴信训、吴小坤 | 355 |
| 被命名的改革:2008 年以来广电制播分离的政策与政治 | 李兆丰 | 324 |
| 传媒体制、媒体社会责任与公共利益——基于美国广播电视体制变迁的反思 | 张春华 | 309 |
| 试论中国传媒业国际竞争的大公司战略 | 丁和根、林吟昕 | 306 |
| 2010 的中国电视:面对网络视频第一波冲击 | 李幸 | 305 |
| 契机、转机或是危机?——试析数字新媒体对广播电视的影响 | 周小普、黄彪文 | 300 |
| 媒介经营逻辑的趋势性转变 | 喻国明、张佰明 | 296 |

续表

| 题　目 | 作　者 | 下载量 |
|---|---|---|
| 和谐社会建构背景下中国传媒改革转型路径思考 | 董小玉、韩敏 | 290 |
| 基于产业融合的中国传媒产业市场结构特征研究 | 金雪涛 | 283 |
| 社会化媒体浪潮中的媒介生态重构与传媒趋势 | 杨溟 | 279 |
| 三网融合推动传媒与资本的共舞共赢——"三网融合与传媒投资，机会·战略·回报"论坛综述 | 谷虹、谢明芮 | 279 |
| 从面向"受众"到面对"用户"——试论传媒业态变化对新闻编辑的影响 | 蔡雯 | 269 |
| 大国化进程中广告代理业的纠结与转型 | 黄升民、王听 | 268 |
| 传媒是促进城市发展、提升城市品牌的支柱性产业 | 周鸿铎 | 261 |
| 我国传媒集团的组织结构选择策略分析 | 梅楠、王栋 | 261 |

传媒经济领域的高关注度论文大都出自传媒经济和新闻传播领域的核心研究者。2010年年初，国务院常务会议决定加快推进三网融合并明确提出了推进三网融合的阶段性目标，这不仅意味着我国传媒产业格局即将发生重大调整，而且意味着相关传媒产业的内容生产、服务提供、运营模式、经营理念等都将发生相应的重大变化。[6] 与2009年相比，高关注度论文中"三网融合"的相关研究显著提升（3篇，平均下载频次466）。

数字新媒体、社会化媒体、媒介融合、产业融合带来的传媒业市场结构转变和媒介生态重构等宏观问题是近年来的重要研究问题。以此为环境背景，传统媒体的经营模式必须做出有效调整，这是基于媒介经营逻辑的趋势性转变而做出的判断。[7] 上表的论文中，研究者对美国和西方广电规制和体制变迁的研究和反思、植入广告效果的评测与广告代理业的纠结、制播分离的政策解读和传媒集团组织结构的选择等具体议题的关注都观照了中国传媒业特别是广电媒体的问题单。

## 2011年传媒经济学领域的研究与收获：核心论文的归纳与解读

在本研究收集的660篇传媒经济论文中，下载量超过100次的论文总计115篇。本文以这部分高下载量论文为基础，参照新闻传播学四大核心期刊[8]所刊载的传媒经领域文献,对本年度传媒经济学研究的内容和收获进行概述。

**1. 传媒经济理论:积累性研究缺乏"质"的突破;新媒介业态中对"受众"地位的反思**

本年度传媒经济理论的突破性研究成果非常有限。韩运荣指出,自从社会转型期确立,我国传媒经济理论即以实践拉动型模式演进,这种积累性研究因缺乏"质"的突破,越来越滞后于传媒产业实践。因此,在积累性研究的基础上进行宏观的科学建构便成为理论突破的必然。[9]鉴于我国传媒制度正处于酝酿突破期,并且研究取向上以新闻传播学为主的现状,传媒经济的近期研究主要侧重于传媒制度层面的效果评估,而远期的研究态势则可能走向深化经济学取向的建构性研究。引进国外先进传媒经济理论,了解研究差距进而借鉴、吸收和批判应构成我国传媒经济理论建构性发展中的重要一环。

"若仔细考察一个市场的组织结构,我们就会发现,消费者和技术是市场的双重君主"。[10]李惊雷回顾了萨缪尔森、皮卡德、麦奎尔对受众的论述,反思了现阶段在激烈的媒介市场过程中被忽略了市场主体特性的"受众"。随着传播技术的发展,受众和传媒之间"训示"关系正在变化,受众作为"被动的信息接受者"的形象将会终止,取而代之的将是下列各种角色中的任何一个:搜寻者、咨询者、浏览者、反馈者、对话者、交谈者。[11]有不少研究将"受众"扩展为"用户",强调了新媒介业态下对受众深层需求的满足。相对于市场的生产者而言,市场消费者也是多元的。从单媒体内容生产向多种媒体内容生产转移过程中,新闻编辑面对的将是更加细分的"用户"。而大众媒体与社会化媒体的相互嵌入更要求生产者重视传播活动中的"用户体验"。[12]重塑受众在传媒经济中的主体形象是对传媒经济的本质还原。传媒作为一项产业,其市场价值在于它能够在多大程度上影响它的受众,并且这种对受众的影响力能够在多大程度上进一步地影响社会进程、社会决策、市场消费和人们的社会行为。这一衍生于传播学媒介效果的"影响力"经济在今年的研究中得到了操作化的解析和证实。有研究将传媒影响力操作化定义为"受众规模(万人)× 平均接触时间(小时/人)× 可信度(%)×[1+主流人群比率(%)]"。[13]这一媒介影响力乘法指数模型和调查数据显示,我国传媒影响力的总体格局呈扁平金字塔式结构，电视占据绝对主导地位，省级传媒总量占优、华北领先全国。传媒影响力集中度大于产业集中度，影响力份额与经营收入份额出现"倒挂"现象。将经验理论用实证的方式进行操作和验证是传媒经济理论逐步深化的路径之一。

**2. 传媒产业透视：产业融合下"缝隙竞争"弱化；市场格局、媒介生态需重新考量**

本年度的中国传媒经济市场结构研究得到了几个大相径庭的结论。经济学者应用SCP范式，以量化方法对我国传媒产业的市场结构指标与产业绩效进行了相关性分析。结果表明，我国传媒产业市场绩效与市场集中度指标间存在着较强的正相关关系。我国传媒产业市场集中度极低，[14]市场结构过于分散。[15]有研究者分析改革开放至今的期刊发行、广告数据后同样认为，我国期刊产业虽然市场规模巨大，但近年来出现增长"失速"现象，期刊发行与广告市场集中度比较低，属于竞争型市场结构。[16]金雪涛指出，我国政府从自然垄断、公共物品、外部性等产业经济学特征出发，在电信、传媒等领域一直扮演着以公共服务为使命的政治性政府和以国有资产所有权管理者身份出现的经济性政府角色。政府规制构筑的行政壁垒加之传媒产业自身显著的规模经济和范围经济特性使得传统媒体的市场集中度高。考虑到政策和各行业特性等复杂变量，中国传媒业的市场集中度尚无定论。

媒介融合带来了产业系统的互相开放，传统的广电产业链条中引入了如电信产业、互联网运营商等新的利益相关者。数字新媒体模糊了媒体形态的物理边界，在频道定位、内容形态、赢利模式、产业链等方面改变了广播电视的业态。[17]虽然有研究者对全球报业发展变局进行数据分析后认为：新媒体拉动报业变局效果较为有限，世界报业各要素并无大幅衰减，大变局尚需时日。[18]但广电、报业等媒体的产业融合改变了竞争市场的理论基础，使传媒业的市场结构和策略发生了改变。媒介融合的市场环境中，即便传媒业存在政策性的进入壁垒，拥有"特权"的垄断企业也会因融合所带来的产业外（或产业内）的替代产品而更多地采取竞争行为。

在产业融合的背景下，若以高市场集中度为依据，则中国传媒产业市场结构又出现了新的特征：一是"缝隙竞争"市场结构的弱化更多地源自传媒产业内部机构对新技术的利用或重组，而不是来自于产业外企业的进入；二是中国传媒产业市场具有了一种动态的竞争和垄断。[19] 发达国家在统一大市场的基础上，充分利用网络来开发长尾市场，发展中国家主要通过体制变革来整合市场。但无论高集中度或低集中度、竞争或垄断，传媒业如果继续被过多的行政干预束缚则很难继续做大做强。研究者建议以独立的传媒规制机构加强传媒产业的行业自律，而政府政策制定必须立足打破"权力扩张"模式所划分的传媒市场的"疆界"，以市场化的方式提高整个产业集中度，才能从根本上提高传媒产业的整体绩效。

**3. 传媒经营管理：深入挖掘关系与受众价值，构建"一体化经营平台"与"全媒体营销"的"行动路线图"**

新旧媒体交替的时空点上传受关系重构、关系资源利用与新商业模式的建立是本年度传媒经营研究着力探讨的重要话题。新媒体数字互动界面相比于传统媒介界面有更大的整合力，因此以数字互动媒介界面为核心将是未来媒介融合的方向。但另一方面，混媒终端对营销传播环境、内容生产、集成方式的巨大改变亟待建立新型商业模式。由媒介所承载的关系和关联是传媒产业拥有但却被严重忽略的重要价值，因此设计有效沟通途径，充分利用关系资源是传媒经营的重点问题。

对应上述问题与趋势，喻国明与张佰明指出媒介发展路径应从版面扩张向界面拓展转换；经营重心应从单向式传播向嵌入式沟通转变；生产方式应从自足全能向开放多元调整。[20] 以全面满足受众需求、加强与利益相关者的有效沟通为出发点，将与媒体经营相关的业务纳入一个统一化的平台之上，形成优化传受关系和利益关系的一体化界面。受众、广告主、利益相关方和员工与媒介组织代表共同构成交互主体的"媒介经营平台"，可以使不同的利益主体之间建立关联，让交互无所不在。[21]

黄升民、刘珊在借鉴科特勒的全方位营销概念和嶋口充辉"共创价值的平台"理论后提出了迎合三网融合发展要求的新型商业模式："全媒体营销"。以构建能够较为精准地获知受众个人信息、监测受众的行为的信息平台为硬件基础。在此之上架构社区，主动设置议题、引导受众的讨论，从而实现信息以及需求的反馈。让营销者通过科学的手段获得其内心的主观诉求，同样形成信息数据库加以利用。[22]

界面式思维、嵌入式管理、"众包"式生产构成了今天媒介经营的基本逻辑，逻辑的起点就是受众行为方式和消费心理的变化。而解决问题的基本思路，就是从传统媒体面临的问题出发，以整合的思路来全面梳理媒介经营的各个环节，利用数字技术提供的巨大能量，将所有的环节都集中于数字技术提供的平台之上。一个能够拉动受众参与从而解决需求信息不透明性的平台放在了广告主、媒体以及广告公司的面前。关系的利用与受众价值挖掘的营销目标是达到需求、产品、服务的和谐交换。而打造一体化媒介经营平台，就成为传统媒体应对外部挑战、强化媒体优势的必然选择。

**4. 传媒业体制与改革：政策、市场化与公共利益的博弈**

新制度经济学强调制度之于经济发展的重要性，产业规制作为一种制度安排，其政策的设计、调整和执行过程在传媒业体制改革的大背景下会深刻影响中国传媒经济的发展路径。对中国 30 年新闻改革发展的动力机制的探究是一个宏大的理论命题。齐爱军梳理并总结了国内外理论界新闻改革的三种动力机制的解释范式：以李良荣为代表的观念引导说；李金铨、赵月枝主导的政经博弈说；潘忠党为代表的边缘突破说，[23]系统地归纳与阐述了改革的理论支点。

作为改革方案的参与者，李兆丰从政策出发点及利益相关者角度重新还原和解读了 2008 年以来启动的制播分离改革。他认为制播分离改革是个具备高度复杂性的命题，体现了中国转型期改革的渐进性特点。改革目标多元，既要实现转企改制，又要确保文化和意识形态安全，在设计思路上煞费苦心，显示出了其中的复杂性。只有在这个背景下才能去理解，文化体制改革在广播电视领域为何命名为"制播分离"，以及是何意义上的制播分离。[24]张辉锋则从产业链整合模式的原理入手，对中国省级电视台制播分离与自制剧、定制剧模式进行了剖析。他指出，电视台电视剧产业链整合的三种模式，制播合一、制播分离与制播联合，制播合一与制播分离是行政力量主导与推动的，制播联合则是市场力量主导下电视台的主动举措。制播分离实际是纵向分离，会有分工的经济效率，资金实力不足的电视台，应该慎选纵向一体化，最好选纵向联盟。[25]

对将来而言，最大的现实问题在于：如何维持传媒产业的繁荣，同时又能为优秀新闻机构的生存与发展提供一个良好的环境，使得专业精神得以彰显、社会责任感得以培育，公共利益得以维护？传媒经济研究者给出的答案是：强调市场经济中的非自律因素——责任感。责任感虽不是建立在自利的基础之上的，但它却是一个组织复杂的社会所必要的。中国传媒要靠好的政策支持和发展，就必须强调国家、媒介、大众应承担的社会责任，这是社会发展进入良性循环所应该具备的。[26]

## 2011年传媒经济研究的突破与反思：以传媒业实际运作为尺度

以同样的方法对2011年传媒业相关的新闻文本进行词频分析，盘点本年度传媒业实际运作中的重点与热点。[27]国际层面对外广播集体消音、窃听门引发对传媒从业者职业道德的质疑是本年传媒业界关注较多的国际问题。中国传媒业较发达的各重点省市中，上海文广人事变动带来体制改革的进退维谷，重庆停播商业广告引发了电视业的争论，陕西广电整合，江西出版集团重组上市，南方传媒集团借力广东联通合作提升，江苏推广"云媒体电视"，四川成立全媒体中心。"十二五""默多克""借壳"与"IPO"是2011年传媒业实际运作中的关键热词。

央视着力"走出去"、凤凰卫视十五周年立足服务大中华；数字化浪潮下纸质期刊停印、网络书店价格战起纷争；网站抢占手机终端，版权价格飞涨；视频网站开始探索付费模式；互联网电视七大牌照分配完毕，互动电视、网络电视、云电视整合了电视终端与网络内容；"三网融合"第二批试点城市的政策推动；"媒介融合""云计算"的技术创新；"资源整合""资产重组"的体制改革；数字化趋势下书报刊广电网之间的整合，都是今年传媒业实践中的焦点问题。

参照传媒业实际运作中的热点问题，对比上述学界研究综述可以发现，理论研究层面各个研究成果，虽然均来自于传媒业当下的发展要求和呼唤，但从质量和学术创新价值上考察，这660篇论文大多仅对现状做出理论梳理和现有范式下的分析，少有新的研究范式的支撑和突破性的理论创新。理论与现实的结合体现了我国传媒经济研究者的学术敏感与业界观照，但如果完全按照业界的发展设置研究问题单则注定只能跟随其后。有研究者指出，这种实践带动理论、积累实证性研究成果的现象是我国传媒经济理论建构的基本科学事实。但从建构的步骤来说，科学事实毕竟仅仅是理论建构的基础，它本身不是科学,科学是由科学概念、科学定律、科学理论等构造起来的大厦。需要在传媒产业科学实证材料的基础上抽绎出关于传媒经济的科学概念、科学定律,进而按照一定的逻辑结构法则将其整合成系统的科学理论。

当前,我国的传媒制度与规制正在酝酿着突破,但决策者无法预期制度与规制的社会影响、产业效果与公众反应。而目前传媒经济研究的现实腾挪空间仍是有限的,本年度引起学界与业界热议的"限娱令"与"限广令"便是印证。任何制度与规制的提出、优化、实施和修改过程都需要建立在已有的经验梳理与严谨的实证研究基础之上,无根基的政策规制往往会导致政府失灵以及产业利益的损失。当下的研究者应该站在传媒产业实践和传媒经济理论中间,以科学的研究方法研究政策规制的信度与效度,采用客观中立的态度,以理论为武器,保持一个审视和怀疑的距离来反思传媒业运作的现状。这是我们期待看到的传媒经济研究成果。

**注释:**

[1] 杭敏、罗伯特·皮卡德:《传媒经济学研究的历史、方法与范例》,《现代传播》2005年第4期。

[2] 本研究基于传媒经济的研究范例和研究领域,以微观经济学、管理经济学、制度经济学、政治经济学所对应的行业市场研究、公司研究、社会批判研究的框架选择了"传媒经济、传媒经济学、传媒产业、传媒业、传媒行业、传媒市场、传媒经营、传媒管理、传媒企业、传媒公司、传媒制度、传媒体制、传媒政治经济学"等关键词,以CNKI为数据库搜索2011年1月1日至12月20日期间发表的论文数据,剔除报纸文章和各领域的重合文章后得到了包括硕博论文在内的被下载频次在3次以上的分析样本660篇。

[3] 邓洛华:《词频分析——一种新的情报分析研究方法》,《大学图书馆通讯》1988年第2期。

[4] 以筛选到的660篇论文的论文题目为文本进行词频分析,共得到词汇种类1590个,平均词频3.3。

[5] 剔除的文章包括:《2011:中国传媒产业发展关键词》(825)、《2010年的传媒经济研究:跨界与整合》(447)、《中国传媒业:发展状况、热点聚焦与未来走势——基于2010年关涉传媒业文本的高频词分析》(417),以上三篇均为对2010年

传媒经济研究进行综述的文章。此外，由于存在文章发表时间的先后问题，较早发表的文章可能下载量会更高，下载量也在变动之中，因此本表格数据仅供参考。

［6］吴信训、吴小坤：《三网融合大致方针确定后，我国传媒产业的创新发展考量》，《新闻记者》2011年第1期。

［7］［20］喻国明、张佰明：《媒介经营逻辑的趋势性转变》，《新闻与写作》2011年第3期。

［8］综合各项新闻传播学核心期刊研究和期刊影响因子，本文选定的四大核心期刊是《新闻与传播研究》《国际新闻界》《新闻大学》《现代传播》。

［9］韩运荣：《如何建构性发展我国传媒经济理论》，《国际新闻界》2011年第6期。

［10］保罗·A.萨缪尔森、威廉·D.诺德豪斯等：《经济学》，萧琛等译，华夏出版社1999年版，第23页。

［11］李惊雷：《传媒经济的受众主体初探》，《国外社会科学》2011年第3期。

［12］蔡雯：《从面向"受众"到面对"用户"——试论传媒业态变化对新闻编辑的影响》，《国际新闻界》2011年第5期。

［13］郑丽勇：《当前我国新闻传媒影响力格局解析——基于北京、上海等16个城市376个传媒的影响力实证调查》，《中国出版》2011年第13期。

［14］根据文章数据，我国传媒产业市场集中度CR4远小于30，CR8远小于40。

［15］乔珍、李华敏：《基于SCP范式的中国传媒产业分析》，《西安财经学院学报》2011年第1期。

［16］陶喜红：《中国期刊产业市场结构的特征》，《国际新闻界》2011年第3期。

［17］周小普、黄彪文：《契机、转机或是危机？——试析数字新媒体对广播电视的影响》，《国际新闻界》2011年第4期。

［18］王积龙：《新媒体时代世界报业市场的发展变局》，《中国报业》2011年第1期。

［19］金雪涛：《基于产业融合的中国传媒产业市场结构特征研究》，《现代传播》2011年第3期。

［21］喻国明、张佰明：《试论媒介一体化经营平台的构建》，《新闻传播》2011年第3期。

［22］黄升民、刘珊：《三网融合下的"全媒体营销"建构》,《现代传播》2011年第2期。

［23］齐爱军：《三十年新闻改革的路径描述和动力机制分析》,《新闻大学》2011年第2期。

［24］李兆丰：《被命名的改革：2008年以来广电制播分离的政策与政治》,《现代传播》2011年第2期。

［25］张辉锋：《纵向分离、纵向一体化与纵向联盟——省级电视台电视剧产业链整合模式的原理》,《国际新闻界》2011年第4期。

［26］李品秀：《制度转型中世界传媒政策对中国的启示》,《现代传播》2011年第2期。

［27］参见喻国明主编：《中国传媒发展指数报告（2012）》（人民日报出版社即将出版）。

# 大数据时代传媒经济研究框架及工具的演化
## ——2012 年我国传媒经济研究文献综述

喻国明　何睿[*]

【摘要】本文从传媒经济本体研究、产业经济学视角下的传媒经济研究、传媒经济研究工具的创新等方面来管窥 2012 年该领域的主要关注点以及新趋势和新突破，同时观照传媒经济学科体系研究的最新发展。本年度传媒经济研究主题较为集中，主要是探讨传媒产业的数字化生存、全媒体转型策略与路径。演化经济学、制度经济学、计算机和通信技术等视角和方法的引入，更加凸显了传媒经济学"跨学科"和"融合"的特征。

【关键词】全媒体；三网融合；大数据；云计算；传媒经济学

传媒经济学是一个跨学科领域，随着新媒体的发展，传媒经济研究总体从描绘传媒经济"是什么"、阐释传媒经济现象的"为什么"走向媒介产业未来"如何发展"。与以往的产业经济学、微观和宏观经济学等常用的视角相比，制度经济学、演化经济学等更多的视角和研究工具在 2012 年的传媒经济研究中得到体现。

## 一、传媒经济本体研究

### （一）乏善可陈：传媒经济学理论框架体系的建构

传媒经济学还是一门较为年轻的学科，并且由于交叉学科的复杂性，尤

---

[*] 喻国明，中国人民大学新闻学院教授、副院长，博士生导师；何睿，中国人民大学新闻学院博士研究生。

其我国传媒经济学还处在上升的阶段，传媒经济学理论框架受到研究者的关注。李宜篷（2012）从研究对象、研究方法上建构了传媒经济学理论框架，并认为传媒机构、效用对象以及两者间交换关系构成的传媒再生产系统为传媒经济学直接研究对象；政治、经济、文化、社会与技术等宏观背景系统为延展研究对象；定性与定量、宏观与微观、理论与应用以及建构与批判等四对哲学方法论范畴为其研究方法。

王亮（2012）对 2006—2011 年间发表于四大新闻传播类期刊（《国际新闻界》《新闻大学》《新闻与传播研究》《现代传播》）上的传媒经济研究论文进行内容分析认为：目前传媒经济研究在理论化程度和方法上运用不足；从传媒经济研究对象来看，研究者主要以产业宏观问题为研究对象，新媒体并未受到太多关注。

除学科本科本身的研究框架之外，在新媒体和当前社会环境下，如何对传媒经济管理专业人才进行教育与培养也是研究者关注的话题。有研究者认为传媒教育应调动校外和校内两个基地的力量，根据人才市场需求培养适销对路的学生（吴江文，2012）。

虽然文献涉及传媒经济学的讨论，不过总体在数量和质量上乏善可陈，且主要从主观经验上进行总结，缺乏系统的实证分析；与产业研究庞大的文献数量相比，更加突出传媒经济学是一个应用领域，作为一门学科，在学理和体系上仍有待探讨和划定；此外，相关理论的缺乏与学科体系框架的模糊也表明一个学科的尚未成熟化。

（二）传媒公信力大 PK：谁动了我的"奶酪"

关于传媒公信力的实证调查也是值得注意的议题。研究者在一年多时间内，选取了一些城市和区域，从媒体属性、信息渠道和信息内容等方面对我国广播电视公信力现状进行了调查。总体上看，受众对广播电视公信力的评价上持肯定态度，中央级广播电视媒体获得较高的认可度，地市级广播电视媒体受众认同度较低，有些节目初期能获得较高的收视率，但是拜金、过分娱乐化、低俗节目也会带来负面效应，对媒体本身的公信力产生负面影响。从信息内容上看，研究者提出了"软可信度""硬可信度"和"涉外可信度"的概念，即硬新闻总体比软新闻以及涉外新闻的可信度要高。从不同媒介比较来看，电视仍然是最受受众信任的信息验证渠道，互联网位居第二，第三是报纸和广播（雷跃捷、薛宝琴、沈浩，2012）。

也有研究者认为，受到新媒体的冲击以及传统媒体自身发展的弊端所限，新媒体时代传统媒体公信力面临着极大的挑战（韩冬野，2012），张洪忠、蒋淑君在成都的抽样调查显示，传统媒体与微博的公信力因对微博的了解和接触熟悉程度以及新闻发生地的距离相关：受众对微博的了解和接触能明显提升微博公信力。在微博使用者中，微博公信力与报纸电视公信力基本旗鼓相当；而在外地新闻上，微博公信力已经显著性地超过了报纸电视公信力。同时，微博公信力呈现地域远近的差异，微博在外地事件上的公信力高过在本地事件上的公信力（张洪忠、蒋淑君，2012）。

显然，由于制度约束的差异，互联网等新媒体途径愈来愈凸显自己的优势，传统媒体的公信力则正在发生微妙的变化。这些变化促使传统媒体反思和变革，只有如此，传统媒体的"奶酪"才不致"变质发酸"。

## 二、产业经济学视角下的传媒经济学研究

### （一）未来照进现实：传媒业现状与发展趋势

产业经济学是传媒学研究的一个重要视角，已有的文献也主要集中在这方面。从对传媒产业总体观照来看，研究者主要的关注侧重点在于传媒产业的现状和总体发展状况以及未来的发展方向。

研究者认为，关于新媒体产业的现实议题主要是四个方面：一是中国"三网合一"的现状、问题、机遇、政策；二是中国网络视频的消费需求、赢利模式、国际文化交流、国家政策；三是中国社会化媒体的发展与变革、虚拟交流与口碑传播、新商业与媒体新空间；四是网络游戏对传媒产业影响，以及中国传媒娱乐产业的发展（童清艳，2012）。

中国人民大学"中国传媒发展指数报告（CMDI）"课题组则在连续4年出版《中国传媒发展指数报告》蓝皮书的基础上，通过建构包括传媒生产指数、盈利指数、受众消费指数、广告竞争指数、媒介环境指数等在内的五类指标体系，进行纵向分析，对当前中国传媒业发展的整体现状和未来趋势做出了预测和判断，探讨了对传媒发展有重要贡献的社会的和产业的影响因子

（中国人民大学中国传媒发展指数报告课题组，2012）。

也有学者认为，以网络为代表的传播新媒体的出现，尤其是当微博这种架构在新的"熟人社会"基础上的传播方式的崛起，它真正的社会效应是一种基于关系资源的构建所导致的"社会资本"在社会成员间进行重新分配的重大的"关系革命"；未来传媒发展的三大关键词是"嵌入圈子、功能聚合、跨界整合"，今天的中国传媒业发展的关键就在于认识这种关系价值、利用这种关系价值和开发这种关系价值（喻国明，2012a；喻国明，2012b；喻国明，2012c）。

（二）To be, or not to be: 传媒产业的生存之路与盈利困境

1. 报纸消亡倒计时："寒冬"里迎来"小阳春"。随着新媒体的兴起与技术的变革，传统媒体未来如何发展也是研究者关注的现实议题。2012年《纽约时报》订阅收入首超广告，《新闻周刊》也在年底停办印刷版，这一切仿佛在印证报纸走向消亡或者报纸的寒冬慢慢向我们靠近。即便如此，从我国目前的情况和趋势来看，研究者大部分认为报业消亡或认为挑战与机遇同在。有研究者观照美国的情况对报纸消亡进行了反驳，原因在于：我国报业广告在曲折中仍有上升；报纸到达率、阅读率不降反升，二三线城市成为报业增长主力；报纸期印数等基础指标逐年上涨；互联网对中国报业冲击有限；经济发展、政策支持和技术进步为中国报业提供了良好的外部环境；研究者认为，尽管面临新媒体挑战，但在相当长时间内，报纸仍有很大生存空间且大有可为（赵婷、安伟，2012）。

苏林森从实证分析视角上进行考察，认为现在大谈"报纸消亡论"为时尚早，中国报业反而迎来了发展的"小阳春"。但新媒体的发展、"传播生态的变化对报业的影响是一个长期渐变的过程"，"报业增长放缓与新媒体崛起带来的巨大压力"，"将是报业不得不面对的事实"。对报业来说，积极转型升级、改革创新，才是发展的王道（苏林森，2012）。崔保国认为，全媒体时代对报业的挑战，从三个问题思考，一个是新媒体的冲击，第二个是新闻理念的转变，第三个方面是管理结构，未来的媒体结构，从趋势来讲，是三大板块即传统媒体、网络媒体加移动终端，这个趋势从媒体形态和媒介技术的发展上，决定了未来报业发展的方向（崔保国，2012）。

那么挑战是否意味着报纸进入了寒冬？报纸作为一种内容的价值生产方式不会因为其信息承载的"纸基"在市场上的式微而丧失它的地位和意义。只是这个价值生产方式必须架构在数字化的平台上，以内容的更为专长的深度开掘及多样化呈现方式的处理，在多介质的"跨界平台"上寻找更多的"落地点"，探求价值实现的更为广阔的空间（喻国明，2012d）。

在竞争激烈的信息时代，全媒体被公认为报业生存和转型的一条必由之路，而 iPad、平板电脑等新型终端的出现，也为报业的全媒体转型点燃了希望之光。研究者认为，在这一浪潮中，只有占领平台，完成全媒体的流程再造和产品再造，并实行统一的管理，才能真正实现向全媒体的战略转型（石长顺、柴巧霞，2012）。

2. TV3.0 时代：未来电视业的出路。关于电视业的讨论主要是对电视业未来的对策，如社交电视、网络电视等。李岭涛、赵煜（2012）提出 TV3.0 的概念，他们认为，TV1.0 时代是"有什么看什么，俯视百姓"，TV2.0 则是"想什么看什么，平视百姓"，而 TV3.0 时代则是"想干嘛就干嘛，仰视百姓"。侧面表明电视与受众的密切关系。此外，研究者也观照具体的电视节目和广告编排策略。中国人民大学舆论所建构的电视广告编排因素综合指标为电视广告编排提供了研究进路（李彪、何睿，2012）。

3. 新媒体的春天有多远？与此相对的，网络、手机、社会化媒体则处于上升的阶段，研究者主要从如何运用各自的优势，尤其是如何实现产业盈利和发展方面进行探讨。以微博为例，研究者主要关注其带来的社会价值和功能，如政务微博如何提升政府形象（陈力丹、曹文星，2012），以及盈利模式的探索（于琳，2012）。其他即时通讯与社会化媒体结合的衍生品，如腾讯公司开发的微信等产品也受到研究者的关注（陈雅静，2012）。但是关于新媒体的研究仍较多地基于现象描述与可能的应用设想，缺少理论层面的梳理；而适用于传统媒介的理论也未必适用于新媒体的分析。因此，亟待新的理论视角的引入和阐释。新闻和视频网站的盈利模式也是值得注意的一个话题。研究者认为，相对于商业网站日趋合理的业务结构和盈利模式，新闻网站在发展模式上过多地沿袭了传统媒体的老路，导致业务收入规模小、来源单一且严重依赖传统媒体（任义忠，2012），因此拓展盈利渠道和模式成为网站生存发展的重要一环。

4. 传媒上市与融资：传媒产业和金融的融合发展。人民网的上市也带动了传媒上市与资本运作以及效率的讨论。研究者认为人民网上市后仍将面临诸多挑战，能否跳出官媒市场化的悖论、尽快形成清晰的商业模式是关键，这将决定着人民网的创新效应能否如期展开（张鸿飞，2012）。

穆青、万涛分析了我国传媒上市公司的融资效率问题，并认为其主要原因在于：1. 融资成本偏低；2. 缺乏有效监管；3. 制度不完善（穆青、万涛，2012）。针对这些问题，陈刚认为传媒产业发展有赖于制度创新、运营创新、技术创新三大创新，目前的整合大都只是行政力量主导下基于传媒自身向产业上游或者下游辐射的合并，谈不上达到规模经济效益实现真正的优质资源整合。"传媒产业的运营应该突破单纯的传媒产业链，把传媒作为资源的整合平台，在全球范围中竞争"（陈刚，2012）。

然而，也有研究者提出在国家推动金融大力支持文化产业的背景下，传媒产业和金融的融合发展是传媒业发展的必然趋势。然而就目前来看，我国传媒产业的融资渠道较为单一，传媒企业的融资大多依靠银行贷款这一间接融资渠道，目前中国传媒企业对直接融资渠道的利用主要为上市（王玥，2012）。因此，从以上文献来看，研究者主要从现实实践角度出发来探讨具体传媒产业的盈利模式，传媒业实现数字化生存有赖于盈利模式的完善与实现。

（三）外来的"和尚"好念经？国际化经验与本土化的三网融合探索

谷虹（2012a）认为，三网融合对产业最直观的影响，就是消融了传媒业、信息技术产业和电子通信产业的边界，形成一个融合的产业。但是它给产业带来的最深层的影响是产业价值的转移和竞争方式的改变。信息平台将成为三网融合的产业制高点，平台模式将成为未来媒信通融合产业最重要的发展竞争模式。

媒介融合颠覆了传统传媒、电信等产业的产业格局与市场结构，传统的纵向分业规制遭遇了根本性挑战。在这种情况下，一方面，研究者主要从美国、欧盟及日本等发达国家和地区的融合规制的历史着手，比较或借鉴其成功经验；另一方面，我国传媒体制的特殊性，也促使了研究者从国内情况出发来探讨三网融合和媒介融合的具体做法（肖赞军、李玉婷、陈子燕，

2012）。

有研究者以全媒体集群与广电合作的实践，总结了报业和广电融合发展的四个阶段（谷虹，2012b）。黄河、王芳菲（2012）通过梳理我国三网融合的代表性业务——IPTV 的发展历程，对主导三网融合发展的力量进行了探讨，认为从国家层面自上而下的促进是关键力量。也有研究者认为，如何从我国国情出发，借鉴美国"三网融合"经验以及汲取教训是值得思考的问题。由于我国有线电视网的特殊属性，"三网融合"的进程在很大程度上依赖行政力量（陈志强，夏虹，2012），因此实践操作上依然有许多难题。

全媒体对传媒产业带来的影响也延伸到了网络媒体。黄升民认为，不断成长的数字新媒体技术以及网络化媒体在世界范围内改变了传统的媒体发展脉络与格局，各种媒体正在向全媒体发展。全媒体环境导致了原有的营销模式失效，诞生了新的以三网融合的媒体网络和技术为基础建立起的海量数据信息库和传播互动平台，形成了更科学的、反应及时的全媒体营销模式（黄升民，2012）。

（四）传媒产业规制与政策关键词：规范转制、"限娱令""限广令""营改增"

由于传媒产业具有经济和公共性双重属性，各国政府都高度重视传媒产业的规制。随着环境的变化、技术的革新，规制与政策也在发生变革。尤其我国传媒"事业单位，企业化管理"的规定，表明了其特殊性。因此，呼吁报业、广播电视、新媒体的政府规制的变革也是研究者较为关注的话题（夏源，2012）。

龚彦方和王胡瑞（2012）对中国传媒产业制度30年的演变进行了规范性和描述性分析，认为随着市场经济的发展，传媒产业的政策经历了两个阶段的发展，即从关注传媒机构与政府的财政关系到关注传媒机构的市场化进程。宋建武（2012）则对我国传媒业规范转制的路径提出了设想，认为我国传媒业规范转制的路径基本有两个：一是剥离改制，二是整体转制。

从具体政策来看，研究者主要关注的是"限娱令""限广令"和"营改增"等带来的影响与变化。如"限娱令""限广令"对省级卫视的挑战（李翔，2012）、对广播电视规范体制的未来发展的影响（肖叶飞，2012）。"限娱令"

的推出带来了卫视格局的变化,也促进了电视节目评价机制的变化。对现有的电视节目考评体系及其激励机制进行重塑和调整,核心是如何对待收视率的问题(杨状振,2012)。

"营改增"为"营业税改征增值税"的简称,2011年11月16日,财政部、国家税务总局下发《营业税改征增值税试点方案》(财税〔2011〕110号)、《关于在上海市开展交通运输业和部分现代服务业营业税改征增值税试点的通知》,决定从2012年1月1日开始,在上海市开展交通运输业和部分现代服务业营业税改征增值税试点。自2012年8月1日起至年底,将交通运输业和部分现代服务业营业税改征增值税试点范围,由上海市分批扩大至北京、天津、江苏、浙江等10个省市(梁剑冰,2012)。涉及"营改增"的研究主要侧重点在于其对传媒业的影响(王艳,2012)。

从以上可以看出,基于产业经济学的视角的研究尤其是传媒产业在数字化和全媒体时代如何生存和发展是主要侧重点,一方面也表明传媒经济研究的应用性,另一方面也表明研究主题的扎堆与集中。并且从现有的研究切入点来看,主要从实践出发,寻求现实化的生存路径,或者参照国外已有做法进行借鉴和比较,学理层面的架构仍十分欠缺。

## 三、理论视角的引入:制度经济学、产业组织理论、演化经济学

从已有的文献看,也出现了一些新的分析视角和范式来阐释和解读传媒经济领域的问题。这些视角的引入为传媒经济研究提供了工具,也体现了传媒经济学跨学科和学科融合的特征。

张莉(2012)从新制度经济学"成本—收益"的分析角度切入,用制度分析的视角探讨了中国广电传媒改革"搭便车者"(free rider)角色扮演的成因。研究者认为,在中国30多年的传媒体制改革过程中,相对于报业的"改革先行者",广电传媒一直扮演"搭便车者"的角色。其原因在于广播电视创收收益和成本的比率较报业较低,以及广播电视作为稀缺性资源的"自然垄断行业属性"。制度的公共品属性容易导致制度变迁的"搭便车"行为,"搭便车"行为逃避了对制度创新成本的承担,却收获了制度创新的收益。此外,

广电制度从一开始就是模仿报业制度的模式和内容,"模仿"规避了风险,降低了成本的同时也让广电体制难以产生制度创新的需求。"搭便车"使创新群体的个人收益率低于社会收益率,其中一部分收益被"搭便车者"无偿占用,长此以往,创新群体也会失去创新的内在动力,因此"搭便车"最终会造成制度创新的不足。偏于谨慎的管制限制了广电传媒的制度创新意识,也难以进行变革。

也有研究者提出用演化经济学的视角来剖析传媒经济学现象,尤其是产业转移行为。演化经济学从生物学寻求理论基础,运用大量的经济学理论分析中的生物学隐喻;以达尔文进化论的遗传、变异和选择这三种机制作为演化经济学的基本分析框架。它强调时间、历史等在经济演化中的地位,认为经济演化是一个不可逆转的过程;强调经济变迁的路径依赖及其过程中的各种偶然性、不确定性的影响。从演化经济学的视角来看,整个传媒产业即一个类似于生物种群的企业群,企业个体如同种群中的生物个体,其生存和发展必须与所处区域的市场环境相适应,若不适应则被市场环境所淘汰,亦即经济中的市场选择机制下的"物竞天择,适者生存"。孙浩进(2012)认为,伴随着经济全球化趋势的不断深入,传媒产品市场的国际化日益加深,正经历一场逐渐成规模的跨国转移。演化经济学理论可以为传媒产业转移的理论建构提供一个新的分析框架和有力工具。

新产业组织实证方式(NEIO)是目前经济学术界关于竞争性行为与绩效分析的一种实证研究范式,其目的是调整规模经济和技术进步的影响,因此,在其实证研究中,往往同时估算市场势力和规模经济。NEIO的研究视角正从产业的结构—行为—绩效关系(SCP范式)上转向企业行为,即市场势力的研究。龚彦方以六家传媒上市公司相关数据作为取样对象,运用NEIO模型分析了保持产品差异前提下的市场势力和规模经济。其结果认为:中国的传媒业上市公司存在显著的市场势力;在考虑企业之间生产差异率时,传媒产业上市公司显著地规模不经济;在考虑多年改制而带来的技术进步时,企业呈现出比较显著的规模经济效益(龚彦方,2012)。

制度经济学、演化经济学等其他学科的视角和工具的引入,给传媒业分析提供了新的分析思路和框架。从总体上看,不同领域的方法和工具的融合使用逐渐成为一种潮流。然而,值得注意的是,在借用其他学科的框架时应看到不同领域的特殊性和理论的适用范围。

## 四、传媒技术的变革：大数据、云计算、新中介、LBS、二维码

新媒体的崛起与新技术的发展不无关系，技术在改变我们生活的同时也改变了传媒业的生态与格局。彭兰（2012）认为，目前传媒业更关注的是媒介融合的影响，但与媒介融合这一趋势并行的，还有另外几个将对传媒业产生深远影响的技术背景，它们分别是：社会化媒体、移动终端和大数据。在大数据时代，数据成为新闻的"富矿"。

"大数据"（Big Data）这一概念，首先是指信息或数据量的巨大。此外，"大数据"时代也意味着数据的处理、分享、挖掘、分析等能力将得到前所未有的提升。不同行业、不同领域的数据之间的交换和相互利用也变得十分频繁。大数据时代的出现，与很多因素相关，除了政府机构、媒体、企业等提供了更多的数据外，用户数据、社会化媒体平台上的 UGC、移动终端的地理信息、物联网技术的发展等，也使信息的数量急剧增长。大数据时代的数据处理，也需要"云计算"等技术做支撑。这都给传媒业带来了巨大的变化（邓梦曦，2012）。

大数据时代的数据主要是非结构化数据，其特点是数据量巨大，数据形式多种多样。研究者认为，在数据量爆炸性增长的大数据时代，人们面临的主要问题是如何管理好、用好大数据，如何智取、智用这些数据，如何在数据与数据、数据与人、数据与业务的关联性中发现价值（官建文，2012），这些都是前沿性的课题，也可能是未来传媒业发展的方向。

移动传播改变了信息传播与新闻生产，它重新定义了新闻生产与消费的时空观（彭兰，2012），陈昌凤、仇筠茜（2012）认为移动化是媒介融合的新战略，并且移动终端也是传媒技术发展的一大趋势。有研究者对我国 iPad 版报纸进行了全面回顾和观照，探讨了 iPad 版报纸的形态特征及发展趋向，认为报纸 iPad 版正向全媒体 iPad 版发展，并且由依托传统媒体运营向 iPad 媒体独立运营、由免费使用向付费使用过渡。从 iPad 平台的前景来看，学界和业界也出现了 iPad 是否能够拯救报业的论争（石长顺、景义新，2012）。

美国 2011 年报业解读的一个重要关键词为"新中介"（new intermediary）。研究者认为传统媒体虽然在世界新闻生产中仍然占据着大部分的内容生产，但受众正在缓慢而持续地减少，数字化新闻中介正对传统媒体发起挑战（陈力丹，2012）。每一次传播技术革新，都会增加新的新闻传播的中介，这些中介的功能在于为新闻内容与受众、广告商建立起更为方便的联系方式。

LBS（Location Based Service）是通过移动运营商的通信网络或外部定位方式（如 GPS）获取移动终端用户的位置信息，并以此为基础向用户提供特定服务的一种业务。LBS 服务使得地理变量有了两个方面的拓展：一是地理变量的精准化；二是地理变量的移动性。人们在空间的不断转换中，会产生需求上的变化。因此，个性化信息服务，不再是一种简单的分众服务，而是针对在某个特定空间中的人提供那个空间与情境中所需要的信息（彭兰，2012）。随着 LBS 技术的普及，LBS 在传媒产业和实践中的应用得到研究者的探讨（盛夏，2012；张乡平、赵方、黄佩，2012）。

类似的，二维码技术也依托移动终端，它是随着无线通信技术、图像识别技术的不断强大而发展起来的。二维码技术在手机新媒体上应用较为广泛。在品牌设计与传播中，有效使用二维码技术可以将平面内容同影像内容在报纸、杂志、网络、手机新媒体等各种媒体形式交替出现，进而形成 360 度全方面品牌形象的设计与传播（赵志云，2012）。二维码的兴起对报业、广告业等的运用与未来策略是主要的关注点（贺薇，2012；王梦楠，2012）。

从技术角度来讲，一般认为云计算是传统计算机技术和网络技术发展融合的产物（方媛，2012）。其核心思想是将大量用网络连接的计算资源统一进行管理和调度，构成一个计算资源池来向用户按需服务。"云"就是提供资源的网络。用户无须将这些资源信息存放在终端，而是通过网络到"云"中去获取所需的信息。与 LBS、二维码技术一样，目前传媒产业对云计算技术的讨论依然是在探索之中，因此，研究者主要探讨云计算技术的优势、其在报纸、广播电视（乐媛，2012）、新媒体等的构想和运用，以及如何利用云技术实现数字化生存和全媒体转型上（王丽娜，2012）。不过，从目前状况来看，研究者认为，云技术的一些应用，比如"云报纸"，仍具有试验性质，在技术上和受众使用的角度上都存在一定的局限性（董天策，2012）。

纵观过去一年来传媒经济研究，主要围绕新媒体所带来的一系列变革展开，学者们从制度、模式、技术、问题等多个方面对传媒产业的现状及发展进行探究。新的理论视角的引入也提供了更多的分析思路和方法。但是其他学科理论和技术引进的同时，也出现了传媒经济研究主题较为集中、较为单一化的态势，尤其是传媒产业的数字化生存之道。这一方面紧扣现今全媒体转型和三网融合的政策背景，以及传播与通信技术发展对规制的要求，另一方面也表明目前我国传媒经济学科以现实导向为主，研究内容多是停留在对于现象的主观经验判断和阐释，缺乏有学理导向的实证研究。

**参考文献：**

［1］陈昌凤、仇筠茜：《移动化：媒介融合的新战略》，《新闻与写作》2012年第3期，第30—33页。

［2］陈刚：《三大创新助推传媒产业发展》，《新闻界》2012年第1期，第16—18页。

［3］陈力丹：《数字化新闻中介挑战传统媒体》，《新闻战线》2012年第6期，第71—73页。

［4］陈力丹、曹文星：《微博问政发展趋势分析》，《编辑之友》2012年第7期，第6—9页。

［5］陈雅静：《微信，还能红多久？——以经济学SWOT理论分析微信》，《新闻知识》2012年第6期，第83—84页。

［6］陈志强、夏虹：《"三网融合"背景下对媒介融合的思考》，《今传媒》2012年第3期，第13—15页。

［7］崔保国：《新媒体形态与报业转型探索》，《广告人》2012年第1期，第46—47页。

［8］邓梦曦：《利用数据挖掘技术促进数字电视网络运营商的发展》，《新闻世界》2012年第8期，第167—168页。

［9］董天策：《"云报纸"热的理性思考》，《中国报业》2012年第9期（上），第9—12页。

［10］方媛：《基于云传播模式的全媒体战略探讨》，《青年记者》2012年第9期（上）。

［11］龚彦方：《中国传媒产业的市场势力与规模经济——基于NEIO范式的实

证研究》,《产经评论》2012年第7期(4),第56—65页。

［12］龚彦方、王胡瑞:《中国传媒产业制度变迁》,《现代管理科学》2012年第9期,第66—68页。

［13］谷虹:《信息平台:三网融合的产业制高点》,《国际新闻界》2012年第3期,第71—76页。

［14］谷虹:《报业与广电融合发展的四个阶段——南都全媒体集群与广电合作的实践探索》,《新闻记者》2012年第3期,第31—36页。

［15］官建文:《中国媒体业态的困境及格局变化》,《新闻战线》2012年第2期,第76—77页。

［16］韩冬野:《试论新媒体时代传统媒体公信力面临的困境及对策》,《新闻世界》2012年第4期,第90—91页。

［17］贺薇:《试析媒介融合背景下二维码对广告业的影响》,《东南传播》2012年第8期,第143—145页。

［18］黄河、王芳菲:《论中国大陆三网融合发展的主导力量——结合IPTV的发展历程加以考察》,《国际新闻界》2012年第4期,第70—75页。

［19］黄升民:《全媒体背景下的广告营销问题》,《中国广告》2012年第8期,第8—11页。

［20］乐媛:《云技术在电视媒体中的运用构想》,《媒体时代》2012年第6期,第59—61页。

［21］雷跃捷、薛宝琴、沈浩:《我国广播电视媒体公信力的受众认知调查与研究》,《现代传播》2012年第5期,第20—25页。

［22］李彪、何睿:《电视广告编排策略与研究进路——基于文献综述的广告编排因素分析》,《青年记者》2012年第10期(下),第66—68页。

［23］李岭涛、赵煜:《TV3.0:开启电视新时代》,《现代传播》2012年第2期,第144—145页。

［24］李翔:《"限娱令"下省级卫视频道品牌建设》,《新闻实践》2012年第2期,第50—52页。

［25］李宜篷:《传媒经济学研究的对象、方法与进路分析——对中国传媒经济学理论框架的建构研究》,《现代传播》2012年第8期,第102—106页。

［26］梁剑冰:《营改增对有线电视收视费的税负分析》,《会计师》2012年第7期,

第 22—23 页。

[27] 穆青、万涛:《我国传媒上市公司融资效率研究》,《现代传播》2012 年第 2 期,第 96—100 页。

[28] 彭兰:《社会化媒体、移动终端、大数据:影响新闻生产的新技术因素》,《新闻界》,2012 年第 16 期,第 3—8 页。

[29] 任义忠:《新闻网站盈利模式探析》,《新闻战线》2012 年第 9 期,第 48—50 页。

[30] 盛夏:《LBS 技术在社会化媒体中的应用》,《科学之友》2012 年第 2 期,第 159—161 页。

[31] 石长顺、柴巧霞:《论报业的全媒体转型》,《新闻前哨》2012 年第 5 期,第 28—31 页。

[32] 石长顺、景义新:《中国报业的 iPad 生存》,《现代传播》2012 年第 5 期,第 97—101 页。

[33] 宋建武:《我国传媒业规范转制的路径选择》,《新闻爱好者》,2012 年第 2 期(上),第 4—7 页。

[34] 苏林森:《中国报业:谨慎中迎来小阳春》,《中国报业》2012 年第 4 期(上),第 31—33 页。

[35] 孙浩进:《国际传媒产业转移趋势与理论构建——基于演化经济学的视角》,《江汉论坛》2012 年第 3 期,第 75—78 页。

[36] 谭天、刘海霞:《论作为时间产品的电视节目》,《现代传播》2012 年第 2 期,第 78—82 页。

[37] 童清艳:《中国新媒体产业发展的现实议题——兼谈他国学者对我国媒体现状的几个关注点》,《新闻记者》2012 年第 2 期,第 59—62 页。

[38] 王丽娜:《云计算助平面媒体向全媒体转型》,《中国报业》2012 年第 5 期(下)。

[39] 王亮:《传媒经济研究的理论、方法和问题——对 2006 年至 2011 年四家刊物的分析》,《编辑之友》2012 年第 9 期,第 55—58 页。

[40] 王梦楠:《手机二维码在纸质媒介中的发展现状探究与前景展望》,《中国传媒科技》2012 年第 7 期(下),第 30—32 页。

[41] 王艳:《征税新政对报业集团的影响及对策》,《中国报业》2012 年第 11 期,

第 62—65 页。

　　［42］王玥：《对中国传媒产业与金融融合发展的思考》，《中国传媒科技》2012 年第 9 期（下），第 241—242 页。

　　［43］吴江文：《新形势下传媒经济专业的培养理念变革》，《当代传播》2012 年第 4 期，第 89—91 页。

　　［44］夏源：《新媒体政府规制研究》，浙江大学博士学位论文，2012 年。

　　［45］肖叶飞：《泛娱乐化语境下的"限娱令"的学理分析》，《媒体时代》2012 年第 4 期，第 39—43 页。

　　［46］肖赞军、李玉婷、陈子燕：《媒介融合、规制融合的国际经验与中国策略》，《重庆社会科学》2012 年第 6 期，第 121—127 页。

　　［47］杨状振：《"限娱令""禁广令"的政策指向及其影响》，《声屏世界》2012 年第 1 期，第 5—7 期。

　　［48］于琳：《传媒经济学视域下的微博传播研究》，重庆工商大学硕士论文，2012 年。

　　［49］喻国明：《"关系革命"背景下的媒体角色与功能》，《新闻大学》2012 年第 2 期，第 27—29 页。

　　［50］喻国明：《嵌入圈子　功能聚合　跨界整合》，《新闻与写作》2012 年第 6 期，第 54—57 页。

　　［51］喻国明：《当前形势下传媒发展的关键与行动路线图》，《新闻传播》2012 年第 9 期，第 7—10 页。

　　［52］喻国明：《报纸：作为一种内容生产方式的价值思考》，《新闻界》2012 年第 18 期，第 20—22 页。

　　［53］张洪忠、蒋淑君：《微博与传统媒体相对公信力的比较——基于成都报纸读者的调查数据》，《新闻研究导刊》2012 年第 3 期，第 52—54 页。

　　［54］张鸿飞：《人民网上市：模板？象征？——折射传媒资本市场的困境与希望》，《新闻知识》2012 年第 3 期，第 21—22 页。

　　［55］张莉：《"搭便车者"：广电传媒体制改革探析——基于制度分析的视角》，《新闻界》2012 年第 15 期，第 58—61 页。

　　［56］张乡平、赵方、黄佩：《LBS 技术在移动广播中的运用初探》，《中国广播》2012 年第 3 期，第 27—29 页。

［57］赵婷、安伟：《访美国两大报 看报纸消亡说》，《新闻与写作》2012年第2期，第42—44页。

［58］赵志云：《以二维码为介质的跨媒体品牌营销》，《中国包装》2012年第2期，第50—53页。

［59］中国人民大学中国传媒发展指数报告课题组：《中国传媒业总体状况分析报告——对于中国媒介经济的关键、结构与走势的实证分析》，《编辑之友》2012年第4期，第6—10页。

# 重压之下中国传媒经济研究的主题

## ——2013年传媒经济研究文献综述

喻国明　何睿[*]

【摘要】本文从传媒经济本体、产业经济视角的传媒经济研究、跨学科领域的传媒经济研究、传媒技术变革下的传媒经济研究等角度出发，对2013年我国传媒经济研究领域的现状、动态与趋势进行了综述。

【关键词】媒介战略；新媒体上市；民营资本；传媒经济学

2013年的传媒业经历了新一轮变革与洗牌。围绕传媒业的震荡与市场重组，这年的传媒经济研究集中于战略和对策取向，新兴媒介技术被赋予无限可能和热捧的未来发展方向。传媒经济理论研究与近些年相比，无论是文献数量还是话题的广度和深度，总体上有下滑的趋势。

## 一、传媒经济本体研究：知未至，行已远

以"传媒经济"为主题，CNKI数据库中的期刊论文2013年仅有67篇，与2012年的110篇相比有显著的下降（搜索日期为2014年1月1日，由于CNKI数据库网络滞后的原因，2013年的数字仅供参考）。以"传媒经济学"为主题的仅11篇，而且并非都与传媒经济学研究密切相关。"传媒产业"为主题的文献为356篇，显然，传媒经济研究存在严重的重

---

[*] 喻国明，中国人民大学新闻学院教授、副院长、博士生导师；何睿，中国人民大学新闻学院博士研究生。

实践、轻理论的取向。不过,在有限的理论文献中,仍有一些研究点值得注意。

## (一)注意力 + 网络 = "货币" + "银行"

一些研究者开始关注传媒经济理论对网络的适用性,其中"注意力经济"的概念得到延伸。张雷认为,网络世界的主流货币是注意力:注意力的稀缺、流动和广泛的使用价值,使其越来越像货币;新媒体则成为吸引注意力、把注意力货币化并重新分配这种新货币的"银行"。在新媒体主导的社会,正在形成"注意力货币"和"传统货币"双重支付系统并存的商业新模式。"这一原本是由传媒经济创造的商业模式在网络时代被不断扩展,并向物质世界延伸。"[1]另一些研究者则基于网络经济的视角,认为注意力经济的研究应当重新回归到"交易"上来。[2]

## (二)传媒公共性的重新审视:"阿伦特的桌子"

汉娜·阿伦特有一个著名的比喻,许多人围坐在一张桌子前,桌子将每个人彼此相连又相互分隔。公共性就是这张桌子。公共电视的兴衰与中外差异也吸引了研究者重新审视公共性的应用与经济意义。如刘国强分析重庆卫视的公共服务时认为,当前公共利益理论受西方批判理论和权力话语的影响,忽视了媒介商业化发展对公共利益建构的积极意义[3];而李兴在梳理有关公共电视的经济学基础时,以过渡经济学理论为依托,提出了公共电视服务的具体设想和资金来源渠道。[4]

## (三)传媒经济学史:回溯晚清民国时期

对于传媒经济学史,文献一直相对较少。有研究者认为,一直以来,我国传媒经济(管理)研究有意或无意地忽略了晚清民国时期传媒经济(管理)研究所取得的既有成果,然而文献资料表明:在晚清民国时期不仅存在大量报业企业化经营的活动,还出现了有关传媒经济(管理)学的非自觉或自觉的研究,甚至还出现了传媒经济(管理)学的专门论文、专著、教材与专业课程。[5]

## 二、产业经济视角下的传媒经济研究:左手战略,右手策略

"2013年,是中国传媒业承上启下的变革之年",也意味着"大传媒时代即将到来",表现为"技术、业务、终端、市场和产业的五大融合"[6]。从已有文献来看,产业方面的研究主要集中在传媒业危机和压力之下,以及大数据挑战和机遇下的战略应对与未来展望。

### (一)大数据时代:被夸大的革命浪潮

随着网络技术的纵深发展,大数据越来越成为传媒学者与业界人士的共识。

一方面,大数据将会给传媒业带来一系列变革,对新闻生产、媒体从业者、传播方式、数据意识产生重要的影响[7]。另一方面,大数据技术也会对当今传媒业形成冲击,在一定程度上改变现有的媒介生产模式与机制。其中,个体将变成互联网上巨大的社会网络中的一个个节点和新媒体平台的传播中心,且"人与终端日益融合的趋势将越来越明显"[8]。此外,大数据或将改变传媒产业的分析框架,作为一种资本,它也将会对传统媒体与社交媒体生产力发展产生一定影响[9]。

另一些研究则认为未来大数据将变成下一轮信息资源竞赛的核心,"数据权"将成为下一个公民应有且必需的权力[10]。也有文章指出,我们对其概念存在误读,大数据对媒体的价值不宜高估[11]。

### (二)全媒体战略:传统媒体转型的万能良药

还有许多研究集中于传媒转型的对策探讨。研究者认为传统媒体转型的路径在于"融合"与"全媒体战略"。"全媒体战略"的精髓不在于追求渠道和终端的齐全,而在于以渠道和终端为手段达到影响力与效益增长的目标[12]。也有研究者基于当前中国传媒业转型融合的特点及对未来趋势的判断,提出了全媒体社会的初步设想[13]。

### (三)传媒产业的突围策略:盈利模式、区域壁垒、时间经济

#### 1. 报纸付费墙与社区报:一根救命稻草

在网络与其他新媒体的冲击下,一些报纸的印刷版纷纷关闭。2013年上

海解放日报报业集团和文汇新民报业集团合并，组建上海报业集团，两个月后其下的《新闻晚报》于2014年1月1日停刊。看来，未来我国将会有更多的报纸关闭，报业寒冬似乎将要来临。

此时，欧洲、北美的一些成功的报纸付费模式渐渐进入研究者的视野。吕尚彬、迟强（2013）等对2010—2012年美国数字报纸文献的付费墙模式、付费内容、受众和广告业务等方面进行分析后发现，美国报纸付费墙正处于理论研究与实践探索并行的时期，其在广泛市场范围内取得成功的同时，也促进了相关研究的进一步深入。[14]

另外，纸媒专注于自己所在地域、社区的社会需求[15]，尝试发展社区报或许是当下报业的另一个选择。作为一种挑战与探索并存的报纸运营模式[16]，在总体报业下滑的同时，由于它与都市报纸的差异以及与新媒体的紧密联系等特征[17]，社区报或许将会成为中国报业下一个增长点。[18]

然而，无论是付费墙或是社区报，或许都不能够成为解救报业困境唯一的"救命稻草"，未来报纸的盈利模式，必将呈现多元化的趋势。[19]

**2．广播电视业：横有区域壁垒，竖有政策屏障**

研究者认为，广播电视业发展的趋势是数字化、融合化、品牌化[20]。目前的阻碍因素主要体现在市场和资源困境两个方面，例如，电视传媒市场的区域屏障等，亟须打破地域壁垒、进行网络整合[21]。具体地，还需要解决政府规制统一、各类联盟实效性、盈利模式等问题[22]。也有研究指出，从长远来看，由于媒体整合的边界受到行政区划的限定，媒体的规模扩张很容易走到尽头，因此，市场结构难以达到最优，广电行业的整体发展仍会遭遇瓶颈[23]。这一点在民营传播业上尤其显著，彭晓华认为民营电视节目制作产业在中国已经具有一定规模和影响力，但在发展中也面临着许多困境，其中政策法规是民营电视节目制作机构发展中的首要阻碍因素[24]。

**3．网络与新媒体的未来：时间与空间经济**

一项对天津市民的实证研究表明，网民上网时间的增加会替代使用印刷媒体和视听媒体的时间。上网时间越多，读书时间、看电视时间以及看报纸时间相应就会减少；上网时间的增加一方面会导致传统媒介使用时间的减少，另一方面会导致媒介使用总时间增多[25]。这说明，新媒体将会挤占传统媒体接触和使用的时间，并且还有可挖掘的空间，体现了时间转换为经济的可能发展契机。

另一项对过去十多年中国国民综合阅读率的调查则显示，我国国民的阅读结构在这期间发生了巨大变化。传统纸媒阅读率呈总体降低趋势，新媒体阅读率不断上升，数字化阅读不断普及，国民浅阅读、功利化阅读倾向明显[26]。这或许将是新媒体经济的一个可能方向。

**4. 广告业发展：报纸、电视、网络市场蛋糕重新切分**

在"二次售卖"模式主导的传媒业，广告作为最为重要的收入来源，也一直是传媒经济研究的重点。

苏林森通过对中国报业发行和广告市场的市场集中度分析发现，无论是发行量、发行额还是广告额，中国报业都属分散竞争型市场。由于中国报业广告和发行市场的过度竞争使报业无法实现规模经济，因此，低集中度与泛专业化成为中国报业的典型特征[27]。

陶喜红对1988—2010年间我国电视广告行业的市场集中度进行测算发现，我国电视广告行业市场集中度比较高，属于寡占型市场结构。而近年来，电视广告行业市场集中度呈现出跳跃性变化趋势并形成"一超多强"的竞争格局。[28]

此外，广告效果与广告投放也是重要的话题。值得一提的是，中国人民大学传播与认知科学实验室采用眼动实验法，建构了电视广告编排的最佳视觉注意模型[29]。这或许能够为电视广告编排技巧和成效考量提供一定的建议与参考。

互联网广告的研究则较为集中在网络广告的规制与定价方面。如张星认为我国的网络广告定价仍然处于一个相对混乱的状态，我国普遍存在的网络广告定价模式与国际通行的网络定价模式仍有较大差距。[30]

以上研究也表明，由于发展阶段和态势不同，我国广告业因不同媒体形态存在较大的差异。艾瑞咨询公司发布的报告显示，2011年我国网络广告市场首超报纸媒体，成为仅次于电视媒体的第二大媒体；2013年我国网络广告市场规模或将超越电视媒体。这表明，广告市场份额将被重新划分。2014新年伊始，《中国经营报》宣布该报将设计全新的组织结构和岗位，采用互联网做法，用"项目"代替部门，率先取消广告部，这一变革宣言给处于危机中的传媒业带来了震动。虽然这一模式是否成功尚待时间检验，却从侧面体现了报纸广告业正遭受的下滑危机与报业尝试之举措。

(四)传媒资本运营:新媒体上市知多少

传媒上市与资本运营也是2013年研究的一个热点,主要话题集中在资本运营的策略[31]、传媒上市的现状与问题[32]、传媒业上市公司盈利能力影响因素[33]、传媒产业并购重组的态势等。其中,民营资本和民营传媒企业的发展也受到研究者关注,如兰培认为民营传媒企业将成为并购重组的重要推动力量。[34]

新媒体上市亦受到研究者的关注。有研究分析我国新闻类、门户网站、搜索引擎、视频网站、金融资讯类等五大类新媒体上市公司的股权结构和资本运作的动向发现:(1)新闻类新媒体公司大都由传统媒体控股、稳健对接资本市场;(2)门户网站和搜索引擎由外资控股或参股,内部多实施股权激励;(3)视频网站行业加速洗牌,股权变更频繁;(4)金融资讯类公司大都由创业者控股,外部民营资本少量参股(梁智勇2013)。其中,外资和民营资本控股的新媒体公司机制较为灵活,或将影响未来上市传媒业的整体发展。

(五)本土化与国际化:全球化背景下的所有权融合

全球化造成的另一个国际趋势是传媒产业的所有权融合,它可以发挥规模经济和范围经济效应,增强传媒在国际市场上的竞争力,但是研究者也认为,传媒所有权融合的同时也应当加强反垄断规制、保护和维护传媒所有权的多样性[35]。在传媒业走出去的战略逻辑下,也有研究者构建了传媒出版业影响力的评价指标体系[36],还有研究者对我国电视产业对外依存度进行了分析,发现我国电视节目进口对外依存度较为合理,但电视节目出口对外依存度偏低;电视技术与设备进口对外依存度较高,出口对外依存度偏低;电视产业对外资依存度则非常低。[37]

还有研究者则分析了我国传媒产权制度变革过程中的制度边界现象,认为传媒主体应利用制度边界满足自身的市场发展需求,制度的制定者也应该研究制度边界以制定出科学合理的传媒产权制度。[38]

从以上分析可以看出,产业经济视野下的传媒经济研究,无论在政策和制度层面,还是具体到分析某个问题,主要倾向于问题与解决逻辑,尤其是从战略视角对现有困境及未来可能进行判断。这既表明了传媒经济领域的实用主义研究取向，也间接表明现阶段我国传媒业发展总体正处于危机和困境之中。

### 三、跨学科视角下的传媒经济研究：过渡经济学、系统经济学、人口学

作为跨学科领域，一些传媒经济研究也借鉴了其他学科的框架或方法。除前述提到的过渡经济学方法外，有研究者在系统经济学的基础上对传媒产业边界模型进行了分析，他们认为，根据传媒产业是"创造、生产、流通、销售具有一定象征意义的信息商品以及与之相关的参与、支撑服务的集合"的这个定义，印刷业、电信传输和接收终端制造行业，现阶段在产业划分中应被纳入传媒产业当中[39]，社会学与传媒的结合的研究也有所体现，如张硕在人口学的基础上，提出了"银色传媒经济"的概念并分析了其可及性。中国社会日益老龄化，老年人在社会中比例和影响日渐庞大，他们的传媒接触习惯和偏好将直接影响传媒产业的发展。[40]此外，还有一些研究则从物理、生物学等视角进行切入，数据挖掘、脑电实验等方法的运用也表明传媒经济领域的研究越加呈现跨学科的特点。

### 四、传媒技术变革下的传媒经济研究：可穿戴式设备、4G、微信支付

媒介技术的变革一直与传媒经济研究紧密联系。最为突出的是，移动化特征越来越显著。2013年，4G营业牌照正式发放，研究者认为，这或将成为促进移动视频消费的重要因素。其次，随着微信等社会化媒体逐渐侵入用户的经济和消费生活，微信支付模式开启了移动支付常态化的一个新篇章。此外，中国互联网全国调查显示，2012年手机上网用户首次超过计算机。作为我国第一大上网终端，手机或将提供更多的可能——如APP模式下的产品重组与优化、基于LBS的个性化服务开发、内容产品与其他产品的结合、基于用户参与的流程与机制创新等。[41]

自Google眼镜等面世以来，其他可穿戴设备如智能手表等也不断涌现。

通过更加便捷的使用体验和潜在的云端大数据，可穿戴设备正在打造一个崭新的移动互联时代[42]。研究者认为，这场科技革命可能会引发新一轮的出版技术革新，引起传媒业的变革和重新洗牌[43]。

虽然传媒技术决定论不被提倡，但媒介技术却揭示了今后和未来发展的各种可能。在这个过程中，值得注意的是：无论是腾讯微信支付平台的推出，百度坐拥搜索引擎背后的大数据优势，还是阿里巴巴推出"来往"应用、注资新浪的举动、物联网计划的铺开等，都预示着民营资本或将慢慢渗透媒介技术的各个角落，影响和改变传媒业的大局。

**注释：**

[1] 张雷新：《媒体引发的通货革命注意力货币化与媒体职能的银行化》，《新闻与传播研究》2013年第4期，第52—62页。

[2] 徐光远、王旭海：《注意力经济研究的新视角》，《思想战线》2013年第39期（3），第115—119页。

[3] 刘国强：《权力主导下的电视公益》，《中国地质大学学报（社会科学版）》2013年第13卷第5期，第84—89页。

[4] 李兴亮：《数字技术背景下公共服务电视的经济学思考》，《高等建筑教育》2013年第22卷第4期，第129—133页。

[5] 曾来海：《晚清民国时期传媒经济（管理）学研究的历史考察》，《国际新闻界》2013年第3期，第106—114页。

[6] 崔保国：《大传媒时代的"变"与"势"：未来几年传媒业发展的困境和机遇》，《新闻与写作》2013年第8期。

[7] 官建文、刘杨、刘振兴：《大数据时代对于传媒业意味着什么？》，《新闻战线》2013年第2期，第18—22页。

[8] 彭兰：《"大数据"时代新闻业面临的新震荡》，《编辑之友》2013年第1期，第6—10页；彭兰：《媒体网站突围的四个方向》，《新闻实践》2013年第8期，第82—86页。

[9] 孟建、刘一川，《大数据时代：关于我国媒介生产变革的研究》，《新闻传播》，2013年第7期，第7—9页。

[10] 李良荣：《世界数据化的广度深度限度》，《人民论坛》2013年第10期，第

26—27页。

［11］王武彬：《大数据浪潮中的传媒业》，《新闻记者》2013年第6期，第28—31页。

［12］蔡雯：《"全媒体战略"的精髓》，《编辑之友》，2013年，卷首语。

［13］嵇美云、查冠琳、支庭荣：《全媒体社会即将来临：基于对"全媒体"概念的梳理和剖析》，《新闻记者》2013年第8期，第37—44期。

［14］吕尚彬、迟强：《2010—2012年美国数字报纸付费墙研究述评》，《国际新闻界》2013年第35卷第6期，第163—171页。

［15］喻国明：《当前中国传媒业发展面临的四个转变》，《新闻与写作》2013年第4期，第83—84页。

［16］王斌、高诗劼：《社区参与和多元卷入》，《编辑之友》2013年第9期，第24页。

［17］蔡雯：《"全媒体战略"的精髓》，《编辑之友》2013年第5期，卷首语。

［18］胡线勤等：《社区报：中国报业下一个增长点》，《中国报业》2013年第6期，第18—21页。

［19］喻国明、李慧娟：《从"付费墙"到"付费门"：报业数字化的进路与策略》，《中国传媒科技》2013年第4期，第56—61页。

［20］蔡惠、郑雨茜：《中国广播电视产业发展趋势及策略分析》，《无锡商业职业技术学院学报》2013年第13卷第5期，第14—17页。

［21］杜玮：《浅析新媒体时代电视传媒产业的商业模式》，《中国广播电视学刊》2013年第7期，第60—61页。

［22］张春朗：《媒介融合环境下广电传媒的跨区域发展》，《传媒》2013年第3期，第43—44页。

［23］谢江林：《媒体整合的中国式逻辑》，《现代传播》2013年第35卷第7期，第9—13页。

［24］彭晓华：《中国民营传媒业管理政策研究：以民营电视节目制作产业为例》，《中国报业》2013年第12期，第73—74页。

［25］喻国明、徐子豪、赵晓泉：《上网时间对传统媒介使用时间的影响》，《现代传播》2013年第35卷第4期。

［26］苏林森：《新媒体环境下国民阅读的特点与趋势》，《中国青年政治学院学报》2013年第32卷第2期，第126—131页。

［27］苏林森：《我国报业广告与发行市场集中度研究》，《西南民族大学学报（人文社科版）》2013年第5期，第169—172页。

［28］陶喜红：《中国电视广告行业市场集中度分析》，《西南民族大学学报（人文社科版）》2013年第10期，第174—178页。

［29］喻国明、丁汉青：《电视广告视觉注意模型建构：基于眼动实验的研究》，《国际新闻界》2013年第35卷第6期，第112—122页。

［30］张星：《我国网络广告定价模式自议》，《兰州石化职业技术学院学报》2013年第13卷第1期，第59—61页。

［31］陈克友：《从资本运营看未来中国传媒业》，《新闻传播》2013年第9期，第272页。

［32］张锐：《2012年中国传媒业融资上市报告》，《南方电视学刊》2013年第2期。

［33］王红英：《出版传媒业上市公司盈利能力影响因素分析》，《中国出版》2013年第12期，第43—47页。

［34］兰培：《传媒产业并购重组态势分析》，《传媒观察》2013年第2期，第27—29页。

［35］肖叶飞：《传媒产业所有权融合与反垄断规制》，《国际新闻界》2013年第35卷第4期，第103—111页。

［36］黄先蓉、田常清：《新闻出版业国际竞争力与影响力评价指标体系研究》，《贵州师范大学学报（社会科学版）》2013年第4期，第21—29页。

［37］陶喜红、胡正荣：《中国电视产业对外依存度的测度与分析》，《新闻大学》2013年第1期，第100—105页。

［38］习艳群、赵薇、陆余恬：《我国传媒产权制度变革过程中的制度边界现象分析》，《中国传媒大学学报（自然科学版）》2013年第20卷第2期，第61—63页。

［39］卓春英、何春雨：《基于系统经济学的传媒产业边界模型研究》，《商业时代》2013年第29卷，第127—128页。

［40］张硕：《"银色传媒经济"的可及性分析》，《特区经济》2013年第8期，第190—193页。

［41］彭兰：《媒体网站突围的四个方向》，《新闻实践》2013年第8期，第82—86页。

［42］张梦瑶、路宗远：《"穿戴式"开启移动互联2.0时代》，《青年记者》2013年第12期，第25页。

［43］张玲：《谷歌眼镜开辟数字出版新模式》，《出版参考》2013年第11期。

# 互联网逻辑下传媒经济研究的探索与困顿
## ——2014 年中国传媒经济研究文献综述

喻国明　胡杨涓[*]

【摘要】在互联网逻辑下传媒业面临诸多变革,这成为当下传媒经济研究的一条核心线索。本文把握这条核心线索,从媒介消费、传媒组织和传媒产业这三个视角,对 2014 年中国传媒经济研究进行了文献综述。在此基础上本文认为,一方面,传媒经济研究提出了一些具有突破性和前瞻性的研究结论,这些研究结论对业界具有很强的实用性;另一方面,传媒经济研究呈现"术"多"学"少的局面,研究方法不严谨和理论深度的欠缺已成为传媒经济研究的一大局限。

【关键词】传媒经济；互联网逻辑；媒介消费；传媒组织；传媒产业

## 一、传媒经济研究的理论局限与范式危机

传媒经济作为一个新闻传播学的研究方向,在中国已经 20 多年了。随着传媒业市场化改革的推进,传媒经济研究曾一度成为热门,但近年来,传媒经济研究有回落的趋势。曾琼、张金海分析了新闻传播学术期刊上的传媒经济研究论文,发现我国传媒经济研究呈现出三个阶段：1993—1997 年属缓慢增长期,1998—2003 年随着传媒市场化改革的推进传媒经济研究进入快速增长期,而自 2004 年以来,传媒经济研究进入波动回落期,2012 年的论文

---

[*] 喻国明,中国人民大学新闻学院副院长、长江学者特聘教授,中国传媒经济与管理学会会长；胡杨涓,中国人民大学新闻学院级博士研究生。

数量已经回落到 2001 年的水平。他们因此认为，中国传媒经济研究与中国传媒经济发展的走势与需求相适应，但是第三阶段出现的波动回落，反映出中国传媒经济研究面临着某种范式危机。（曾琼，张金海，2014a）

针对传媒经济研究的范式问题，有学者认为，经济学的研究视角主导了传媒经济研究，导致传媒经济研究拘泥于"二次售卖""注意力经济""影响力经济"等理论，无法实现突破，对某些传媒经济现象也缺乏解释力。基于此，作者主张将"社会资本"理论引入传媒经济研究，构建一个新的传媒经济研究范式。从这一理论视角来看，媒体作为社会的信息传输机构，交往触角延伸到社会的各个层面，在社会交往关系链中占据高端位置，握有丰富且有价值的社会资本。由此，媒体和记者的灰色收入等问题能够得到解释，它本质上就是一种"社会资本"变现。（孙㕘斌，2014）

也有学者指出，"注意力经济""影响力经济"只是对传媒经济本质的理论解释，不能涵盖其他传媒经济理论。事实上，传媒经济研究作为一门交叉学科研究，具有广泛的理论和范式基础。媒体和记者的灰色收入等现象用已有的传播政治经济学理论就可以解释。该学者认为，当前中国传媒经济研究的局限性，责任不在于理论或者范式，而在于研究者。传媒经济研究以经济学理论为基础，而国内从事传媒经济研究的学者大多为新闻传播专业出身，在理论储备和研究方法训练上存在不足。经济学、管理学背景的研究者的缺席，导致了传媒经济学研究流于表面，方法不完备，理论发展水平低的现状。（王亮，2014）

传媒经济研究所面临的困局，除了研究者的原因，也有宏观情境的原因。一方面，中国传媒改革本身面临困境，传媒业担忧既得利益丧失，表现出改革动力不足，政府对改革又缺乏具体的制度引导，在这样的现实情境中传媒经济研究要破解改革难题颇为乏力；另一方面，互联网时代给传媒业带来了革命性的变迁，这给传媒经济研究又提出了新的问题和挑战。（曾琼、张金海，2014a）破解传媒经济研究的困局，需要将世界范围传媒经济学研究所面临的共同问题与中国传媒发展所面临的独特问题相结合，共同应对传媒经济学研究的"科学的革命"。（曾琼、张金海，2014b）

## 二、互联网逻辑下的媒介消费

互联网的到来改变了公众的媒介消费习惯。数字化时代,公众接触、使用媒介的过程中不仅在消费意义,更在与传播内容的不断互动中创造着意义,媒介生产与消费在此过程中发生着深刻而多变的交织。(黄可,2014)

媒介消费习惯的变化改变了传媒组织与受众的关系,也改变了媒介内容产品的本质。在过去的一个世纪里,媒介内容产品为畅销消费品,价格低廉,能够给传媒组织带来很高的利润;然而在数字化时代,受众对于媒介内容产品的需求相对较低,传媒组织需要对目标受众进行细分,发现利基市场,同时还要控制内容生产的成本。(皮卡德等,2014)

然而针对新闻消费量的具体研究发现,尽管报纸的发行量在减少,但是报纸通过网络版和移动平台到达了更多消费者。因此总的来看,新闻的消费量实际上是在增长的。在互联网逻辑下,对信息的需求,对高质量的媒介内容产品的需求,仍然是一项刚性需求。(辜晓进,2014)针对影视文化消费的研究也发现,我国影视文化消费需求日趋旺盛,消费方式与价值取向都逐渐多元,影视产品新形态不断出现,影视衍生品消费成为新的经济增长点。(邵明华,2014)

当前媒介消费研究的难点在于,互联网逻辑下的媒介消费很难用传统的方式去测量。一方面,受众对于移动媒体的使用十分碎片化,另一方面,移动媒体往往被认为是十分私人化的,要监测手机等移动媒体的使用面临着隐私侵犯等问题。(皮卡德等,2014)

互联网逻辑下的媒介消费研究还面临着另一个问题:以网络社交、网络购物为代表的网络服务带动了所谓的信息消费(李文明、吕福玉,2014),数字化的媒介消费也被纳入广义的信息消费活动中。在互联互通、几乎无所不包的信息消费中,媒介消费的边界在哪里?如何找到一个合适的框架研究互联网逻辑下的媒介消费?这些问题有待解决。

## 三、互联网逻辑下的传媒组织

互联网逻辑下传媒业内在思维逻辑的转变要求传媒组织从组织架构上做

出改变。以报业组织为例，有学者提出，要适应媒介融合的趋势，报业组织必须打破传统事业部制和层级式结构，建立现代企业制度下的报业组织结构；搭建融合新闻生产组织结构，设立内容中心、技术中心和运营中心三大平台；探索无边界组织结构，实现多元化扩张，进而实现组织结构扁平化、大跨度横向一体化、虚拟化和柔性化。（陈薇、吕尚彬，2014）

传媒上市公司和传媒集团是当前我国传媒组织研究的两大热点。有学者从股权的角度对中国传媒上市公司的治理结构做了实证研究，发现不同性质的大股东并存会产生良好的制衡效益，其与公司的经营绩效之间呈现出显著的正向线性关系。单从公司治理的角度来讲，中国传媒上市公司"政企不分"的问题亟待解决，要推进对地方政府控制的上市公司的产权改革，引进有实力的民营机构进驻传媒行业，抑制政府对控股公司的干预，加强对中小投资者的法律保护，从根本上改善公司的治理环境。（陈建思、胡雨驰，2014）

在传媒集团方面，有学者分析了当前国际传媒集团的发展和转型，发现国际传媒集团的转型特点有：重组内部传统业务，拆分盈利能力差异明显的业务，提高资产估值；确保传统业务高盈利板块增长的同时，加强内容产品数字化开发；投资具有较高成长性和较高风险的新兴融合产业领域，寻找新的增长点。各集团主要业务板块出现不同发展趋势：影视娱乐业务波动较大；图书出版业务因数字化而好转，但报刊业务持续收缩；电视网络业务继续担当各集团主要利润来源。（韩晓宁、王军，2014）

总体来看，当前的传媒组织经营管理研究缺乏理论深度，大多没有明确的研究方法指导，流于表面。且国内对于传媒组织的研究表现出明显的关注大型传媒组织而忽视小型创新型传媒组织、关注成功案例而忽视失败案例的倾向。而国外研究者正在进行的研究已经开始关注小型的新媒体创业公司，采用田野调查的方式追踪新媒体创业公司的发展，调查它的组织架构、商业模式和经营模式，分析其中成功案例的经验，总结失败案例的教训。（皮卡德、喻国明，2014）国外同行的这些研究或许可以给国内传媒经济研究者提供一些借鉴。

## 四、互联网逻辑下的传媒产业

### 1. 互联网逻辑下报业出路何在

受互联网冲击最大的报业依旧是学者研究的重中之重。有大量的研究试图从传媒经济的角度给危机中的报业寻找出路。

传统报业需要进行数字化转型,这基本是研究者达成的一个共识。关键在于报业应该如何完成数字化转型。有学者指出,当下传统纸媒办新媒体普遍难以成功,最大的问题在于缺乏清晰的商业模式和盈利模式。多数纸媒固守"内容为王"的理念发展新媒体,但是"以内容提升影响力,以影响力吸纳广告"的二次销售模式事实上是传统媒体的经营模式,这种模式是否适用于新媒体还值得商榷。(白晨晖、范以锦,2014)

报纸数字化转型的关键在于盈利模式。对于国外报业数字化转型的研究发现,国外纸媒已经开始从二次售卖模式走向能够为用户提供全套解决方案的应用服务商模式。对于转型中的纸媒而言,重在建立连接,以用户为中心重构关系,在此基础上突破原先的资源和市场边界,在不同地区和不同领域进行跨界整合,同时开放自身资源,实现协同合作、众筹众包,形成新的价值链和经营模式。(喻国明、李慧娟,2014)

### 2. 互联网逻辑给影视产业带来新模式

影视产业是当下中国传媒产业中最为活跃和蓬勃发展的板块之一,因此专注于影视产业的研究数量也十分可观,其中以对制播分离与影视产业链的研究为最。

媒介融合和制播分离的趋势让电视产业的上下游关系发生根本性变化。有学者提出,现有的电视内容生产与分发体系已不能适应电视内容跨媒介、跨平台的交易需求,因此需要建立所谓的"大内容"生产与分发体系。这个体系要彻底打破仅限于电视频道或部门内部自创自制、自足自给的传统模式,围绕内容获取—内容集成—内容监控—内容分发建立,其特点是重心后移和权力下放。(连少英,2014)

不过也有学者指出,制播分离模式不宜"一刀切"地对所有电视频道和节目类型推广。不同节目形态在其制作过程中所发生的专用性投资存在差异,投资专用性程度越高,节目制作越倾向内部完成。随着电视产业链的完善，各类投资的专用性程度将随之下降，制播分离是大趋势，但对于时政新闻和特别专题等节目，由于存在事业性投资、时效性投资等天然的专用性投资，选择制播合一的模式更具合理性。（张雷、王勇，2014）

互联网逻辑不仅带来了电视产业生产和经营模式的转变，同样孕育着电影产业制作、发行和营销的新模式。电影消费从影院扩展为"在线"的跨屏化消费，带动电影在线发行，电影营销从传统模式向新媒体社交模式延展，众筹的融资方式正在被各国电影业所采纳。（尹鸿等，2014）这些新模式的诞生，也为商业大片时代电影利基市场的开发提供了一条出路。（于晗、欧国立，2014）

### 3. 互联网逻辑下的广告业

广告业是对媒介技术革新和媒介消费习惯改变最为敏感的产业之一。互联网的崛起，带动了广告业从实践操作到运作模式再到产业生态的变革。

传统媒体的广告资源大幅向新媒体转移，因为新媒体广告具有很多传统媒体广告所不具备的优势。如移动互联网和二维码技术结合下的户外广告，能够有效地调动消费者参与互动，并在此基础上唤起正向情感，促进分享行为。（陈红，2014）又如社交媒体广告，能够给用户带来更好的社会存在感体验，与传统广告相比具有明显的"情感"优势。（赵曙光，2014a）

值得一提的是，大数据技术受到了广告研究者的格外关注。因为大数据技术对于广告业实现受众的深度洞察、进行个众化传播、促进广告创意与目标受众的自动契合来说具有格外突出的价值。（李亦宁、杨琳，2014）大数据等相关技术的发展颠覆了基于预测的传统广告投放模式，使精准营销成为可能。在技术的推动下，网络广告将从一种营销工具变成一种营销系统，其运作模式将从内容关联变为消费者行为关联，广告不再以单一媒体为中心，而将以数据为中心。（李凤萍，2014）

互联网的兴起和相关技术的发展激活了广告的长尾市场，催生了竞价排名、互联网广告联盟以及绕过媒体直接向消费者营销等网络广告模式。（李明伟、董蕾，2014）与此同时，传统媒体对于广告来说的入口价值遭到削弱，其以注意力经济为基础的广告盈利模式产生动摇。在与互联网公司竞争网络广告市场时，传统媒体必须改变以往的广告盈利模式，致力于打造全媒体入口后的产业体系和用户生活形态，实现产业链与产业链的竞争。（赵曙光，

2014b）

### 4. 网络社会中传媒产业走向集成

互联网发展到今天，再将视野局限在网络媒体似乎已经不合适。应该看到，网络媒体正在向网络社会扩展。网络社会与现实社会不仅在精神层面交互培育了网络文化，同时也在物质层面交互，促进了电子商务等服务平台的发展。今天的网络社会，包含四个子网络：终端网络、内容网络、关系网络和服务网络。（彭兰，2014）

从传媒经济的角度来看这个问题，它意味着传媒经济形态的变革。规模经济曾是中国传媒经济的主体形态，但是随着网络社会的到来，互联网逻辑逐渐成为传媒领域的主导逻辑，集成经济势必成为未来传媒产业的主流经济形态。（喻国明、樊拥军，2014）

然而如果从批判的角度来看，产业集成的发展路向将是产业帝国的构建。传媒产业在效率最优的技术逻辑、利润最高的商业逻辑和规模最大的产业逻辑的驱使下，将产生寡头与垄断。（黄升民、刘珊，2014）

**参考文献：**

［1］白晨晖、范以锦：《两次转型中的机关报地位探索》，《新闻大学》2014年第3期，第1—5页。

［2］陈红：《移动网络时代户外广告传播的新模式》，《当代传播》2014年第3期，第95—97页。

［3］陈建思、胡雨驰：《中国传媒上市公司治理结构的实证研究》，《对外经贸》2014年第10期，第137—139页。

［4］陈薇、吕尚彬：《媒介融合背景下中国报业组织结构的创新路径》，《当代传播》2014年第4期，第59—61页。

［5］辜晓进：《新闻消费量增长蕴含的纸媒机遇》，《传媒评论》2014年第3期，第84—87页。

［6］韩晓宁、王军：《国际传媒集团经营发展及战略转型分析》，《现代传播（中国传媒大学学报）》2014年第6期，第103—108页。

［7］黄可：《媒介消费：概念溯源与再认识》，《现代传播（中国传媒大学学报）》2014年第6期，第163—164页。

[8] 黄升民、刘珊：《关于中国媒介产业转型的五个论点》，《现代传播（中国传媒大学学报）》2014年第6期，第1—5页。

[9] 李凤萍：《大数据时代的网络广告模式——基于RTB的网络广告市场运作模式分析》，《编辑之友》2014年第4期，第43—45页。

[10] 李明伟、董蕾：《网络广告长尾的法律问题与治乱之策——基于三种模式的提出和考察》，《新闻与传播研究》2014年第21期（5），第41—54、126—127页。

[11] 李文明、吕福玉：《基于网络服务的社交商务与信息消费》，《现代传播（中国传媒大学学报）》2014年第5期，第5—12页。

[12] 李亦宁、杨琳：《大数据背景下广告产业生态的嬗变与重构》，《当代传播》2014年第2期，第86—88页。

[13] 连少英：《融媒时代电视内容生产与分发体系的建构》，《当代传播》2014年第4期，第62—63页。

[14] 彭兰：《从网络媒体到网络社会——中国互联网20年的渐进与扩张》，《新闻记者》2014年第4期，第15—21页。

[15] 皮卡德等：《互联网逻辑下世界传媒经济研究的新转向——与罗伯特·G.皮卡德教授的座谈会对话录》，《国际新闻界》2014年第8期，第89—102页。

[16] 邵明华：《媒介融合背景下我国影视文化消费的趋势与对策》，《现代传播（中国传媒大学学报）》2014年第5期，第13—16页。

[17] 孙俨斌：《"社会资本"视角对传媒经济研究的三个跨越》，《新闻记者》2014年第2期，第75—80页。

[18] 王亮：《传媒经济研究的局限不是传媒经济理论的局限：与孙俨斌博士商榷》，《新闻界》2014年第16期，第64—67页。

[19] 尹鸿等：《世界电影产业发展趋势研究报告》，《现代传播（中国传媒大学学报）》2014年第8期，第1—8期。

[20] 喻国明、樊拥军：《集成经济：未来传媒产业的主流经济形态——试论传媒产业关联整合的价值构建》，《编辑之友》2014年第4期，第6—9期。

[21] 喻国明、李慧娟：《从"付费门"到"付费墙2.0"：数字报纸盈利模式的景气度研究》，《当代传播》2014年第4期，第11—15期。

[22] 于晗、欧国立：《我国电影利基市场开发策略》，《现代传播（中国传媒大学学报）》2014年第1期，第157—158期。

［23］曾琼、张金海：《中国传媒经济研究20年回顾与反思》，《新闻大学》2014年第2期，第143—147页。

［24］曾琼、张金海：《西方传媒经济学研究的历史进路、研究框架与研究范式——兼论中国传媒经济研究的困局》，《现代传播（中国传媒大学学报）》2014年第11期，第107—111页。

［25］张雷、王勇：《广电产业链的制播关系模式选择——基于资产专用性的分析》，《现代传播（中国传媒大学学报）》2014年第6期，第92—97页。

［26］赵曙光：《社交媒体广告的转化率研究：情境因素的驱动力》，《新闻大学》2014年第4期，第105—111页。

［27］赵曙光：《消失的入口价值：从注意力竞争到产业链竞争》，《新闻与传播研究》2014年第6期，第114—125、128页。

# 第三部分

国外传媒经济学研究：历史与现状

# 传媒经济学研究的历史、范例与方法

杭敏

传媒经济学构建于不同的经济学理论和分析方法之上,致力于研究经济和金融压力如何影响传媒体系、组织和企业。在过去的30多年中,传媒经济学的研究在世界各地广泛开展,并迅速发展,其研究领域和相关议题超出了许多对该学科不熟悉的人所能想象的深度和广度。本文将回顾传媒经济学研究的发展历程、研究方法、该学科文献中的检验标准以及不断变化着的研究重心;同时,本文还将简要回顾传媒经济学在中国的兴起与发展。

从技术意义上讲,并不存在特定的传媒经济学这一概念;因为这将意味着传媒领域的经济规律和理论有别于其他领域。但是,从实践中来看,将经济规律和理论具体应用于传媒产业和公司却意义深远。因为传媒经济学的研究有助于解析经济、管理和金融压力如何指导或限制传媒活动,以及这些因素如何对传媒市场的具体动态产生宏观影响。

传媒产品和服务有着独一无二的特征和属性,这与人们对其他产品和服务的理解迥然不同。一个基本的区别就是:传媒产品和服务具有双重性,它同时服务于受众和广告商。受众市场和广告市场对传媒产品和服务的需求也是不一样的,由此而经常产生不均衡的经济影响力。传媒产品和服务有别于其他产品的另一个特征是传媒产品可以被多次重复利用,能够产生比初次使用更高和更持久的价值。这是因为基于知识产权的保护,电影、录音录像、节目以及信息等能在比较长的时间内保持其经济价值。还有必要认识到的是,对于传媒企业和组织来说,传媒产品的生产过程是艺术性的创造过程,这与一般性的工业化生产有着极大的区别,而这些区别也会导致在组织目标和生产金融管理方面的一些矛盾和冲突。

学者们认为传媒经济学涉及市场活动,并研究传媒产业中的个人、公司和社会等各个层面如何利用资源和如何获取效益最大化的问题。这门学科为考察传媒公司内在的运作提供了手段;同时,通过对传媒资源利用和影响等方面更广泛的分析(譬如消费者福利和社会福利),这门学科的涵盖面仍在继续扩展。

经济力量影响所有的媒体,但是这种力量的强度和重要性也因为市场控制、社会控制和其他体制的制约而有所不同。因此,传媒经济学分析不仅适用于理解自由开放的市场,也为许多不同市场条件下的传媒活动提供观点和分析方法;包括在一些较为封闭的市场或是具有很强管制及国家干预的市场,传媒经济学也能提供很多思考问题的方法和发展的建议。

多年来,传媒经济学不断研究和关注经济力量对传媒企业和组织的影响,它重点解析传媒的行为和运作,探讨传媒经济力量的构成和变化,考察经济因素对文化、政治乃至社会的启示,揭示媒体在经济和社会发展中的作用。该领域的学者们相信,对经济和金融问题的关注对于理解传媒体系和组织、传媒企业,以及传媒公共政策的制定至关重要。

## 传媒经济学研究的历史

初期的传媒学研究主要关注传媒的作用、功能与影响。当对媒体和传媒企业进行研究时,它们被看作典型的社会机构,研究重心也只是停留在传媒对社会、政治、法律和技术的影响上。历史上,传媒学者忽视或者说较少关注经济力量对传媒企业和组织的作用。这对于任何熟悉传媒研究史的人来说并不奇怪,因为传媒学者最初都来自于社会学、心理学、政治学、历史学和文学批评等领域。这样的研究方法在几代学者之间流传,并在 20 世纪中期占据了传媒研究的主导地位。

传媒机构本身也允许了这种在经济学和管理学方面研究兴趣的缺失,因为在相当长的一段时间内,许多传媒企业和组织的领导人并没有把传媒当作商业企业看待。这并不是说传媒企业的运营没有任何商业成分在内;而是事实上许多人只将经营出版物和小型的电台电视台作为他们谋取最体面生活的方式;同时,他们希望借此在社会、政治和文化生活中发挥其影响力。世界性的、公共服务的以及国家经营的广播电视常常在市场经济王国之外运行；它们由政府出资或通过法定的许可费来筹资，并且常常得到垄断地位的保护。

20世纪后半叶，随着广告支出的爆炸性增长，各类媒体产生巨额收入的能力增强，它们开始具有了越来越强的商业特色。报纸杂志日渐繁荣，商业广播电视也变得更加有利可图，甚至一些公共服务的广播电视也开始接受广告作为增加其收入的一种手段。

这些变化加上行业竞争的加剧导致了越来越多的商业和经济问题。但是，在相当长的时期内，传媒学者对这些问题的反应却并非很积极。尽管已有很多经济学家开始进行不同程度的探讨，但传媒学者却在总体上忽视了这些现象。

在大学里的传播系和传播学院也没有设立经济学的相关课程。为数不多的学术活动开始对传媒经济管理进行关注，而这些活动大部分还都只是在经济学和商学院里举办。因此，鲜有经济方面的研究提供给传媒组织或公司管理人员作为参考。当然，这并非意味着经济学和管理学从未抓住过传媒教育者的关注点，而是传媒学者在早期处理这些问题时缺乏组织，没有持续性，并缺少具有深度的理解。即使在传播史、传媒与社会、传播法等课程中涉及一些传媒经济管理问题，在大多数情况下，这些课程中研究的方法是争辩性的而非实质性的，它对解释现代传媒发展常常并不适合。基于这样的情况，许多传媒学者以及在传媒企业管理层或政府决策层工作的人员对于影响传媒的基本经济力量知之甚少。

传媒经济学的研究最早零星开展于20世纪50年代，对这一学科有贡献的学者基本上来自于研究报业竞争及其特点的经济学家（Ray，1951 and 1952；Reddaway，1963）和研究广播电视结构及管制的经济学家（Coase，1950、1954、1959，and 1966；Steiner，1952；Levin，1958）。在20世纪60年代和70年代，传媒学者开始运用政治经济学方法探讨传媒经济学，关注点集中在影响传媒的权力结构上。为此做出贡献的著名学者有 Dallas Smythe（1969）、Herbert Schiller（1969，1976） 以 及 Armand Mattelart 和 Seth Seigelaub（1979）。

从20世纪70年代开始，特别是在有线电视的发展和报纸行业诸多问题出现之后,越来越多的经济学家和工商学者开始探究传媒。最早推出教科书的是法国的 Nadine Toussaint Desmoulins,他从经济角度具体分析了传媒产业(Toussaint Desmoulins, 1978)。Alfonso Nieto 在西班牙出版了关于杂志出版的早期著作(Nieto, 1968, 1973),并在 1985 年完成了西班牙语的传媒经济学书著作(López)。在美国,Owen,Beebe 和 Manning 的作品对于研究电视中的经济学问题做出了重要贡献(Owen, et. al, 1974)。Owen(1975)还探讨了经济学对于传媒的启示问题。Benjamin Compaine 出版了关于图书发行经济学的作品(Compaine, 1978),并且编辑了具有创始意义的研究美国传媒和传播公司所有权问题的著作(Compaine, ed., 1979)。

然而,直到 20 世纪 80 年代,传媒学者自己才开始给予经济金融问题以应有的关注。从那时起,有关传媒企业经济问题和金融管理战略行为的研究才得以持续不断地发展。越来越多的著作开始涌现,以帮助人们了解经济和金融及管理战略如何影响传媒的发展与运营。

这条新的研究路线开始在很大程度上改变了那种忽视传媒企业作为工商和经济机构的状况。从 20 世纪 80 年代开始,很多研究和著作为传媒企业的组织运营、传媒企业之间的竞争方法、传媒产品的消费者和生产者的选择以及一系列经济和金融问题提供参考,特别是为集中和垄断等议题提供理解和认识的基础。

很多杰出的研究成果考察了传媒企业的政治经济学问题及其对社会的影响,以及社会对传媒企业经济现象的反作用力。若干重要的传媒经济学著作在这一时期出现了,或探讨不同的传媒行业的经济结构和组织问题[Picard, 1989; Alexander, et al., 1993(3nd ed., 2003); Toussaint Desmoulins, 1996; Albarran, 1996],或集中关注世界范围内传媒的经济问题(Albarran and Chan-Olmsted, 1998)和一些具体传媒领域内的经济问题(Owen and Wildman, 1992; Picard, et al., 1988; Collins, Garnham and Locksley, 1989; Dunnett, 1990; McFadyen, Hoskins and Gillen, 1980; Noam, 1985; Schmalensee, 1981; Vejanouski and Bishop, 1983; Webb, 1983; Lacy and Simon, 1993),或阐述基本的经济规律和原则怎样被运用于传媒和传媒公司的研究和运营(Picard, 1989, 2002)。

尽管对传媒经济学的研究兴趣从 20 世纪 80 年代开始一直在增加,但是在该领域活跃的学者的数量仍然十分有限，他们广泛散落于世界各地，分布在很多不同的学术项目中，包括新闻学、广播学、传播学、经济学、工商学以及政治学等。一个系内有超过一个人来分享这些研究兴趣的情形微乎其微。

传媒经济学的研究成果在各类不同的学术会议和刊物上被展示出来，这些学术会议和刊物则代表了很多纷杂的学科和领域。早期传媒经济学者的相对封闭最终被跨越各学科的学者所组成的一个非正式的学者网络的诞生给打破了。世界各地的传媒经济学者开始融合。同时，由于电信政策研究会议（美国的电信和信息政策问题论坛）的举行、广播电视教育协会管理和销售会议的举行以及新闻学和大众传播教育协会的传媒和销售会议的召开，这个学者网络之间的交流变得更为频繁和便利。

1987年，在 Picard 等人的倡导下，《传媒经济学学刊》（Journal of Media Economics）在美国创立了。这一刊物在1988年春出版了它的第一期，从此成为传媒经济学领域最为核心的刊物。1999年，当《国际传媒管理学刊》（International Journal on Media Management）在瑞士圣加伦面世并更明确地集中研究管理问题而非经济问题时，传媒经济管理学的地位被进一步澄清了。去年，随着《传媒管理研究学刊》（Journal of Media Business Studies）在瑞典延雪平的创刊，这一领域的最新研究动态得以明确：越来越多的关注正投向于传媒公司的企业管理问题。这些刊物展示了世界范围内传媒经济和管理研究的主要动态；这些刊物所涵盖的研究方法、研究议题和趋势也为该领域的发展提供了重要指标。

在20世纪80年代以后，研究传媒经济学的著作往往以介绍基本概念和方法为主，例如，探讨用在传媒上的支出（McCombs & Eyal，1980；Wood，1986）、研究传媒的财务表现（Litman & Bridges，1986）、研究预报收入（Adams，1987）、研究福利经济学与传媒关系（Busterna，1988）、衡量集中化（Picard，1988）、通过传媒公司支出衡量质量（Lacy，1992）、分析消费者花费（McCombs & Nolan，1992）以及从政治经济学角度解析传媒（Gandy，1992）等。

到20世纪80年代后期和90年代初，无线和有线媒体中的结构变革问题成为关注焦点。学者们利用研究行业组织与竞争的方法，解释和探讨了有线电视行业中的融合问题（Chan-Olmsted & Litman，1988）、多样化问题（Albarran & Porco，1990）、电视辛迪加市场问题（Chan-Olmsted，1991）、广电入行壁垒的市场影响问题（Fournier & Martin，1983；Berry & Waldfogel，1999）、信息分布的垂直融合（Waterman，1993）以及集中化（Sparks，1995；Neiva，1996；Albarran & Dimmick，1996）等。

到了20世纪90年代，学术重点从基本的市场导向研究转移开了，新的概念和方法被引入这个领域中来。这些包括对战略的更加细致入微的分析（Blankenburg & Friend，1994；Barrett，1996；Chan-Olmsted，1997）、对传媒公司价值的探讨（Bates，1995；Miller，1997）以及定价问题（Shaver，1995；Kalita & Ducoffe，1995）。同时，国际化问题也是一个研究的中心，代表性的成果有：探索美国传媒的国际市场问题（Dupagne，1992）、跨国公司的发展问题（Gershon，1993）以及特定市场进入问题（Holtz-Bacha，1997）。世界范围内的传媒经济分析包括了图画艺术行业的生产力问题（Paasio, Picard & Toivonen，1994）、变化中的欧洲电视市场的竞争（Powers, Kristjansdotti & Sutton，1995）、杂志全球化（Hafstrand，1995）以及公共服务广播如何受到政策和市场变化的影响等（Cave，1996；Brown & Althaus，1996；Boardman & Vining，1996）。

90年代后期到21世纪之初，宏观经济问题，譬如经济萧条对传媒的影响（Picard & Rimmer，1999；Picard，2001）以及全球经济中的传媒制约（Picard & Rimmer，1999；Picard，2001）开始被关注。学者们更加强调分析传媒公司的市场环境和行为而不是单论市场，开始涌现了对于传媒帝国的研究（Picard 1996）、对公司继承的研究（Wolfe & Kapoor，1998）、对兼并收购的研究（Chan-Olmsted，1998），对公司比较战略的研究（Shrikhande，2001）、对公司选择的研究（Picard，2002b）以及对公司经济学和财务学的研究（Picard，2002a）等。对于互动电视收入流和商业模式（Pagani，2000）、网上内容（Picard，2000）及免费报纸（Bakker，2002）的探讨也开始出现。这些都表明了传媒经济学研究向企业经济方法论的更大程度的转移。

随着传媒经济学研究的发展，传媒经济教育也开始兴起。课程教育的内容囊括了20世纪90年代的全日制学习，芬兰的Turku经济学和工商管理学院的高级经理MBA项目以及瑞士St. Gallen大学、Fordham大学和美国西北大学的 MBA 项目。其他的硕士专业项目在西班牙 Navarra 大学、南加州大学和苏格兰 Stirling 大学开设。传媒经济学和管理学的博士课程在印第安纳大学、延雪平国际工商学院、密歇根大学、Cologne 大学、Dortmund 大学、Navarra 大学、佛罗里达大学、St. Gallen 大学、南加州大学等其他机构开设。

传媒经济学方面的非英语教科书也在 20 世纪 90 年代迅速发展。Picard 的书作被翻译成中文、韩语和西班牙语；原版教科书以法语（Paul，1991；Toussant Desmoulins，1996；Le Floch & Sonnac，2000）、德语（Bruck，1993；Heinrich，1994；Altmeppen，1996；Karmasin，1998）、波兰语（Kowalski，1998）、俄语（Gurevich，1999）和匈牙利语（Galik，2001）纷纷出版。很多传媒经济学的研究成果和教材在世界范围内传播；许多过去媒体市场没有完全开放的国家也纷纷引入一些其他国家的经验，希望为本国的传媒市场改革和体制转型提供参考。

### 传媒经济学术研究中的范例

由于传媒经济学研究领域正日趋成熟，分析和理解其研究范例非常必要。综观传媒经济学的发展，其主要的研究范例有三种：理论型范例、应用型范例和批评型范例（见表1）。理论型和应用型范例在研究中常常相互胞生，但批评型范例却往往与其他两个独立开来。这些范例基于不同的学术基础，关注着不同的研究议题和研究重心。

**表1 传媒经济学中的研究领域**

| | 理论和应用型范例 | | 批评型范例 |
| --- | --- | --- | --- |
| 分析层次 | 微观经济学 | 宏观经济学 | 广义学科 |
| 学术基础 | 工商经济学和管理 | 经济学和政治经济 | 传播、媒体研究和政治经济学 |
| 分析重点 | 传媒公司与消费者 | 传媒行业、政府政策、总体经济 | 传媒制度、文化和政府政策 |
| 研究议题 | 资金流向、成本结构、回报问题和决策问题 | 竞争、消费、效率和外部议题 | 传媒制度和政策的社会、政治和文化影响 |

理论型范例最早由经济学家所创导，始于一些解释影响传媒产品和服务的生产者和消费者的经济因素及其选择与决策的研究。这种范例基于新古典主义经济学，它用来研究制约和推动涉及传媒体系和媒体的力量。它常见于旨在支持对传媒发展的前景和影响力进行预测的研究，或者见于旨在理论上查明传媒经营人最佳选择的研究，或者见于旨在探讨政策选择的最佳成果的研究。对这一传统方法做出重要贡献的人包括 Owen、Beebe、Manning（1974）、Webb（1983）以及 Owen 和 Wildman（1992）。

应用型范例来自于大学里的企业经济管理系以及传播行业协会的研究者。它目前是传媒经济学研究在大学传播学院等相关系院扎根时最常用的一种方法。这种应用型范例常常探究传播行业及其市场结构，强调对趋势和变化的认识和理解。它的研究目的是应用型的，旨在为公司或政府制定战略和政策，以便对经济和消费者行为中的变化进行控制并做出快速的反应。运用这种范例，学者们研究了传媒消费者和广告业趋势、具体的媒体公司、单一的或是整体的传媒产业等。对此做出重要贡献的包括 Compaine（1979）、Picard（1989）、Albarran（1996）、Alexander、Owers 和 Carveth（1998）以及 Picard（2002）。

批评型范例始自于政治经济学家和社会批评家，它集中应用在传播学研究领域，主要关注福利经济学等问题。应用批评型范例的学者一般都有强烈的文化和社会倾向，这使他们能专注于诸如传播的集中化和垄断、文化影响、工作与工作者以及社会怎样正在被工业经济转向信息经济所改变等问题的研究。这一范例受到了英国文化研究学者和新马克思主义学者的影响。代表作品有：Mosco 和 Wasko（1988）、Dyson 和 Humphreys（1990）以及 Garnham（1990）。

理论型范例和应用型范例都使用了宏观经济学和微观经济学方法来探讨传播机构与互动问题。宏观经济学方法常常被用来在国家层面探究经济制度的运行问题；不过，随着传媒市场中民族和国家的界限越来越不明显，这种方法也更加趋向在区域或全球的层面里探讨问题。微观经济学方法往往侧重特定市场中生产者和消费者的市场活动。它主要对诸如购买决策、价格行为、财务流程、成本结构以及财务绩效等问题进行研究。它基本的观点是，媒体是一个经济机构，如果不认识到媒体的这种必须在市场上运营的特性就无法正确理解和认识媒体。媒体企业为消费者提供内容产品和服务，同时也为广告商提供与消费者交流的平台。而相对来说，宏观经济学的方法则更多研究广泛的行业问题和市场结构。它们探讨的是竞争与垄断、经济变化对于传播产品和服务的影响以及政府政策对于传播行业的影响等。

批评型范例的学者则持有更宽泛的观点，他们研究传播制度的经济、政治和社会基础、整体影响以及制度的制约性等。他们探究制度或是政策性制约的终端结果，考察由此引发的问题，寻求通过公共政策来克服效率低下的办法。

上述三种研究范例的倡导者和实践者之间经常存在很多争论，但是冲突既无必要，也于事无补；因为实际上每种范例都贡献了重要的理论依据和实践方法，而且这几种范例之间也存在着互补，它们的共存使彼此更具说服力，并为彼此提供了更多的发展空间。

尽管研究传统存在着差异，随着传媒经济学的发展，一些普遍性和共同性的研究方法也已形成；它们被聚合为面对行业市场的研究方法、面对公司的研究方法和专注于传媒影响的研究方法（见表2）。这些方法大多运用了常见于经济和企业研究的理论和技巧，为行业中的经济行为的分析和衡量提供了基本的途径。近些年来，很多工业组织研究成果也提供了有关传媒行业与公司行为的描述性的和解释性的信息。另外，需求方法提供了对消费者和广告商行为的研究方式；效率方法探讨了公司的内部运行问题。

表2 研究传媒经济学的共同方法

| 行业市场研究 | 公司研究 | 影响研究 |
| --- | --- | --- |
| 行业组织 | 企业战略 | 依赖性 |
| 需求 | 公司组织与文化 | 财政承诺 |
| 预测 | 成本结构 | 质量和多样化 |
| 消费者支出 | 融资和投资 | 全球化和贸易平衡 |
| 利基 | 金融绩效 | 消费者和社会福利 |
| 集中化 | 生产力 | |
| 相对连续性 | 多样化 | |
| 传播政策 | | |

一些其他方法，比如利基、相关性和政治经济学，已从媒体之外的研究领域中被引入进来；传媒学领域本身也贡献出了相关连续性和财务承诺等方法。

随着对传媒经济学的研究兴趣以及分析的细致程度的增加，研究方法和分析方法也在不断增多。这些方法使人们可以不仅加深对当前传媒发展的理解，还能对不同的传媒行业以及它们的问题进行对比，并对各种传媒公司的战略和绩效进行对比。同时，利用这些方法可以比较研究导致企业成功的市场机制和管理步骤，比较国际化和本土化公司之间的区别，比较集团行为与专业化公司的行为。利用这些研究方法将有助于加深对于传媒公司影响力、行业体系和运营等各个方面的理解。

## 当前及今后的研究议题

引起传媒经济学者关注的问题往往就它们所处的时代来说就是现时的，是为了探讨和回答因行业发展而引发的问题。在该领域早期，人们的关注来自于有线和卫星服务及其对广播的影响和对报纸行业萎缩的影响。随着时间的推移，放松管制问题、国际化问题以及新媒体等问题变得更受关注。

目前，在传媒经济学方面的研究正被传媒性质的变化和传媒体系与公司的运营所推动。许多研究来自于或者集中于市场的变化、技术的变化、经济的变化、传媒产品和服务贸易的增加、向相关行业的资金流动以及所有权方面的变化等。

变化着的市场问题源自传媒产品和服务市场的所在以及市场本身的大小改变。在世界范围内我们可以看到，现有市场正在重新布局和拓展，传统的国家市场正在被打破。基于各个区域的、各个大陆乃至全球的传媒自然市场正在形成；民族和国家在市场中的作用在日渐削弱。这些变化的结果是：传统的对于传媒的公共政策变得缺乏有效性；同时，基于国家区域的产业组织分析也不如过去有明确地理界限时那么有效。

传媒市场的许多变化源自于变化着的技术以及由这些技术变化所带来的问题。电话、计算机和广播电视技术的整合改变着传媒产品和服务的生产方式和分销方式，提供着灵活、统一和多频道的能力。这些变化引发了一些重要的问题,比如技术需求、对技术的分配和获取以及那些正在出现的相互协调的技术对经济和社会的影响等。在因特网上为协调整合过的传媒建立可行的市场和商业模式,高清晰度的数字电视,以及移动内容服务,所有这些都为当前的研究提出了新的议题。

传媒竞争的加剧是市场和新技术变化不可避免的结果。这些变化带来了更多媒体的竞争——其中很多媒体以前一直受到相对的保护,但现在却要面临残酷和激烈的市场竞争。这些变化要求公司和研究人员更清晰地理解市场,寻找到各自的利基和专业服务的出路。由于传媒产品和服务的可替代性在快速发展,这也迫使传媒公司采用内部成本管理战略和生产力计划来寻求更好的生存、适应和发展。

市场扩大已经超出了民族国家的人为边界,传媒产品与服务的贸易问题在全球政治中发挥着越来越重要的作用。对贸易壁垒的关心,对著作权和商标的保护,在双边和多边贸易协议下传媒应不应该被看作商品和服务,这些问题导致了重大的国际争论。但是许多争论是建立在对未来的不确定性和担心害怕的基础之上,而不是对事实充分知晓的基础之上;因此,更进一步研究可以帮助我们建立起对未来的信心和对变化、影响以及应对措施的了解。

随着国家公司的私有化,流向传媒公司的资金增加了,相对来说比较小的传媒公司也得以在证券市场上谋取资金后发展壮大。资金在全球流向哪里,如何流动,机构性投资者的作用,传媒中的国外所有权,政府管理,全球集中和垄断,这些问题愈来愈多。我们必须进行充分的研究来解释这些问题,以帮助公司和政策决策者做出正确反应。

随着传媒产业愈来愈具特色,随着市场因为重要的生产和分销技术的整合而继续分化,更多的变化正在并将继续发生。这些变化引导着传媒公司越来越多地从事跨媒体的活动,创造出活跃于多种媒体的传媒巨头。新的环境正在将电话公司、电脑公司和其他公司引入市场去从事那些原来仅仅由传媒公司所进行的活动。这些发展在经济和管理方面的启示还不明朗,但可以确定的是,市场的模糊不清将影响公司和传统传媒市场,并创造出新的市场和形成不同的市场结构。另外,大型传媒集团对市场垄断和竞争的影响,也需进一步地考察和分析。

传媒经济学是一片研究的沃土,在这里不断变化的技术、供应、消费和监管改变着市场及公司的运营和前景。传媒经济学受益于许多学科研究问题的广度，也有着不同的研究问题的方法，该领域学者的研究兴趣将在未来岁月里继续扩展。

传媒经济学研究的必要性与媒体和传媒活动的发展变化是同步增加的。在发达国家，大型传媒集团的崛起，新的电子传媒体系的快速发展，以及广播电视的商业化，正在大幅度地改变着传媒格局，改变着媒体和传媒体系的经济和金融影响力。在中欧和东欧，在20世纪80年代末期和90年初期由政治变化所引起的市场变化使人们把对有关传媒经济的关注提升到了前沿地带。在亚洲，诸如日本、韩国、新加坡、中国、印度、马来西亚和泰国等国家，在传媒体系和媒体传媒设备上的巨额投资极大地改变了这些国家的国内传播系统。在世界上许多地方，媒体传播系统还需要大力发展，有必要理解内部的经济力量，也有必要理解发达国家如何影响世界范围内传媒产品和服务的可获得性。

这些需求已经促使在新闻和传媒教育方面更加强调经济学。许多大学已经开设了传媒经济学方面的具体课程，已经将经济和管理内容融进现有的传媒课程之中。在经济工商学院，研究小组和有关传媒的课程在不断扩展；新闻学和传媒学专业的学生对于经济方面的教育需求也在增大，这不仅在西方国家很突出，而且在那些具有传统传媒制度的国家也很明显。近年来，这些国家的传媒经济学教育和研究也正蓬勃发展——中国就是这样一个突出的例子。

## 中国的传媒经济学研究

改革开放以来，中国传媒业经历了许多变革；传媒经济学的研究也在改革开放以后开始萌现。20世纪70年代末，广告被允许进入中国媒体，一些电视台和广播电台开始从广告活动中获利。由此，在80年代初期出现了有关传媒经济学的早期研究，他们讨论和考察了社会主义国家商业广告的合法性（Fu，1982；Zhang & Zhao，1985；Liang，1987）、传媒产品的商业收益（Chen，1986；Zhang，1994）、社会主义传媒制度的改革与变革（Fang，1986；Song，1987；Sang，1987）等。

进入 90 年代以来，传媒经济学的研究开始迅速发展。随着政治改革和经济转型，传媒行业被看作整个"社会主义市场经济"的重要组成部分。在这一时期，传媒经济学的研究一方面探询如何将媒体企业作为经济实体进行管理，另一方面考虑它在服务社会和进行社会宣传方面的独特作用（Song，1997；Tu，1997）。报业集团化与产业化是这期间的一个重要研究议题（Yang，1994；Sang，1994；Cheng，1995；He，1995；He，1997；Song，1997；Zhang，1998；Tang，1999；Ding，1999）。同时，网络媒体也吸引了许多研究兴趣。到 2003 年，有超过 60 部进行网络媒体研究的作品出版（Wang，2001；Shao，2001；Zhu & Xi，2002）。这些研究系统地考察了许多媒体经济问题，比如电子传媒的发展、本地化、管理、商业模式、战略、营销和品牌等（Wu & Jin，2004）。

2001 年，中国加入世界贸易组织，中国传媒业市场化的程度也在逐步加强，传媒经济学的研究随之加速。这一时期涌现出了很多传媒经济的研究成果；他们探讨了传媒行业如何重组以应对由入世带来的机遇和挑战（Zhang，2000；Zheng，2000；Zhang，2001；Zhou & Yan，2001；Dai，2003；Ni，2002）。除此之外，进入新千年以后，随着国家一些新法规的颁布和实施，更多的集团兼并、收购和联盟开始涌现，研究和关注中国传媒经济的浪潮已经到来。

在过去十多年里，有关传媒经济的理论研究成果丰硕。已出版的著作涵盖了出版行业的发展问题和经济政策（Wu，1994），杂志的营销（Fang & Yao，1998），广播公司的发展战略（Lu，1999），报纸行业的产业化（Dong，2002），传媒市场与资本化（Hu，2003），广播经济、报纸经济、网络经济、传媒行业管理、传媒行业组织的模式、传媒行业资本运营、传媒行业市场规划（Zhou，2003），传媒产业的本质和竞争（Yu，2003），报纸经营（Tang，2003），传媒投资（Zhou & Zhou，2003）以及传媒经济学（Zhao & Shi，2003），等等。

就传媒经济学研究的方法而言，应用型方法最为常用，学者们利用这一方法探讨某些传媒行业的战略和发展趋势（Lu，1999）、未来广告业的趋势（Xu，1993）等。理论型的方法也时有应用；但相比较来讲，评论型的方法较为少见。

与此同时，传媒经济学的国际交流和学术合作也得到很大的提高。中国学者在国际活动中越来越活跃；更多的西方学者来到中国与同行们进行交流和合作。一些有影响的西方媒体经济学著作被译成中文，比如《网络行业经济学》（Shy, 2001）、《传媒公司的经济学和融资》（Picard, 2002）、《全球影视：公司经济学介绍》（Hoskins, Mcfadyen & Finn, 1998）等。尤其值得一提的是，通过中国传媒学者的共同努力，第七届世界传媒经济学大会——这一传媒经济学领域的核心会议，于2006年在中国举办。

除了传媒经济学研究的发展之外，在中国，传媒经济学的教育也得到大力的加强。介绍传媒经济学的课程已在许多大学开设。很多学校还鼓励新闻、管理或经济学专业的学生进行跨学科学习，以促使经济学、管理学和传媒学融为一体。

中国目前所面临的挑战是要建立一个独特的社会主义传媒制度和体系。为了更好地理解传媒行业和市场，理解传媒实体的运营和管理以及传媒对社会的影响，中国传媒学者还有很多研究工作要做。中国需要学习和借鉴西方国家的知识和经验，也需要找到保持自己特色的中国道路。毫无疑问，具有中国特色的传媒经济学将为世界传媒经济学研究做出自己的贡献。

## 小结

在过去的30多年里，传媒经济学的研究和教育显示出了越来越丰富的内涵和越来越持久的发展活力。由于它能以经济原理解释媒体和传播发展，传媒经济学成为分析传媒领域活动、改善媒体和传媒公司管理和运作以及帮助决策者取得绩效的关键学科。

在经历了引入和发展阶段以后，现在传媒经济学正变得更加成熟，这门学科的研究也在世界范围内蓬勃开展。总的来说，传媒经济学的发展和推广是因为它提供了建立于坚实理论基础之上的观点和思路，并使人们能够在传媒环境里遵守和验证。随着媒体市场的不断变化，我们相信，传媒经济学的研究议题和研究方法也会继续拓展，并将为政府和传媒企业和组织提供更多更有效的发展思路。

**参考文献：**

［1］Adams，P.D.（1987）. A forecasting model for newspaper management，*Newspaper Research Journal*，8（4），43–50.

［2］Albarran，A.B.（1996）. *Media economics：Understanding markets，industries and concepts*. Ames：Iowa State University Press.

［3］Albarran，A.B. & Chan-Olmsted，S.（1998）. *Global media economics：Commercialization and integration of world media markets*. Ames：Iowa State University Press.

［4］Albarran，A.B. & Dimmick，J.（1996）. Concentration and the economics of multiformity in the communication industries，*Journal of Media Economics*，9（4），41–50.

［5］Albarran，A.B. & Porco，J.F.（1990）. measuring and analyzing diversification of corporations involved in pay cable，*Journal of Media Economics*，3（2），3–14.

［6］Alexander，A.，Owers，J. & Carveth，R. eds.（1993）. *Media economics*. Hillsdale，N.J.：Lawrence Erlbaum Associates.

［7］Altmeppen，K.-D.（1996）. *Ökonomie der medien und der mediensystems*. Wiesbaden：Gabler Verlag，Opladen.

［8］Bakker，P.（2002）. Free daily newspapers—Business models and strategies，*JMM—International Journal on Media Management*，4（3），180–187.

［9］Barrett，M.（1996）. Strategic behavior and competition in cable television：Evidence from two overbuilt markets，*Journal of Media Economics*，9（2），43–62.

［10］Bates，B.J.（1995）. What's a station worth? Models for determining radio station value，*Journal of Media Economics*，8（1），13–23.

［11］Berry，S.T. & Waldfogel，J.（1999）. Free entry and social inefficiency in radio broadcasting. *Rand Journal of Economics*，30，397–420.

［12］Blankenburg，W.B. & Friend，R.L.（1994）. Effects of cost and revenue strategies on newspaper circulation. *Journal of Media Economics*，7（2），1–13.

［13］Boardman，A.E. & Vining，A.R.（1996）. Public service broadcasting in Canada. *Journal of Media Economics*，9（1），49–63.

[14] Brown, A. & Althaus, C. (1996) Public service broadcasting in Australia, *Journal of Media Economics*, 9 (1), 31–47.

[15] Bruck, P. (1993). *Okonomie und zukunft der printmedien.* Munich: Fischer.

[16] Busterna, J.C. (1988). Welfare economics and media performance, *Journal of Media Economics*, 1 (1), 75–88.

[17] Cave, M. (1996). Public service broadcasting in the United Kingdom, *Journal of Media Economics*, 9 (1), 17–30.

[18] Chan-Olmsted, S. (1991). A structural analysis of market competition in the U.S. TV syndication industry, 1981—1990, *Journal of Media Economics*, 4 (3), 9–28.

[19] Chan-Olmsted, S.M. (1997). Theorizing multichannel media economics: An exploration of a group-industry strategic competition model, *Journal of Media Economics*, 10 (1), 39–49.

[20] Chan-Olmsted, S. (1998). Mergers, acquisitions, and convergence: The strategic alliances of broadcasting, cable television, and telephone services, *Journal of Media Economics*, 11 (3), 33–46.

[21] Chan-Olmsted, S. & Litman, B.R. (1988). Antitrust and horizontal mergers in the cable industry, *Journal of Media Economics*, 1 (2), 3–28.

[22] 陈力丹:《新闻是一种特殊的商品》,《新闻界》1986年第6期。

[23] 程顺立:《试论报业集团》,《新闻战线》1995年第4期。

[24] Coase, R.H. (1950). *British broadcasting. A study in monopoly.* London: Longmans.

[25] Coase, R.H. (1954). The development of the British television service, *Land Economics*, 30, 207–222.

[26] Coase, R.H. (1959). The Federal Communications Commission, *Journal of Law and Economics*, 2, 1–40.

[27] Coase, R. H. (1966). The economics of broadcasting and government policy, *American Economic Review*, 56, 440–447.

[28] Collins, R., Garnham, N. & Locksley, G. (1989). *The economics of television: The UK case.* London: Sage.

[29] Compaine, B.M. (1978). *The book industry in transition: An economic study of book distribution and marketing.* White Plains, NY: Knowledge Industry Publications.

[30] Compaine, B.M. (1979). *Who owns the media?* White Plains, NY: Knowledge Industry Publications.

[31] 戴元光:《加入WTO后中国传媒面临五大问题》,《新闻与传播》2003年第1期。

[32] 董天策等:《中国报业的产业化运作》,四川人民出版社2002年版。

[33] Dunnett, P. (1990). *The world television industry: An economic analysis.* New York: Routledge.

[34] Dupagne, M. (1992) Factors influencing the international syndication marketplace in the 1990s, *Journal of Media Economics*, 5(3), 3–29.

[35] Dyson, K. & Humphreys, P., eds. (1990). *The political economy of information: International and European dimensions.* London: Routledge.

[36] 方明:《新闻转轨刍议》,《新闻知识》1986年第6期。

[37] 方卿、姚永吾:《图书营销学》,山西经济出版社1998年版。

[38] Foley, J. (1992). Economic factors underlying telephone companies' efforts to enter home video distribution, *Journal of Media Economics*, 5(3), 57–68.

[39] Fournier, G. & Martin, D. (1983). Does government restricted entry produce market power: Evidence from the market for television advertising. *Bell Journal of Economics*, 14, 44–56.

[40] 傅汉章:《浅谈市场学和广告学》,《中国广告》1982年第2期。

[41] Gálik, M. (2001). *Médiagazdaságtan.* Budapest: Aula Kiadó.

[42] Gandy Jr., O.H. (1992). The political economy approach: A critical challenge, *Journal of Media Economics*, 5(2), 23–42.

[43] Garnham, N. (1990). *Capitalism and communication: Global culture and information economics.* London: Sage.

[44] Gershon, R.A. (1993). International deregulation and the rise of transnational media corporations, *Journal of Media Economics*, 6(2), 3–22.

[45] Gulyás, á. (2001). Communist media economics and the Consumers—The Case of the Print Media of East Central Europe, *JMM-International Journal on Media*

*Management*, 3（2）: 74–81

［46］Gurevich, S.M.（1999）. *Ekonomika i sredstv massovoi informatsii*. Moscow: Izdatelstvo im. Sabashnikovykh.

［47］Hafstrand, H.（1995）. Consumer magazines in transition: A study of approaches to internationalization, *Journal of Media Economics*, 8（1）, 1–12.

［48］何向芹:《建设社会主义现代化报业集团的实践体会和理论思考》,《新闻战线》1995 年第 4 期。

［49］何雪峰:《构筑强势文化产业——关于电影集团化发展的几点思考》,《电影电视艺术研究》2002 年第 1 期。

［50］Heinrich, J.（1994）. *Medienökonomie: Mediensystem, zeitung, zeitschrift, anzeignblatt*. Westdeutscher Verlag, Opladen.

［51］Holtz-Bacha, C.（1997）. Development of the German media market: Opportunities and challenges for U.S. media firms, *Journal of Media Economics* 10（4）, 39–58.

［52］胡正荣:《媒介市场与资本运营》, 北京广播学院出版社 2003 年版。

［53］黄升民:《重提媒介产业化》,《现代传播》2000 年第 5 期。

［54］Kalita, J.K. & Ducoffe, R.H.（1995）. A simultaneous-equation analysis of pricing, circulation, and advertising revenue for leading consumer magazines, *Journal of Media Economics*, 8（4）, 1–16.

［55］Karmasin, M. *Mediaökonomie als theorie（massen-）medialer kommunikation: Kommunikationsökonomie und stakeholder theorie*. Nauser & Nauser, 1998

［56］Kowalski, T.（1998）. *Media i pieniądze: Ekonomiczne aspekty dzialalności środków komunikowania masowego*. Warszawa: Prezedsiebiorstwo Handlowe TEX.

［57］Lacy, S.（1992）. The financial commitment approach to news media competition, *Journal of Media Economics*, 5（2）, 3–21.

［58］Lacy, S. & Simon, T.F.（1993）. *The economics and regulation of United States newspapers*. Norwood, N.J.: Ablex Publishing.

［59］Le Floch, P. & Sonnac, N.（2000）. *économie de la presse*. Paris: éditions La Découverte.

［60］Levin, H.J.（1958）Economic structure and regulation of television,

*Quarterly Journal of Economics*, 72, 445-456.

［61］梁世斌:《运用市场营销原理指导广告实践》,《国际广告》1987年第6期。

［62］Litman, B. & Bridges, J.（1986）. An economic analysis of daily newspaper performance, *Newspaper Research Journal*, 7, 9-26（1986）.

［63］龙锦:《我国广播影视业的集团化之路》,《电影电视艺术研究》2000年第6期。

［64］Lu, D.（1999）. *Research on the Development Strategies of Chinese TV Broadcasting Industries*, Xinhua Press.

［65］López, J. T.（1985）. *Economia de la communicación de masas.* Madrid: Gruopo Zero.

［66］Mattelart, A. & Siegelaub, S.（1979）. *Communication and class struggle.* New York: International General.

［67］McCombs, M.E. & Eyal, C.（1980）. Spending on mass media, *Journal of Communication*, 30（1）, 153-158.

［68］McCombs, M. & Nolan, J.（1992）. The relative constancy approach to consumer spending for media, *Journal of Media Economics*, 5（2）, 43-52.

［69］McFadyen, S., Hoskins, C. & Gillen, D.（1980）. *Canadian broadcasting: Market structure and economic performance.* Montreal: Institute for Research on Public Policy.

［70］Miller, I.R.（1997）. Models for determining the economic value of cable television systems, *Journal of Media Economics*, 10（2）, 21-33.

［71］Mosco, V. & Wasko, J. eds（1988）. *The political economy of information.* Madison, Wisc.: University of Wisconsin Press.

［72］Neiva, E.M.（1996）, Chain building: The consolidation of the American newspaper industry, 1953—1980, *Business History Review*, 70, 1-42.

［73］倪震:《加入WTO和中国电影生产力的再定位》,《当代电影》2002年第1期。

［74］Nieto Tamargo, A.（1968）. *El concepto de empresa periodística.* Pamplona: Eunsa.

［75］Nieto Tamargo, A.（1973）. *La empressa periodística en Espana.* Pamplona:

Eunsa.

[76] Noam, E. (1985). *Video media competition: Regulation, economics, and technology.* New York: Columbia University Press.

[77] Owen, B.M. (1975). *Economics and freedom of expression: Media structure and the First Amendment.* Cambridge: Ballinger.

[78] Owen, B.M., Beebe, J.H. & Manning, W.G. (1974). *Television economics.* Lexington, Mass.: D.C: Heath.

[79] Owen, B.M. & Wildman, S.S. (1992). *Video economics.* Boston: Harvard University Press.

[80] Pagani, M. (2000). Interactive television: A model of business economic dynamics, *JMM—International Journal on Media Management*, 2 (1), 25–37.

[81] Paasio, A., Picard, R.G. & Toivonen, T.E. (1994). Measuring and engineering personnel productivity in the graphic arts industry, *Journal of Media Economics*, 7 (2), 39–53.

[82] Paul, J.-P. (1991). *économie de la communication TV-radio.* Paris: Presses Universitaires de France.

[83] Picard, R.G. (1988). Measures of concentration in the daily newspaper industry, *Journal of Media Economics*, 1 (1), 61–74.

[84] Picard, R.G. (1989). *Media economics: Concepts and issues.* Newbury Park, Calif.: Sage Publications.

[85] Picard, R.G. (1996) The rise and fall of communication empires, *Journal of Media Economics*, 9 (4), 23–40.

[86] Picard, R.G. (2000), Changing business models of online content services: Their implications for multimedia and other content producers, *JMM—International Journal on Media Management*, 2 (2), 60–68

[87] Picard, R.G. (2001). Effects of recessions on advertising expenditures: An exploratory study of economic downturns in nine developed nations, *Journal of Media Economics*, 14 (1), 1–14.

[88] Picard, R.G. (2002a). *The economics and financing of media companies.* New York: Fordham University Press.

[89] Picard, R.G., ed. (2002b). *Media firms: Structures, operations, and performance.* Mahweh, N.J.: Lawrence Erlbaum.

[90] Picard, R.G. & Rimmer, T. (1999). Weathering a recession: Effects of size and diversification on newspaper companies, *Journal of Media Economics*, 12 (1), 1-18.

[91] Picard, R.G., Winter, J.P., McCombs, M.E. & Lacy, S., eds. (1988). *Press concentration and monopoly: New perspectives on newspaper ownership and operation.* Norwood, N.J.: Ablex Publishing Co.

[92] Powers, A., Kristjansdottir, H. & Sutton, H. (1995). Competition in Danish television news, *Journal of Media Economics*, 7 (4), 21-30.

[93] Ray, R.H. (1951). Competition in the newspaper industry, *Journal of Marketing*, 43, 444-456.

[94] Ray, R.H. (1952). Economic forces as factors in daily newspaper competition, *Journalism Quarterly*, 29, 31-42.

[95] Reddaway, W.B. (1963). The economics of newspapers, *Economic Journal*, 73, 201-218.

[96] 桑荫:《商品经济与新闻转轨》,《新闻知识》1987年第12期。

[97] Schiller, H. I. (1969). *Mass communication and American empire.* New York: Augustus Kelly.

[98] Schiller, H.I. (1976). *Communication and cultural domination.* White Plains, N.Y.: M.E. Sharpe.

[99] Schmalensee. R. (1981). *Economics of advertising.* Amsterdam, Netherlands: North-Holland.

[100] 邵培仁主编:《网络传播研究丛书》,复旦大学出版社2001年版。

[101] Shao, P & Chen, B. (2003). *Strategic Management for Media Industries.* Fudan University Press.

[102] Shaver, M.A. (1995). Application of pricing theory in studies of pricing behavior and rate strategy in the newspaper industry, *Journal of Media Economics*, 8 (2), 49-59.

[103] Shrikhande, S. (2001). Competitive strategies in the internationalization of television: CNNI and BBC World in Asia, *Journal of Media Economics*, 14 (3), 147-

168.

［104］奥兹·谢伊：《网络产业经济学》，张磊等译，上海财经大学出版社。

［105］Smythe, D.W.（1969）. On the political economy of communications, *Journalism Quarterly*, 69（3）, 563-572.

［106］宋健武：《报业经济，集团化与媒介产业政策》，《新闻与传播研究》1997年第4期。

［107］Sparks, C.（1995）. Concentration and market entry in the UK national daily press, *European Journal of Communication*, 10（2）, 179-206.

［108］Spence, A.M. & Owen, B.M.（1997）. Television programming, monopolistic competition and welfare. *Quarterly Journal of Economics*, 91, 103-126.

［109］Steiner, P.O.（1952）. Program patterns and preferences, and the workability of competition in radio broadcasting, *Quarterly Journal of Economics*, 66, 194-223.

［110］Sussman, G. & Lent, J.A.（1999）Who speaks for Asia: Media and information control in the global economy, *Journal of Media Economics*, 12（2）, 133-147.

［111］唐绪军：《报业经济与报业经营》，新华出版社2003年版。

［112］Toussaint Desmoulins, N.（1978）. *L'economie de medias*. Paris: Press Universitaires de France（4th ed., 1996）.

［113］Toussaint Desmoulins, N.（1996）. *L'economie de medias*, 4th ed. Paris: Press Universitaires de France.

［114］屠忠俊：《中国报业集团运行环境刍议》，《新闻与传播研究》1997年第4期。

［115］Vejanouski, C. & Bishop, W.D.（1983）. *Choice by cable: The economics of a new area in television*. Lansing, United Kingdom: Institute of Economic Affairs.

［116］王学峰：《谁来网络中国》，中国青年出版社2001年版。

［117］Waterman, D.（1993）. A model of vertical integration and economies of scale in information product distribution, *Journal of Media Economics*, 6（3）, 23-35.

［118］Webb, G.K.（1983）. *The economics of cable television*. Lexington, Mass.: Lexington Books.

[119] Wolfe, A.S. & Kapoor, S. (1998). The Matsushita takeover of MCA: A critical, materialist, historical, and First Amendment view, *Journal of Media Economics*, 9 (4), 1–21.

[120] Wood, W. C. (1986). Consumer spending on the mass media: The principle of relative constancy reconsidered, *Journal of Communication*, 36 (2), 39–51.

[121] 吴江江等:《中国出版业的发展与经济政策研究》,湖北人民出版社1994年版。

[122] 吴信训、金冠军主编:《中国传媒经济研究:1949—2004》,复旦大学出版社2004年版。

[123] 杨文增:《试论我国报业集团化趋势》,《新闻与传播研究》1994年第3期。

[124] 喻国明:《传媒影响力:传媒产业的本质与竞争策略》,南方日报出版社2003年版。

[125] 赵小兵、周长才编著:《中国媒体投资》,复旦大学出版社2003年版。

[126] 张凤铸:《加入WTO,面对大好机遇和严峻挑战》,《当代电视》2001年第10期。

[127] 张建成、赵立德:《浅谈市场调研在广告中的地位和作用》,《国际广告》1985年第8期。

[128] 赵曙光、史宇鹏:《媒介经济学》,湖南人民出版社2003年版。

[129] 周鸿铎等:《传媒经济丛书》,经济管理出版社2003年版。

[130] 褚多锋、奚春雁主编:《媒体经营运作实务全书》,清华大学出版社2002年版。

# 2013年国外*传媒经济研究热点与场域

## ——基于文献计量学的方法探索

丁汉青　曹璞**

**【摘要】** 传媒经济学发展至今越来越成为一个活跃的跨学科领域，有学者认为中外传媒经济学研究在热点议题和研究范式上具有较大差别，因此有必要通过描述国外该领域最新研究热点为中外传媒经济学的交流合作提供条件。本文引入文献计量学中的内容分析和共词分析法，通过对EBSCO数据库中收录的2013年传媒经济学相关英文学术论文做定量分析，描述了2013年国外传媒经济学研究的议题热点以及研究者集中情况。纵向对比发现，数字化和全球化影响了研究议程；横向对比发现，中外研究议题和范式并非彼此独立互不相容，而是可以相互借鉴，传媒经济学研究的跨国交流十分必要。

**【关键词】** 传媒经济学；文献计量学；热点议题；场域

## 引　言

创建于20世纪50年代的传媒经济学发展至今越来越成为一个跨学科的活跃领域，受到新闻传播、经济管理等多个学科的共同关注。传媒经济学研究兴起于西方国家，20世纪80年代随着改革开放逐渐引入中国[1]。近年来，我国传媒经济学研究在深度和广度上都有较大提升，但有学者认为中外传媒

---

\* 因搜索结果中非英文文献比重小且语言障碍，故只偏重于英文文献。

\*\* 丁汉青，中国人民大学新闻学院广告与传媒经济系系主任，中国人民大学新闻与社会发展研究中心传媒经济研究所副所长，副教授，博士；曹璞，中国人民大学新闻学院传媒经济学2013级硕士研究生。

经济学研究存在话语体系的差异，研究热点、研究范式有较大差距[2]，如国内研究议题更追求现象性热点[3]，研究范式上缺乏实证研究[4]。国外（尤其是欧美国家）传媒经济学研究起步早且发展较为成熟，能够反映目前世界传媒经济研究的主流方向[5]，因此有必要通过描述分析国外研究的最新热点和学术场域，为中外传媒经济学术圈的交流、融合提供条件。

目前国内外关于国外传媒经济学研究情况的综述文章不足10篇，大多采用定性分析方法，主观性较强[6]，少数几篇量化文章发表时间较早[7]。本文引入文献计量学中的内容分析和共词分析法，通过对EBSCO数据库中收录的2013年传媒经济学相关英文学术论文做定量分析，力图描述2013年国外传媒经济学研究的议题热点以及研究者集中情况，以期为国内传媒经济学学科发展和研究创新提供思路借鉴。

**一、研究方法与数据获取**

本文采用文献计量方法，通过2013年传媒经济研究英文文献的计量统计对其研究热点和研究场域做出分析。运用内容分析法对论文摘要编码，提取关键词；进而使用共词分析法对编码关键词做共词分析。共词分析方法是图书馆情报学中分析学科热点的最常用有效的方法。其核心是通过对一组词语在同一文献中出现情况的多元统计分析，描述词语间的亲疏关系，共词词频越高，代表两个主题之间的关联度越大，据此分析词语所代表的学科研究结构和热点问题[8]。本文以SPSS13.0和Microsoft Excel 2007为统计分析工具。①

（一）数据获取

数据收集以世界上最大的期刊专业提供公司EBSCO数据库Communication & Mass Media Complete子库作为数据来源，该库收录了700多种期刊索引和摘要，其中全文刊近400种，是全球传播学领域最具深度和广度的参考文

---

① SPSS和Microsoft Excel的普及性和稳定性，可以避免某些共词分析软件的引文数据库限制和尚未完善的问题，同时能降低研究成本，便于将该方法在非情报学专业研究者中普及。

献库；以"media economics""media management""media industry"为检索字段，检索模式为"布尔逻辑/词组"，结果限定在"学术（同行评审）期刊"，出版日期为 2013 年 1 月到 2013 年 12 月，语言为英语。共检索文献 197 篇，去除其中研究主题不相关者、重复发表文献、非研究性文献（书评、人物介绍等）123 篇，共得到有效论文 74 篇。

（二）研究步骤

1. 由于 EBSCO 数据库中收录的大量传播学期刊没有关键词（如 the Journal of Media Economics），不能直接对论文关键词做共词分析，因此笔者首先运用内容分析法对论文摘要做关键词编码，编码类目包括研究产业、研究问题关键词、地理信息、研究方法、期刊来源、作者、研究单位、所属院系、所在国家或地区。内容分析编码由一个编码员独立完成，试编码中随机抽取了 20 篇（占 27.03%）论文采用 Holsti 公式对编码员内信度进行了分析，信度 α 为 0.85，表示内容分析结果在可接受范围内。

2. 使用 Excel 排序、自动筛选等功能对研究产业、地理信息、研究方法、期刊来源、作者、研究单位、所属院系、所在国家或地区等 8 个编码类目做统计分析，并采用贝恩指数 CRn 计算各类目分布的集中度情况。

3. 对研究问题关键词做统计分析，绘制知识图谱。

首先，对 235 个研究问题关键词做规范化处理，将内涵相同或相似的关键词做替换处理，作为最终的分析数据。其次，统计关键词词频，并按出现频次大小排序，取阈值 n ≥ 3 的词确定为高频关键词，共获得 19 个高频关键词，累积词频占所有关键词词频的 37.45%[①]。

接着，统计高频关键词在同一篇文献中两两共同出现的次数，建立 19×19 共词矩阵（表 1），共词矩阵的对角线数据表示该关键词的词频总数，其他方格中的数据为两两出现的共词频数。如关键词"效果"（effect）共出现了 13 次，与"全球化"（globalization）在同一篇文章中出现次数为 3 次。

为了消除原始矩阵共词频率差异较大对后续聚类分析和多维尺度分析

---

① 根据文献计量学相关研究文献和高低词频界分公式，高频关键词累积词频占所有关键词词频的 37.45% 为可接受范围。

的影响，需要将共词原始矩阵进行转换，本文采用共词分析普遍采用[9]的 Ochiia 系数方法将共词矩阵转换成相关矩阵①。相关矩阵中的数值表示某个词与自身的相关程度，对应两个关键词之间的距离远近，数值越大距离越近，相似性程度越高。矩阵对角线上的数据是某个词与自身的相似性，根据 Ochiia 系数公式计算为 1。由于原始矩阵中 0 值较多，导致相关矩阵中 0 值过多，容易造成统计误差，因此需要用 1 与相关矩阵中的每个数据相减，从而得到反映两词差异的相异矩阵。

然后，将相异矩阵导入 SPSS 13.0 统计软件中。用 SPSS 对共词相异矩阵做分层聚类分析（Hierarchical Cluster），采用离差平方和法（Ward's Method）和斐方（Phi-square Measure）将关键词聚类为 6 个词团，并根据专业知识对这 6 个词团命名 6 个研究热点。最后，用 SPSS 多维尺度分析（Multidimensional Scales ALSCAL）对关键词相异矩阵进行二维尺度分析，绘制研究热点知识图谱。

表 1 共词矩阵（部分）

单位：篇

| | 效果 | 公共媒体 | 全球化 | 受众参与 | 媒介集团 | 数字化 | 关系 | 媒介集中度 | 创新 | 媒介政策 |
|---|---|---|---|---|---|---|---|---|---|---|
| 效果 | 13 | 0 | 3 | 0 | 1 | 0 | 1 | 0 | 0 | 0 |
| 公共媒体 | 0 | 7 | 0 | 1 | 0 | 1 | 0 | 0 | 1 | 0 |
| 全球化 | 3 | 0 | 6 | 0 | 1 | 0 | 0 | 0 | 0 | 1 |
| 受众参与 | 0 | 1 | 0 | 5 | 0 | 0 | 0 | 0 | 0 | 0 |
| 媒介集团 | 1 | 0 | 1 | 0 | 4 | 0 | 1 | 0 | 0 | 0 |
| 数字化 | 0 | 1 | 0 | 0 | 0 | 5 | 1 | 0 | 3 | 0 |
| 关系 | 1 | 0 | 0 | 0 | 1 | 1 | 5 | 0 | 0 | 0 |
| 媒介集中度 | 0 | 0 | 0 | 0 | 0 | 0 | 0 | 4 | 0 | 0 |
| 创新 | 0 | 1 | 0 | 0 | 0 | 3 | 0 | 0 | 4 | 0 |
| 媒介政策 | 0 | 0 | 1 | 0 | 0 | 0 | 0 | 0 | 0 | 4 |

① A、B 两词的 Ochiia 系数 =（A、B 两词共同出现的次数）÷（$\sqrt{A词出现的词频} \times \sqrt{B词出现的词频}$）。

## 二、传媒经济研究热点分析：基于共词分析法

### （一）研究的产业

2013年最受国外传媒经济学研究者关注的前五个子产业领域分别是电视、报纸、广播、社交媒体和互联网。排名前四位（CR4）的子产业累积共占55.41%，按照贝恩集中类型划分标准[①]，为中上集中寡占型，说明研究产业的集中度较高。电视（22.97%）和报纸（16.22%）仍然是传统媒体产业中最受研究者关注的两大产业。同时新媒体的重要性凸显，将社交媒体、互联网合并为网络媒体大类统计，在所有文献中共有12篇（16.22%）是关于新媒体的研究。按媒介所有制对产业进行划分，关于公共媒体（public service media）的探讨有7篇（9.46%）。在74篇文献中，只有2篇（2.7%）关于传媒经济学理论研究，所占比例之小从一个侧面说明传媒经济学整个学科目前的发展是以应用型研究为主。

表2 研究产业分布表[②]

| 研究产业 | 频数（篇） | 频率 |
| --- | --- | --- |
| 大众传媒 mass media industry[③] | 14 | 18.92% |
| 电视 television | 17 | 22.97% |
| 报纸 newspaper | 12 | 16.22% |
| 广播 radio broadcasting | 6 | 8.11% |
| 电影 motion pictures | 5 | 6.76% |
| 图书 book | 4 | 5.41% |
| 音乐 music | 1 | 1.35% |
| 社交媒体 social media | 6 | 8.11% |

---

① 按照贝恩（1959）市场类型的划分标准，CR4>75%为高度寡占型；CR4：60%—75%，CR8：>85%为高度集中寡占型；CR4：50%—65%，CR8：75%—85%为中上集中寡占型；CR4：35%—50%，CR8：45%—75%为中下集中寡占型；CR4：30%—35%，CR8：40%—45%为低集中寡占型；CR4：<30%，CR8：<40%为原子型。

② 由于存在一篇文章涉及多个产业的情况，因此研究产业总频数（86）大于文献总数（74）。此外，一些研究以整个媒介产业为研究对象，而不是针对某一子产业，因此归到"大众传媒"mass media industry中。

③ 这里的"大众传媒"表示以整个大众传媒业作为研究对象。

续表

| 研究产业 | 频数（篇） | 频率 |
|---|---|---|
| 互联网 Internet | 6 | 8.11% |
| 通信 telecommunication | 3 | 4.05% |

（二）研究对象的地理分布

研究对象的地理分布共涉及30个国家和地区。其中出现频数大于3的共9个：美国（18.92%）、南非（6.76%）、英国（6.76%）、西班牙（5.41%）、跨国研究（5.41%）、芬兰（4.05%）、加拿大（4.05%）、印度（4.05%）、欧洲（4.05%）。排名前八位（CR8）的国家和地区累计共占55.41%，研究对象在地理分布上为中下集中寡占型。按各大洲归类，欧洲有28篇（37.84%），美洲有18篇（24.32%），亚洲有11篇（14.86%），非洲有7篇（9.46%），澳洲有1篇（1.35%），跨国研究有4篇（5.41%）。关于发达国家传媒产业的研究远高于发展中国家。

表3 研究对象地理分布表[①]

| 研究国家和地区 | 频数（篇） | 频率 | 研究国家和地区 | 频数（篇） | 频率 | 研究国家和地区 | 频数（篇） | 频率 |
|---|---|---|---|---|---|---|---|---|
| 美国 United States | 14 | 18.92% | 中国 China | 2 | 2.70% | 挪威 Norway | 1 | 1.35% |
| 南非 South Africa | 5 | 6.76% | 德国 Germany | 2 | 2.70% | 罗马尼亚 Romania | 1 | 1.35% |
| 英国 United Kingdom | 5 | 6.76% | 安哥拉 Angola | 1 | 1.35% | 塞尔维亚 Serbia | 1 | 1.35% |
| 西班牙 Spain | 4 | 5.41% | 葡萄牙 Portugal | 1 | 1.35% | 新加坡 Singapore | 1 | 1.35% |
| 跨国 International | 4 | 5.41% | 澳大利亚 Australia | 1 | 1.35% | 克罗地亚 Croatia | 1 | 1.35% |

① 由于存在一篇文章涉及多个国家或地区的情况，因此研究对象所在地区总频数（80）大于文献总数（74）。亚洲 Asia，跨国研究 International，欧洲 Europe 表示该研究以一个地区整体作为研究对象。

续表

| 研究国家和地区 | 频数（篇） | 频率 | 研究国家和地区 | 频数（篇） | 频率 | 研究国家和地区 | 频数（篇） | 频率 |
|---|---|---|---|---|---|---|---|---|
| 芬兰 Finland | 3 | 4.05% | 比利时 Belgium | 1 | 1.35% | 韩国 South Korea | 1 | 1.35% |
| 加拿大 Canada | 3 | 4.05% | 瑞士 Switzerland | 1 | 1.35% | 津巴布韦 Zimbabwe | 1 | 1.35% |
| 印度 India | 3 | 4.05% | 伊朗 Iran | 1 | 1.35% | 亚洲 Asia | 1 | 1.35% |
| 欧洲 Europe | 3 | 4.05% | 爱尔兰 Ireland | 1 | 1.35% | 未知 | 11 | 14.86% |
| 希腊 Greece | 2 | 2.70% | 印度 Italy | 1 | 1.35% | | | |
| 中国台湾 Taiwan | 2 | 2.70% | 墨西哥 Mexico | 1 | 1.35% | | | |

（三）研究方法

传媒经济学作为一门交叉学科，在研究中引入了社会学、经济学、历史学等学科的方法。在2013年国外研究中，使用最多的方法包括：二手资料分析（22.97%）、访谈（13.51%）、个案研究（12.16%）、调查法（8.11%）、文献综述（6.76%）、文本分析（5.41%）、内容分析（4.05%）等7种方法。从集中度上看CR4为56.76%，CR8为74.32%，属于中上集中寡占型，方法使用上较为集中。按照定量和定性划分，量化研究占37.84%，质化研究占41.89%，质化略多于量化。

表4 研究方法归类[①]

| 方　　法 | 频数（篇） | 频　　率 |
|---|---|---|
| 二手资料分析 secondary data | 17 | 22.97% |
| 访谈法 interview | 10 | 13.51% |

---

① 由于存在一篇文章使用多种研究方法的情况，统计时以篇为单位，因此研究方法总频数（89）大于文献总数（74）。

续表

| 方　　法 | 频数（篇） | 频　率 |
|---|---|---|
| 个案研究 case study | 9 | 12.16% |
| 问卷调查法 survey | 6 | 8.11% |
| 文献综述 literature review | 5 | 6.76% |
| 文本分析 text analysis | 4 | 5.41% |
| 内容分析 content analysis | 3 | 4.05% |
| 实验法 experiment | 1 | 1.35% |
| 焦点小组 focus groups | 1 | 1.35% |
| 民族志 ethnography | 1 | 1.35% |
| 事件研究法 event study methodology | 1 | 1.35% |
| 参与式观察 participant observation | 1 | 1.35% |
| 未知 | 19 | 25.68% |

（四）热点议题

**1. 高频关键词频数分析**

通过共词分析法，对 19 个高频关键词的词频（该关键词在文献中出现的频次）和共词次数（该词与其他关键词两两出现在同一篇文章中的次数）进行统计，结果如表 5 所示。词频反映该关键词在传媒经济学研究中的受关注程度和研究力度；共词次数反映它与其他词之间的关系和研究的深度。以 5 为阈值，词频 ≥ 5 的关键词为：效果（effect）、公共媒体（public service media）、全球化（globalization）、受众参与（audience participation）、数字化（digitalization）、关系，该类关键词累积词频为 41，占整个高频关键词词频的 47.67%；共词次数 ≥ 5 的关键词为：效果（effect）、全球化（globalization）、数字化（digitalization）、创新（innovation）、媒介生产（production）、媒介集团（corporation），该类关键词累积词频为 42，占整个高频关键词共词次数的 53.85%。两类关键词的交叉为：效果（effect）、全球化（globalization）、数字化（digitalization）。说明这三个关键词无论是从自身受研究者关注程度，还是与其他关键词的联系强度上看，都处于最核心的位置。

表 5　2013 年国外传媒经济研究热点议题

| 关键词 | 词频 | 共词次数 |
|---|---|---|
| 效果 effect | 13 | 8 |
| 公共媒体 public service media | 7 | 3 |
| 全球化 globalization | 6 | 8 |
| 受众参与 audience participation | 5 | 2 |
| 数字化 digitalization | 5 | 7 |
| 关系 relationship | 5 | 3 |
| 媒介集团 corporation | 4 | 5 |
| 媒介集中度 concentration | 4 | 3 |
| 创新 innovation | 4 | 7 |
| 媒介政策 media policy-making | 4 | 3 |
| 所有制 ownership | 4 | 4 |
| 媒介生产 production | 4 | 7 |
| 策略 strategy | 4 | 3 |
| 传媒教育 media education | 4 | 3 |
| 2008 金融危机 2008 financial crisis | 3 | 3 |
| 创新采用 adoption | 3 | 0 |
| 受众 audience | 3 | 2 |
| 女性主义 feminism | 3 | 2 |
| 媒介消费 audience consumption | 1 | 5 |

**2. 高频关键词聚类分析**

对高频关键词的共词矩阵做聚类分析，将关联度高的词语聚合成类团，使同组数据内部具有较高相似性，而组间具有较大差异性。在统计软件 SPSS13.0 中通过分层聚类（Hierarchical Cluster）将 19 个关键词组合为 6 个大类。分层聚类法先将每个关键词看作一类，然后将具有关联关系的类别进行合并组成一个新的聚类，再将新的类别与另一相似度最高的类别进行合并，以此类推，直至全部合为一类。最后以树状图的方式呈现关键词之间的亲属关系，关联度越高的两个词距离越近，反之则越远（如图 1）。

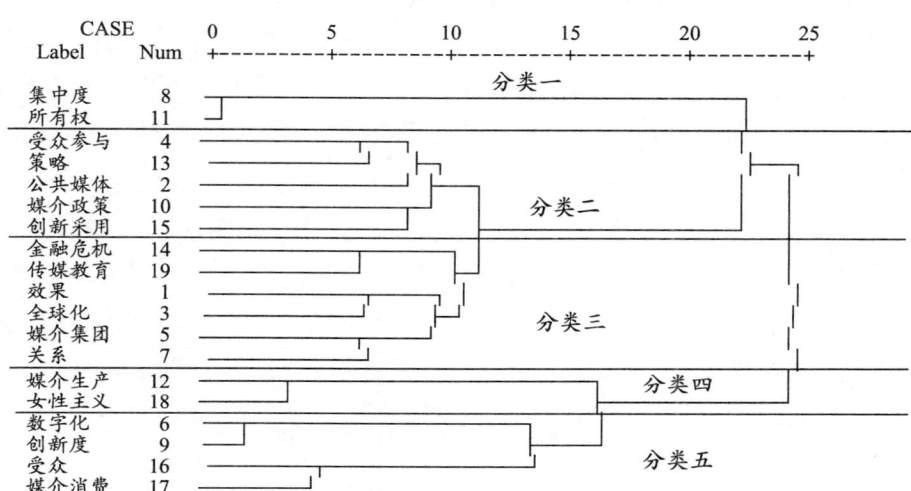

图 1　2013 年国外传媒经济研究选题热点聚类分析图

（1）聚类分析第一类：媒介市场结构研究。类目包括集中度（concentration）、所有权（ownership）。

（2）聚类分析第二类：政策与策略研究。类目包括受众参与（audience participation）、策略（strategy）、公共媒体（public service media）、媒介政策（media policy-making）、创新采用（adoption）。

（3）聚类分析第三类：战略研究。类目包括金融危机（2008 financial crisis）、传媒教育（media education）、效果（effect）、全球化（globalization）、媒介集团（corporation）、关系（relationship）。

（4）聚类分析第四类：媒介生产研究。类目包括媒介生产（production）、女性主义（feminism）。

（5）聚类分析第五类：数字创新与媒介消费研究。类目包括数字化（digitalization）、创新（innovation）、受众（audience）、媒介消费（audience consumption）。

**3．热点知识图谱**

尽管聚类分析能将零散的关键词聚合成若干个研究词团，但无法表示每个热点在整个传媒经济学研究图谱中所处的位置。因此需要对共词相异矩阵做多维尺度分析。多维尺度分析通过观测量之间的距离来发现研究热点的空间结构关系,在二维空间内通过计算将关键词以点状分布,不同对象的空间距离远近体现了关键词之间的相似性,是共词分析绘制知识图谱的主要方法。高度关联的词语聚合在一起,处于词团最中心位置的词与其他词的关联最密切,地位最核心(如图2)。根据多维尺度分析与聚类分析结果,运用传媒经济学专业知识,并结合专家意见,绘制出热点知识图谱,将2013年国外传媒经济研究热点划分为三大领域:偏向于策略与战略;偏向于市场;偏向于生产与消费。"关系"一词自成一类。多维尺度分析得到的知识图谱是对聚类分析结果的进一步聚合,对热点议题的描述更加集中概括。

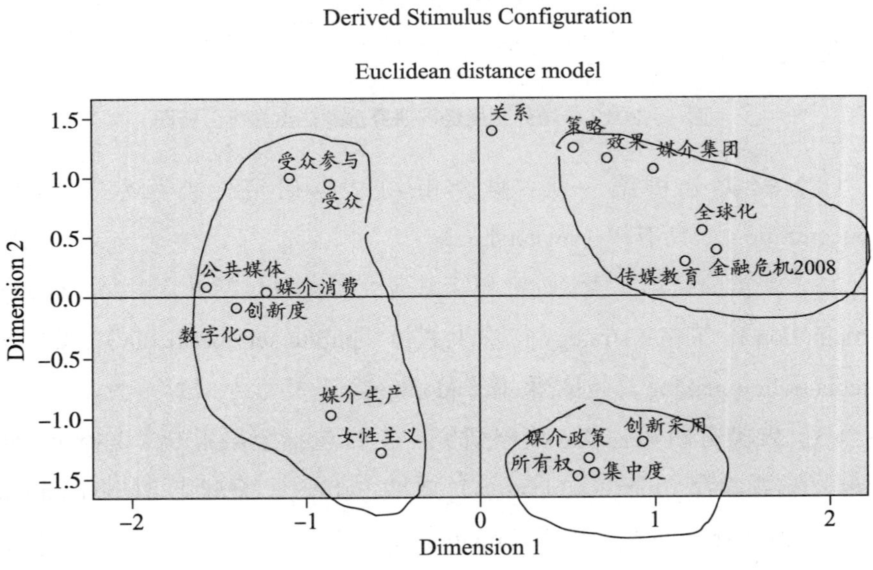

Derived Stimulus Configuration

Euclidean distance model

图2 2013年国外传媒经济研究热点知识图谱

通过对热点议题进行共词分析,本文将2013年度国外传媒经济学研究议题归为"策略与战略""市场"和"生产与消费"三类,"关系"一词单独为一类,并结合对具体文本的质化研究,对热点议题分析如下。

(1)关于策略与战略的研究,分布在坐标轴右上限,包含"策略""效果""媒介集团""全球化""2008金融危机""传媒教育"6个关键词。从位置分布上看，这些关键词分别远离两条中心轴，分布较为分散，难以确定中心位置。

①用户保留策略

激烈的媒介竞争环境使"生产者中心"向"用户中心"转变，如何保留用户是媒介战略的重要组成部分。毕兰格（Bélanger）和曼彻斯特（Manchester）描述了加拿大地方广播的经营者应对在线音乐定制化服务对传播广播业的威胁时，如何分析受众在音乐消费中社交媒体的使用动机，以此调整广播的社交媒体策略与之契合[10]。盖西亚·皮尔斯（Garcia Pires）分析了读者的政治偏好对新闻机构选择单一倾向策略和多元观点策略的影响，为了最大化读者需求，当多数读者不消费与其观点相悖新闻时，媒介组织选择多元策略；当只有少数读者不消费与其观点相悖新闻时，媒介组织选择单一策略[11]。杨（Yang）分析了固定移动捆绑业务（Fixed and Mobile Bundling）对保留韩国移动用户（Mobile Subscriber Retention）的影响[12]。

②广告传播策略

新产品创新扩散可分为产品识别和产品采用两个阶段，以往的广告研究主要关注前者，洛佩兹（López）和塞希利亚（Sicilia）通过研究在扩散的早期阶段不用传播策略的效率认为，应先采用口碑营销，再采用广告推广[13]。雷纳瑞斯（Reinares）和雷纳瑞斯（Reinares）则量化比较传统的30秒广告和其他电视广告策略不同的成本收益比[14]。

③跨文化市场的传播策略

全球化使得销售市场不再局限于本国范围，为避免跨文化传播的受众接受问题，越来越多的研究关注媒介组织的跨文化传播策略。金（Kim）和朴（Park）通过对2008年上映的169部电影做出分析，认为网络口碑和专业影评对于国内票房均有显著影响，但只有网络口碑对海外票房影响显著[15]。阿科德尼兹（Akdeniz）和泰莱（Talay）在信号理论（signaling theory）视阈下，通过多水平模型和2007—2011年间27个国家上映的1116部电影的面板数据，证明一国的文化是如何降低了影片相关信号对首映周票房表现的影响。结果显示电影明星的作用在高不确定性规避和宽容文化中更有效，而在高权力距离文化中的影响较弱。续集在个人主义文化国家中并不能带来票房增长。高概念电影（大投入电影）在文化开放的国家票房表现更好。影评在高不确定性规避的国家对票房影响更大。姜（Chiang）和简（Jane）通过分析世界棒球经典赛（World Baseball Classic match）在韩国的收视率数据得出，电视观众收视与爱国主义和亚洲地方主义呈显著的正相关[16]。

除了采用量化研究跨文化传播策略的效果，斯迈茨（Smets）还将犹太人研究与受众研究结合起来，采用民族志的方法研究了在安特卫普和比利时的土耳其和摩洛哥社区受众的电影接受问题[17]。

④传媒产业与传媒教育

全球市场的建立不仅使得美国媒体走向世界，同时也使中国和印度在全球媒介话语场中的地位越来越重要。媒介产业和受众的全球化需要抛弃目前的美国话语，探索媒介研究和教育的新路径。2008金融危机以后我们需要重新定义全球化，而"CHINDIA"意味着媒介世界正在"去美国化"[18]。法瑞尔（Ferrier）开展的一项跨国研究表明，尽管媒介企业的课程有多种形式，但是其主要目标都是让学生从商业角度了解媒介组织，以使他们学会发现机会[19]。

⑤策略的长期影响

针对"报纸消亡论"，斯卓霍佛沃尔（Schulhofer-Wohl）和加利多（Garrido）通过分析《辛辛那提邮报》在停刊后的短期和长期影响，提出报纸对公众生活有着实质、可测量的影响[20]。坎西诺（Cancino）通过对墨西哥电视网TV Azteca在2006年FPDT社会运动报道中的文本分析，提出新闻机构商业化具有意识形态方面的影响，媒介与政府在经济和政治利益上被捆绑在了一起[21]。

（2）关于市场的研究，分布在坐标轴右下限，包含"媒介政策""创新采用""集中度""所有权"4个关键词。从位置分布上看，这些关键词分别远离两条中心轴，分布较为分散，难以确定中心位置。

①市场结构：产业融合 vs 垄断焦虑

媒介融合带来产业重组，改变现有市场结构。产业重组一方面可以提高媒介组织运作效率，形成规模经济和范围经济，但另一方面又可能出现垄断，分析市场集中度有助于发现融合与垄断的平衡点。波斯特（Porst）回到历史，通过分析美国20世纪福克斯的反托拉斯案，描述了1955年好莱坞大片登上电视荧幕之前影视产业面临的复杂障碍，以帮助理解目前媒介产业面临的产业融合挑战[22]。考彻尔（Couture）用赫芬达尔指数证明了纽布伦斯威克的纸媒市场过度集中，布伦斯威克新闻集团对市场的垄断还影响了《布伦斯威克新闻报》的反竞争行为和编辑倾向，呼吁加拿大竞争局（Canada's Competition Bureau）采取相应措施[23]。

随着产业融合，近年来关于媒介所有权集中度的研究也开始从某一特定的媒介角度转向整个媒介产业的角度。维兹卡隆多（Vizcarrondo）研究了过去34年的整个媒介产业的所有权集中度，认为媒介产业总体上不具有高集中度，过去34年的集中度趋势为"初期下降，中期相对稳定，近期上升"[24]。安格路普罗（Angelopulo）和波切蒂尔（Potgieter）通过Noam指数统计分析了1984—2008年24年间南非的媒介产业环节，研究了南非媒介所有权的经济细分（Economic specification）[25]。

②新环境下的媒介政策调整

媒介政策研究重点关注新媒体环境下的调整和新政策。希腊的媒介规制强调政府对媒体的干预，塞科乔佩罗（Psychogiopoulou）和坎卓拉（Kandyla）将希腊的媒介政策置于当前技术变化和经济萧条的背景下重新评价，描述了希腊媒介政策制定过程中政府和非政府参与者的参与过程以及制度安排，探讨了媒介政策制定的政策对象、信息来源、参与性、公开性以及政策的稳定性[26]。林（Lin）分析了新加坡跨平台视听服务的规制问题，竞争、内容规制、数字版权是跨平台视听媒体产业发展的三大影响因素，新加坡"平台中立"的多屏电视政策将影视服务按"社会文化影响"和"内容生产模式"划分为四种，实行不同的内容和许可制度[27]。

此外，媒介政策对市场结构调整也发挥着重要作用。罗姆尼（Rumney）讨论了旨在消除种族歧视的"黑人经济授权"政策对于改变南非媒介产业，特别是纸媒产业的种族所有权方面发挥的作用[28]。

（3）关于生产与消费的研究，分布在坐标轴左限上下两侧，包含"受众参与""受众""公共媒体""媒介消费""创新度""数字化""媒介生产""女性主义"8个关键词。从这8个关键词的分布上看，它们围绕中心横轴，在远离原点处上下聚合为一个词团，"公共媒体""数字化""媒介消费""创新度"等关键词居于该词团的核心地位，表明2013年国外传媒经济学研究在媒介生产与消费的研究中重点围绕这几个领域展开。

①多媒体环境下的媒介消费

在多媒体、多频道的市场环境下,受众的媒介消费发生了新的变化。为了更好地将潜在用户需求转换为媒介生产中的创新和更有效的营销策略,利兹(Lis)和波斯特(Post)通过实证研究,检验了品牌形象和名人公信力对个体观众电视消费的影响,证明了品牌形象是观众消费某一电视节目的动力之一[29]。斯丹科(Stanca)、古伊(Gui)和盖路西(Gallucci)通过验证轰动内容对电视消费的收视选择和收视满意度的影响得出,一档节目的语言暴力会增加该节目的收视率,但是却不能提升对该节目的收视满意度,同时也会降低整体的收视满意度,从而质疑将受众数量作为测量收视满意度指标的信度[30]。

受众媒介消费的新特征会进一步改变消费者的产品购买行为。沃尔维德(Voorveld)等提出一种新的测量工具用以方便媒介经理在产品推广过程中测量消费者在购买过程中的多媒体使用行为,并衍生出两种变体:一种基于媒介使用,一种基于产品购买。前者从消费者最近一次对特定媒介的使用行为出发,测量广告和其他品牌信息在购买的不同阶段是如何发挥作用的;后者从最近一次购买行为出发,考察媒介在不同购买阶段发挥的不同作用,通过消费者测试研究证明后者更为有效[31]。

②媒介生产:数字化,全球化,女性主义

数字化和新媒体对媒介生产的显著影响之一即是改变了传统的作者—受众关系,受众参与式生产成为数字化时代媒介生产的新特征。阿莱科夫斯卡(Alacovska)以旅游指南类图书出版为例,以政治经济学和文化传媒研究为主要分析框架,分析了数字化图书出版过程中受众、劳动关系、著作权、技术变革之间的复杂互动,以解释专业作者的独立型创意劳动与用户参与的合作型创意劳动之间的矛盾关系[32]。

当代媒介环境的另一重要影响因素是全球化,技术的变革使得劳动分工进一步细化,交易成本的降低使传媒生产的国际合作越来越密切,媒体产品的跨国生产成为媒介生产研究的一大焦点。全球化既作用于"国家"(national)层面,也作用于"次国家"(subnational)层面的制度领域,造成政策领域的去国家化(de-nationalizing)。奥瑞根(O'Regan)和波特(Potter)认为全球化和去国家化过程重塑了澳大利亚的影视生产,国家政策制定过程也因此受到改变和被货币化(monetized)[33]。费尔南德兹奎加达(Fernández-Quijada)通过对英国、西班牙黄金时段电视节目进行分析并结合对参与者的深度访谈,探究独立电视制片业的跨国合作,政府规制对于定义市场有重要作用,发现制片市场被国内媒介组织(national media organization)主导,几乎不存在泛欧跨国合作[34]。

女性主义视域下的媒介生产研究重点关注女性媒体工作者在媒介组织中的地位改善。米尼奇(Minić)通过研究塞尔维亚和克罗地亚大型主流媒介组织中的女性记者,从媒介生产的多个角度考察新闻记者的性别观、媒介女权运动是否有利于女性记者生存状况的改善。研究表明,尽管后集权社会中的女性记者在日常选题、消息来源和信息获取途径中越来越受到社会认同,但她们对节目或者部门/频道决策的影响却依然受到很大限制。研究还提出推动女性主义记者争取更多的机会依赖于女性主义NGO、媒介管理对性别平等的支持以及广泛的性别运动三方面因素[35]。戈斯密(Ghasemi)则研究了在宗教影响力较大的伊朗,穆斯林妇女在伊朗广电媒体(IRIB)的工作动机、困难和成就。通过历史分析和半结构访谈,该研究指出在1979年革命前,许多宗教组织和家庭对影视产业持怀疑态度,将其视为"西化"的工具,因此大多数穆斯林妇女不会选择在广电媒体工作;而1979年革命以后,媒体成为"伊斯兰媒体",许多信教妇女开始在广电媒体工作,这些女性抵抗了来自家庭和社会的限制,建构起了她们作为活跃的现代社会穆斯林妇女的新形象,改变了媒介组织内的一些传统观念和规制,增加了广电媒介中女性的角色,但媒介体系内的男女平等仍然远远没有实现[36]。

③公共媒体的新挑战:经费,运作,潜在进入者

公共媒体一直以来都是欧洲国家和部分亚洲国家传媒经济学的研究重点。由于公共媒体的主要经费来源是公众缴纳的执照费,经费问题是公共媒体研究者长期讨论的焦点。在新媒体和金融危机的双重背景下,公共媒体的经费合法性问题被重新讨论。洛维(Lowe)和博格(Berg)通过描述欧盟成员国公共媒体的财务状况和公共媒体社会、政治价值的争论,认为关于公共媒体经费问题的讨论不仅是资金问题,还涉及数字化和媒介竞争带来的媒介系统高度不稳定性和不确定性[37]。除了探讨合法性,经费问题的研究还主要集中在执照费的支付意愿上,李(Li)等人和林(Lin)等人在台湾公共

媒体执照费支付意愿的研究议题上得出了不同结论：前者采用罗杰斯的创新扩散模型发现台湾观众不认为执照费是支持公共电视运营的可行手段，同时发现收看公共电视频率是影响支付意愿最重要的变量[38]；后者采用条件价值评估法（contingent valuation method）发现台湾平均每个家庭对公共电视的支付意愿远高于现行订阅费标准，表明台湾公共媒体拥有较高的受众满意度和发展潜力，仍有提价空间[39]。此外，罗斯巴尔（Rothbauer）和赛格（Sieg）还探讨了公共经费与娱乐性内容合法性之间的关系：理性个体通过缴纳执照费资助公共媒体以增加对理性信息的消费，从而推进民主决策，但是由于边际效用递减，公共电视频道除播放新闻以使选民获得信息性内容以外，也可播放体育和娱乐节目[40]。

对公共媒体的已有研究集中在讨论市场地位和节目内容上，对其运作管理鲜有提及。尼森（Nissen）提出了研究公共媒体运作管理的重要意义[41]。莫瑞（Murray）对公共广播的计划管理（scheduling management）进行了研究，指出在欧洲公共广播的发展过程中，计划管理是一种策略性的管理工具，反映了激烈竞争对效率的需求和社会责任的政治压力，然而数字时代的媒介使命带来受众参与的需求以及竞争和规制环境的变化，使得内容创作者的创意越来越重要。通过质化深访发现，计划管理可以最大化竞争和成本效率，但同时会阻碍自由创意，威胁公共服务的质量[42]。

数字时代在改变公共媒体自身的同时，还引入了潜在的竞争者。美国出现了在线新闻公司的非营利新闻模式，其管理者策略性地将数字化和社交媒体视为公共媒体复兴的机会，重构在线新闻使之关注公共服务，通过多种渠道与其他媒体合作，多样化收入来源，并鼓励受众在新闻采集过程中的参与[43]。

（4）"关系"（relationship）一词自成一类，恰好落在近似于中心纵轴位置上，说明它是一个概念抽象、使用广泛的关键词，进而反映出2013年国外传媒经济学的研究注重解释性分析。葛（Ge）基于1983—2007年中国广告市场和宏观经济数据，探究了经济波动对中国不同媒体广告收入的影响[44]。凡利姆斯卡（von Rimscha）和普兹格（Putzig）分析了德国和瑞士出版业的数字化与商业化的关系，认为数字化之后，出版商和经销商的市场倾向地区加强了，但是商业化与数字化并不存在单一因果关系[45]。费格瑞拉兹（Figueiras）和瑞贝罗（Ribeiro）讨论了金融危机下的葡萄牙媒介系统引入的来自专制政权的安哥拉资本对葡萄牙媒介民主性的影响[46]。阿兰姆（Alam）和阿里肖（Ali Shah）使用115个国家的面板数据分析了新闻自由、国外直接投资与经济增长之间的关系，发现新闻自由与经济增长相互影响，而经济增长又与国外直接投资相互影响[47]。

### 三、场域分析：基于内容分析法

（一）无形场域：期刊

期刊是学术成果交流，尤其是跨国交流中最重要的载体，是学术探讨的无形场域。目前，SSCI共有159种传播学期刊，其中包括目前世界上最主要的两本传媒经济与管理学科专业刊物，《媒体管理学刊》(The International Journal on Media Management)和《传媒经济学刊》(Journal of Media Economics)。根据对2013年国外传媒经济学文献的期刊来源做统计，按来源期刊频次排序，得到表6所示出现次数前10位的期刊。在分布集中度（CR4=41.89%，CR8=52.70%）上属于中下集中寡占型。除集中分布在《媒体管理学刊》(The International Journal on Media Management)和《传媒经济学刊》(Journal of Media Economics)两本传媒经济学专业期刊上以外，还零星分布在新闻、出版、广播、电影、传媒教育等子产业的专业研究刊物上。

表6　2013年国外传媒经济研究文献期刊来源①

| 期刊来源 | 频数（篇） | 频率 |
| --- | --- | --- |
| The International Journal on Media Management《媒体管理学刊》 | 14 | 18.92% |
| Journal of Media Economics《传媒经济学刊》 | 11 | 14.86% |
| African Journalism Studies《非洲新闻研究》 | 3 | 4.05% |
| Journal of Radio & Audio Media《广播媒体》 | 3 | 4.05% |
| Communication Review《传播学评论》 | 2 | 2.70% |

---

① 由于传媒经济与管理学科专业刊物《媒体管理学刊》(The International Journal on Media Management)和《传媒经济学刊》(Journal of Media Economics)为季刊，2013年每期所刊文章仅2—4篇，故全年所刊学术论文（剔除编者按等非学术论文）总数较少，仅14、11篇。

续表

| 期刊来源 | 频数（篇） | 频率 |
|---|---|---|
| Communication，Culture & Critique《传播，文化与评论》 | 2 | 2.70% |
| International Journal of Media & Cultural Politics《媒介与文化政治》 | 2 | 2.70% |
| Journalism & Mass Communication Educator《新闻与大众传播教育》 | 2 | 2.70% |
| Journalism Practice《新闻实践》 | 2 | 2.70% |
| Publishing Research Quarterly《出版研究季刊》 | 2 | 2.70% |

（二）有形场域：国家、研究机构、所属学科

学术场域以民族国家为疆域，依托高等院校、科研机构等组织，按照学科标准进行横向分布（喻国明、宋美杰，2008）。通过对研究者所处国家、研究机构和所属学科进行分析统计，可以反映传媒经济学研究者在空间上的分布情况。

74篇文献的研究者分布在24个国家或地区，其中频次超过3次的有11个（表7），美国研究者在数量上占据绝对优势（28.38%），紧随其后的是英国（13.51%）。在这24个国家和地区中，欧洲研究者有37个（50%），北美有24个（32.43%），亚洲有8个（10.81%），非洲有4个（5.41%），澳洲有1个（1.35%）；发达国家占92.21%，发展中国家占7.79%。可见由于目前各国的媒介市场化水平和学科发展程度的不平衡，传媒经济学研究在全球地理分布上呈现严重的南北不平衡。

表7 2013年国外传媒经济研究者所处国家（地区）分布

| 国家或地区 | 频数（篇） | 频率 |
|---|---|---|
| 美国 USA | 21 | 28.38% |
| 英国 UK | 10 | 13.51% |
| 丹麦 Demark | 4 | 5.41% |
| 芬兰 Finland | 4 | 5.41% |
| 西班牙 Spain | 4 | 5.41% |

续表

| 国家或地区 | 频数（篇） | 频率 |
|---|---|---|
| 南非 South Africa | 4 | 5.41% |
| 澳大利亚 Australia | 3 | 4.05% |
| 加拿大 Canada | 3 | 4.05% |
| 德国 Germany | 3 | 4.05% |
| 韩国 South Korea | 3 | 4.05% |
| 台湾 Taiwan | 3 | 4.05% |

从研究机构分布上看，2013年国外传媒经济学研究涉及92个研究机构，其中除了89所高等院校以外，还包括欧洲与外交政策希腊部（Hellenic Foundation for European & Foreign Policy）、Sensiel Research（瑞士）、英国出版协会（The Publishers Association）、韩国电信公司产品事业部（Product Business Unit，KT，Seoul）、美国司法部反垄断部门（Antitrust Division，U.S. Department of Justice）、明尼阿波利斯联邦储备银行研究部以及"彭博政府"（Research Department，Federal Reserve Bank of Minneapolis；Bloomberg Government）、联合国南南新闻（South-South News）等2个企业部门、2个政府部门、2个非政府组织以及1个行业组织。在89所相关高校中，哥本哈根商学院（Copenhagen Business School）和伦敦政治经济学院（London School of Economics and Political Science）出现了3次，其余学校出现了1次。高校的地理分布上包括40所欧洲学校、26所美洲学校、14所亚洲学校、5所非洲学校和4所澳洲学校；传媒经济学研究者最多集中的地理区域是美国（22位），其次是英国（9位），然后是台湾（8位）。

从研究者所处院系来分析传媒经济学跨学科研究情况（表8），除了传统广泛参与传媒经济学研究的新闻传播学、社会学、管理学、经济学学者以外，随着媒介环境变化带来产业问题的复杂化，法学、工学、政治学和心理学等领域也参与到2013年的研究之中。学科间在深度和广度上的交流合作，有利于传媒经济学作为一门年轻学科的进一步成长。

表 8  2013 年国外传媒经济研究者所属院系的学科分布

| 学　　科 | 频数（篇） | 频　率 |
| --- | --- | --- |
| 新闻传播学 | 45 | 60.81% |
| 社会学 | 8 | 10.81% |
| 管理类 | 7 | 9.46% |
| 经济学 | 5 | 6.76% |
| 法学 | 3 | 4.05% |
| 工学 | 3 | 4.05% |
| 政治学 | 2 | 2.70% |
| 心理学 | 1 | 1.35% |
| 未知 | 14 | 18.92% |

## 三、结论与讨论

### （一）结论

从研究热点看，第一，2013年国外传媒经济学研究的产业集中在电视、报纸、广播、社交媒体和电影，公共媒体是国外研究的一大重点。学科发展以应用型研究为主。第二，研究对象的地理分布较为集中，出现最多的三个国家是美国、南非和英国，随着全球化的影响越来越大，跨国研究在传媒经济研究中越来越重要。关于发达国家传媒产业的研究远高于发展中国家。第三，量化和质化研究方法分布平均，使用最多的三种方法是二手资料分析、访谈和个案研究。第四，热点议题包括策略与战略研究，市场研究和生产与消费研究三类。

从研究场域上看，传媒经济的研究成果除集中刊登在《媒体管理学刊》和《传媒经济学刊》两本传媒经济学专业期刊外，在相关子产业的专门刊物上已有零星刊载。研究者在地域上呈现南北分布不平衡，美国和英国分布最集中。研究机构以高等院校为主，还包括政府部门、企业、行业协会和非政府组织。研究者的跨学科背景体现传媒经济研究在不同学科间的交流合作。

## （二）讨论

### 1. 纵向对比：数字化、全球化影响传媒经济研究发展

以2004—2008年间《传媒经济学刊》的5个主要研究主题为例[48]，与2013年国外传媒经济研究热点议题进行对比可以发现，数字化和全球化是目前影响传媒产业环境的两大主要变量，在改变传媒产业的同时，也改变了研究的热点议程。

第一，媒介组织策略研究方面，2004—2008年重点关注传媒公司的多元化战略[49]，而2013年多元经营已不再是研究重点，策略研究更强调新媒体和全球化影响下的策略转变，如分析传统广播业利用社交媒体策略应对在线音乐的定制化服务[50]。第二，跨文化传播策略方面，2004—2008年研究文化折扣与电影海外票房之间的关系[51]，2013年，尽管仍然关注不同文化背景的受众接受问题，但是引入了与新媒体相关的中间变量，如研究网络口碑对海外票房的影响[52]。第三，跨国媒介生产方面，2004—2008年多个研究涉及传媒公司的国际市场进入模式选择以及不同进入模式对进入海外市场后经济绩效的影响。随着全球化的深化，2013年的研究更关注进入以后的具体的生产合作问题及其对经济以外的社会政治环境的影响。如安哥拉资本与葡萄牙媒介民主性的研究[53]，全球化引起澳大利亚影视产业政策领域出现去国家化[54]。第四，市场研究方面，2004—2008年主要为解释性研究，探讨市场结构与传媒绩效之间的关系[55]。2013年更偏描述性，关注媒介融合带来的产业融合后的市场结构变化。第五，传媒内容的数字生产方面，2004—2008年关注数字技术对版权保护带来的挑战，2013年加入了受众参与这一变量，讨论传统环境下的作者与受众参与的合作式作者在版权、劳动关系等方面的矛盾关系[56]。

### 2. 横向对比：中外研究话语差异

以《重压之下中国传媒经济研究的主题：2013年传媒经济学研究文献综述》[57]（以下简称《中国》）一文作为参照系，对比2013年国内外传媒经济学研究热点可得如下结论。

首先，从研究产业看，在《中国》一文提到的44篇主要文献中，国内研究最关注的子产业为新媒体（31.82%），其次是电视广播（18.18%）、报

纸（13.64%），国内对新媒体产业的研究热度远远高于国外（17.57%）。从集中度（CR4）看，国内研究产业的集中度（88.64%）大大高于国外研究（54.05%），说明国外研究对象更多元分散。其次，从研究的学科跨度看，国内研究主要涉及的学科范式包括新闻传播、经济学、社会学、物理学、生物学。国外传媒经济学研究横跨学科在广度上更宽。

再次，从议题热点看，随着中国传媒市场化程度提高，以及技术和全球化的普遍影响，中外传媒经济学研究在热点议题方面并非属于两个完全不同的体系，而是有很大部分的交集，同时又各自存在一些特殊议题。重合的研究议题包括：传统媒体数字化转型，全媒体战略，产业融合和全球化影响下的市场结构，媒介消费，广告效果的实证研究，公共媒体。但在具体的研究视角上略有不同，如策略研究方面，国外研究通常采用实证范式，从更微观视角研究变量之间的相关关系；而国内研究则更偏宏观视角。再如，关于新媒体影响下的媒介消费研究，中国研究各种媒介使用情况及其相互影响，而国外则偏重测量媒介以外的第三变量对媒介消费的影响。

除了相互重叠的部分，中国特有的研究议题包括：注意力经济理论的研究、传媒经济学说史、社区报、资本运营、大数据、可穿戴设备等新技术。相比之下国外研究议题更分散，国内未涉及的议题如：跨文化市场策略的实证研究，传媒产业与传媒教育的关系，传媒生产中的女性主义，数字化带来公共媒体的潜在进入者。对比二者差异可以发现，差异化的议题并非具有特定的社会语境属性，中国特有的议题具有普世价值，国外议题对中国传媒产业也有借鉴意义，这进一步说明中外传媒经济学术交流的必要性。

### 3. 研究不足

本研究是将文献计量学引入传媒经济学文献综述的一次探索，尚存在一些不足。首先，由于国外部分传播学刊物没有关键词，需要作者采用内容分析法进行编码提取关键词作为共词分析的数据，因此在编码过程中关于"研究议题"部分可能存在一定的主观性。其次，本研究只对2013年的文献做了综述，由于国外传媒经济学历史数据和国内传媒经济学研究数据不完整，尽管在讨论部分尝试做出趋势分析和对比分析，但由于参照系的残缺，在可比性上存在一定不足①。未来研究如能沿用本研究的方法每年都对国内外传媒经济研究做文献分析，便可勾勒出更全面的传媒经济学研究图景。此外，由于本文研究目的侧重方法探索，因此在样本方面只对 2013 年一年的文献做了计量学分析，在热点和场域分析的时候由于文献数量的限制，都出现了分布较分散的情况。在后续研究中可在方法基础上，扩大样本量，尝试使用多年数据做历时性分析，或许能得到更集中的结论。

**注释：**

［1］杭敏、［美］罗伯特·皮卡德：《传媒经济学研究的历史、方法与范例》，《现代传播》2005 年第 4 期，第 26—30 页。

［2］丁汉青：《中国大陆传媒经济学术圈分析》，《国际新闻界》2009 年第 6 期，第 16—19 页。

［3］喻国明、宋美杰：《中国传媒经济研究的"学术地图"——基于共引分析方法的研究探索》，《现代传播》2012 年第 2 期，第 30—38 页。

［4］陈杰：《平静中见微澜——2008 年我国传媒经济学研究综述》，《新闻传播》2009 年第 7 期，第 113—115 页。

［5］陈杰：《美国传媒经济学研究的最新动态——〈传媒经济学刊〉（2004—2008）研究述评》，《新闻爱好者》2010 年第 9 期（下半月），第 90—92 页。

［6］Albarran, A. B., "Media Economics: Research Paradigm no.s, and Contributions to Mass Communication Theory," *Mass Communication & Society*, vol. 1, no. 3/4, 1998, pp. 117-119.

［7］Chambers, T., "Who's on First? Studying the Scholarly Community of Media Economics," *Journal of Media Economics*. vol. 11. no. 1, 1998, pp.1-12.

［8］储节旺、闫士涛：《知识管理学科体系研究（下）——聚类分析和多维尺度分析》，《情报理论与实践》2012 年第 3 期，第 5—9 页。

---

① 如：历时性对比使用的资料是 2004—2008 年《传媒经济学刊》的文献综述，这是目前能检索到的最近一篇有关国外传媒经济学的研究综述，但由于该文只分析了《传媒经济学刊》一本杂志的文献，而本文分析对象的是 EBSCO 数据库收录的多本杂志，因此只选择了其中重合的 5 个热点议题进行对比，其他议题则由于缺乏参照系难以进行趋势分析。

［9］张勤、马费成:《国外知识管理研究范式——以共词分析为方法》,《管理科学学报》第10卷第6期,第65—75页。

［10］Bélanger, P. C. & Manchester, G., "Beyond the Clouds: Insider Perceptions on the Transmutation of Terrestrial Radio in Canada," *Journal of Radio & Audio Media*, vol. 20, no. 2, 2013, pp.358–377.

［11］Garcia Pires, A. J., "Media Plurality and the Intensity of Readers' Political Preferences." *Journal of Media Economics*, vol. 26, no. 1, 2013, pp.41–55.

［12］Yang, M., "Churn Management and Policy: Measuring the Effectiveness of Fixed-Mobile Bundling on Mobile Subscriber Retention," *Journal of Media Economics*, vol. 26, no. 4, 2013, pp.170–185.

［13］López, M. & Sicilia, M., "How WOM Marketing Contributes To New Product Adoption: Testing Competitive Communication Strategies," *European Journal of Marketing*, vol. 47, no. 7, 2013, pp.1089–1114.

［14］Reinares, P. & Reinares, R., "Are the New Forms of Television Advertising Beneficial for the Advertisers and the TV Management? A Spanish Television Advertising Study," *The International Journal on Media Management*, vol. 15, no. 3, 2013, pp.161–175.

［15］［50］Kim, S. H.., Park, N. & Park, S. H., "Exploring the Effects of Online Word of Mouth and Expert Reviews on Theatrical Movies' Box Office Success," *Journal of Media Economics*, vol. 26, no. 2, 2013, pp.98–114.

［16］［52］Chiang, Y. & Jane, W., "The Effects of Outcome Uncertainties, Patriotism, and Asian Regionalism in the World Baseball Classic," *Journal of Media Economics*, vol. 26, no. 3, 2013, pp.148–161.

［17］Smets, K., "Diasporas and Audience Studies: A Fruitful Match? Reflections From a Media Ethnographic Study on Turkish and Moroccan Film Audiences," *Communication Review*, vol. 16, no. 1/2, 2013, pp.103–111.

［18］Thussu, D. K., "De-Americanising Media Studies and The Rise of 'Chindia'," *Javnost-The Public*, vol. 20, no. 4, 2013, pp.31–44.

［19］Ferrier, M. B., "Media Entrepreneurship: Curriculum Development and Faculty Perceptions of What Students Should Know," *Journalism & Mass Communication*

*Educator*, vol. 68, no. 3, 2013, pp.222–241.

[20] Schulhofer-Wohl, S. & Garrido, M., "Do Newspapers Matter? Short-Run and Long-Run Evidence From the Closure of The Cincinnati Post," *Journal of Media Economics*, vol. 26, no. 2, 2013, pp. 60–81.

[21] Cancino C., S., "Narrative, Commercial Media and Atenco: Mexican Television Corporations and Political Power," *Global Media Journal: Australian Edition*, vol. 7, no. 1, 2013, pp.1–14.

[22] Porst, J., "United States v. Twentieth Century-Fox, et al. and Hollywood's Feature Films on Early Television," *Film History*, vol. 25, no. 4, 2013, pp.114–142.

[23] Couture, T. D., "Without Favour: The Concentration of Ownership in New Brunswick's Print Media Industry," *Canadian Journal of Communication*, vol. 38, no. 1, 2013, pp.57–81.

[24] Vizcarrondo, T., "Measuring Concentration of Media Ownership: 1976—2009," *The International Journal on Media Management*, vol. 15, no. 3, 2013, pp.177–195.

[25] Angelopulo, G. & Potgieter, P., "The economic specification of media ownership in South Africa," *South African Journal for Communication Theory & Research*, vol. 39, no. 1, 2013, pp.1–19.

[26] Psychogiopoulou, E. & Kandyla, A., "Media policy-making in Greece: Lessons from digital terrestrial television and the restructuring of public service broadcasting," *International Journal of Media & Cultural Politics*, vol. 9, no. 2, 2013, pp.133–152.

[27] Lin, Trisha T.C., "Convergence and Regulation of Multi-screen Television: The Singapore Experience," *Telecommunications Policy*, vol. 37, no. 8, 2013, pp. 673–685.

[28] Rumney, R., "When ownership trumps transformation," *African Journalism Studies (Routledge)*. vol. 34, no. 2, 2013, pp.153–157.

[29] Lis, B. & Post, M., "What's on TV? The Impact of Brand Image and Celebrity Credibility on Television Consumption from an Ingredient Branding Perspective," *The International Journal on Media Management*, vol. 15, no. 4, 2013,

pp. 229-244.

[30] Stanca, L. Gui, M. & Gallucci, M., "Attracted but Unsatisfied: The Effects of Sensational Content on Television Consumption Choices," *Journal of Media Economics*, vol. 26, no. 2, 2013, pp. 82-97.

[31][56] Voorveld, H. A. M., Bronner, F. E., Neijens, P. C. et al., "Developing an instrument to measure consumers' multimedia usage in the purchase process," *The International Journal on Media Management*, vol. 15, no. 1, 2013, pp.43-65.

[32] Alacovska, A., " 'Parachute Artists' or 'Tourists With Typewriters': Creative and Cocreative Labor in Travel Guidebook Production," *Communication, Culture & Critique*, vol. 6, no. 1, 2013, pp.41-63.

[33][54] O'Regan, T. & Potter, A., "Globalization From Within? The Denationalizing of Australian Film and Television Production," *Media International Australia*, no. 149, 2013, pp.5-14.

[34] Fernández-Quijada, D., "Transnationalism And Media Groups In Independent Television Production In The UK and Spain," *Global Media & Communication*, vol. 9, no. 2, 2013, pp101-118.

[35] Minić, Danica, "Between Politics And Profession," *Journalism Practice*, vol. 7, no. 5, 2013, pp.620-635.

[36] Ghasemi, A., "Women's Experiences of Work in the Iranian Broadcast Media (IRIB): Motivations, challenges, and achievement," *Feminist Media Studies*, vol. 13 no. 5, 2013, p.840-849.

[37] Lowe, G. F. & Berg, C. E., "The Funding of Public Service Media: A Matter of Value and Values," *The International Journal on Media Management*, vol. 15, no. 2, 2013, pp.77-97.

[38] Sarrina Li, Shu-Chu. Ku, Linlin. & Liu, Yuli, "Using Rogers's diffusion of innovation model to examine the willingness to pay for public television in Taiwan," *The International Journal on Media Management*, vol. 15, no. 2, 2013, pp.99-118.

[39] Lin, Yih-Ming, Fu, Tsu-Tan & Yeh, Powen et al., "Assessing the Economic Value of Public Service Broadcasting in Taiwan Using the Contingent Valuation Approach," *Journal of Media Economics*, vol. 26, no. 4, 2013, pp.186-202.

［40］Rothbauer, J. & Sieg, G., "Public Service Broadcasting of Sport, Shows, and News to Mitigate Rational Ignorance," *Journal of Media Economics*, vol. 26, no. 1, 2013, pp.21-40.

［41］Nissen, C. S., "What's So Special About Public Service Media Management?" *The International Journal on Media Management*, vol. 15, no. 2, 2013, pp.69-75.

［42］Murray, A., "Rationalizing Public Service: Is Scheduling Management Fit for the Digital Era?" *The International Journal on Media Management*, vol. 15, no. 2, 2013, pp.119-136.

［43］Nee, R. C., "Creative Destruction: An Exploratory Study of How Digitally Native News Nonprofits Are Innovating Online Journalism Practices," *The International Journal on Media Management*, vol. 15, no. 1, 2013, pp.3-22.

［44］Yijuan Ge., "Economic Fluctuations and Changes of Media Advertising Revenue: An Overview," *China Media Report Overseas*, vol. 9, no. 4, 2013, pp.58-69.

［45］Von Rimscha, M. Bjørn & Putzig, Sarah, "From Book Culture to Amazon Consumerism: Does the Digitization of the Book Industry Lead to Commercialization?" *Publishing Research Quarterly*, vol. 29, no. 4, 2013, pp.318-335.

［46］Figueiras, R. & Ribeiro, N., "New Global Flows of Capital in Media Industries after the 2008 Financial Crisis: The Angola-Portugal Relationship," *International Journal of Press and Politics*, vol. 18, no. 4, 2013, pp.508-524.

［47］［53］Alam, A.& Shah, S. Z. A., "The Role of Press Freedom in Economic Development: A Global Perspective," *Journal of Media Economics*, vol. 26, no.1, 2013, pp.4-20.

［48］陈杰:《美国传媒经济学研究的最新动态——〈传媒经济学刊〉（2004—2008）研究述评》,《新闻爱好者》2010年第9期（下半月）,第90—92页。

［49］van Kranenburg, H., Hagedoorn, J., Pennings, J., "Measurement of International and Product Diversification in the Publishing Industry," *Journal of Media Economics*, vol. 17, no. 2, 2004, pp.87-104

［51］Lee, F., "Cultural Discount and Cross-Cultural Predictability: Examing the Box Office Performance of American Movies in Hong Kong," *Journal of Media

*Economics*, vol. 19, no.4, 2006, pp.259–278.

［55］Shu-Chu Sarrina Li, "Market Competition and the Media Performance of Taiwan's Cable Television Industry," *Journal of Media Economics*. vol. 17, no. 4, 2004, pp.279–294.

［57］喻国明、何睿:《重压之下中国传媒经济研究的主题:2013年传媒经济学研究文献综述》,《国际新闻界》2014年第1期。

# 鲁莽与疯狂之后的第二十五年：
# 2014年国际传媒经济与管理研究综述

杭敏

**【摘要】** 本文对2014年传媒经济与管理研究进行了综述。文章选取了三本核心国际学刊《传媒经济学刊》（*Journal of Media Economics*，*JME*）、《国际传媒管理学刊》（*International Journal of Media Management*，*JMM*）与《传媒商业管理研究学刊》（*Journal of Media Business Studies*，*JOMBS*）的40篇文章作为样本进行分析。学刊文章中多见理论型范式和市场化路径的应用，而批评型范式和影响力研究较为缺乏。综述发现：传媒经济与管理研究正日趋国际化、更重实证性、也更显理论性，尤其强调经济学理论与方法的应用。在这样的趋势下，一方面规范学院派经济学的重要性越来越强，另一方面传播学属性议题的式微也越来越明显，其结果可能导致该领域的研究虽然在学术理论性和规范化方面越来越精致，但其社会价值却逐渐削弱。

**【关键词】** 传媒经济；传媒管理；国际学刊；研究综述

25年，走进的是生命成长中如日中天的青年时代。

2014年时值世界传媒经济与管理研究领域的第一本学术刊物《传媒经济学刊》（*Journal of Media Economics*，*JME*）创刊25周年。该学刊的创立者罗伯特·皮卡德教授在纪念刊辞中说："创办《传媒经济学刊》是一个鲁莽而疯狂的想法。"（*The Journal of Media Economics* was an impetuous and mad idea.）诚然，在1989年草创之初，《传媒经济学刊》只是一本装订得并不规范，一年只出版两期，且经常担心稿源不足的刊物，它只为少数学者所关注，它也只是来自美国加州大学弗雷顿（Cal-State Fullerton）的一本版权私有的刊物。

但是，25年前这个"鲁莽而疯狂的想法"是源自于学界对跨越经济学、管理学与传播学的传媒经济与管理议题的极度关注，源自于对传媒发展中各种管理经济议题研究与探索的巨大需求，也源自于学者们本身对跨学科研究探讨的浓厚兴趣。这样的需求和兴趣在过去的20多年中不断积聚，不断增强，正是由于这种兴趣和需求的有力支撑，传媒经济与管理的研究在过去的四分之一世纪里持续发展。

20世纪90年代中叶，JME逐渐成熟，并以此刊作者为核心，在波罗的海的一艘名为"海盗船"（Viking Line）的邮轮上发起了传媒经济与管理研究领域的学者联合会议"世界传媒经济与管理大会"。90年代后期，Lawrence Erlbaum Associates（劳伦斯·艾邦联合出版社）从皮卡德教授手中收购了JME，五年之后Lawrence Erlbaum被Taylor and Francis Group收购，《传媒经济学刊》也正式成为Routledge（劳特利奇）出版集团旗下的刊物，进入了更为专业的管理与运行时期。至今，这本刊物已经成为传媒经济与管理研究领域最核心的学刊，被大量检索引用（譬如SSCI索引），JME出版的文章也成为理解传媒经济学研究最新发展的标志性成果。

JME一路走来的25年记录了传媒经济与管理的研究从初始到发展，再到成熟的四分之一世纪，记录了一个学科研究领域不断活跃与不断规范的过程，也记录了这一学科中研究议题从集聚到发散，再到多元化的过程。

这种研究的多元化发展也促生了这一领域中其他相关学刊的创立。20世纪90年代后半叶，由于传媒产业领域对管理议题，而非单纯经济议题的不断关注，建立专注于传媒管理研究的学术发表平台的呼声越来越高。同时，由于传媒经济管理研究国际化进程的推进，越来越多从事传媒经管研究的学者来自于美国本土之外；尤其是在欧洲地区，对传媒经济与管理的研究成为众多学者关注的热点。于是在1999年，瑞士圣加伦大学商学院（Business School of St.Gallen University）开办了传媒经济与管理领域的第二本核心学刊《国际传媒管理学刊》（*International Journal of Media Management*，JMM）。区别于JME，JMM将研究的视角拓展到美国之外的更为广阔的地区，关注传媒研究的国际议题。同时，JMM侧重对传媒管理问题的研究，多应用管理学的理论与方法，这与JME强调规范、传统的经济学理论与方法大相径庭。

由于提供了多样化的视角，JMM 很快也得到了学界和业界的广泛关注，成为讨论和追踪传媒管理议题的核心学刊。

进入到 21 世纪，传媒经济与管理研究中涌现出更多新的议题，其中一个明显的趋势是对微观传媒组织管理的重视。随着传媒数字化转型、媒介资本市场的进一步开放与活跃，越来越多的微观组织决策、组织战略与组织管理议题需要深入研究与讨论。在这样的需求背景之下，2003 年在瑞典延雪平大学国际商学院（International Business School of Jönköping University）创立了传媒经济管理研究的第三本核心期刊《传媒商业管理研究学刊》（*Journal of Media Business Studies*, JOMBS）。JOMBS 侧重于研究传媒公司的微观层面，重点探讨传媒组织管理战略、传媒组织创新与创业等新兴议题。

至此，传媒经济与管理研究领域中从经济到管理，从宏观到微观各方面的议题都得到了有效的覆盖与关注。这三本学刊所刊发的文章也综合体现出传媒经济管理研究的最新动态与发展趋势。

2014 年是 JME 创刊的第 25 周年，恰如一个进入生命 25 岁年轮的年轻人，JME 充满自信、英姿勃发，也更趋成熟。2014 年是 JOMBS 创刊的第 11 年，这个领域中的少年，无处不在地展示着它新兴的活力与创新之气。2014 年是 JMM 创刊的第 15 年。在通往成熟的过渡期里，JMM 经历着组织的重新整合（编辑部重心移至欧洲之外）和内容的重新定位（2014 年最后两期合刊出版）。但不管如何，在已经走过的 2014 年，这三份学刊合力贡献出了传媒经济与管理研究的最新成果，勾画了传媒经济管理研究的多元化视图，也发出了这一领域研究的最强声。

为此，本文对 JME、JMM 和 JOMBS 三本学术期刊的 2014 年成果进行综述。

## 一、学刊成果回顾

### 1. 传统经济学理论及规范实证研究主导下的《传媒经济学刊》（JME）

《传媒经济学刊》在 2014 年出版了四期共 14 篇文章。

在 2014 年第一期中，Hansen & Keilding 首先研究了广播电视市场的竞争状况。作者构建了受众选择模型来分析广播市场竞争对广告商与受众收益的影响。研究发现：广播市场内竞争者增加会导致广告影响力和收益的下降。相应地，每个广播内容供应商的市场份额也被削弱，这使得广播媒体播放广告的次数多于其本身的报道内容；而将不以经济效益为首要目标的公共广播引入市场，则能有效地提高广告商的净收益和受众满意度。该研究体现了理论模型与分析框架方面的创新，具有政策指导性，可供其他依赖广告收入的媒体借鉴。

Asai 在文中分析了日本广播节目的多样化与差异化。作者通过垂直多样化计算 HHI 指数，并采用节目偏差指数（program deviation index）来衡量差异化。研究发现日本公共广播和私有化广播媒体在节目多样性方面存在较大的差异。公共广播使用广播卫星，其覆盖度远高于地区化的私有制广播，节目也更加多元化。其次，公共广播与私有广播节目内容有明显差别，这也从侧面说明不同媒介所有制并不会对节目多元化造成负面影响。该研究关注不同所有制媒体生产内容的区别及其影响，对宏观政策有一定指导意义。

Yang & Kim 针对 2004—2008 年韩国的 718 次电影上映进行研究，发现：美国节假日与韩国国产电影的需求负相关，而韩国传统节假日与其国产电影的需求正相关。由于市场宣传预算投入存在差异，更多的观众会在临近首映的时间段观看外国电影。该研究在产业层面更具指导意义，尤其有助于电影院线的市场预测、宣传策略、档期安排等具体商业运营实践的决策。

在 2014 年第二期中，两篇论文都体现出对既有研究问题在思路和视角上的突破与创新。在第一篇文章中，Russi et al. 研究了竞争和财务表现方面的关系。作者在欧洲印刷媒体的实证研究中验证了财务承诺模型，提出：媒介经济来源增加将有助于媒介生产内容质量的提升，进而使得读者效用提高，媒体企业绩效提升，促进良性市场竞争。该研究开创性地提出了模糊集定性比较分析模型（Fuzzy set Qualitative Comparative Analysis），并将源于美国的财务承诺模型的研究视角置于欧洲情境进行分析与运用。

Shon, Kim & Yim 研究以受众感知为依据的电影分类。研究摒弃了以往由电影供应商对影片定位分类的方法，构建了一个以受众为中心的电影分类机制。研究者依据观众的不同感受提出了"电影类型指标"（Movie Type Indicators），通过问卷调查法筛选出 9 种不同的影片类型。该文章提出以消费者为中心的影片分类法，是对以往研究角度的创新与突破。

2014年第三期主要探讨对媒介组织决策的影响要素。Guo & Lai 研究了广告商议价能力与媒介合作运营对媒介偏见的影响。文章在双边市场理论的基础上构建了数学模型，分析不同市场条件下媒介倾向的变化情况。研究发现，当广告商议价能力更强时，媒介立场的倾向性越显著，针对读者收取的订阅费也越高。由于媒体之前的合作运营相应的削弱了广告商的议价能力，在媒体间合作的情况下，媒介偏见得以缓和。该研究以经济学原理为基础，从数学建模分析得出结论，将广告商的议价能力强弱视为变量，分析了其导致的市场力量及媒介企业行为的变化，具有创新性。

Sung 研究了进入 IPTV 市场的收入歧视问题。文章对美国通信运营商 AT&T 与 U-verse 在印第安纳州 IPTV 的市场进入行为进行实证研究。2006 年之后，印第安纳州政府放宽了电视通信服务的特许经营许可，因此，运营商在提供 IPTV 服务时，优先选择高收入社区，以保证企业利润最大化。本研究使用逻辑回归的分析方法对此进行了验证。此外，运营商的收入歧视行为还导致 IPTV 服务与互联网宽带服务的竞争主要集中在高收入社区。该研究对于宏观政策的制定具有很好的指导意义。

Huang & Wang 研究长尾理论在在线新闻市场的应用。作者选取了208家美国新闻机构对长尾效应的应用进行研究，探讨基于长尾理论的商业模式是否能带来可观的盈利增长。研究发现，即便多样化的内容策略能够有效吸引小众读者，但并不能带来网站浏览率的显著提高和媒体盈利的直接增长。作者指出，只有提高受众参与的多样性（如网站评论、分享、论坛、投票等形式）才能直接带来经济效益的提高。该研究将长尾理论在媒介产业，尤其是在网络媒体应用的进一步细化，并指出长尾创收的关键并不仅仅局限于开拓利基市场，而是提高受众参与。

2014年第四期第一篇文章探讨媒体报道对企业在雇主声誉方面的影响。Panico, Raithel & Michel 以议程设置、启动效应、框架理论为基础，选取了7家德国公司，搜集46周时间内印刷媒体所有相关报道进行文本分析。研究发现，与企业运营相关的负面新闻对企业的雇主声誉有直接的影响，并且由于延迟效应，这种负面影响也因时间延长而增强；但正面的报道却对声誉提高作用甚微。企业的负面社会新闻虽对雇主声誉没有显著影响，但却对品牌认知度有间接效应。因此，研究者建议，企业的品牌管理不应当仅仅局限于市场部，HR、招聘等部门所起到的社会作用也必须得到重视。该研究是一项成功的交叉学科研究，将经典传播学原理与企业管理理论相结合；实现了媒介管理视角上的突破，研究涉及企业声誉管理、人力资源管理等，而不再局限于对经济效益的分析。

Arango-Kure, Garz & Rott 探讨负面新闻对杂志销售的影响。作者对媒体倾向强调负面新闻以刺激销量的普遍推测进行了实证研究。研究以心理学、经济学涉及的人类风险厌恶本能、新闻从业者的社会监督角色与意识形态偏向为依据，选取三本德国杂志在 1997—2009 年共 514 期封面作为研究对象。研究者将每期杂志的销量作为因变量，结果发现，显著负面倾向的封面可使单本杂志的销量增长 5%—12%，而采用负面倾向不显著封面的杂志，虽没有明显的销量增长，与同期其他杂志相比销量更多。研究结论证实，在媒介以经济利益为主导的情况下，媒介封面的负面倾向更明显，报道内容也会向能带来更多销售与广告收益的立场倾斜。同时，研究者也指出，本文结论或许不适用于网络媒体，因为作为纸媒的杂志更加依赖读者带来的直接销售收入。该研究是领域内较少见的针对负面新闻与销量相关性的实证检验研究。

Xu & Fu 以信息加工理论、信息阶流的生物从众本能为依据，证明已有票房纪录会对观众影片选择造成影响。在消费者对影片质量了解有限的情况下，他们在选择影片时会参照前人的消费决策，即已有的票房纪录。研究采取了 2003—2007 年好莱坞电影在美国之外的 73 个国家和地区的票房数据，将信息负载（该国引入的好莱坞电影数量）与对美国文化的熟悉度视为影响研究结果的变量，结果显示，与美国相比，好莱坞电影在其他国家电影市场份额中所占比例更大，证实了观众在电影选择时的从众效应。同时，当该国引入的好莱坞电影数量越多时，从众效应越明显。此外，研究者也指出，对美国文化的熟悉程度对从众效应也存在影响。简而言之，当媒介产品过多以及文化情境陌生时，消费者面临的决策不确定性更强，随之而来的从众效应也更显著。该研究对宏观政策的制定具有指导意义，显示了交叉学科的共通之处，并将信息加工理论、信息阶流理论与消费者行为学进行了有效的结合。

**2. 持续关注国际化和管理议题的《国际传媒管理学刊》（JMM）**

《国际传媒管理研学刊》在2014年出版了四期共十篇论文。

在第一期中，Hess 探讨了在线时代传媒公司的新定义。作者从历史、内容、技术、商业模式等媒介经济学核心议题入手，讨论了"传统媒介"和"平台型媒介"间的联系，对于媒介经济学的基本问题——什么是媒介（公司）进行了新的思考。Malmelina & Moisandera 研究了传媒管理中的品牌与品牌管理，作者对 JMM、JME 和 JOMBS 中关于"品牌"和"品牌塑造"的不同理解和概念化进行对比与阐述，发现若干被忽视的研究议题，为今后研究提出了议程。Goyanes & Duürrenberg 的研究考察了西班牙报纸在内容数字化分发及付费方面的策略，通过对88家报纸的数据进行分层聚类分析，发现：析出的四类报纸在内容数字化分发的具体策略、组织层面背景和发行量方面存在显著差异。研究从实证的角度对不同类型的报纸在数字分发和内容付费策略上的差异进行实证倒推，分析了组织背景及规模对其经营策略选择的影响。然而，该研究在数据收集方面还存在一些问题：如剔除第三方的新闻分发应用，无法完整展现市场全貌，这些都值得研究者在后续或类似研究中注意并予以解决。

在第二期中，JMM 的主编 Mierzejewskaa & Shaver 对当今媒介管理研究中的十大关键变革进行了总结，并详细阐释了这些变革如何改变媒介管理研究的走向。他们提出的十大变革包括：技术性内容扩散、媒介公司的重新定义、受众和媒介消费细分、利润的重要性、市场进入门槛变化、内容的经济价值改变、盈利模式的变革、地理市场变化、传统媒介与内容聚合平台变化以及数字技术对于传统媒体的经济影响。

Kanuri, Thorson & Mantrala 研究了新闻内容的优化。作者采用"基于选择的协同分析"方法对报纸读者的内容偏好进行实证检验。研究以美国一家发行量在10万份的报纸为对象，进行了长达四个月的跟踪，在调查读者偏好后将结果反馈给报社以便其做出相应的调整，结果显示：发行量在报纸价格增长75%的情况下依然维持稳定。该研究的创新之处在于其介入式、参与式的研究，使其具有实验法的性质。

Yang & Coffey 对在线视频用户的参与式行为进行了实证检验。通过对使用交互功能的分析，作者发现存在着一部分"互动型受众"：他们充分利用 Web 的交互性，对于广告主而言最具价值。研究以互动功能的使用频率为基础来考察用户，发现："互动型"用户更年轻，在线参与程度更高，他们的"口碑效应"较那些互动程度不高的用户更大；由此指出："互动型用户"对广告主的价值更大，广告主应予以重视。文章提出，在定义受众评估的标准时需更多考虑互联网情境下的媒介消费和参与式行为。

JMM2014 年的第三期与第四期为合集，包含了四篇文章。Tennant 研究了美国的免费报纸。研究发现：免费报纸在美国不仅切实可行，甚至还在一些市场里业务兴隆。文章进一步提出，将对于纸质报纸的未来一概而论是不正确的，未来研究者要更加关注纸质媒体在数字化时代的经济效益。Järventie-Thesleff，Moisandera & Villi 通过对北欧地区的两大跨媒介平台媒体机构案例的比较分析，提出媒体机构在发展战略和实践时，必须在线上和线下平台同时追求渐进或激进的变革，争取更多的发展机会。Maijanen & Jantunen 对芬兰广播公司（Yleisradio）进行了实证的调查。研究的理论框架基于统治逻辑的概念，以及战略动态能力中的感知能力、获取能力和配置能力。文章指出：公共电视服务的下属机构在改变态度、能力和未来方向都存在差异，一些机构更致力于新型统治逻辑，一些机构则有能力以更快的速度改变。Natterer 研究了为什么越来越多的媒体利用怀旧这一情绪作为吸引媒介受众的手段来制作不同媒介产品并大获成功的原因。文章通过对媒介内容的个人和历史性情绪量表进行探索性因子分析、证实性因子分析和回归、相关分析，测量在三种不同娱乐媒体（电影、音乐和电子游戏）上所反映的个人和历史性怀旧情绪。研究发现个人怀旧情绪在娱乐媒体购买行为和口头传播的意图上具有积极作用，而历史性怀旧情绪则恰恰与之相反。该研究极富创新和实证意义。

**3. 聚焦微观传媒组织及创新管理的《传媒商业管理研究学刊》（JOMBS）**

JOMBS 在 2014 年出版了四期，共 16 篇文章。学刊主编 Arnes & Ots 在 2014 年第一期编前语中提出了是否存在传媒管理研究的北欧范式的问题。2013 年在挪威奥斯陆召开了第 21 届北欧传媒大会，350 多名专注于北欧传媒研究的学者与会，讨论传媒发展的各种议题，其中传媒的经济与管理也是重要内容。大会汇集了对北欧传媒管理研究从传统报业转型到新媒体发展的各种成果。是否有传媒管理研究的北欧范式，而北欧范式又具有什么样的特点呢？在接下来的三篇文章中，北欧的传媒经济管理研究者从不同角度进行了回答。Sjovaag 的文章研究政策法规的准则和对于传媒影响力的假设。作者对挪威关于传媒所有权的政策规定进行了文献分析，认为关于所有权的限制一方面是出于保障言论自由和传媒内容多样化的需求，另一方面实际是出于政策制定者对于传媒实力一旦夸张会形成过大实力的恐惧。Bechmann 的文章研究 Facebook 中体现出的隐性的一致性文化。社交网络收集了海量的个人数据，也涉及了很多潜在的关于隐私权和内容适用方面的问题，而这些问题在网络时代具有不同与前的特性，需要进行专门的研究和制定特定的法规。Ohlsson 的文章聚焦瑞典的出版支持政策——北欧为时最长和覆盖范围最广的一项传媒支持补贴政策。作者分析了这项政策的利弊，认为传统的印刷媒体正在逐渐丧失它们在社会文化中的基石作用。

在 2014 年第二期中，Green & Erickson 讨论了在电视生产中的知识产权共享问题的四个方面，即法规监管、创意性、财务状况及公有情况，认为其中某一个概念都不足以指导公司战略计划，因此各电视公司需要构建一种以节目为平台的互动性知识产权新模式。Yang & Coffey 通过分析消费者在视频网站上对互动功能的使用情况，对其线上参与行为进行调查。结论认为：与技术相关的变量对用户的线上使用行为有远大于其他变量（个人、地域因素）的影响。Oliver 利用对比性财务分析及内容分析法，讨论了英国两大电视台（BskyB 及 ITV）的案例以检验"动态能力"理论。研究为动态能力对公司财政状况的长期影响提供了测量方法。Powers，Sohn & Briggs-Bunting 则基于 OE 理论（组织生态学），讨论了家族报纸迁移内容至网站，同时保证其核心出版印刷业务的做法。

在第三期中，Amatulli，Guido & Barbarito 提出了网络友谊的概念，探讨了社交网站的社交影响，并得出结论：低欢迎度用户会受到其认知友谊强度的影响，高欢迎度用户会受到其认知冷漠强度的影响。文章提出了"友冷"

的概念来定义新型社交网络的友谊。Im，Jung，Kim & Shin 基于创新抵制概念及技术接受模型检验了影响智能电视使用的因素。通过一项国内调查，得出感知有用性对预期抵制和使用意愿均有显著作用，而感知易用性对减少抵制心理有显著作用，但对智能电视的使用没有显著作用，且感知易用性对感知有用性有负向影响。Harisalo，Rajaniemi，Stenvall & Vallin 提出积极正向文化（即仁慈的、生产性、创新的新闻作品）是一种真实的经济类因子。回归分析的结果说明发展竞争、对品质的专注及幽默的培养都能够推动这种文化组织性层面的因子。Holmes 通过与电视从业者的九个半结构化的深度访谈，认为数字化附属频道的价值预期和通过首播所展现的广阔产品市场范围都会对电视台销售部门产生巨大影响。

在第四期中，Guo 通过对美国报纸及电视网站的内容分析，提出传统大众媒体在积极整合多种社交媒体达到吸引受众的过程中，国家媒体与地方媒体、纸媒与电视媒体之间存在着使用差异。社交媒体是一种有效建立与消费者关系、吸引消费者的渠道，这是之前传统大众媒体所缺失的。Newell，Genschel & Zhang 提出改进型和加强型的 S 曲线以描述传统媒体使用和存活的情况。通过对电报、报纸、剧院等行业的年报数据分析，作者提出现有媒体正在经历着下行的风险。Kranenburg & Ross 分析了欧洲电信行业，认为欧盟利用罚款对公司进行制裁的管理方式会得到公司的反抗性回应，但若以责任方式要求公司改变行为，则会得到响应。Wikstrom 通过对两个传统媒体及软件平台执行者的案例及数据分析，提出传媒组织在实施其日常行为时基于三种相同的理念，即向观众提供能够便捷得到文化讯息内容的工具、提供实现其创意活动的基础材料，以及基于感性与理性的被认知与奖励。

## 二、对传统的坚持 vs 对创新的探求：研究议题与理论方法综述

综上，2014 年在传媒经济与管理研究的三本核心期刊 JME、JMM 和 JOMBS 上发表的文章共计 40 篇。这些文章在研究议题与理论方法的应用上体现出对传统的坚持以及对创新的探求。

**1. 对传统的坚持**

2014 年的研究继续呈现出对传统经济学、管理学理论与方法的深度应用与阐述，以及对经济管理中传统核心议题的持续关注。

——传统经济学理论与非学院派经济学方法的应用

传统经济学理论是构建传媒经济管理研究的基础。在 2014 年的研究中，对经济学基本理论与模型的应用仍然是体现理论规范性的重要标准。在这期间的研究中，Hansen & Keding 利用市场均衡模型探讨了广告商与受众的福利经济收益；Asai 应用市场集中度 HHI 指标研究影响卫星电视节目多样化的因素；Guo & Lai 应用经济学市场理论探讨了 IP 电视市场的议价能力。

除此之外，一些非学院派的经济学研究方法，比如长尾经济模型也应用在研究中。例如，Huang & Wang 运用长尾经济模型对在线新闻市场的特征与绩效进行了分析。同时，利基市场分析等新经济学方法也得到应用，例如，Angela, Sohn & Briggs-Bunting 对社区报纸的利基效应的讨论等。

——对基础管理学问题的研究

传统管理学议题与理论也是研究中的重点。论文作者应用了战略、产品管理、市场营销、品牌推广和内容运营等相关理论，研究包括英国传媒产业中的公司动态能力（Oliver，2014）、传媒销售管理和新产品上市（Holmes，2014）、媒介品牌管理（Malmelin & Moisander，2014）、报业与电视网站品牌管理对比（Guo，2014）与内容战略（Goyanes & Durrenberg，2014）等议题。

——对相关传统基础研究议题的关注

这一期间的成果中，作者们还探讨了政策、文化与知识产权等相关传统基础研究议题。例如，在媒介法规伦理层面，Sjovoog 讨论了影响传媒的规章与制度、Olhsson 探讨了瑞典的出版支持政策；在文化管理层面，Harisalo et al. 讨论传媒组织中应急性积极文化；在知识产权方面，Green & Erickson 讨论了在电视生产中共享的知识产权问题等。

### 2. 对创新的探求

随着传播技术的发展与传媒业态转型的推进，新的创新性议题也广泛呈现在研究中。

——对传媒创新管理议题的研究

管理创新变革是传媒管理研究中最受关注的议题之一。Mierzejewska & Shaver 讨论了推动传媒管理研究发展的变革性力量，其中管理创新变革是核心推动力。Maijanen & Jantunen 则在另一项研究中深入探讨了广电公司的战略变革驱动力量。

——对互联网新媒体与社交媒体的研究

互联网新媒体与社交媒体研究也是这一期间频繁涉及的主题，具体议题包括：对互联网时代传媒公司的定义（Hess，2014）、数字化时代利用读者偏好优化新闻内容生产的方式（Kanuri，Thorson & Mantrala，2014）、新媒体时代受众价值通过互动性与在线参与度和电子口碑度的体现（Yang & Coffey，2014）、媒介融合的多平台媒体建构（Jarventie-Thesleff，Moisander & Villi，2014）、Facebook 上的隐私政策和应用协议（Bechmann，2014）、视频网站上的受众互动及其对在线传媒平台的商业启示（Yang & Coffey，2014）、社交网络流行度对购买和生活方式决策的影响（Amatulli，Guido & Barbarito，2014）、网络社交媒体中的关系营销（Guo，2014），以及影响智能电视使用意愿的因素（Im et al.，2014），等等。

——跨学科理论方法的融合应用

对创新的探求还体现在研究中对跨学科理论方法的融合应用。在研究传媒报道对企业雇主声誉影响的文章中，Panico，Raithel & Michel 融合了议程设置、启动效应、框架理论与经济学方法作为理论框架展开研究。Argango-Kure，Garz & Rott 以心理学、经济学的风险厌恶理论、新闻从业者的社会监督角色与意识形态偏向为基础进行研究。Xu & Fu 则应用信息处理理论，结合经济管理学方法研究观众的从众行为。

这些跨学科理论方法的交融，贡献了传媒经济管理研究多视角的分析基础与方法。在这一期间的成果中，对传统理论方法的坚持与对创新议题与方法的探求相互交织，共同推进了这一领域研究的发展。

### 三、研究范式与研究路径分析

对传媒经济管理研究范式与路径的分析是归纳这一领域研究状况的重要方法。综观传媒经济管理的发展，其主要的研究范式有三种：理论型范式，应用型范式与批评型范式（见表1）。理论型和应用型范式在研究中常常相互融合，而批评型范例往往与其他两个独立开来。这三种范式基于不同的学术基础，也关注着不同的研究议题和研究重心。（Hang & Picard，2006）

表1 传媒经济与管理研究的基本范式

| | 理论型范式 | 应用型范式 | 批评型范式 |
| --- | --- | --- | --- |
| 分析层次 | 微观及宏观经济 | 管理、传播、社会等 | 多元学科 |
| 学术基础 | 经济学 | 管理学、传播学、社会学 | 传播、媒体研究和政治经济学 |
| 分析重点 | 总体经济、市场竞争、传媒组织效率与效益 | 传媒行业、传媒组织机构、人员与产品结构 | 传媒制度、文化和政府政策 |
| 研究议题 | 产业政策、经济、资金流向、成本结构、生产回报等 | 行业管理、组织战略、生产流程与绩效等 | 传媒制度和政策的社会、政治和文化影响 |

理论型范例最早由经济学家所创导，基于新古典主义经济学，一般用来研究制约和推动涉及传媒体系和媒体的力量，常见于旨在支持对传媒发展的前景和影响力进行预测的研究，或见于指导传媒决策的研究，或见于探讨传媒政策选择的研究。

应用型范式主要来自于商学院、新闻传播学院以及传播行业协会的研究者。它目前是传媒经济管理学研究使用得较为普遍的一种方法。应用型范式探究传播行业及其市场结构，强调对趋势和变化的认识和理解，其研究目的是应用型的，旨在为公司或政府制定战略和政策，以便对经济和消费者行为中的变化进行控制并做出快速的反应。

批评型范式始自于政治经济学家和社会批评家,它集中应用在传播学研究领域,主要关注福利经济学等问题。应用批评型范例的学者一般都有强烈的文化和社会倾向,这使他们能专注于诸如传播的集中化和垄断、文化影响、工作与工作者以及社会怎样正在被工业经济转向信息经济所改变等问题的研究。这一范式受到了英国文化研究学者和新马克思主义学者的影响。

理论型范式和应用型范式都使用了宏观经济学和微观经济学方法来探讨传播机构与管理问题。近年来,管理学的理论与方法在其中的使用也越来越多。批评型范式的学者则持有更宽泛的观点,他们研究传播制度的经济、政治和社会基础、整体影响以及制度的制约性等。他们探究制度或是政策性制约的终端结果,考察由此引发的问题,寻求通过公共政策来克服效率低下的办法。

上述三种研究范式的倡导者和实践者之间经常存在很多争论,但是实际上每种范式都贡献了重要的理论依据和实践方法,而且这几种范例之间也存在着互补,它们的共存使彼此更具说服力,并为彼此提供了更多的发展空间,体现了传媒经济管理研究多元化、多样性和多视角的特点。

应用以上框架对 2014 年的研究进行归纳,可以发现:体现应用型范例特征的研究有 32 篇(32/40),主要集中在 JMM 和 JOMBS。体现理论型范式特征的有 25 篇(25/40),主要集中在 JME。体现批判型特征的研究有 3 篇(3/40),集中在 JOMBS,见图 1。

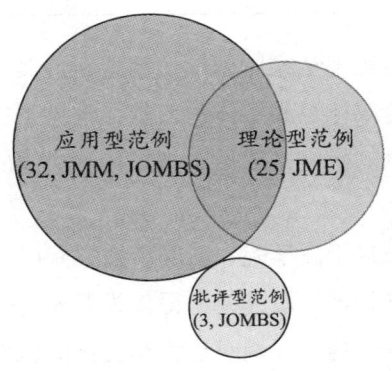

图 1  2014 年国外传媒经济与管理研究范式归纳

在对研究范式的分析中,批评型范式的缺失是主要问题。虽然这一现象不仅仅存在于 2014 年度的研究中，但是这一时期批评型研究范式的缺失已经到了必须认真关注的地步。这意味着在研究中对媒介政策的社会效果，对媒介制度和文化的关注严重不足。而非常有趣的是，在传媒经济与管理研究的初创时期，对媒介政策和制度的研究曾经是最受关注的热点议题（Albrrane, 2014）。现今的关注缺乏应该出于至少两方面的原因：其一是在传媒经济与管理研究中对市场和公司效益的过度关注，而忽视了其社会效益；其二是从事传媒经济与管理研究的学者大部分接受的是应用型和理论型研究的教育与培训，而擅长批评性研究的政治、文化与传播学者已很少在传媒经济与管理这一领域中发声，这恐怕是这一领域最需要面对和思考的问题之一。

除了对传媒经济与管理研究范式的分析，研究路径的归纳也能为我们理解这一领域的状况提供启示。尽管传媒经济与管理研究传统存在着差异，随着这一领域的发展，一些普遍性和共同性的路径也逐步形成；它们被聚合为：面对行业市场的研究路径、面对公司的研究路径和专注于传媒影响的研究路径（见表 2）。（Hang & Picard, 2006）

表 2　传媒经济与管理的研究路径

| 行业市场研究路径 | 公司研究路径 | 影响力研究路径 |
| --- | --- | --- |
| 行业组织 | 企业战略 | 依赖性 |
| 需求 | 公司组织与文化 | 财政承诺 |
| 预测 | 成本结构 | 质量和多样化 |
| 消费者支出 | 融资和投资 | 全球化和贸易平衡 |
| 利基 | 金融绩效 | 消费者和社会福利 |
| 集中化 | 生产力 | |
| 相对连续性 | 多样化 | |
| 传播政策 | | |

以上的研究路径使人们可以不仅加深对当前传媒发展的理解，还能够对不同的传媒行业以及它们的问题进行对比，并对各种传媒公司的战略和绩效

进行思考。同时，利用这些路径方法可以比较研究导致企业成功的市场机制和管理步骤，比较国际化和本土化公司之间的区别，比较集团行为与专业化公司的行为。结合这些路径方法还有助于加深对于传媒公司影响力、行业体系和运营等各个方面的理解。

利用以上路径分类对2014年传媒经济管理研究进行分析，可以发现：主要因循行业市场研究路径的论文有12篇（12/40），均见于JME、JMM与JOMBS。主要因循公司研究路径的论文有21篇（21/40），均见于三本学刊。主要因循影响力研究路径的论文有7篇（7/40），集中在JMM和JOMBS，见图2。

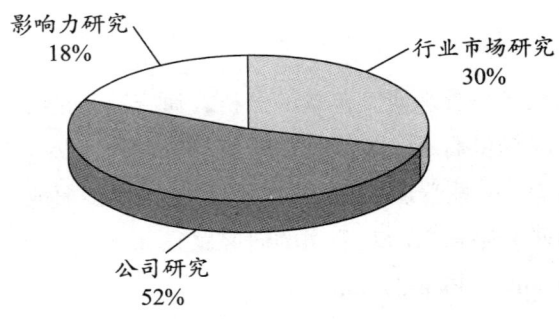

图2　2014年国外传媒经济与管理研究路径归纳

在对研究路径的归纳中，行业市场路径和公司研究路径的应用广泛可见，影响力研究路径使用较少，提示在传媒经济与管理研究中对传媒社会影响层面的分析与重视不足，这也呼应了以上在研究范式中的归纳——即领域中发表的现有成果对批判性议题关注的缺乏。

## 四、总结、讨论与未来发展

综述2014年传媒经济与管理研究国际核心期刊的成果，可以发现在研究议题与理论方法方面，既有成果体现出对传统经济学与管理学理论更加规范的阐述与应用，以及对传媒领域战略、政策等基础性议题的持续关注。同时，新媒体与技术的发展也推动了对社交媒体、网络平台和媒介融合等新议题的研究，传媒公司的创新管理本身也得到了重点关注。另外，跨学科理论方法的融合应用也进一步体现在传媒经济与管理的研究中,显示出领域的跨学科特性。

在研究范式与研究路径方面,既有研究呈现出对理论型范例和应用型的充分应用,但是考察传媒管理政策和制度对社会政治以及文化影响的批评型范例的使用明显不足。在与此相关联的研究路径分析中,行业市场研究路径与公司研究路径被广泛采纳,而影响力路径采用较少,同样说明对传媒影响的社会研究在成果中呈现不够。这样的状况是否说明目前的传媒经济与管理研究正朝着过度产业化和商业化的方向发展,而逐渐偏离了对其社会功用应有的重视?这是未来需要持续关注和讨论的议题。

除此之外,关于研究范式,JOMBS 在 2014 年第一期提出了是否存在传媒管理研究北欧范式的问题。这就使我们进一步思考:对研究范式的归纳和定义是否需要增加社会以及地理维度的考量?不同的社会传媒体制和地域经济发展空间之下,传媒经济与管理体现出不同的特性,也会形成不同的研究范式特征。在我们讨论研究范式问题的同时,加入对社会政治经济制度及地理文化等的考察,会使我们的研究更有针对性,也更具应用价值。

综述 2014 年的学刊成果,还可以发现传媒经济与管理领域的研究体现出以下特点。

——更加国际化

研究的国际化一方面表现在这一期间的议题覆盖了不同的国家与地区的传媒发展研究,讨论的案例包括西班牙、日本、挪威、瑞典、美国等不同国家的传媒产业与组织。国际化的另一方面表现在研究者的背景更加多元化,来自于美国、欧洲、亚洲等不同地区,这与这一领域研究的初期状况完全不同——在 JME 第二任主编 Alan Albarran 的回顾中,他提到 20 世纪 90 年代这一领域的学者大多来自美国,且女性凤毛麟角(Albarran,2014)——尤为可喜的是这一领域的亚裔学者越来越多。根据对 40 篇文章作者背景的初步统计,我们发自现共计 79 位作者中有 20 位来自于亚洲(占比 25%),其中 10 位具有中国背景(占比 13%)。这也显示出近年来,在亚洲对传媒经济管理研究的重视与投入——当然,这其中的一大部分原因得益于这一地区传媒产业的活跃变革与迅速发展。

——更重实证性

这一期间的研究更加强调实证性。JME 发表的 14 篇文章均采用了量化的实证研究，分析模型与方法更加专业，也体现了数据采纳和模型分析方面的诸多创新，比如在研究中开创性地使用了模糊集定性比较分析模型等。在 JMM 和 JOMBS 发表的文章中，大部分也采用了定性和定量的实证性（positive）研究，规范性（normative）的政策建议和分析研究占比越来越少。

——更具理论性

2014 年发表的文章中，对经济学与管理学理论的应用也越来越深入。尤其是在 JME，其中的研究越来越倾向于专业化的经济学分析与理论阐述。这一方面要求从事传媒经济与管理研究的学者构建扎实的经济学理论基础，另一方面也提出了一个新的问题：传媒经济与管理的研究变得越来越经济学主导，那么传播学学者在其中应该如何发声？

这一问题其实已经争议已久，虽然这一学科的传播学属性也一直为学者们所强调，但是事实上在目前该领域最具代表性的学术研究平台上，传播学属性议题研究的式微已经越来越明显。其结果是传媒经济与管理的研究虽然在学术理论性和规范化方面越来越精致，但是在社会应用和影响效果之上的功用却越来越低。这也再次提醒我们关注从本文的研究范式和研究路径归纳中得出的结论：是否目前的传媒经济与管理的研究正在逐步缺失批判性的视角，缺失对传媒社会功用的重视？

因此，以上综述之后，我们还是要回到最根本的问题，即为什么要研究传媒经济与管理？

——"我们研究传媒经济与管理不仅仅是因为求知若饥，更是为了能够理解和说明媒介组织进行选择与决策的过程和原因。我们研究是为了理解影响企业的各种市场力量，以及如何利用这些力量成就事业。我们研究是为了理解消费者，以及他们在消费媒介产品时所做的决策。我们研究是为了理解个体利益和社会利益的平衡。尤其在媒介与公共政策息息相关之时，我们还必须意识到，个体利益并不独立于公共利益，公共利益是个体利益的凝合。当然，我们也要意识到，即便经济学能够通过各式的模型分析阐明多种决策和互动，但它并不能涵盖个人和社会决策的全部。这就像我们研究 DNA，不是为了拿小白鼠做实验，而是为了真正提高人类生存发展的质量。"

（Picard，2014）

回归到本源的问题，是我们综述之后的最大启示。

三本学刊的 2014 年为我们勾勒出传媒经济与管理研究的发展状况。可以预见的是，有着鲁莽与疯狂基因的 JME 会继续带领我们前行，JOMBS 也会显示出创新的新生力量，当然也希望 JMM 在转型与变革之后能够加入新的动力，更加稳健地走向成熟。

相信，这一领域的研究在 2015 年会更好。

## 参考文献：

［1］Adilov, N., & Martin, H. J.（2014）. Competition in the broadcast market, program diversity, and movie demand patterns. *Journal of Media Economics*, 27(1), 1–2.

［2］Adilov, N., & Martin, H. J.（2014）. Revisiting financial commitment in a European context, developing a consumer-based system for classifying movies, and reflecting on 25 years of the Journal of Media Economics. *Journal of Media Economics*, 27(2), 57–59.

［3］Adilov, N., & Martin, H. J.（2014）. The role of bargaining power for media bias, redlining in the IPTV market, and long tail economy in online news. *Journal of Media Economics*, 27(3), 118–119.

［4］Adilov, N., & Martin, H. J.（2014）. How media coverage affects employer reputation, How negative cover stories increase magazine sales, and How bandwagon effects drive audience selection of foreign movies. *Journal Of Media Economics*, 27(4), 177–180.

［5］Albarran, A. B.（2014）. Journal of Media Economics 25th anniversary essay. *Journal of Media Economics*, 27(2), 109–112.

［6］Amatulli, C., Guido, G., & Barvarito, C. M.（2014）. Does popularity in social networks influence purchasing and lifestyle decisions? The meaning of online friendship. *Journal of Media Business Studies*, 11(3), 1–21.

［7］Arango-Kure, M., Garz, M., & Rott, A.（2014）. Bad news sells: The demand for news magazines and the tone of their covers.*Journal Of Media Economics*, 27 (4), 199–214.

[8] Asai, S. (2014). An examination of terrestrial and broadcasting satellite broadcasters' programming by type: What factors influence program diversity in the multi-channel era?. *Journal of Media Economics*, 27 (1), 20–37.

[9] Bechmann, A. (2014). Non-informed consent cultures: Privacy policies and app contracts on Facebook. *Journal of Media Business Studies*, 11 (1), 21–38.

[10] Compaine, B. (2014). Media economics in four observations. *Journal of Media Economics*, 27 (2), 113–115.

[11] Green, T., & Erickson, K. (2014). For those playing along at home: Four perspectives on shared intellectual property in television production. *Journal of Media Business Studies*, 11 (2), 1–23.

[12] Goyanes, M., & Dürrenberg, C. (2014). A Taxonomy of Newspapers based on Multi-Platform and Paid Content Strategies: Evidences from Spain. *The International Journal On Media Management*, 16 (1), 27–45.

[13] Guo, M. (2014). Relationship marketing in an online social media context: Newspaper versus television brand websites comparison. *Journal of Media Business Studies*, 11 (4), 1–26.

[14] Guo, W., & Lai, F. (2014). Media bias when advertisers have bargaining power. *Journal of Media Economics*, 27 (3), 120–136.

[15] Hang, M. &Picard, R. (2006). History and Development of Media Economics Research in China, *Journal of Media Business Studies*, Issue 2006—3—2.

[16] Hansen, B. O., & Keiding, H. (2014). Equilibria in a random viewer model of television broadcasting. *Journal of Media Economics*, 27 (1), 3–19.

[17] Harisalo, R., Rajaniemi, J., Stenvall, J., & Vallin, T. (2014). Emergent positive culture in a media organization: Satakunnan Kansa a newspaper case study. *Journal of Media Business Studies*, 11 (3), 43–62.

[18] Hess, T. (2014). What is a Media Company? A Reconceptualization for the Online World. *The International Journal On Media Management*, 16 (1), 3–8.

[19] Holmes, T. A. (2014). Media sales management and new product launch:

An exploratory study. *Journal of Media Business Studies*, 11（3）, 63-85.

［20］Huang, J. S., & Wang, W.（2014）. Application of the long tail economy to the online news market: Examining predictors of market performance. *Journal of Media Economics*, 27（3）, 158-176.

［21］Ji, S. W.（2014）. Diffusion of the new video delivery technology: Is there redlining in the Internet protocol TV service market?*Journal of Media Economics*, 27( 3 ), 137-157.

［22］Im, H., Jung, J., Kim, Y., & Shin, D. H.（2014）. Factors affecting resistance and intention to use the Smart TV. *Journal of Media Business Studies*, 11（3）, 23-42.

［23］Järventie-Thesleff, R., Moisander, J., & Villi, M.（2014）. The Strategic Challenge of Continuous Change in Multi-Platform Media Organizations—A Strategy-as-Practice Perspective. *The International Journal On Media Management*, 16（3/4）, 123-138.

［24］Kanuri, V. K., Thorson, E., & Mantrala, M. K.（2014）. Using Reader Preferences to Optimize News Content: A Method and a Case Study. *The International Journal On Media Management*, 16（2）, 55-75.

［25］Kranenburg, H. V., & Ross, T.（2014）. Corporate political strategies related to decisions of European competition commission on regulatory issues in the European telecommunications industry. *Journal of Media Business Studies*, 11（4）, 51-66.

［26］Krumsvik, A. H., & Ots, M.（2014）. Editorial: Is there such a thing as a Nordic Approach to meida business research? *Journal of Media Business Studies*, 11（1）, 1-4.

［27］Maijanen, P., & Jantunen, A.（2014）. Centripetal and Centrifugal Forces of Strategic Renewal: The Case of the Finnish Broadcasting Company. *The International Journal On Media Management*, 16（3/4）, 139-159.

［28］Malmelin, N., & Moisander, J.（2014）. Brands and Branding in Media Management—Toward a Research Agenda. *The International Journal On Media Management*, 16（1）, 9-25.

[29] Mierzejewska, B., & Shaver, D. (2014). Key Changes Impacting Media Management Research. *The International Journal On Media Management*, 16 (2), 47–54.

[30] Natterer, K. (2014). How and Why to Measure Personal and Historical Nostalgic Responses Through Entertainment Media. *The International Journal On Media Management*, 16 (3/4), 161–180.

[31] Newell, J., Genschel, U., & Zhang, N. (2014). Media discontinuance: Modeling the diffusion "S" curve to declines in media use. *Journal of Media Business Studies*, 11 (4), 27–50.

[32] Ohlsson, J. (2014). Fading support for the Swedish press support. *Journal of Media Business Studies*, 11 (1), 39–60.

[33] Oliver, J. (2014). Dynamic capabilities and superior firm performance in the UK media industry. *Journal of Media Business Studies*, 11 (2), 57–77.

[34] Panico, M., Raithel, S., & Michel, E. (2014). The effect of media coverage on employer reputation. *Journal of Media Economics*, 27 (4), 181–198.

[35] Picard, R. G. (2014, April). Reflections on a quarter century of JME Publication. *Journal of Media Economics*. pp.107–108.

[36] Powers, A., Sohn, A. B., & Briggs-Bunting, J. (2014). Family-owned newspapers: Filling niches in local U.S. communities. *Journal of Media Business Studies*, 11 (2), 79–91.

[37] Russi, L., Siegert, G., Gerth, M. A., & Krebs, I. (2014). The relationship of competition and financial commitment revisited: A fuzzy set qualitative comparative analysis in European newspaper markets. *Journal of Media Economics*, 27 (2), 60–78.

[38] Sjøvaag, H. (2014). The principles of regulation and the assumption of media effects. *Journal of Media Business Studies*, 11 (1), 5–20.

[39] Shon, J., Kim, Y., & Yim, S. (2014). Classifying movies based on audience perceptions: MTI framework and box office performance. *Journal of Media Economics*, 27 (2), 79–106.

[40] Tennant, J. I. (2014). Free Newspapers in the United States: Alive and

Kicking. *The International Journal On Media Management*, 16 (3/4), 105-121.

[41] Xu, X., & Fu, W. W. (2014). Aggregate bandwagon effects of popularity information on audiences' movie selections. *Journal of Media Economics*, 27 (4), 215-233.

[42] Yang, Y., & Coffey, A. J. (2014). Audience interactivity on video websites and the business implications for online media platforms. *Journal of Media Business Studies*, 11 (2), 25-56.

[43] Yang, J., & Kim, W. (2014). Seasonality in the non-U.S. motion picture industry: A case of South Korea. *Journal of Media Economics*, 27 (1), 38-55.

[44] Wikström, P. (2014). Tools, building blocks, and rewards: Traditional media organizations learn to engage with productive audiences. *Journal of Media Business Studies*, 11 (4), 67-89.

[45] 杭敏、罗伯特·皮卡德：《传媒经济学研究的历史、方法与范例》，《现代传播》2005年第4期。

# 第四部分

中国传媒经济学科影响力排名前30篇论文(数据截至2015年6月)

# 关于传媒影响力的诠释

## ——对传媒产业本质的一种探讨

喻国明

**【摘要】** 传媒影响力本质上就是它作为资讯传播渠道而对其受众的社会认知、社会判断、社会决策及相关的社会行为所打上的属于自己的那种"渠道烙印"。传媒影响力的发生和建构,主要依赖于传媒在三个环节的资源配置和运作模式——即接触环节:吸引注意的关键在于传媒内容和形式的极致化操作;保持环节:构筑受众之于传媒的行为忠诚度和情感忠诚度;提升环节:选择最具社会行动能力的人群、占据最重要的市场制高点、按照社会实践的"问题单"的优先顺序定制自己的产品。本文是作者就以往对传媒影响力问题的更深入思考。

**【关键词】** 传媒影响力;影响力经济;发生机制

## 一、什么叫"传媒影响力"

按照现有的社会理解,所谓影响力(Influence)是指"文化活动者以一种所喜爱的方式左右他人行为的能力。"[1]其实,更本质地看,影响力是一种控制能力,这种控制能力表现为影响力的发出者对于影响力的收受者在其认知、倾向、意见、态度和信仰以及外表行为等方面合目的性的控制作用。传媒影响力是通过信息传播过程实现的,因此,其影响力的发生势必建立在收受者关注、接触的基础上,因此,传媒影响力从内涵上看,是由"吸引注意(媒介及媒介内容的接触)"+"引起合目的的变化(认知、情感、意志行为等的受动性改变)"两大基本部分构成的。

那么，传媒影响力的本质是什么？我认为，就是它作为资讯传播渠道而对其受众的社会认知、社会判断、社会决策及相关的社会行为所打上的属于自己的那种"渠道烙印"。

这种"渠道烙印"大致可以分为两个基本的方面：一是传媒的物质技术属性（如广播、电视、报纸、杂志作为不同类型的传播渠道在传播资讯时所打上的各自的物质技术烙印，并由此产生的对于人们认知、社会判断和社会行为的影响）；二是传媒的社会能动属性（如传媒通过其对于资讯的选择、处理、解读及整合分析等等在传播资讯时所打上的各自的社会能动性的烙印，并由此产生的对于人们认知、社会判断和社会行为的影响）。

麦克卢汉曾经有过一个惊世骇俗的命题："媒介即信息。"他所要强调的是，媒介对于人类社会的最大意义，主要不是它作为载体所承载的具体信息，而是它本身作为"人体的延长"所带来的人类感知世界、认识世界、把握世界方式的改变以及由于这种改变而带来的对于人类社会活动的影响。显然，麦克卢汉这里所强调的主要是媒介的物质技术形态的发展所带来的"影响力"。事实上，传媒的社会能动属性则是通过一种系统化、结构化和有机化的信息呈现与解构方式影响着人们的关注视野、议题设置，甚至思维方式和价值判断，这便是传媒在一定的物质技术属性的基础上对于人们的社会活动所发生的能动的"影响力"。一般来说，人们在利用任何一种媒介获知信息时，都不可避免地或多或少要打上其所依赖的媒介在上述两个方面的"渠道烙印"。

一般来说，当一个社会的"传媒生态环境"相对稳定的格局下，传媒的物质技术属性对于其影响力的发挥是一个基本恒定的常量；而传媒的社会能动属性对于其影响力的发挥则是一个因传媒不同而异的变量。所谓的传媒竞争，在很大程度上比拼的就是其社会能动属性的发挥状况。传媒在市场竞争中的价值大小主要取决于其社会能动性在多大程度上为推动人们正确地判断形势、优化地做出行为决策打上多少自己作为资讯渠道的烙印。

## 二、传媒作为产业的经济本质是"影响力经济"

文化产业有着不同于第一产业、第二产业甚至一般意义上的第三产业的经济本质。著名经济学家张五常曾经提到过一个令很多人感到困惑的问题：马克思的劳动价值论能不能解释邓丽君？为什么邓丽君唱一首歌的所得要比一个歌厅歌手的所得要高几百倍？有人解释说：因为邓丽君占有一种稀缺的自然资源（天生的好嗓子），因为稀缺，所以可以"溢价"。但是，问题在于，一个成名的歌手在成名前，这个所谓的"稀缺资源"已然存在，为什么成名前后的所得差距如此之大呢？一位名叫迈克尔·高尔德哈伯的美国学者对此提供的解释是：邓丽君占有的自然资源只是她所拥有的资源的很小一部分，对她来说，更为重要的是她成功地拥有了现代社会的稀缺资源"注意力资源"。正是这一稀缺资源的规模化拥有使邓丽君拥有比同辈歌手高得多的市场价值。[2]

高尔德哈伯的理论打开了包括媒介产业在内的文化产业本质研究的大门。许多过去令人困惑不解的问题，开始有了一个正确解析它的理性思路。

但是，高尔德哈伯的理论仍然不够彻底。因为它不能解释为什么曾经同样受到社会关注的歌手有的人因为其某种特质而持续地拥有关注并因此而价值倍增，而有的人却如流星划过，倏忽之间便无声无息，其市场价值也荡然无存。事实上，作为文化市场上的价值物，一次性的耀眼及吸引社会的关注的价值是很"单薄"的，只有当这种关注在时间上得以延续，其市场价值才会"丰厚"起来。而这种对于社会注意力资源具有在时间序列上得以保持的特质的文化价值物，显然已经具有了一种对于社会注意力资源的控制能力，而这一控制能力的科学表述就是所谓文化"影响力"。仍以歌手为例，只有那些以其演唱的内容和形式深刻地打动人们的心弦，唱出人们的心声，与社会心理产生强烈"共振"的歌手及其歌曲才真正具有较高的市场价值，因为这样的歌手和歌曲对于社会的流行心理和大众文化具有了一种把握力、控制力，即影响力。

同样的道理也可以用于作为文化产业的子产业传媒产业的经济本质的分析。

从作为报业市场主体的多数报纸的"负定价"发行（即报纸的定价低于它的成本）和广播电视节目的"无偿"收视中，我们可以知道，传媒的经济运作并不是依赖出售自身产品获得全部回报的。这是传媒产业不同于其他产业类型的一个重大区别点。加拿大著名传播学者麦克卢汉曾经在20世纪

60年代就十分聪明地指出：传媒所获得的最大经济回报来自于"第二次售卖"——将凝聚在自己的版面或时段上的受众"出售"给广告商或一切对于这些受众的媒介关注感兴趣的政治宣传者、宗教宣传者等。

但是，这种所谓"出售"受众的行为到底"出售"的是什么呢？对此，麦克卢汉解释是受众的"注意力"——即媒介所凝聚的受众的注意力资源——是传媒经济的真正价值所在。譬如，他在分析免费电视的经济回报时指出，电视台实际上是通过一个好的节目来吸引观众的关注，观众的付出不是金钱，而是排他性选择后的关注——这是一种隐性的收费（用观众在特定时间对于特定频道和特定节目的关注来"付费"），而当社会上的注意力资源越有限，这种能够将稀缺资源凝聚起来的"注意力产品"的价值就越高。

如果问题的答案仅止于此，那么，衡量传媒之市场价值大小的标准和尺度无疑就是传媒所凝聚起来的受众注意力的数量和规模（它可以通过收视率指标或发行量指标来加以标示）。但是，问题恰恰在于，在传媒市场的实际评估中，那些最受广告商（其实也包括政治宣传者）青睐，最具广告（或市场）投资价值的传媒常常并非是那些收视率或发行量最大的传媒。这是关于传媒的"注意力经济"理论所不能解释的。

"注意力经济"说解释了广告商付出广告费所购买的并不是报纸的版面或电视的时段，因为人们注意到，没有什么人看的报纸或电视，其版面或时段是没有价值的。只有通过报纸的内容或电视的节目凝聚起了足够多的受众，这样的版面或时段才是有价值的。但是，传媒的市场价值又并不仅仅是由于它所凝聚的人群数量简单地决定的。人们在关于传媒经济的进一步研究中注意到，传媒在整体上（表现为传媒品牌）对于其目标受众的持续不断的凝聚力是有差异的；并且这种差异化的凝聚力所作用下的人和人在社会生活中的行动能力以及他们的决策力、消费力或"话语权"也是有差异的。不同传媒在上述两个方面的差异常常是相当巨大的。而传媒对于在市场上的真正价值在于，它在多大程度上能够持续地凝聚起目标受众，以及在多大程度上成为其所凝聚的那群具有某种社会行动能力的目标受众了解社会、判断社会乃至做出决策、付诸实践的信息来源和资讯解析的"支点"。更通俗地说，传媒作为一项产业的市场价值在于，它能够在多大程度上保持它对于其目标受众的影响,并且这种对于受众的影响力能够在多大程度上进一步影响社会进程、影响社会决策、影响市场消费和影响人们的社会行为。

显然,如果一个传媒能够为社会的主流人群在社会文明发展的进程中提供卓有成效的信息支撑、知识支撑和智慧支持,那么,这个传媒之于社会的价值就十分巨大而显赫。

### 三、传媒影响力的发生机制

从传媒的社会能动性的角度看,传媒影响力的发生和建构主要依赖于传媒在以下三个环节的资源配置和运作模式。

**1. 接触环节:吸引注意的关键在于传媒内容和形式的极致化操作**

毫无疑问,传媒产品如果不与自己的受众接触是不会产生任何社会影响力的。没有或缺少受众的传媒至多只是"沙漠中的布道者"。因此,如何吸引受众的视听,凝聚起足够的社会注意力资源便成为媒介影响力的前提和基础。而衡量传媒的社会接触状况的指标则是人们已经十分熟悉的传媒的受众数量和规模性指标,如电视节目的收视率、报纸的发行量等指标。不同传媒在接触环节上吸引注意、凝聚受众社会注意力资源的主要竞争手段,概括地说,关键在于其传媒内容和形式的极致化操作。因为只有"极致化"的东西才能在芸芸众生的对于社会注意力资源的竞争中获得青睐、拔得头筹。而这种所谓的"极致化"手段,总体上可以分为两类:一靠规模;二靠特色。事实上,这便是传媒业竞争的两大基本手段。

所谓规模竞争主要有赖于特定传媒所具有的经济支撑实力。毫无疑问,在同一个市场上,那些具有规模优势的传媒,在定位相同、内容同质的情况下,总是要比没有规模优势的传媒具有更大的社会影响力。因此,在等质等效的同类竞争中,传媒比拼的是各自的规模(以报纸为例,就是其在有效发行地区的发行密度以及其报纸篇幅的厚度)。这种规模竞争的结果构筑了特定传媒市场的市场准入的规模"门槛",任何想要进入这一市场的传媒,如无独特的价值表现,则一定要在资源的支持力度上要足以跨越这一市场的规模门槛,否则便无法参与有效的市场竞争。

事实上,传媒竞争从内容上说,媒介产业的赢利模式非常简单:(1)你有，别人没有；（2）别人有，你的更好；（3）别人的也好，你的成本更低。

在上述三种赢利模式中，前两种与传媒产品的"特色"（即特殊价值）相关，而第三种则与传媒产业的规模化、集团化的发展程度相关：一个传媒产业价值链完善、具有规模化的传播资源配置能力的传媒集团，会比竞争对手具有更高的对于传播资源的规模利用效益，更具效率（成本更低、效率更高）的市场"供应—销售"链条，最终赢得最具竞争力的产品成本。当然，传媒产业集团化、规模化的发展是一把"双刃剑"：一方面它可以带来规模效益的巨大好处；但同时也有它的极大风险。道理很简单：集团化、规模化发展之后的传媒集团内各个媒体之间互相依赖的程度提高，"一荣俱荣，一损俱损"，使经营风险随之增大。事实上，媒介产业链的任何一个环节如果出现灾难性的病变，整个媒介集团就会出现危机。这一点我们可以从2002年基尔希集团和威旺迪公司的经营挫败的案例中得到印证。问题的关键在于，传媒产业毕竟是内容产业，如果没有一个紧贴社会需要的内容产出机制，传媒产业其他环节的建设就失去了"灵魂"，犹如高速公路修好了，但是没有合适的汽车在上面奔驰。

传媒产业的集团化、规模化发展应该视为是一个趋势，但正确的路线应该是：先做强，后做大；或者为了做强而做大。而"做强"的第一要义在于内容的打造。

另一方面，在等质等效的同类竞争的传媒市场上，由于规模化将传媒的资本门槛不断筑高，传媒为获得竞争优势的代价就越来越大。因此，任何参与其中的传媒，其"市盈率"的发展趋势将是越来越走向"微利化"。换言之，单纯的规模化竞争所带来的市场后果是市场利润的一步步"摊薄"。

规模竞争仅仅是传媒竞争的手段之一。"万绿丛中一点红"之所以能够吸引注意的关键在于它的与众不同。而如果这种与众不同的特色恰好能够满足人们的中心性需要，则这种特色就能够产生很大的市场价值和社会价值。因此，以特色取胜则是传媒在吸引社会关注的竞争中经常采取的另外一种手法。特色竞争主要依赖于资源的独特、定位的精准和内容的不可替代性。而特色的形成更多地源自于传媒独特的生产方式和传媒资源的优化配置和价值链条的有机支持。所有这一切都与操作团队的智能、文化息息相关，因此，这种特色型的竞争也被称之为"技术竞争"。

在形成特色的操作中，以下三点至为重要。

一是聚焦法。在资源动员能力与竞争对手相近的情况下，能否形成自己的特色的关键在于是否能够以"减法"思维来构筑自己的市场定位，以便形成自己在局部市场上的聚焦效应和规模优势，表现为资讯整合的专业精深或资讯呈现的完整充分。

二是重视团队的结构优化。现代传媒的竞争是人才的竞争。但人才结构的优化组合常常比单一人才的能力高下更为重要。正如写富贵，人们一般总离不开"金、玉"之类，但白居易的"笙歌归院落，灯火下楼台"，虽然其中的任何一个字眼似乎都与富贵不沾边，但组合在一起却渲染出了大富大贵之极致。事实上，传媒竞争之道也是同样的道理。

三是注重作为创新基础的再学习能力。市场是青睐创新者的。因此，"宁要粗糙的新锐，也不要圆润的守旧"便是一则市场竞争中的箴言。传媒的特色是在创新中才得以保持的——只有不断地比竞争对手快一步，才能不断获得因创新而生的市场"暴利"。因此，传媒的核心竞争力其实就是传媒团队的创新能力，而这种创新能力的实质不过是一种学习能力。即不断地运用现代科学所提供的工具和手段发现机遇、规避风险、"创造"需求（即以适用的传播产品"唤起"人们潜在需求）的能力。

显然，在传播市场上，竞争的胜负和优势的获得并不是仅仅由实力与规模单一地决定的。处理得当的话，有时是可以"以弱胜强"的。因此，弱势经济规模支撑的传媒产业在与拥有强势经济支撑的传媒产业所展开的竞争中并非只有"死路一条"，而是存在着巨大的生存和发展的可能性的。问题的关键在于，我们能否自觉有效地形成自身不可替代的价值特色。

**2. 保持环节：构筑受众之于传媒的行为忠诚度和情感忠诚度**

影响力的发生并不是一次完成的。只有持续不断的接触（即保持）才能使传媒的影响力因时间的延续而价值"丰厚"起来。衡量传媒影响力在保持环节上的指标分为两类：一是受众之于传媒的行为忠诚度（接触的频率和接触的稳定性等）；二是受众之于传媒的情感忠诚度（人们对于传媒的心理依赖程度、满意与满足程度、传媒在人们心目中的价值分量等）。

注意力保持的动力机制是建立在"预期报偿"基础上的。按照施拉姆的说法，能够从两个方面维系受众之于特定传媒的忠诚度。

一是与传媒对于其受众的价值报偿程度呈正相关这主要取决于传媒产品的内容特质；二是与人们接受传媒服务的代价程度呈负相关——这主要取决于传媒产品的形式处理、流通渠道及售卖方式等。

从传媒产品内容特质的角度来考察，我们可以把传媒全部可报道的内容划分成三个层面，一个层面是必读性层面，所谓"必读"的资讯，就是跟人的生产生活、生存发展有明显而直接联系的资讯，传媒提供这些资讯，其受众便可以据此廓清其视野，优化其决策。所谓"资讯创造价值"正是在这个意义上说的。显然，如果你能够通过你的传播产品为你的受众创造价值，你的受众自然会依赖于你、忠诚于你。第二，所谓可读性层面之"可读"并不是我们一般理解的好看、漂亮或精彩，而是一种传播者通过传播产品所发生的与其受众的价值观上的认同，思想情感的共振，一种资讯传达过程中类似老朋友式的互动倾诉和痛快淋漓的感觉，这种被称之为媒介风格的东西其实就是媒介的立足点。在现代传播市场的竞争中，传媒的一个突出的角色转化，就是从过去单纯的消息发布者的角色演进到成为其特定服务受众的"信息管家"的角色。什么叫"信息管家"？就是要以核心受众的社会立场和价值站位来决定传媒的资讯采集、资讯处理和话语表达，实现定制式的服务。与自己的受众同呼吸共命运，这是把可读的内容做好的关键。第三个层面则是所谓选读性，这部分资讯或内容主要用来满足特定受众的个性化成长的专门化、窄众化的资讯需要。有选择地提供这类资讯服务是"黏合"目标受众，形成高度传媒"忠诚度"的重要手段。事实上，按照马斯洛的"需要层级论"的观点看，必读性层面关注的是人们安全、生存的资讯需要；可读性层面满足人们社会交往和赢得社会承认和社会尊重的资讯需要；选读性是满足人们个人价值实现的资讯需要。实际上，维系传媒与其受众之间稳定、持续联系的凭借物就在于上述传媒产品内含的"必读性（资讯的有用与重要）"、"可读性（资讯的情感按摩与价值认同）"与"选读性（与个性化发展相关的资讯）"的刻意打造。

在这三个层面里，客观上都有各自专长的媒介类型（譬如报纸更多的是作为"新闻纸"和"实用纸"；杂志更多地成为"特色纸""专业纸"或"情感纸"；等等），但是每一种媒介又不能把这三个层面的东西截然分开，而应该在有所倚重的基础上有所渗透。对特定传媒来说，明确自己的主打"战

第四部分　中国传媒经济学科影响力排名前 30 篇论文（数据截至 2015 年 6 月）

场"，在延伸战场上自觉去做些力所能及的事情，就必然会赢得目标受众的青睐和忠诚。

另一方面，从降低人们接受传媒服务的代价的角度来考察，我们大体上可以把传媒在赢得受众青睐方面的种种努力概括为三种基本类型。

首先是要致力于降低某一传媒产品的"选择辨识"成本。特色鲜明的 CI 形象、功能分明的版组（时段、频道）设计等，便是其中最主要的内容。它极大地方便特定受众的选择（和抛弃），降低了人们选择性接触的成本与代价。

其次是要致力于降低某一传媒产品的"接触—获得"成本。报纸定价的适宜、发行渠道的通畅便捷及发行时效的及时到位等，广播电视的时段安排对于特定受众的方便性、按照节目对于特定受众的"约会"能力和"维持"能力所进行的"节目串"的有机化组合等[3]，都是其中的重要内容。"方便是金"是其市场操作的箴言。

再次是要致力于降低某一传媒产品的"理解—精力"成本。传媒人的专业本领并非仅仅体现为将有关的资讯简单地进行社会性表达中的"音量放大"，其一项重要工作就是将这种资讯中原本属于"圈子文化气"（专门领域中的特定话语及其表述方式）中的"方言"性内容（即只有少部分人能够"听懂"的语言）进行"转译"，转译为大众（至少是目标受众）能够听得懂的"普通话"。此外，在纷繁复杂的资讯堆积中，梳理出资讯的理解逻辑和重要性顺序，方便受众对于最为重要的社会问题和相关资讯的把握和理解，也是传媒人在这一环节上重要的工作内容之一。

**3. 影响力的提升环节：选择最具社会行动能力的人群、占据最重要的市场制高点、按照社会实践的"问题单"的优先顺序定制自己的产品**

这一环节的中心问题是改变我国传媒过去那种单纯靠"跑马圈地"式的数量规模扩张来形成自己影响力的价值模式，而将形成影响力的重心转移到在资源有限、规模有限、市场份额有限的情况下如何提升自己的社会影响力和市场影响力上来。

在这一环节上操作的技术关键在于将自己的资源运用"聚焦"于下列三个方面，以形成价值的倍增效应：A. 选择传媒覆盖地区或领域中那些最具社会行动能力的人群作为自己主打的目标受众，以便通过他们形成以一当十的社会影响力；B. 选择一个社会或一个领域最为关键的地区或方面集中覆盖，以取得占据领域制高点的市场效应；C.要根据时代发展或领域发展的"基本问题单"自觉地定制传播产品，只有这种为社会所急需的资讯产品，才有可能"击中社会绷得最紧的那根弦"（汤因比语），从而产生巨大的社会影响力，为那些处在应对社会和自然挑战而应战状态当中的社会弄潮儿提供他们最为需要的信息支持、知识支持和智慧支持。否则，如果仅为社会提供"言不及义""鸡零狗碎"式的内容服务的话，即使做得很精巧，其社会价值也将是大打折扣的。

在这一环节上，抓住社会的主流人群，把握社会发展和领域发展的制高点、在内容制作上拥有一个明确的社会发展方面的"问题单"，这些能力和到位化的操作是提升传媒社会影响力的至关重要之点。

（作者系中国人民大学新闻学院副院长、教授、博士生导师）

**注释：**

[1] 引自《文化学词典》，中央民族学院出版社1988年版，第725页。

[2] 转引自吴伯凡：《与广告说再见之后》，《南方周末》1999年3月19日第12版。

[3] 这部分内容的详细介绍请参见喻国明：《媒介的市场定位》，北京广播学院出版社2000年版。

# 微博客的概念

孙卫华　张庆永

微博客这一概念译自于英文单词 micro-blogging，是博客的一种变体，用户可以通过手机、IM（如 QQ、MSN、Gtalk 等）、Email、web 等方式向个人微博客发布短消息，文本内容通常限制在 140 字符（70 个汉字）之内。

最早提出微博客理念的人是埃文·威廉姆斯（Evan Williams），他创办的微博客 Twitter 网是世界上最早提供微博客服务的网站。随时随地、无处不在的沟通是 Twitter 网站的理念，其宣传口号是：What are you doing？傻瓜式的提问保证人人都能回答。用户可以把自己的所见所闻、所思所想以只言片语的形式发送到个人微博客上。三言两语的表达，或是情绪宣泄，或是灵感突现的记录，抑或是自娱自乐，不一而足。

与博客相比，微博客的发布方式趋于多样化、简单化。由于其具备手机发送文本的功能，用户不必坐在电脑桌前，便能实现与网络的联通。从微博客的发送特性上来看，微博客具备了 4A 的元素（Anytime，Anywhere，Anyone，Anything）[1]，成为一种流动的互联网装置。

## 微博客的特征

（一）文本碎片化

微博客页面上的文本多是不成系统的，多数是闲言碎语的唠叨、琐碎的生活细节。而手机短信又促使了这种"无聊"信息的增长，从而使互联网的信息再次泛滥。

而网站是鼓励这种唠叨的。微博客"无聊阁"直截了当美其名曰"无聊也有聊",滔滔网站也向用户传达"唠唠叨叨,其乐陶陶"的概念,其结果是会进一步使得无意义信息增多,从而导致信息的泛滥。

微博客文本的碎片化,使得管理人员难以进行有效的议程设置。以 Twitter 为例,在首页显示的只有九条用户发来的信息,按照时间先后顺序排列,如果隔秒刷新就会出现变化。网站管理人员难以对这些信息进行有效的整合。再以中国微博客网站对 5·12 汶川地震信息进行议程设置为例,叽歪网推出了地震专题,但是还不足以将所有的与地震有关的信息进行有效的梳理与整合,从而也难以进行有效的议程设置。

### (二)半广播半实时交互

微博客是一个重要的信息中转站,用户能通过手机发送信息订阅某人的信息而无须登入 Web 网络,只需交纳短信费,而且同普通短信资费无任何区别。在这一过程中,微博客网站诸如"叽歪 de""饭否"不收取任何费用。微博客打破了大众用博客、Email、IM 等的交流机制,博客、Email 不利于及时沟通,是一种延时的交流;而 IM 则显得太近,若接到别人的消息需立刻回复。介于 Email 和 IM 之间的微博客更好满足了用户在人际关系中微妙的需求。

地类似于 Twitter 的微博客平台不同于论坛之处在于用户所关注更多的不是某个话题,而是某些用户的状态。例如,某用户通常是关注他的朋友、关注 CNN Breaking News 在 Twitter 上注册的用户,甚至关注美国 2008 年总统候选人奥巴马、希拉里、爱德华兹等用户在 Twitter 上发布的消息。"Twitter 网站的最大吸引力之一在于一种交流感。"( Sense of community is one of twitter's main attractions. )[2] 也正是由于这种半广播半实时交互的微博客机制,使得用户组成多个交流分享的小圈子,群体传播在这里得到凸显,而大众传播在这里被弱化。同时这也是微博客难以进行大众议程设置的原因之一。

### (三)自媒体、草根性更加突出

与博客相比,作为自媒介(we media)微博客把话语权进一步下放,保证让人人有话说,同时也进一步削弱了博客中精英的话语权,凸显了草根性与平民化。任何人都可以在微博客中表达自己、呈现自己,而且整个过程的实现较为简单。

微博客作为自媒介，在一定程度上也削弱了专业媒体的权力。与博客相比，微博客显然具有灵活、及时、迅速的特性。2007年旧金山大地震的消息最先是通过Twitter发布的。在5·12汶川地震发生后，Twitter上第一条关于地震的消息是在北京时间下午2点35分35秒，比彭博新闻社快了22秒。[3] 微博客作为自媒体，其专业性无法与专业新闻机构相媲美，但在突发事件中微博客的速度与力量不容忽视。

（四）更为个体化、私语化叙事特征

与博客相比，微博客用户发布信息所处的环境具有随意性与不确定性，这种随意性与不确定性包括用户发布信息的时间、空间、心理状态等因素。可以说微博客用户发布信息不需要深思熟虑，处于"随时发布"的状态，而博客的信息用户通常是用户经过思考与积淀之后完成的思想、情感、观念等的表达；前者满足的是用户的即时性表达的需求，而后者则满足了用户阶段化表达的欲望。

由于微博客对用户的发布状态没有过多的限制与要求，因此用户表达会更随意，这种状态往往导致用户的表达缺乏节制与约束。与博客相比用户很容易完成个人的表达，其文本的个人化、私语化的叙事特征更为明显。

随时随地在微博客上的"唠叨"，可以称之为"thought casting"（心灵的广播）或"life casting"（个人生活的广播）。从本质上来说，个人化、私语化的色彩更浓。部分用户可能会陷入"心灵的广播带来的自我迷恋的快乐感"（the narcissistic pleasures of thought casting）。而这种状态恰恰满足了用户的虚荣心与表现欲，也满足了某些用户的窥视欲。而这也会促使用户在个人的"私语"与"公共"之间找到一个最佳的平衡点。

**结语**

微博客由于其发布方式简单、快捷，因此赢得了许多网络用户的青睐。发布时不需过多的思考，也不必占用过多的时间便可以实现信息的发布成为区别于博客的一个重要特点。据《2007年中国博客市场调查报告》显示，有一半的博客用户因为没时间而放弃了对博客的更新。由此可以看出微博客能够对博客进行有益补充，但并不依附于博客。

微博客进一步催生了大众的书写与表达的欲望，但这种书写是碎片化的，与一般的文本格格不入，内容多元化、琐碎，没有标题，短短几十字一览无余。

当微博客的碎片化文本以"侵略"的姿态占据人们的生活时，大众会陷入玩味无意义信息的语境中，甚至被微博客"娱乐至死"。

微博客在满足用户窥视欲之余，最重要的是微博客平台下的交流沟通，而非在微博客上掀起的大众的集体狂欢抑或个人的孤独狂欢。

（作者单位：天津师范大学新闻传播学院）

**注释：**

[1] 穆荣均: blog and micro-blogging. http://dev.fanfou.com/wp-content/uploads/2007/09/microblogging.pdf. 2008—6—19。

[2] [美] Mary Ann Bell: What's all the noise of about twitter？. Mutimedia&internet@SHOOL. MAY/JUNE2008. 第37页。

[3] 金童:《地震报道微博客击败了主流媒体？》, http://www.gxnews.com.cn/staticpages/20080516/newgx482cf09f1487123.shtml. 2008—6—22。

# 微博客传播特性及盈利模式分析

卢金珠

**【摘要】**微博客已成为当下最热门的互联网产品之一。其所具有的单一性、碎片化、开放性、整合性、实时性、跟随性等传播特征,与此前的博客、论坛等互联网产品有着很大的区别,这些特征使得微博客在信息传播过程中别有魅力,正在改变着传播环境,未来的商业价值也存在巨大的想象空间。笔者认为,短信分成、广告、品牌服务、电子商务和虚拟产品可能是微博客可行的几类盈利模式。

**【关键词】**微博客;传播特性;盈利模式

## 一、微博客发展的五个阶段

以饭否等一批专业微博客网站兴起为起点,以新浪推出微博产品为市场引爆契机,现在微博客已经成为中国互联网上最为流行的产品之一,虽然诞生时间不长,在将来微博客的整个发展史上可能刚处于导入期阶段,但微博客的发展和流行,到目前为止可以说经历了五个小的关键阶段。

微博客鼻祖 Twitter 在 2006 年 3 月由 blogger.com 的创始人伊万·威廉姆斯(Evan Williams)推出,在中国则以饭否 2007 年的流行为代表,第一批的中国微博客用户多为 Twitter 和饭否等网站的用户。

2009 年初,微博客在国内突然又爆发了第二次浪潮,翻开各大主流的中文报纸、杂志,无不在探讨 Twitter 这种新型的社交平台,而国外的媒体更是不遗余力地对 Twitter 唱起赞歌,甚至学术界也在猛捧 Twitter。资本市场也在虎视眈眈,包括传媒巨头默多克都在密切关注着 Twitter 的一举一动。[1]

2009 年上半年之前,在国内活跃的微博客网站,是以饭否、嘀咕、做啥等代表的专业型网站,但由于网站内容管理等诸多问题,国内微博客代表网站饭否在2009年中开始无法访问,Twitter访问也受到限制,让微博客在国内的发展似乎蒙上了一丝阴影。

2009年下半年,新浪开始推出微博产品,还在内测阶段时,就已经吸引了大批业内人士和名人明星的关注。新浪微博以名人为切入口,短期内迅速扩张,并获得了业内好评,现在已经俨然成为中国网站微博产品的代名词。

2010年初,搜狐、网易也在积极内测自己的微博产品,人民网也于2010年1月开始内测人民微博。

而2010年1月,国内知名网站程序提供商康盛创想推出微博系统的测试访问,名为康盛微博CTT Beta版的建站程序宣告上线,接下来,在门户网站的带动下,微博客极有可能成为各类网站的标配产品,独立的微博客网站所面对的生存环境将更为恶劣。

## 二、微博客的传播特性

"这年头,没个围脖,还真不好意思跟人打招呼"——这句新浪微博略带调侃意味的宣传语,道出了微博客在网络传播和人际交往方面的价值。与E-mail、手机短信、即时通讯工具等产品相比,微博客有着自己独特的优势或特点。

表1 微博客与其他产品相比的特点和优势

| 其他产品类别 | 其他产品特点 | 微博客产品特点 |
| --- | --- | --- |
| E-mail | 封闭式 传播能力和媒体功能较弱 | 开放式 传播能力和媒体功能较强 |
| 短信 | 信息封闭 一对一 | 信息公开 一对多互动性强 |
| 论坛 | 公共空间 以话题为中心 | 个人空间 以用户为中心 |
| 博客 | 内容信息完整丰富 互动性较差 | 内容信息较短 互动性较强 |
| 即时通讯工具 | 信息封闭 注重好友关系 交互式信息传播 | 信息公开 注重单向关注 广播式信息传播 |
| 社交网站 | 封闭式 注重好友关系 功能丰富 | 开放式 注重单向关注 功能单一 |

没有一种媒介形态是万能的，上表简单列举了微博客与之前6类产品各自的特点比较，在一些方面各产品都有自己独特的优势，但综合来看，微博客有着较强的产品优势，尤其在用户参与方面，随着手机互联网的发展，微博客将拥有广阔的发展空间。

综合起来，笔者认为，微博客具有如下六个传播特性。

1. 单一性

微博客的基础功能特别单一：一句话描述用户当下的心情、状态、所见所闻所想，符合"小即是美"的哲学，这也是其受到追捧的原因之一。在信息泛滥的数字化时代，浮躁的社会和忙碌的生活让人们越来越难以停下脚步，Web2.0时代第一个典型代表博客写作都显得过于正式和烦琐，而微博客所推崇的随时随地、自由自在的风格，正给这一时代的人们提供了一个绝佳的平台。

2. 碎片化

"碎片化"是描述当前中国社会传播语境的一个形象说法。"所谓'碎片化'，英文为Fragmentation，原意为完整的东西破成诸多零块。就传播的影响力而言，以往依靠某一个（类）媒介的强势覆盖而'号令天下'的时代已经一去不复返了。一方面是传统媒介传播市场的份额在不断收缩，其话语权威和传播效能在不断降低；另一方面则是新兴媒介（如博客、BBS等）的勃兴与活跃，传播通路的激增、海量信息的堆积以及表达意见的莫衷一是，这便是现阶段传播力量构建所面对的社会语境。"[2]

在这里我们借用这个概念，因为基于"单一性"特征和140个字符的限制，微博客所生产、传播的信息，也具有碎片化特征：微博客的内容多数是个人琐碎的生活细节，或新闻、事态的滚动进展，每一条单独的内容，都只能表达有限的信息，呈现出"碎片化"的特征，甚至出现"口水化"的趋势。

但另一方面，"奇妙的是，尽管信息已经高度碎片化，但是它们能自发组织，完成对某个事件的完整报道和传播。也能够记录一个普通人生活中所有的点滴，以至于整体看下来，似乎是一部由俳句组成的个人史。"[3]

3. 开放性

开放API（Open API）是SaaS（Software as a Service，软件即服务）模式下常见的一种应用，网站的服务商将自己的网站服务封装成一系列API

（Application Programming Interface，应用编程接口）开放出去，供第三方开发者使用，即开放 API。以 Twitter 为代表的微博客对用户开放 API，超过 3000 种的 Twitter 应用都是用户根据公开的 API 开发而来的，这些第三方应用反过来又增强了 Twitter 原有平台对用户的吸引力。

国内其他微博客网站一般都陆续开放了 API，而新浪微博刚推出时，是完全封闭的微博客网站，不支持 API 和 RSS，之后推出了基于个别合作方的博客挂件移动客户端。

**4. 整合性**

基于开放性特征，微博客能够整合各类工具，表现出强大的兼容性：用户可以通过各种方式来更新自己的微博客：手机短信、桌面客户端、在线更新、IM，甚至可以通过输入法更新微博客。但目前国内微博客网站之间的开放、互联仍然遇到一些竞争障碍，例如腾讯滔滔曾经屏蔽过饭否的 QQ 机器人，饭否又曾屏蔽过叽歪和嘀咕的用户，相互之间的互联互通无法真正实现。

尤其值得注意的是，微博客通过手机短信这一渠道，真正实现了信息发布的随时随地。Twitter 的聪明就在于把 PC 平台和手机平台连接得很自然，手机成为首选平台也很自然，不用去教育用户，因为服务的性质决定如此，不这样就享受不好这个服务。从这个意义上说，Twitter 可能是网络史上第一个真正的基于手机的基础性互联网服务。[4]

**5. 实时性**

所谓"实时网络"，指的是发生在网上的实时社交活动，Twitter 就被称为实时网络的代表。"Twitter 上的信息有一个明确的时间轴，当你在上面搜索时结果呈现的绝对是最新的信息，而这一点以搜索大网站为己任的 Google 可能永远不能精准做到。"[5]

微博客的这一特征，已经引起了搜索引擎的高度关注，Google 在 2009 年底已经推出英文版的实时搜索功能，而百度最近推出的 i 贴吧产品，与微博则有着一定的差异，可以看作是百度在实时搜索方面的尝试。

**6. 跟随性**

这一特征被形象地比喻为"背对脸"：就好比你在电脑前打游戏，路过的人从你背后看着你怎么玩，而你并不需要主动和背后的人交流。

这一特征，反倒是 Web1.0 时代的广播模式，即 follow（跟随）模式。

这一特点，与QQ、MSN等即时通讯工具相比似乎互动性弱了一些，但其实各自有着自己的优势：即时通讯工具信息交流的双方，必须是好友关系或在同一个群组之中，信息交流和期望回复的迫切性较强；而微博客不强调好友关系，跟随者可以单向关注某一微博客，而被关注者可以不去理会跟随者，对跟随者的评论可以自主选择回复与否。

如果把一个微博客看作一份报纸，则其跟随者的多少，可以看作这份报纸的订阅用户。微博客报纸所发布的信息，被自动发送到跟随者的报箱中，而网络技术的发展，还可以实现这份报纸一对一或一对多地与订阅用户的交流。这一特征，为粉丝圈、品牌圈的建立创造了高效的传播平台，也将是微博客核心商业价值之一。

### 三、微博客盈利模式分析

也许对包括Twitter在内的微博客来说，盈利模式是近期内不用太过操心的问题，如何做大规模、优化用户体验才是眼下最关键的事情。但盈利模式迟早会成为微博客最为关注的问题之一，笔者认为，微博客主要的盈利模式，可能会包括如下五类。

**1. 短信分成**

这是微博客目前看来可能最简单、最容易实现的收入来源之一，大量的用户通过手机短信和彩信发布微博客，当用户数量足够庞大导致短信费用足够可观时，微博客运营网站完全可以凭借用户优势，与运营商洽谈收入分成。

**2. 广告**

这是最传统的一种模式，一个平台只要通过积累了足够的用户和流量，天生就具有了广告价值。以Twitter为例，其目前全球网站综合排名第12位（2009年11月—2010年1月三个月平均），2009年11月全球独立用户访问量为6030万，这个数据，已经具有足够的广告价值。

**3. 品牌服务**

使用微博客的不仅仅有网民个人，也有各类企业，无论是个人还是机构，都可以借助微博客网站的平台来宣传自己的品牌，而这一需求则为微博客商业价值的延伸奠定了基础。而微博客所具有的互动、整合等产品特征，加上网站强大的运营推广平台，又为品牌网络营销提供了强大的支撑，微博客网站完全可以通过为品牌提供一揽子服务获得收入。

举个例子，新浪微博目前针对名人和媒体机构等推出的 V 认证服务，完全可以复制到企业领域：一旦针对企业微博客营销的产品服务体系研发成功且时机成熟，则可以在企业缴费的基础上，对企业进行实名认证（例如在企业微博客名称上加上 V 字母或 A 字母），这些被认证的企业，则类似于拥有了淘宝的星级认证。目前，Twitter 已开始尝试针对部分商用户提供 VIP 服务，相信这一模式将来也会成为微博客的收入来源之一。

**4．电子商务**

电子商务可以看作是"品牌服务"的一个分项，由于电子商务整体上已经拥有了庞大的市场规模，而且本身具备较为完整的产品体系，因此在这里笔者把它单独列出。微博客网站能为品牌提供的一揽子打包服务，从技术角度可以有多种可能，但适合微博客产品特性、并受到网友欢迎的，将只是其中的部分功能，其中，电子商务似乎是比较典型的一种。通过微博客的平台，企业得以与网民建立互动关系，这首先就为消费者在诸多商家中寻找适合的一家奠定了基础。

**5．虚拟产品**

微博客用户不仅可以通过购买虚拟产品来装扮自己的微博空间形象，还可以通过参与一系列的在线游戏进行虚拟交易，或者享受高级别的产品模块服务，而网站则会通过提供虚拟产品和服务获得收入。

如上五大盈利模式，只是笔者对目前微博客发展的个人认识，也许，随着微博客用户的爆发式增长和微博客产品研发的不断深化，新的产品和服务将不断涌现，而最适合微博客的商业模式也将被开发，相信微博客还会有更为宽广的市场道路。

## 四、微博客可能给传播环境带来的变化

互联网的出现改变了媒体传播的格局。一方面，门户网站和各地新闻网站，通过整合传统媒体的内容资源，为网民提供了快速、全面的信息服务。另一方面，互联网也日益成为传统媒体寻找新闻线索和内容来源的巨大宝

库：Web1.0时期的典型代表是论坛，Web2.0时期的典型代表则是博客。直至今天，这两大平台仍在为传统媒体提供着丰富的内容：传统媒体从论坛中发现新闻线索，再进行深入挖掘，而新闻当事人、网民评论家则直接通过博客发布事件进展、新鲜热评，并被传统媒体广为引用。

从传播的四种类型角度进行分析，微博客在四种传播类型上都有其用武之地。第一，微博客用户记录自己状态、想法的过程，是一种典型的自我传播，类似日记的功能；第二，"What are you doing？"的定位，又决定了微博客内容希望与别人进行分享，跟随与被跟随的过程，可以看作一种虚拟的人际传播；第三，微博客的跟随性特别便于组织之间传递信息，伊朗大选期间民众通过Twitter进行游行的案例，充分证明了微博客在组织传播方面所起到的作用；第四，一旦某位微博客作者拥有了大量的跟随者，这个时候，他所发布的信息，就具有了大众传播的特性，可以一对多地快速传遍所有的跟随者，微博客的威力开始显现。

目前，微博客的商业价值还没有被充分开发，显现更多的仍然是信息传播工具属性并兼具有一定的媒体属性，但微博客作为一个新的交流互动平台，正在受到越来越多的人青睐。相比博客而言，微博客使用更加简单，用户所付出的单位成本、精力投入都更少，写作门槛更低，用户扩展更为迅速，为可能实现的媒体信息传播积累了庞大的通讯员队伍。同时，整合各类工具尤其是手机短信的优势，微博客具备了实时传播的特性，在面对突发新闻事件时，微博客的报道速度往往能领先于传统媒体。例如，在迈克尔·杰克逊逝世还未经证实之前，已经有大批歌迷赶到他就医的洛杉矶加州大学医院，原因就是Twitter上的消息传播。从这个角度来讲，即时性是微博客作为媒体传播最显著的特征。

微博客碎片化的内容特征，使得它的优势主要体现在对突发事件的第一时间报道方面（或许再加上后续简短的跟踪报道），而不太适合于进行深入报道。即微博客的报道符合新闻传播关于快速的要求，但未必符合全面、深入的要求。同时，微博客作者既不像传统媒体的记者编辑那样经过专业的新闻业务培训，其所发布的信息，也不像传统媒体那样经过专业的流程审核，因此微博客所传播的信息不确定性很高，甚至会存在作者故意散布虚假消息的可能。

从如上角度来看，微博客内在的信息生产、筛选和传播机制都尚未健全，作为一个媒体平台来讲，在现阶段还远未成熟。但不可否认，微博客已经具备了信息快速、广泛传播的基础条件，随着用户规模的迅速扩张，以及其内部运行机制的不断完善，它在社会信息传播中所能发挥的空间将越来越大，将来完全有可能成长为媒体新闻信息来源的一个重要渠道，并将纳入国家监管视野。例如，2009年11月1日，在中国互联网协会第三届二次理事会上，中国互联网协会副理事长高新民透露，将加强对微博客服务的管理，协会将制定《微博客服务自律规范》。

同时，传统媒体不单在对微博客的崛起进行报道，以及从微博客中选择新闻线索，还正在把微博客作为自己的另一个推广传播平台。《纽约时报》在Twitter上的官方网站已经有90多万名关注者，《华尔街日报》也有5万名关注者。它们将新闻在Twitter上实时更新。在英国，134家一线杂志都开辟了Twitter账号，其中《新科学家》(NME)(Dazed & Confused)等杂志的关注者都在2万以上。[6]而在新浪微博上，《三联生活周刊》的粉丝数已经超过12万，《中国新闻周刊》的粉丝数已经近10万，新浪头条新闻的粉丝数甚至超过了50万。

当手机刚出现的时候，很难想象它会给我们的生活带来多么大的变化，而现在，手机已经成为人们生活中不可或缺的伙伴，手机报也已成为4000万中国移动用户接收新闻信息的重要渠道，一些政府部门也逐渐开始使用手机短信这一方式，来发布政务信息、拜年短信。同样我们可以想象，微博客将在不久的将来，迎来它发展的一大高峰，成为Web2.0时代人们互动交流的一大平台。而微博客在信息传播方面的价值，也将逐步被认同并得到开发，更加完善的游戏规则将得以建立，更多的新闻将通过微博客得以迅速传播。

（作者系新浪河南网执行总编）

**注释：**

[1] 悠游：《微博客热浪袭来互联网下一次应用革命到来》，硅谷动力，2009—07—15，http://www.enet.com.cn/ediy/inforcenter/enet_zjsp?articleid=20090715501335。

［2］喻国明：《解读新媒体的几个关键词》，《媒介方法》2006年第5期，http：//media.people.com.cn/GB/22114/64606/75212/5244163.html。

［3］［5］姜晓明：《"我知道你在做什么"——欢迎来到twitter时代》，《南方人物周刊》2009年7月6日第26期总第167期，http：//news.sohu.com/20090703/n264965921.shtml。

［4］谢文：《Twitter的创新》，http：//blog.sinacom.cn/s/blog_513a2b800100dpjb.html。

［6］田志凌：《Twitter时代：人人都可发新闻》，《南方都市报》2009年7月12日，http：//www.nanfangdaily.com.cn/spqy/200907120032.asp。

# 何为新媒体？

廖祥忠

**【摘要】**随着基于数字技术的互联网的高速发展，传统媒体面临一场巨大革命。形形色色的新媒体已成为当今世界最重要的信息集散枢纽，它们在建构和谐社会的过程中发挥着越来越重要的作用。但何为新媒体，业界与学界至今没有比较普遍认可的看法。相关研究迫切需要行之有效的概念清理和范式创新。基于这样一种认识，本文在充分研究和剖析了各种新媒体学说的基础上，比较深入地考察了新媒体的即时交互、无限兼容等数字媒体特性，倾向于将当下的"新媒体"理解为以数字媒体为核心的新媒体通过数字化交互性的固定或移动的多媒体终端向用户提供信息和服务的传播形态。

**【关键词】**传统媒体；互动；融合；数字媒体；新媒体

何为新媒体？这是一个中外学界众说纷纭的话题。英国学者理查德·豪厄尔斯说：最可怕的事情莫过于静候作者对新媒体的论述。新媒体研究之所以被视为学术畏途，在豪厄尔斯看来，至少有这样三个原因：首先，这是一个极具变化的领域，即使是最时兴的研究，到它成熟时就可能已经过时了。其次，这是一个全新的领域，所以已经树立起来的重要文本和经典文本还很少。第三，甚至是"新媒体"的定义还有待解决。

我们已清晰地看到，在当今媒体创造的所有热点中，媒体自身也成了热点中的热点，尤其是狂飙骤起的新媒体，乍一出场就以包举宇内的气势横扫六合、席卷八荒。一时间，何谓新媒体、何谓媒体革命、何谓媒体转型、新媒体奇观、新媒体全球化、新媒体产业化等有关新媒体的话题成了各种学术会议和高峰论坛的中心话语。但令人疑惑的是，究竟什么是新媒体，无论是学界还是业界，迄今为止，还没有一个形成共识或普遍认同的说法。

## 一、传统媒体时代的新媒体

现代意义上的新媒体诞生于何时，这一直是个让学界伤透脑筋的难题。法国学者弗兰西斯·巴尔和杰拉尔·埃梅里合著的新媒体一书认为新媒体问世于20世纪70年代之后。日本东京信息大学教授桂敬一在《多媒体时代与大众传播》中提出20世纪80年代初出现新媒体热的说法。美国哥伦比亚大学新媒体中心主任约翰帕夫利克教授的《新媒体技术》一书在回顾历史的章节里加上了一个副标题千年之交的媒体，这个时段虽有较大伸缩性，尽管各家说法很不一致，但与多数学者将新媒体崛起看作数字化网络技术普遍应用的结果大体一致。

至于新媒体概念的提出，学界虽然已有不少相对具体的说法，但存在明显的矛盾之处。例如，有一种观点认为，美国 CES（哥伦比亚广播电视网）技术研究所所长即 NTSC 电视制式的发明者 P. 戈尔德马克（P. Goldmark）是"新媒体"概念的首创者。他在1967年发表的一份关于开发 EVRC 电子录像（Electronic Video Recording）商品的计划中第一次提出了"新媒体"（New Media）一词。1969年，美国传播政策总统特委会主席 E. 罗斯托（E. Rostow）在提交尼克松总统的报告（即著名的《罗斯托报告》）中更是多处使用了"新媒体"概念。由此，"新媒体"一词风行美国并很快蔓延欧洲，不久以后便成了一个全球化的新名词。

我们发现，这种颇为流行的说法其实并不确切，新媒体概念至少可以追溯到20世纪50年代。例如，1959年3月3日，马歇尔·麦克卢汉应邀赴芝加哥，参加全美高等教育学会举办的会议。会议的主题是"与时间赛跑：高等教育新视野与要务"。麦克卢汉讲演的题目是"电子革命：新媒体的革命影响"。在这次听众逾千人的大会上，麦克卢汉宣称：

从长远的观点来看问题，媒介即是讯息。所以社会靠集体行动开发出一种新媒介（比如印刷术、电报、照片和广播）时，它就赢得了表达新讯息的权利。印刷术把口耳相传的教育一扫而光，这种传授方式构建于希腊—罗马世界，靠拼音文字和手稿在中世纪流传下来。几十年之内，印刷术就结束了历经 2500 年的教育模式。今天，印刷术的君王统治结束了，新媒介的寡头政治篡夺了印刷术长达 500 年的君王统治。寡头政治中，每一种新媒介都具有印刷术一样的实力，传递着一样的讯息。电子信息模式的讯息和形式是同步的。我们的时代所得到的信息不是新旧媒介的前后相继的媒介和教育的程序，不是一连串的拳击比赛，而是新旧媒介的共存，共存的基础是了解每一种媒介独特的外形所固有的力量和讯息。

麦克卢汉所说的新媒体虽明显是一个历时性概念，他所罗列的印刷术、电报、照片和广播无一不是我们今天所说的传统媒体时代的新媒体。但麦克卢汉敏锐地看到，凭借电子手段，各种文化和各个媒介发展阶段的并存给人类提供了解放的手段，使我们能够从媒介的感知奴役中解放出来；媒介在各个发展阶段的特定倾向对人的感知都是一种奴役。他断言，有了电子媒介之后，我们就从这种奴役状态中解放出来了。麦克卢汉的讲演给我们认识新媒介的本质提供了一种以历史眼光和普遍联系的洞见。我们虽不能肯定麦克卢汉就是新媒体概念的专利拥有者，但可以肯定地说，一般教科书把戈尔德马克和罗斯托看作"新媒体"始倡者的依据，我认为是站不住脚的。

我们认为，即使从麦克卢汉关于新媒介的革命影响的讲话算起，新媒体研究至少也有近半个世纪的历史。当然，麦克卢汉的概念，与我们今天所说的新媒体已经存在着巨大的差别。毕竟，他生活在一个以报纸、广播、电视为主导媒体的时代。相对于现代新媒体而言，麦克卢汉以前的所有新媒体之新，与其说是对媒体脱胎换骨后之新质的界定，毋宁说是出于概念表述上的修辞学需要。当今时代的新媒体之新则不只是一个泛泛定性的形容词，它所包含的媒体革命性内涵已使新媒体这个堪称三代陈典的旧名词真正焕发出了数字时代的生机与活力。

## 二、当今时代的新媒体

就学术研究而言，学界并不缺乏新媒体的相关定义，反倒是定义的泛滥使得相关研究无所适从。当然，在纷繁芜杂的定义中也不乏见地深刻的说法。例如，上海文广新闻传媒集团总裁黎瑞刚说：所谓新媒体，是一个相对的概念，是对于我们平时见到的报刊、广播、电视等传统媒体以后发展起来的新的媒体形态，最常见的就是数字媒体。科技日报社汤东宁副社长认为：新媒体主要是指以网络为主体的传播平台。上海东方宽频总经理张大钟对新媒体的定义是：利用数字技术、网络技术，通过互联网、宽带局域网、无线通信网、卫星等渠道，以及电脑、手机、数字电视机等终端，向用户提供信息和娱乐服务的传播形态。阳光文化集团首席执行官吴征说：相对于旧媒体，新媒体的第一个特点是它的消解力量消解传统媒体（电视、广播、报纸、通信）之间的边界，消解国家与国家之间、社群之间、产业之间的边界，消解信息发送者与接收者之间的边界，等等。美国《连线》杂志对新媒体的定义：所有人对所有人的传播。值得注意的是，一提到新媒体就让人想到雨后春笋般涌现的通信与传播的"新武器"：数字电视、移动电视、IPTV、博客、播客、手机电视、短信、彩信、手机报、楼宇视频、报刊展架、户外广告等，各种传播新形式都想说自己是新媒体，相关业界都想成为新媒体的代言人。与此同时，学界对新媒体的定义也明显出现了越来越宽、越来越泛的趋势，几乎所有与数字技术有关的媒体都列入新媒体，结果，大多数关于新媒体的描述和评介文章在逻辑上存在着分类混乱的常识性错误，根本无法理清楚和其他媒体形式的区别，无法界定其中的内涵和外延。更有甚者，学界与业内的某些人为了这样或那样的目的批量制造信息烟尘，竭力起哄于"概念圈地运动"，以致某些颇有创意的新媒体学术研讨会和产品博览会，非但没有在学理上做出应有的建设性贡献，反倒使人们对新媒体的认识越来越含糊、越来越混乱。显而易见，究竟应该如何理解"新媒体"的问题还远远没有得到解决。巴尔和埃梅里在《新媒体》开篇就试图解答这样一个问题："新媒体新在哪里？"是指某一种酒是新的，还是像安德烈·舍尼埃谈论一种"新思想"。那种意义上的新，因而是在为某种最近才第一次出现的事物定性呢？还是像人们说某一种艺术、某一种风格、某一种语言是新的那样呢？就是说一种未见过的、新颖的、创新的东西，与传统的、固有的相反。是否更应该认为新这个形容词仅仅指状况的变化；各种媒体只是在它有不同的作用或追求不同目的时才成为新的呢？电视文字广播和星状结构的有线网络这样一些通信系统，从更完全的意义上来说是新的：它们实际上允许人与人之间或人与机器之间实现前所未有的通讯，与迄今已知的和试验过的通讯是根本不同的。对巴尔和埃梅里"新媒体新在哪里"的问题，中国学者也颇为关注。例如，刘吉认为"新媒体"新就新在"快、准、全、易"四个字上。这四个字的意思十分明确:"快",即传播的信息要快,即时、及时,准时。"准",或直击源头,或多方比照,可最大限度保证信息可靠性。"全",即信息全面、系统、完整,有问必答,有答必中。"易",随时随地,无时空限制,查询检索,如探囊取物。这种中国式的大而化之的说法大体上不会有错,但这种基于价值判断的定性思维对于技术科学研究的定量思维并无助益,因为,含糊的定性并未触及新媒体的本质。我们认为,"新媒体"具有鲜明的时代特征性。就当下及其发展趋势而言,还是要从最能体现新媒体本质特征的新兴数字媒体和传统媒体的数字化融合及其相关过程中发掘其深藏的奥秘。新媒体的本质特征,应该从媒体互动的新方式、媒体技术的新融合、媒体产品的互相依赖与交叠等众多因素中去寻找。在当今时代,我们倾向于将"新媒体"理解为以"数字媒体为核心的新媒体",它是通过数字化交互性的固定或即时移动的多媒体终端向用户提供信息和服务的传播形态。毋庸讳言,目前也有学者明确反对使用"数字媒体"这一概念,认为"数字媒体"也可以被人理解为制作过程的数字化,"照这样的理解,几乎所有的媒体都可以列入数字媒体的范畴"。但在我看来,趋近于无限的包容性正是新媒体不同于传统媒体的最重要特征之一。如前所述,新媒体与传统媒体之间的依存度和扩增性越来越强,这是当代媒体适应网络社会发展需求的必然趋势。传统媒体为了获得生存与发展,纷纷搭乘数字媒体快车,都希望在新媒体世界里抢占一席之地。电影和电视开始挪用电子游戏资源,音频和视频在网站空间肆意跑马圈地,各种媒体之间的协同关系成为新媒体市场范型和日益扩大化的全球化生产和营销生态的必要特征。尼古拉·尼葛洛庞帝在1995年出版的《数字化生存》一书当中,曾经在"被动的旧媒体"和"互动的新媒体"之间画出了一道明显的界限。他预测说,广播电视网将要衰落,取而代之的是"窄播"和按需定制的分众媒体。大众媒体铁板一块的帝国将会被拆分成许多家庭手工作坊,今天的媒体帝王将看到他们的中央帝国的坍塌。于是,旧媒体会被完全彻底地吸纳进入新媒体的轨道。然而,历史告诉我们,旧媒体从来不会死亡,真正死去的是我们用来获取媒体内容的工具。我们已经清晰地看到,新媒体借助于数字技术的亲和力,甚至可以在全新的传播平台上,像古罗马的祭司那样召唤那些"老媒体"的亡灵,让其隐含的"力量和讯息"以非物质的形式为新崛起的"网络社会"提供智力资源。不难看出,传统媒体时代的"新媒体"之"义"随"时移世易"而流变无定,如果不深入到媒体相对稳定的核心层面看问题,任何表浅化的所谓定义都不可能切中研究对象的本质特征。可是,当今时代的新媒体已经宽泛到无所不在的程度,只要有特定人群活动的平台皆可以新媒体自命。互联网上新媒体形式的急剧扩散,使人很难单纯从传播介质上去定义新媒体。有人断言:"互联网平台上的新媒体形式必将在其他传播介质平台上得以复制。包括:数字电视和IPTV推进下的电视平台;移动无线网络推进下的手机等终端平台;传统报纸杂志向数字平台的演进(不只是互联网,比如kindle)等。新媒体将属于所有新旧介质,包括电视、广播、手机,甚至还包括家乐福里的一块购物显示屏。"这种"新旧相对"的言论颇有影响,其合理性与局限性也都显而易见。我们认为,当新媒体的内涵发生了根本变化之后,传统媒体时代的"新媒体"概念,无论其当初具有什么样的远见卓识,在数字媒体崛起之后,这个概念的历史使命就算已经完成了。但在传统思维习惯和语言约定俗成等因素的综合作用下,风起云涌的强势数字媒体,被一向顺从大众的传统媒体顺手贴上了一个"新媒体"的标签,因此,来自"比特之城"的数字媒体不得不就"将错就错"地沿用了广播电视等模拟信号家族"户口"。必须明确的是,我们姑且认可"新媒体"这一"习非成是"的"俗名",但决不听任传统思维和言论麻木不仁地淹没其数字媒体的杰出品性和卓越才能。我们有责任赋予"新媒体"以符合其本质特征的时代内涵和真实意义。出版过《新媒体与创新思维》一书的清华大学新媒体传播研究中心主任熊澄宇教授广为人知的"新媒体定义"可以说是这种"相对论"的代表。发表于"人民网"的《清华大学熊澄宇:新媒体与文化产业》的文章指出:所谓新媒体是一个相对的概念,"新"相对"旧"而言。从媒体发生和发展的过程当中,我们可以看到新媒体是伴随着媒体发生和发展在不断变化。广播相对报纸是新媒体,电视相对广播是新媒体,网络相对电视是新媒体。今天我们所说的新媒体通常是指在计算机信息处理技术基础之上出现和影响的媒体形态。这里有两个概念,一个是出现,是指以前没有出现的;一个是影响,所谓影响就是受计算机信息技术影响而产生变化的,这两种媒体形态是我们现在说的新媒体。不难看出,新媒体是一个快速滚动和随时推进的概念。行业条块分割和学科各自为政,使得见木不见林的狭隘观念在各自的圈子里盛行一时，其具体表现之一是，只顾把眼前一轮多变的媒体归入新媒体范畴，对即将出现的新一轮媒体则只能得过且过地装聋作哑，如此命名新媒体，显然缺乏负责任的科学态度。再者，单以时间为刻度或以出现顺序为分类标准来定义媒体形式显然会陷入难以为继的尴尬。不言而喻，"新"与"旧"的说法并不能指认被定义对象的本质特征，而且也缺乏可持续的操作性，譬如说，即便我们可以将"新媒体"之后的媒体命名为"新新媒体"，那么之后的之后又该如何命名呢？

目前，我们已欣喜地看到，从内涵和外延两个方面界定新媒体的尝试已经取得了一些新的进展。我们倾向于认同这样一种看法：就新媒体的内涵而言，它可以看作是 20 世纪后期在世界科学技术发生巨大进步的背景下，在社会信息传播领域出现的建立在数字技术基础上的能使传播信息大大扩展、传播速度大大加快、传播方式大大丰富的、与传统媒体迥然相异的新型媒体。就其外延来说，新媒体主要包括光纤电缆通信网、都市型双向传播有线电视网、图文电视、电子计算机通信网、大型电脑数据库通信系统、通信卫星和卫星直播电视系统、高清晰度电视、互联网（Internet）、手机短信和多媒体信息的互动平台、多媒体技术以及利用数字技术播放的广播网等。这种开放的、发展的观点是《新媒体导论》的作者们最新提出的。我们不能肯定这个"新媒体"定义是否就是体现当下学界对"新媒体"学术研究和理性探索之前沿水平的精辟之论，不过，可以肯定的是对"新媒体"的新探索必将产生新认识。

### 三、走向无限融合的新媒体

新媒体把我们带进了一个伟大的时代，一个数字文明的时代。"传播学大师韦伯指出：假若把人类出现在地球上的 100 万年假定为一天，那么这一天的前 23 个小时，人类的交往与合作的发展都是空白的，一切重大的发展都集中在这一天的最后 7 分钟。我们有幸邂逅了这颗文明之果，它在人类艰难的发展史显得光辉灿烂。"毫无疑问，在人类文明的星空中，新媒体是最为明亮的星座之一。

按照法国学者新近出版的《新媒体》的说法，无论是"独立媒体"（包

第四部分　中国传媒经济学科影响力排名前 30 篇论文（数据截至 2015 年 6 月）

括录像带、影碟、计算机软件和教学软件）、"广电媒体"（即广播电视）还是"电信媒体"（如借助信号数字化、光纤和星状结构提供图像等互动服务的网络），公众对媒体的支配程度已出现了革命性的跃迁。新出现的技术和工艺，极大地延长或"倍减"了传统手段揭示或传输文字、资料、图像或声音的能力，如有线电视、卫星以及两者的并用极大地加强了新媒体的亲和力。新近出现的通过简单操作即可为我所用的所有"傻瓜型"设备，即极大兼容了人类远古时代发展至今的人脑的智力水平和肢体的灵活性。这些设备所延长的不仅是人手与脚，而且更多的是同视听功能结合在一起的人脑的智能。

今天我们已不能再把获得数字化技术的深度支持和广泛应用的"新媒体"简单地看作传播工具了。它们甚至不只是广泛地吸收和融合古今一切媒体优点的新技术、新工艺和易于操作的"延长人脑"的设备，事实上，新媒体已越来越成为人类自身不可或缺的重要组成部分。更为重要的是，给我们带来如此惊人变化的动力，还只是其乍起于青萍之末的新媒体微风，快速发展的数字媒体终将有一天会形成天落狂飙之势时，在没有亲眼看到那种辉煌灿烂的景象之前谁也无法预料，未来的新媒体世界还将创造出什么样的人间奇迹？美国网络新闻学创始人、博客报道形式首创者丹·吉尔默早在 2001 年 9 月 28 日的一篇博客文章中提出了一个颇有影响的媒体 3.0 说法：1.0 是指报纸、杂志、电视、广播等传统媒体或说旧媒体（old media）；2.0 就是人们通常所说的以网络为基础的新媒体（new media）或者叫跨媒体，但新闻传播方式并没有实质改变，仍是集中控制式的传播模式。例如数字电视、iptv 等这类传统媒体向新媒体的过渡形态，本质上仍属于旧媒体。而媒体就是以博客为趋势的 wemedia（还没有一个非常贴切的中文译名，可以译为"个人媒体""自媒体""我们媒体"或"共享媒体"）。在这一分类中，"新媒体"意义比较明确地定位在以数字媒体为核心的网络媒体的范畴内，而以博客为趋势的媒体说到底也不过是在突出媒体自主性的同时使"数字媒体"这个"核心"变得更加突出而已。在我看来，当下学界存在着一种热衷于将数字媒体某种表现形式（如"博客"）单独列入新媒体的趋向，这种"只见树木不见森林"的狭隘观点，通常只能给乱云飞渡的天空增添更多的迷雾，使我们对新媒体的研究工作更难取得拨云见日式的突破。如前所述，当下学界和大众媒体对"新媒体"的说法花样百出，但某些以事实为依据的核心内容是不容随意涂抹的。因此，即便在不同场合"新媒体"具有许多不同的名称，但以数字技术为核心的媒体本质是难以改变的。譬如，有些人习惯于把新媒体理解为网络媒体，而网络有时又被定义为"第四媒体"。按照相同的逻辑，人们似乎是顺理成章地把如日中天的手机定义为"第五媒体"，并有意无意地视其为新媒体的发展方向。值得注意的是，无论第四媒体还是第五媒体，都无一例外地被人理所当然地称为"新媒体"，如此命名，实际上隐含着一个以是否以数字媒体为核心或以数字技术为依托这样一套逻辑规则与选择标准。说起"第四媒体"，这个业已广为人知的概念不仅有一个比较体面的来源，而且还不乏学术上的依据。资料表明，"第四媒体"概念是在1998年5月联合国新闻委员会年会上由联合国秘书长安南提出的。他呼吁在加强传统的文字和声像传播手段的同时，应利用最先进的第四媒体互联网，以加强新闻传播工作。1999年4月14日在北京召开的第二届亚太地区报刊与科技和社会发展研讨会，首次确定了第四媒体的概念，同时在新华社播发的通稿中有这样的表述："中外专家提出，以互联网和信息高速公路为主体的第四媒体的影响力在10到20年之内将可能超过报刊、广播和电视。"这种基于传播方式的媒体分类法按照媒体的发展将媒体划分为"纸媒介的传统报纸"、"电波为媒介的广播"、"基于电视图像传播的电视"和"基于互联网传输的网络"四个不同的阶段。互联网并非仅有传播信息的媒体功能，它还具有电子邮件、电子商务等重要功能。因此，从狭义上说，"第四媒体"是指基于网络这个传输平台来传播新闻和信息的网站。有意思的是，以前我们经常看到"第四媒体还有新媒体网络媒体数字媒体新兴媒体"等不同叫法。[13]根据"史坦国际论坛"（www.stanchina.com）提供的资料，联合教科文组织关于新媒体有过一个相当简洁的定义）新媒体就是网络媒体。这种观点至今仍然颇有影响，如美国新媒体艺术家列维曼诺维奇认为：新媒体将不再是任何一种特殊意义的媒体，而不过是一种与传统媒体形式没有相关性的一组数字信息，但这些信息可以根据需要以相应的媒体形式展示出来。从一定意义上说，这个与传统媒体形式没有相关性的一组数字信息正是我们所理解的新媒体。当"第四媒体"概念产生一定影响时，"第五媒体"概念似乎顺理成章地"跟随出场"了，新近出版的《第五媒体》堪称是这方面的代表作。作者朱海松重点对第五媒体的定义、以第五媒体为基础的无线广告的发布形式、应用标准和广告效果等问题进行了全面的探讨。其中对第五媒体的分众性、定向性和互动性特点的描述颇为精彩，但读者和同行对作者关于"手机增值业务 SP 开发的所有产品都是媒体"等观点有许多不同看法。一般认为，第五媒体是以手机为视听终端、手机上网为平台的个性化即时信息传播载体，它是以大众为传播目标，以定向为传播目的，以及时为传播效果，以互动为传播应用的大众传媒平台，它同网络媒体的对接融合只是时间问题。本质上与所谓的第四媒体没有区别，因此，我们认为，现在讨论"第五媒体"似乎还为时过早。

不过，在我看来，新媒体走向融合、走向体验已成不可阻挡之势。当有线无线完美融合之时第四媒体必将获取立于不败之地的存身法宝，三网合一被广泛地应用于通信实践之后，一个成熟的新媒体时代就会真正到来。尽管我们对第五媒体的提法有不同意见，但有一个不容忽视的事实仍然会让我们对一切真正关注手机媒体的研究刮目相看，这个事实就是：中国目前有 5 亿人拥有手机，未来几年内中国会有 8 亿人拥有手机。手机被说成是超级媒体、"万能终端"也许有些夸张，但它的确代表着新媒体的发展方向。有数字时代的麦克卢汉之美誉的莱文森在《手机》一书的结尾时充满乐观地说：独立于手机的互联网，开发了海量、多样且易于检索的信息。有了手机之后，我们不但能够获取这些信息，而且能够与任何人交谈在阳光下、大海边、山顶上或城市中心的繁华街道边，想和谁交谈都行。有了手机之后，我们就不再二者必选其一：信息或现实、交谈或自然。那真是鱼和熊掌两者皆得，无须更多的历史考察就可以断定，未来的新媒体将是以数字媒体为核心的融合、融合、再融合，即传统媒体与新媒体融合、三网融合、有线网与无线宽带网融合。无论是政治、经济、技术还是艺术、业界、市场，未来媒体的新主宰，已经无可争辩地出现了趋向于移动多媒体的强劲态势，我们有理由相信，以"数字媒体"为核心以网络手机为代表的新媒体，在激烈的媒体竞争过程中必将脱颖而出，成为无与争锋的万能媒体终端，并引领时代潮流奔涌向前。

（作者系中国传媒大学动画学院院长、教授）

**注释：**

［1］理查德·豪厄尔斯:《视觉文化》，葛红兵等译，广西师范大学出版社 2007 年版，第 202、225 页。

［2］［日］内川美芳等编：《媒体用语词典》（东洋经济新报社 1982 年版）；明安香：《信息高速公路与大众传播》（华夏出版社 1999 年版）；陈刚等：《新媒体与广告》（中国轻工业出版社 2002 年版）；蒋宏等：《新媒体导论》（上海交大出版社 2006 年版）等著作都认同这一说法。

［3］马歇尔·麦克卢汉：《麦克卢汉如是说》，何道宽译，中国人民大学出版社 2006 年版，第 3 页。

［4］通过谷歌等搜索引擎的帮助，可以轻松收集到数以万计有关"新媒体定义"的信息。

［5］弗兰西斯·巴尔、杰拉尔·埃梅里：《新媒体》，张学信译，商务印书馆 2005 年版，第 7 页。

［6］刘吉：《新媒体的定义以及新老媒体的关系》，http://www.1tt911.com 2008—3—10  12:52:20。

［7］匡文波：《"新媒体"概念辨析》，《国际新闻界》2008 年第 6 期。

［8］胡泳：《"新媒体"新在何处?》，《21 世纪商业评论》第 39 期。

［9］曹增辉：《新媒体定义的难点》，http://www.caozenghui.cn/archives/2631html？lu。

［10］熊澄宇：《新媒体与文化产业》，http://media1 peop le1 com1 cn/GB/35928/36353/31601681h tm l vl。

［11］周寰主编：《点击网络文明》，中国城市出版社 2001 年版，第 2 页。

［12］"倍减"法文原词是 démultiplier，一般指把某物减去若干倍。《新媒体》里的这一概念所指的是要把电视只对真观众的主动单向传输，改变为电视同观众之间的互动双向传输，以改变当前法国不少观众对电视的疏远态度。这种改变，从电视的传输量来说，就称为"倍减"。《新媒介》第 5 页。

［13］许行明、杜桦、张菁等：《网络艺术》，北京广播学院出版社 2001 年版，第 22 页。

［14］转引自刘军：《试论影像媒体语言的流变》，《广播电视与教育》2003 年第

2 期。

［15］朱海松：《第五媒体：无线营销下的分众传媒与定向传播》，广东经济出版社2005年版。

［16］保罗·莱文森：《手机》，何道宽译，中国人民大学出版社2004年版，第151页。

# 媒介融合前景下的新闻传播变革

## ——试论"融合新闻"及其挑战

蔡雯

**【摘要】** "融合媒介"与"融合新闻"是目前传媒业全球性发展的前沿课题。传统大众媒介的数字化生存和普通公众对新闻传播的"分享",成为新闻传播发展的必然趋势。本文通过对中外新闻传媒最新变化的观察和研究,分析了"融合新闻"使新闻传播业务正在发生的变化,以及这种变化带来的挑战。

伴随着数字技术的广泛运用与网络传播的迅猛发展,传媒形态的推陈出新与传媒产业的整合重组已是当今全球性的热门话题。在这一变局中,新闻传播也正应势而动,从规则、流程到渠道、方式都在发生巨变。突破传统的载体藩篱,以"融合新闻"赢得竞争,成为新闻传播变革的必然走向。

## "融合新闻"的现实基础

"融合新闻"(convergence journalism),在西方新闻传播界已经不是新名词,也有美国学者称之为"多样化新闻"(Multiple-journalism),主要特点是采用多媒体手段进行新闻传播活动。"融合新闻"的尝试在美国开始于21世纪初,最早做这项实验的是论坛公司(The Tribune Company)和媒介综合集团(Media General Inc.)。这两家公司都以自己所拥有的并且同在一个地区的报社、电视台和网站作为基础,构造了不同类型的"融合新闻"的平台,并取得引人注目的成果。在澳大利亚、新加坡等国家,"融合新闻"也同样有所收获。

显然,"融合新闻"的前提和基础是"融合媒介"(convergence media)。大众媒介从各自独立经营转向多种媒介联合运作,尤其是在新闻信息采集发布上联合行动,能最大限度地减少人力、资金和设备的投入,降低新闻生产成本。而且,不同类型媒介的联合运作,能够对已经占有的媒介市场起保护作用。比如报纸因为电视、网络媒介等竞争对手的出现市场不断被侵袭,发行萎缩和广告销量下降在所难免,产品单一、单独运营的报社很难应付市场变化。但在集中和融合的媒介集团中,不同的媒体可以通过生产流程的设计与控制实现资源重整,利用不同类型媒介的介质差异,在新闻信息传播上实现资源共享而又产品各异,化竞争为合作,结果就能联手做大区域市场,并且在这一市场上占据垄断地位。因此,美国新闻学会媒介研究中心主任Andrew Nachison将"融合媒介"定义为:"印刷的、音频的、视频的、互动性数字媒体组织之间的战略的、操作的、文化的联盟"[1],他强调"融合媒介"最值得关注的并不是集中了各种媒介的操作平台,而是媒介之间的合作模式。这一观点不无道理。

笔者认为,"融合媒介"还有一层值得重视的含义,那就是在数字技术与网络传播推动下,各类型媒介通过新介质真正实现汇聚和融合。据英国《自然》杂志报道,一种可折叠的电子纸已经研制成功。像电子纸这类新介质,甚至今天我们还难以想象的更新一代的媒体,能将报纸、收音机、电视机、电脑、手机等等信息终端的功能和特点汇聚于一体,通过无线传输,成为未来人们获取新闻信息的接收终端。对于这样的新媒体而言,"融合新闻"必将超越"媒体组织之间的战略的、操作的、文化的联盟"这一界定,不只是"媒介之间的合作模式",而演变成一种独立运行、流程完整、操作规范的新闻生产模式。虽然今天我们还难以预言"融合新闻"的最终形态,但可以确定的是,现在我们已经面对的所有媒介上的新闻,从传统的报刊新闻、广播新闻、电视新闻,到被视为新媒体成果的网站新闻、手机短信新闻、手机报纸新闻、电子报纸新闻、电子杂志新闻,以及基于 RSS 的聚合新闻、基于 WEB2.0 技术的博客新闻,等等,都是孕育培养"融合新闻"的土壤。在我国现阶段的新闻传播中,各类型媒介的共同参与和互动为推进"融合新闻"准备了条件。一方面,新媒介在不断加盟新闻传播阵营,从商业门户网站到功能强大的搜索引擎，纷纷借助于传统媒体的新闻生产力，通过汇聚新闻信息，在新闻传播中扮演着重要角色。此外，手机短信近年来在政府公共信息发布和新闻传播中的功能越来越引人注意；个人媒体如博客等在新闻传播中的作用同样不容忽视。

另一方面，传统媒介在新闻传播活动中对新媒介的借助和运用已成习惯，如用计算机辅助新闻报道、通过手机短信获取新闻线索、利用手机和网站搭建受众参与直播节目的平台、将博客内容转载（播）到传统媒介上，等等。更进一步，传统媒介通过数字化技术和网络传播途径，直接衍生出了新媒体，如电子报纸、手机报纸、电子杂志、网络广播、网络电视等。这些新媒体本身已经是"融合媒介"的成果。

可以说，在全球范围内"融合媒介"与"融合新闻"今天都还处于探索阶段，但随着宽带网的普及，"融合新闻"必将成为新闻传播的主流，传统新闻媒介走向网络化生存是大势所趋。

令人忧虑的是，"融合媒介"目前在我国还面临着行业壁垒和规制障碍。如网络电视兼容了电信网络和广电内容，其发展受来自电信、广电、文化部三部委的共同监管，当电信运营商进入广电领域，行业之间的利益纷争便成为这一新媒体发展的绊脚石，去冬今春在福建、浙江出现的阻击网络电视的风波就是一个典型例证[2]。此外，我国传媒集团跨地区、跨行业的发展同样面临着因行政区划、行业分割等因素而起的困扰。因此，要真正盘活我国媒介资源，推进"融合媒介"和"融合新闻"，做强做大我国的媒介集团，加大体制改革力度迫在眉睫。

## "融合新闻"促使新闻传播发生的变化

"融合新闻"，无论是作为媒介组织间的合作，还是作为未来新媒介的新闻生产模式，都是对传统新闻传播范式的整合与重构。虽然这种整合与重构刚刚起步，但我们已经能够看到新闻传播实践中正在出现以下变化。

（一）新闻信源结构与新闻传播主体发生变化

在传统大众媒介垄断新闻传播的时代，为新闻媒介提供信息的主要是政府机构、社会团体和企业组织,承担采集与发布新闻信息的主要是职业新闻工作者及作为"准新闻工作者"的新闻通讯员。虽然不少媒介开设了热线电话,或通过来信来访渠道获取来自民间的信息,但这类信源在数量上远不能与前者相比,采用率也较低。新媒介的出现,使普通公民获得了从未有过的参与新闻传播的能力,他们借助手机、博客、播客、BBS等,发布新闻表达观点。在全世界范围内,"草根记者"在重大突发事件现场发布的新闻一次次产生了全球性的轰动效应,从东南亚海啸到英国伦敦地铁爆炸事件,第一时间发出的现场新闻报道都出自普通民众而非职业记者。虽然专业媒介组织在新闻传播中依然占据主导地位,但不能否认的是,新媒介正在改变大众传播的面貌,个人对个人、个人对多人、多人对多人的传播网络已经形成,传者受众一体化将成为新闻传播的主体特征。

目前,我国博客已经突破4000万,平均每天有30.5万篇博客文章被上传到网上[3],这一巨大的新闻信息源已成为传统媒体开发利用的对象,如杭州的《都市快报》在对哈尔滨停水事件的报道中就连载了东北市民的博客日志[4]。手机媒体也同样催生出新的新闻信息源,《北京青年报》等地方报纸开设了彩信新闻栏目,广泛征集读者用手机拍摄的新闻现场照片。凡此种种,说明新闻传播主体在由职业新闻工作者独家垄断转变为职业人员与社会公众共同分享,新闻信源也随之发生了结构性的变化,博客越来越多地从由个人化媒体走入大众传媒,来自普通民众的新闻和言论在新闻传播中占据越来越大的比重。值得我们注意的是,这种改变也使得新闻传播效果具有越来越大的不确定性,新闻媒介组织对新闻传播的控制也越来越难。

(二)新闻媒介组织结构与工作流程发生变化

"融合新闻"在21世纪初出现,是以媒介之间的合作以及媒介组织结构与工作流程的改变为前提的。如美国媒介综合集团2000年投资4000万美金在佛州坦帕市建造了一座传媒大厦,取名"坦帕新闻中心"(Tampa's News Center),将属下的坦帕论坛报及其网站Tampa Bay Online、电视台WFLA-TV,还有集团网站TMO.com的编辑部门集中起来运行。集团设立"多媒体新闻总编辑",统管三类媒介的新闻报道,使三类媒介在新闻采编方面实现了联动。[5]未来更新一代的"融合媒介",会以一种什么样的组织结构和工作流程完成新闻的采集和制作？则是目前还很难回答的问题。

在我国，这样的尝试也已经开始，如河南报业集团进行了报网互动的尝试，《河南日报》与河南报业网共同主办《焦点网谈》栏目，每周二、四在报纸上刊登两个整版；报社的总编和记者们协助网站开设《总编在线》《记者连线》栏目，网站则为报纸提供征稿园地[6]。浙江日报报业集团与浙江移动、浙江在线合作开通《浙江手机报》，推出全国首家数字报纸，并与北大方正合作开发了"数字报刊与跨媒体出版系统"，实现传统报纸、数字报纸、光盘出版以及全文数据库产品一体化生产和多元化出版。实践证明，报网互动能为区域性报纸打破传播的地域限制提供渠道和平台，直接带动媒介影响力的增强和经济效益的增长。

（三）新闻载体性能与新闻传播方式的变化

与报纸、广播、电视这些传统的大众传媒相比，通过互联网传播的新一代媒介实现了载体性能的根本改变，为新闻传播变革提供了更广阔的舞台。因为普通民众能够通过发送手机短信、撰写博客日志、发起网络群聊，在任何时间任何地点对任何人进行传播，因此，从整个社会范围来看，新闻传播方式从传统媒介主导的单向式变为专业媒介组织与普通公民共同参与的分享式、互动式，大众传播与人际传播更加紧密地结合与汇流。这种新格局一方面造成新闻信息供给过剩，另一方面也促成人们对专业媒体组织整合、诠释信息的更多依赖。相对于新媒体而言，在专业人才、传播经验和社会公信力等方面具有优势的传统媒体，更具备诠释新闻的资格和能力。但如果不注意通过与新媒介的融合扩充信息容量、改变新闻传播方式，传统媒体整合加工新闻信息的水平将很难提高。

随着技术发展，网络媒体的融合功能仍在不断增强，接受与发布新闻的手段和方法也越来越多样化，新闻信息传播将普遍采用多媒体方式，最终在新的终端介质上实现听、读、看、写、说、录等等手段的自由选择和组合，新闻传播体现出更加自由、更加人性化和更加方便快捷的特点。值得重视的是，随着传播手段和方法的改变，对新闻传播内容整合加工的难度也越来越大，如何对内容精准定位、对表现方式适当选择、对传播流程有效地进行控制与管理，成为所有新闻媒介面临的新问题。

## "融合新闻"带来的挑战

第一,"融合新闻"对媒介规制和内部管理提出了新的要求。

因为融合新闻以融合媒介为基础,因此妨碍融合媒介的管理体制需要改革,要打破媒介管理区域分割、行业分割的藩篱,使媒介集团跨地区、跨媒体发展更加顺利。在媒介集团内部,也需要进行组织机制与管理模式。因为传统的新闻传播业务是以单一的媒介形态为基础的,所运用的技术手段也相对有限,如报纸新闻局限于文本和图片传播,电视新闻主要以图像和声音传播为主。在这样的基础上,各媒介形成了自己的组织结构和新闻采编流程,日报按 24 小时的周期运转,电视根据新闻滚动与栏目架构的需要操作。而"融合新闻"恰恰要打破这样的限制和流程,要在全方位的技术运用和所有形态的媒介介质基础上整合新闻传播,建立新的流程。在这样的背景下,采编管理不再是一报一台各行其是,而是跨媒介的团队合作,是多种媒介新闻生产流程的重组和整合。新闻采集一次性完成,新闻加工方式与发布渠道却是多元化的,新闻信息资源由此能得到全方位的深度开发,新闻产品链由此形成。在"融合新闻"的框架下,我们需要针对更加小众化、更精准的媒介定位,制作适合不同对象的多样化的新闻产品,并且在新闻传播中与公众分享与互动。比如用"融合新闻"的思路来做突发新闻报道,派往现场的就必须是一个小组,他们不再是报纸的记者或者电视的记者,而是为集团组织中所有的媒体采集新闻的专业记者团队,他们的新闻作品是多媒体形式的,文字报道、新闻图片、现场录音、新闻录像等一应俱全。而且在专业人员从事新闻采集加工的过程中,社会公众发布新闻信息和表达观点的权力得到充分尊重,来自公众的信息本身就是新闻内容的重要组成部分。在团队作业的前提下,新闻采集与新闻载体是分离的,团队成果不为某一个载体所独有,载体的使用完全以新闻传播的整体效果最优化为目标。从管理学的角度说,这是一种最复杂的网状组织结构的管理,每一套新闻产品生产都对应所有的媒介,每一个媒介都能在成套的新闻产品中获得最适合自己的那一部分。而整体上看,这些新闻产品是有差异的,包括内容的差异、角度的差异、表现形态的差异等。也正是这些差异,使媒介定位的差异得以实现。

第二,"融合新闻"对职业新闻传播工作者提出了更高的要求。

从美国已经获得成功的"融合新闻"案例中可以看到,融合媒介后需要两类新型人才:一是能够在多媒体集团中进行整合传播策划的高层次管理人才;二是能够运用多种技术工具的全能型记者编辑。

第一类管理人才不同于传统媒体的管理者,他必须是精通各类媒介的专家,知道技术发展为新闻传播所提供的可能性,知道如何运用这些技术使新闻内容得到更好的表现。因此,懂新闻、懂技术、懂管理而且擅长策划,是这种人才的必备素质。这类人才不是高校能够培养的,只能在媒介竞争中大浪淘沙磨炼出来,具有多种媒介工作经历并有管理才干的业务人员成才希望更大。

第二类人才的主要特点是技术全面。如美国媒介综合集团所融合的媒介都是同处一地的地方媒体,派往异地采访的记者都是多面手,他们能够同时为报纸写文字稿件、为电视拍摄新闻节目、为网站写稿。这种全能型的新闻人才是可以通过对现有的新闻专业人员的技术培训来获得的,目前美国有一大批新闻院校、新闻媒体和媒介组织正在进行这类培训,很多文字记者在学摄像技术,报纸编辑在学音频视频编辑和图表制作等。美国的一些著名新闻学院已经开设了"融合新闻"专业。在我国,这方面人才的培养还需要加大力度。

第三,"融合新闻"需要公民具备更高的媒介素养。

因为"融合新闻"不仅是各类型专业媒介新闻传播业务的融合,也是普通公民借助网络媒介参与新闻传播的一种"共享式"的新闻实践活动。当媒介组织之外的个人能够成为新闻传播者的时候,新闻媒体不仅将更加"分众化",而且将越来越多地扮演"公共交流平台"的角色。在这个平台上,职业新闻从业人员与社会公众是平等的,新闻与观点的交流与交锋在所难免,信息良莠不齐、鱼龙混杂也在所难免。如何更好地使用媒介,提高对新闻信息的辨别力,并在新闻传播活动中遵守法规、加强自律,成为每一个参与新闻传播的公民面临的新问题。因此,在加快法律建设步伐的同时,加强对国民的媒介素养教育非常重要。这种教育是在新闻传播专业教育之外的更加普及的教育,应该从中小学生抓起,在全社会范围内展开。

## 注释：

[1] Andrew Nachison, Good business or good journalism? Lessons from the bleeding edge, A presentation to the World Editors' Forum, HongKong, June5, 2001.

[2] 参见杨莹:《网络电视搅动电视产业利益链》,《传媒观察》2006年第3期。

[3] 参见姚志锋:《博客——互联网的新经济时代》,《中华新闻报》2006年3月29日。

[4] 参见樊一彪:《站在新媒体的肩膀上——从哈尔滨停水事件看传统媒体的报道创新》,《新闻实践》2006年第1期。

[5] 参见蔡雯:《新闻传播的变化融合了什么？——从美国新闻传播的变化谈起》,《中国记者》2005年第9期。

[6] 参见朱夏炎:《让报纸与网络共赢》,《新闻战线》2006年第3期。

# 解读新媒体的几个关键词

喻国明

什么是新媒体？新媒体意味着技术的进步、传播语境的改变、传统话语权的解构和内容生产方式的转变。解读新媒体，以下几个关键词必不可少。

## 一、数字化

信息技术的进步始终是一种改变世界的最具有革命性的力量。

像以往人类历史长河中具有革新意义的信息技术发明问世——造纸术、印刷术、无线电广播极大地推进人类文明一样，数字化技术的浪潮将把我们带入人类文明的新世纪。

尼葛洛庞帝在《数字化生存》中指出："信息技术的发展将变革人类的学习方式、工作方式、娱乐方式，一句话，人们的生存方式。"而"当一个个产业揽镜自问'我在数字化世界中有什么前途'时，其实，它们的前途百分之百要看它们的产品或服务能不能转化为数字形式。"

新媒体最重要的特征就是科学技术的进步所带来的数字化传播方式。

数字化为传媒业自身带来了什么？目前我们至少可以看清楚这样一些事实：它彻底冲破了传统媒介一向自守的介质壁垒，新媒体产生，一种媒体大融合的趋势正在呈现；它极大地改写着现有传媒市场的版图和游戏规则，使旧有的运作架构和赢利模式日渐式微，催生着与这一时代发展相适应的新媒体和新型产业模式；特别是数字化传媒在颠覆传统产业的同时，更创造着新的产业和新的商机。

——据美国战略分析市场调研公司预测，2005年全球数字电视机的销售量将增长 38%，达到 6820 万台。到 2010 年，销售量将超过 1.81 亿台，其中北美地区占 65%，亚太地区占 19%，欧洲地区占 14%。2010 年全球数字电视的销售收入将超过 390 亿美元，北美地区大约将占整个销售收入的三分之二；亚太地区新兴市场的份额为 19%；欧洲的市场份额为 14%。据预计，2005—2015 年，我国数字电视市场规模将由 600 亿元扩张到 5000 亿元，2010 年数字电视接收机市场将达到 2050 万台，其中蕴藏的市场商机更高达 1 万亿元。这里列举的还仅仅是作为数字传媒市场的冰山一角。

数字化传媒是新媒体的显著特征。这个特征改变了以往大众传播的特点，更加适应受众需求的多样化和受众市场的细分化；以往媒体单向传播的特点，变成了具有双向互动的功能，信息接收的主动权越来越多地向受众方面转移；数字化传媒改变了以往受众收听收看广播电视必须同步性的特点，而实现了异步性，即受众在任意选定的时间进行收听收看，如有兴趣有必要可以反复收听收看；数字化传媒改变了以往媒体信息受控严格的局面，使信息的传播流通更为自由，尤其是互联网通过其各种强大的功能，形成了海量信息源；数字化传媒改变了以往众多媒体地域性传播的特点，使传播的范围扩大至全球，它是推动全球化的强有力因素，它使任何人在任何地点任何时间都可以与其他任何人进行任何形态信息的沟通交流。

诚然，数字化传媒和新媒体在产生积极作用的同时，也会产生负面作用和新的问题，这些问题包括假新闻及不良信息泛滥、公民的隐私权更易遭到侵犯、著作权保护面临困难等，这些都需要认真对待甚至有待国际社会的合作。

数字化系统的搭建要求我国的传统媒体重新考虑内容的丰富扩充与质量提升、资源的共享与合理使用。标准和平台的建立更是牵涉到各方利益的博弈。一个国家、一个社会的成功，在很大程度上基于这个社会中的不同群体对未来是否都怀有某种期待，他们之间会有争吵、辩论，其中一些团体是出于短期利益，而同时有一些群体是为更长远的利益着想。在这中间，我们看到数字化传媒在中国是有极其光明的发展前景的。

当数字化传媒在世界及中国蔓延开来的时候，我们手中并没有完全清晰的路线图。机遇与挑战并存，我们所能做的就是，不断地探索，不断地探讨，然后不断地创造和修正。而今天我们能够聚合在一起，就是对这种巨大的发展机遇问一声:"你好!数字化。"

## 二、传播语境的"碎片化"

"碎片化"是描述当前中国社会传播语境的一个形象性的说法。所谓"碎片化",英文为Fragmentation,原意为完整的东西破成诸多零块。有研究表明,当一个社会的人均收入在1000—3000美元时,这个社会便处在由传统社会向现代社会转型的过渡期,而这个过渡期的一个基本特征就是社会的"碎片化":传统的社会关系、市场结构及社会观念的整一性——从精神家园到信用体系,从话语方式到消费模式——瓦解了,代之以一个一个利益族群和"文化部落"的差异化诉求及社会成分的碎片化分割。因此,就传播的影响力而言,以往依靠某一个(类)媒介的强势覆盖而"号令天下"的时代已经一去不复返了。一方面是传统媒介传播市场的份额在不断收缩,其话语权威和传播效能在不断降低;另一方面则是新兴媒介(如博客、BBS等)的勃兴与活跃,传播通路的激增、海量信息的堆积以及表达意见的莫衷一是,这便是现阶段传播力量构建所面对的社会语境。

面对这样的现实,首先应该明确的是我们应对"碎片化"的基本态度。的确,许多知识精英往往怀念那种社会整一性阶段时的那种统一目标与绝对共识,而对于现阶段的杂芜、混乱、娱乐以及物欲抱以偏见和批评,低估了"碎片化"现实背后的社会进步价值。其实,碎片化以及与碎片化相伴随的传播领域的分众化,并没有改变我们社会进步的趋势和潮流,它不过是除旧布新的一个必要的中介阶段。在这一阶段上,以往被忽视甚至被损害的普罗大众及每一个个体的个性与价值得到了前所未有的凸显和关注,学术权威和平民百姓,演艺明星和一个普通人之间的距离,至少在心理层面上不再横亘着一条不能逾越的鸿沟。从超女到一夜成名的"馒头",人们在新的数字传播平台上获得了更多的自我满足,做出了更多的个性决定。而在传统的精英社会,他们大约只能是一个追随者。受众的分化形成了许许多多受传者群落的"碎片",传播致效的一个基本前提,就是必须开始特别重视每一细分的个性化族群的特征,以及每一位单一消费者的个性和心理需求。一个深刻地把握了这一阶段性特征的传播者必然会看到这样一种碎片化之下的真正社会含义，这就是在"分众"的背后新的"聚众"的需求。换言之，"分"，是从面目模糊的庞大社会大众的总体中，分出清晰的有个性特征的小族群来；而"聚"，则是将有着同一价值追求、生活模式与文化特征的众多个体，以某种传播手段和渠道平台聚合到一起。显然，分与聚的辩证法，可能是今后我们每天都要演练的社会习题。理解与重视受众的"碎片化"现实的真正意义在于，启发我们如何将这些碎片重新归聚起来。先细分，再归聚，这样我们拥有的将是特征明确的目标传播对象群体，从而以最小的传播代价获取最大化的传播效果，将浪费掉的传播资源的传播效能重新找回来。

就传播资源的配置而言，要改变以往的集中轰炸式，转而建立成在实证数据采集分析基础上的"套装"与组合，这种组合不仅要打破传统媒体的边界而进入与数字新兴媒体的领域，甚至还要打破就传播而传播的单方面作用的惯例，进入社会活动领域，使传播成为一种与"行为艺术"相伴随的真正意义上的社会活动、甚至社会仪式，以便更加深刻地接入人们的生活状态和精神家园。

就传播内容的诉求而言，要从以往对于事实判断的单一关注，提升到对于价值判断的高度关注。在资讯海量、观点杂陈的世界里，人们在丰富性的迷乱中有一种追求秩序与意义的强烈需求。因此，高度决定价值，思想决定影响力。如果我们的判断标准，我们的意义解读，我们的重要性排列能够成功地帮助人们减低对于不断变化的世界的认识上的不确定性，使他们能够轻松便捷但又不乏深刻和周到地把握周围世界的变化，进而对于他们社会认识、社会决策和社会行为起到"资讯支点"的作用，媒介的力量和媒介的价值就尽在其中了。最后，就传播模式的建构而言，已经在新媒体中改变我说你听、我打你通的传统模式，转而变为受众DIY式的全方位参与表达。新兴数字媒介极大降低了平民参与社会传播的"门槛"，而多元碎片的社会群落的沟通、融合以及新的秩序与规则的建立，不是少数人"闭门造车"可以完成的，必须建立在人们的广泛参与和诉求表达的基础上。权威的建立、引导的成功，绝对不会在传统的卡拉OK式的单向传播中可以达致的。而全民DIY的参与表达，不仅使人们对于结果有更多的认同感和责任担待意识，而且其过程也会变得饶有兴味。

### 三、话语权的阅众分享

新媒体的出现，使新闻传播正面临一场本质上的剧变。普通民众通过互联网、手机与 iPod 等手提式工具、网络 BBS 和博客（Blog）以及即时通讯软件等新科技，人们接近、使用与处理信息的方式已经对新闻产业原先在历史上的功能定位造成极大挑战，进一步对新闻领域的未来发展产生根本的影响。

2005 年 3 月发表的《卡内基报告》(*Carnegie Reporter*) 的封面故事足以令传统新闻界触目惊心：《放弃新闻》(*Abandoning the News*)，这篇报告的主题在探讨新闻的未来走向，根据卡内基的研究调查指出，美国 18 至 34 岁的成年人撷取新闻的方式与上一世代的人们完全不同，报告列举出许多代表性的案例，显示科技发展的洪流，将导致新闻机构从根本上产生质变。报告并且指出，新闻产业的未来已经遭受年轻人远离传统新闻来源的严重威胁，同时，报告强调，新闻采集与散播的新型式、草根（Grassroots）或"平民新闻"（Citizen Journalism）以及为数众多的博客，正在改变由什么人来产制新闻的本质。

我们是在一个高度中心化的世界里成长的，信息的社会化传播以及"话语权"一直是少数人享有的"专利"。受众，在过去的传播学词典中始终是传播链条中下游角色的一个专属名词，其能动性至多不过表现为选择或者不选择某个传媒，接受或者不接受某项传播内容或形式。但目前传播领域发生的真正重大事变，乃是"上游"角色成分的深刻变化。

对传媒产业而言，当传统意义上的"受众"得以在新媒体中参与到新闻产制价值链的上游，而不再只是单纯的阅听大众时，也就意味着媒体生态的深刻改变正在酝酿之中。新闻集团董事长默多克对"美国报纸编辑协会"演讲时表示，像新闻集团这样的新闻"提供者"应更加熟知网路，停止对阅众"说教"，媒体该成为"对话的场域"和目的地，以使博客们和播客们与记者编辑进一步的延伸讨论互相契合。显然，"阅众参与""去中心化"和"平等对话"是新媒体的三大关键点，新闻生产不再是少数媒体机构中编辑和记者的专利，已逐渐演化成"多数人向多数人传播新闻"的传播模式。这便是我们今天必须面对和研究的崭新课题。

## 四、全民出版：自媒体模式

在传统媒体正在热议"冷冬说"的时候，在传统媒体正在忧虑新兴网络媒体对自己的受众与广告市场"双重分割"的时候，网络媒体的危机感其实一点也不亚于传统媒体。

2005年11月1日，"2005年中国都市报研究会总编辑年会"发表了《南京宣言》。《宣言》称，作为全国都市报总编辑年会的一项共识，他们将不再容忍商业网站无偿使用报纸的新闻及其他内容产品，号召"全国报界应当联合起来，积极运用法律武器，加强知识产权保护，维护自身合法权益，改变新闻产品被商业网站无偿或廉价使用的现状"。

也许，《南京宣言》未必能够对于网络的运营产生即刻的影响，但它的确是一个标志，它标志着网络媒体在内容获得方面吃传统媒体的"免费大餐"的时限已经时日无多，网络媒体的盈利模式的问题又一次成为人们不得不面对的重大课题。而解决这一问题的关键在于如何形成自己的核心竞争力的问题。

所谓核心竞争力，就是指别人拿不走、学不去的、专属于自己的那种产业竞争能力。它包含着两个层面的内涵：一是指不同媒体之间的、专属于某一类媒体的"类属"性质的核心竞争力；二是指同一类别的媒体内，不同媒体之间的、专属于某一个媒体的"个体"性质的核心竞争力。这里我们讨论的其实是"类属"性质的核心竞争力。那么，这种核心竞争力无疑是建立在某一类媒体的技术可能性的基础之上的。更确切地说，这种核心竞争力的大小是与这类媒体对于自己所属媒体的技术可能性的开发程度成正相关的——对于自身所属媒体的技术可能性利用得越充分，该媒体的核心竞争力就越大，别种媒体就越难对自己形成竞争压力。相反，如果你所使用的是别的媒体所专属的核心竞争力，那么，迟早是要遇到生存危机的。

目前网络新媒体所遇到的危机正在于此。网络媒体的第一代盈利模式是以新浪、搜狐等门户网站为代表的。尽管它利用了网络的海量存储、超链接、多媒体表达以及一定程度的互动等属于网络媒体的专属技术，但是在内容的原创方面却严重依赖传统媒体，海量内容的获得是建立在吃传统媒体"免费午餐"的基础之上的，一旦传统媒体开始主张自己的权利，要求网络按照著作权的要求普遍付费的时候，这种盈利模式就走到了尽头——因为网络媒体的优势在于海量信息，而这种海量信息如果按照传统媒体的方式来生产或获得的话，无论是自己生产还是购买别人的，从经济上看都是无法实现收大于支的。

以 Google 和百度为代表的是网络媒体的第二代盈利模式。它们的"产品"除了拥有门户网站的技术特性外，还利用了网络的智能化的搜索技术，不但使内容的呈现进一步摆脱了传统媒体式的"把关"方式，实现了智能化基础上的内容生产的"自动化"，并且成功地摆脱了门户网站对于传统媒体内容利用的侵权问题。它的"竞价排名"的盈利方式是门户网站所不具备的——显然它在利用网络的技术可能性方面比门户网站更进了一步。但是，以 Google 和百度为代表的是网络的第二代盈利模式的最大问题仍然是内容的原创问题，没有自己的原创内容，这种生存模式无论如何都是跛脚的和被动的。但问题是，网络媒体的原创内容应该如何而来呢？照搬传统媒体的生产模式显然是不行的——因为这种生产方式没有利用网络的技术特性而生产。

那么，按照网络的技术特性来进行的内容生产应该是个什么样子呢？维基百科给了我们一个深刻的启发。维基百科是一种不同于传统百科全书的百科全书。它的做法是，任何人都可以按照自己的理解为某个辞条下定义，做出自己的诠释。谁的诠释放在前或者后，全看该诠释是否为人们所认同（表现为"顶"，或者援引率等）。这样，这个辞典就至少具有了传统辞典所没有的这样两条优点：一是它最大限度地挖掘了人类社会的智力资源——无论是谁，只要他有自己的见解，哪怕他在任何方面不是权威，但只要他在这个特定的辞条的诠释上术有专攻，就可以将自己的智慧表现在大众面前，这是传统的辞条编撰方式所根本不具备的；二是它是"活"的——依照人们的认同和支持度来动态地调整各种诠释的排列顺序，不会埋没任何一种真知灼见——即使人们一时"眼拙"，没有发现某一诠释的精妙之处，但假以时日，是真金总是会发光的。

由此，我们受到的启发是，如果我们善加利用网络的这一利用民间的智力和内容原创能力的技术特性，网络新媒体就会形成专属于自己的内容生产方式，这就是全民 DIY。

DIY 是什么？DIY 是"Do It Yourself"的英文缩写。简单来说，DIY 就

第四部分　中国传媒经济学科影响力排名前 30 篇论文（数据截至 2015 年 6 月）

是自己动手制作，没有专业资质的限制，想做就做，每个人都可以利用 DIY 做出一份表达自我的"产品"来。而所谓基于网络的内容生产 DIY，其实就是全民出版、全民传播的意思，它是一种全新的内容生产与消费的生产理念与消费模式。比如，"春节一日"，它可以将所有华人春节一日的生活状态、情感状态、思维状态做全及式的汇集、描述与展示，这是任何一种传统媒体所无法做到的；再比如，对于一个影视剧的创作，只要你有一个有想象力和容纳空间的"引子"，就会招来众多"能人"的原创热情，再根据网民支持度的高低决定取舍（为了保持竞争，可以保留 2—3 个情节线索），进一步续写……如此这般，一篇出色的剧作便会以这种不同于传统创作方式的操作得以完成。同样的，新闻报道也可以如此。有人说，把关问题怎么解决？真实性如何保障？其实，只要你开放传播通道，"无影灯效应"就会发挥作用，假信息就会在众多资讯提供者的见证下而露出原形。

DIY 是大众文化崛起时代的产物，也是在新兴网络技术的支持下得以实现的一种内容生产方式。这种内容生产方式只属于网络新媒体，因此，它是网络媒体的核心竞争力之所在。尽管具体的生产流程和模式的建立还需要解决诸多的操作问题，但是，它已经向我们露出了令人心动的一片全新的风景。博客、播客为我们提供了这一生产方式的良好的社会基础，问题在于，我们如何将博客、播客的那种为自我的生产和创作通过一个"转换接口"，将其引导到为社会生产的轨道上来——而这便是这种生产模式的技术关键。

# 中国传媒普及率追赶的实证分析

胡鞍钢　张晓群

【摘要】本文对日报、收音机、电视机和互联网四种大众传媒的普及率进行了国际比较，并首次运用多元回归方法对影响传媒普及率的主要因素进行了定量分析。在此基础上，对中国传媒普及率的追赶及其动因进行了分析。

传媒是国家文化体系的重要组成部分，传媒国情是文化国情的重要内容。笔者已从总量的角度对传媒国情进行了初步研究，主要结论是：中国传媒总量在过去 20 多年时间里迅速扩大，传媒实力已超过日本等西方发达国家，并迅速缩小与美国的差距，中国正成为一个迅速崛起的传媒大国。[1] 总量是反映事物的一个重要方面，人均量是另一个重要方面。中国人口众多，人均量更能体现发展水平。本文将对中、美、日、俄、印五国传媒的普及率进行国际比较，提出并回答以下几个问题：与其他国家相比中国传媒普及率处于什么水平？传媒普及率的决定因素是什么？中国传媒普及率的追赶状况是怎样的？中国传媒普及率追赶的动因是什么？

## 一、传媒普及率国际比较

现代传媒是一个复杂体系，包括书籍、杂志、报纸、广播、电视、电影、游戏、音像制品及互联网等多种媒介形态。为了突出重点，我们的比较研究集中在最为普及、影响力最大的四种主要传媒——日报、广播、电视和互联网。

## 第四部分　中国传媒经济学科影响力排名前30篇论文（数据截至2015年6月）

### 1. 五国日报普及率比较

日本和美国的日报普及率很高，日本千人日报拥有量达到500多份，美国达到300多份，都远远高于其他三国的水平。中国千人日报拥有量基本保持在40份左右的低水平上，20世纪90年代以后有一定提高，但与发达国家相比，差距仍然很大。俄罗斯在20世纪90年代初报业比较发达，千人日报拥有量达到500份左右，之后迅速下降，到2000年只有105份。印度的报业开始也很落后，1985年千人日报拥有量只有20份，2000年达到60份略高于中国的水平。

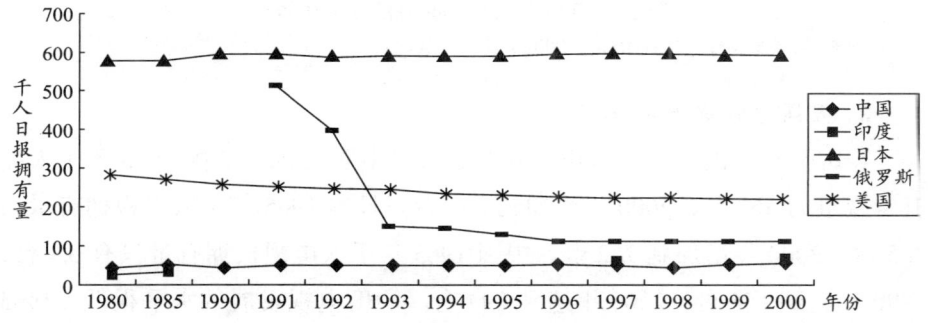

图1　千人日报拥有量的国际比较

数据来源：《中国新闻年鉴》（1981—2001），《世界银行发展指标》（2002）数据光盘。

### 2. 五国广播媒体普及率比较

美国千人收音机拥有量明显高于其他四国，20世纪70年代初有1500部左右，80年代后增加到2000多部。日本的千人收音机拥有量相当于美国的一半左右，也是在70年代初有200部左右，80年代中期以后增加到900多部。与这两个国家相比，中国千人收音机拥有量处于较低水平，70年代初中国的千人收音机拥有量为80部左右，80年代中期以后有了一定增长，达到300多部。印度千人收音机拥有量的水平更低，70年代初为30部左右，到90年代末增加到102部左右，相当于中国的三分之一左右。俄罗斯的千人收音机拥有量略高于中国。

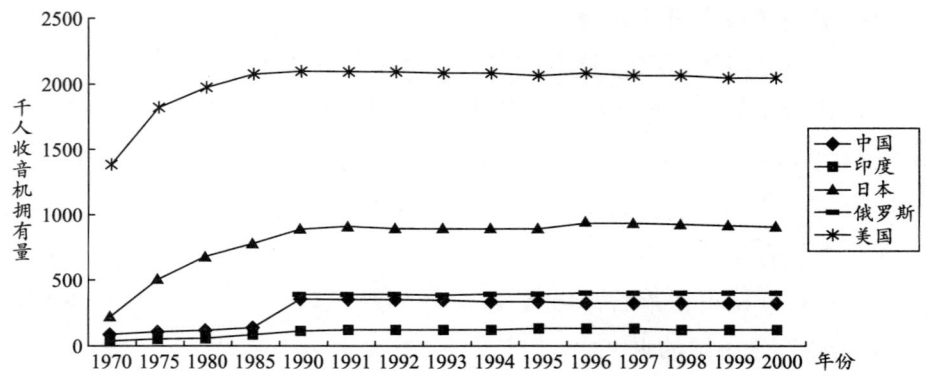

**图2　千人收音机拥有量的国际比较**

数据来源：《世界银行发展指标》(2002)数据光盘。

### 3.五国电视普及率比较

美国和日本的千人拥有电视量远远高于其他三国。美国1965年千人拥有电视量为362台，2000年增加到854台。日本1965年千人电视拥有量为285台，2000年增加到752台。中国1965年千人电视机拥有量只有0.1台，1990年达到156台，2000年达到293台。印度电视发展的水平很低，1965年千人电视机拥有量为0.002台，1990年为27台，2000年为78台。俄罗斯的电视普及率低于美国和日本，高于中国，1990年千人电视机拥有量为365台，1998年为420台。

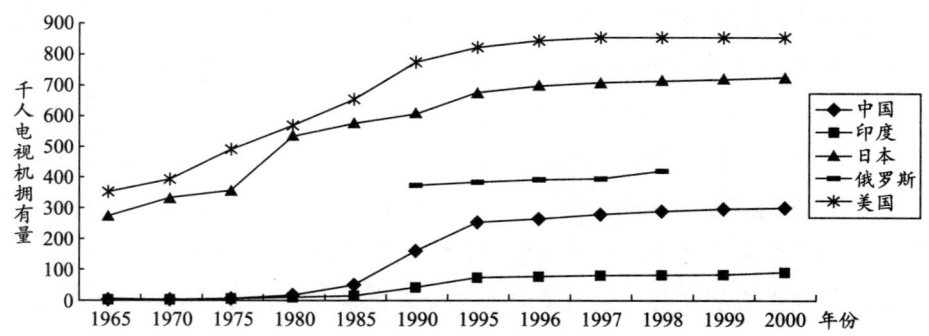

**图3　千人电视机拥有量的国际比较**

数据来源：《世界银行发展指标》(2002)数据光盘。

### 4. 五国互联网普及率比较

1991年美国千人互联网用户数达到11.9人，日本只有0.4人，其他三国还没有互联网用户。到1995年美国的千人互联网用户数达到75.5人，日本达到15.9人，中国只有0.05人，印度有0.27人，俄罗斯有1.5人。日本互联网普及速度高于美国，2000年日本千人互联网用户达到371人，超过美国。虽然中国的绝对水平比较低，但中国的发展速度却是最高的。2000年个人互联网用户是1995年的356倍，美国是4.5倍，日本是23.2倍，印度是15.9倍，俄罗斯是14.2倍。

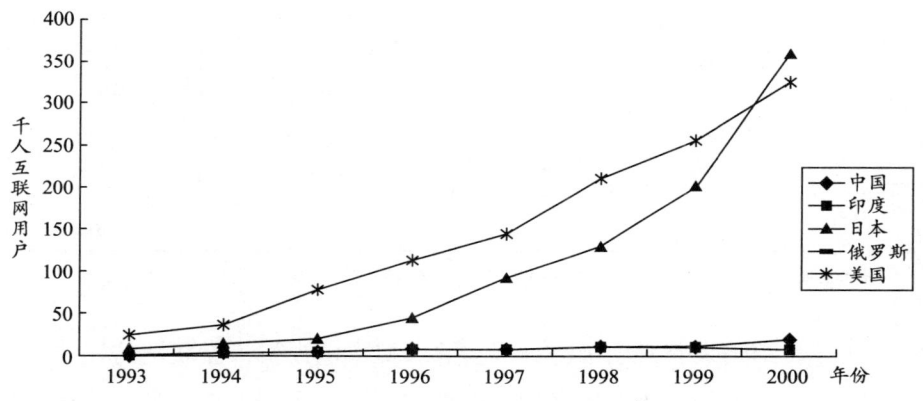

图4 千人互联网用户的国际比较

数据来源：《世界银行发展指标》（2002）数据光盘。

### 5. 相关系数分析

下面我们再利用千人日报拥有量、千人收音机拥有量、千人电视机拥有量和千人互联网用户数计算出的相关系数矩阵，分析四种传媒发展的联系，以及五国表现出来的不同特点。相关系数矩阵见表1。

表1 中美日俄印五国传媒相关系数矩阵

| | | 收音机 | 电视机 | 互联网 |
|---|---|---|---|---|
| 日报 | 中国 | 0.701 | 0.920 | 0.954 |
| | 印度 | 0.972 | 0.974 | — |
| | 日本 | 0.965 | 0.879 | −0.252 |

续表

| | | 收音机 | 电视机 | 互联网 |
|---|---|---|---|---|
| | 俄罗斯 | −0.670 | −0.942 | −0.571 |
| | 美国 | −0.796 | −0.971 | −0.957 |
| 收音机 | 中国 | 1 | 0.909 | 0.732 |
| | 印度 | | 0.966 | 0.469 |
| | 日本 | | 0.953 | 0.916 |
| | 俄罗斯 | | 0.912 | 0.961 |
| | 美国 | | 0.859 | 0.012 |
| 电视机 | 中国 | | 1 | 0.693 |
| | 印度 | | | 0.765 |
| | 日本 | | | 0.763 |
| | 俄罗斯 | | | 0.952 |
| | 美国 | | | 0.840 |

数据来源：《中国新闻年鉴》(1983—2001)，《世界银行发展指标》(2002)数据光盘。

从计算结果来看，中国的日报与收音机、电视机、互联网的相关系数为正值，说明四种媒体共同发展。印度的情况与中国类似。日本日报与收音机、电视机的相关系数为正值，与互联网相关系数为负值，说明在互联网开始发展后，日报普及率开始下降。俄罗斯和美国日报与收音机、电视机、互联网的相关系数均为负值，说明两国电子媒体与数字媒体发展的同时，日报普及率在下降。五国共同的规律是：收音机与电视机发展存在高度的正相关性，它们与互联网发展也存在高度正相关性，这说明电子媒体之间以及与数字媒体之间存在着互补性，也反映了它们之间相互渗透相互融合的趋势。

## 二、传媒普及率影响因素分析

传媒是社会的结构性因素，传媒的发展代表了社会发展的总体水平，也受到经济、政治、文化等社会因素的制约。从上文的实证分析，我们发现五国的传媒普及率有很大差距，美国、日本在四种传媒普及率上都比中国、俄罗斯和印度高出很多。为解释这种差距的原因，也即分析传媒普及率的影响因素，我们对世界10多个国家的横截面数据进行了多元回归分析（分析结果参见表2、3、4、5）。

**表2 千人日报拥有量模型分析**

| 方程 | 1 | 2 | 3 | 4 | 5 | 6 | 7 | 8 |
|---|---|---|---|---|---|---|---|---|
| 常数 | -6.27*** (-5.51) | -6.70*** (-5.93) | -9.03*** (-10.41) | -6.48*** (-3.99) | -5.08*** (-2.85) | -1.09*** (-4.24) | -11.3*** (-4.38) | -10.4*** (-3.99) |
| 人均GDP（PPP） | 1.26*** (10.13) | 1.02*** (6.37) | 1.18*** (7.47) | 1.13*** (6.88) | 1.09*** (5.54) | 1.20*** (9.09) | 1.06*** (6.23) | 0.97*** (5.51) |
| 文盲率 | -0.28*** (-3.31) | -0.26*** (-3.03) | | | | -0.23*** (-2.58) | -0.22*** (-2.41) | -0.18*** (-1.92) |
| 城市化率 | | 0.6** (2.28) | 0.71*** (2.62) | 0.54* (1.89) | | | 0.37 (1.31) | 0.45* (1.58) |
| R&D投入占CNI比重 | | | | | 0.29 (1.22) | | | |
| 贸易占GDP比重 | | | | | | 0.59** (2.26) | 0.60** (2.31) | 0.73*** (2.73) |
| 人口 | | | | | | 0.15* (1.68) | 0.16* (1.72) | 0.20** (2.18) |
| 新闻自由度 | | | | -0.40 (-1.46) | | | | -0.50* (-1.74) |
| R2 | 0.67 | 0.69 | 0.66 | 0.65 | 0.67 | 0.68 | 0.68 | 0.70 |
| 样本数 | 107 | 107 | 107 | 104 | 24 | 101 | 101 | 101 |

注：各数据为1995年数值。各变量都取自然对数。

括号为t检验值，*** 表示显著水平为99%，** 表示显著水平为95%，* 表示显著水平为90%，其他小于90%。资料来源：千人日报拥有量、人均CDP、文盲率、城市化率、R&D投入占GNI比重、贸易占GDP比重及人口数据来自世界银行发展指标数据库（2002）光盘，新闻自由度数据来自www.freedomhouse.com，取值范围为0—100，数值越大新闻自由度越低。

### 表3　千人收音机拥有量模型分析

| 方　程 | 1 | 2 | 3 | 4 | 5 | 6 | 7 | 8 |
|---|---|---|---|---|---|---|---|---|
| 常数 | 2.59*** (4.31) | 0.89*** (2.01) | 2.31*** (3.99) | 2.59*** (2.93) | 4.66*** (4.48) | 4.22*** (5.19) | 2.04*** (2.84) | 1.61 (1.32) |
| 人均GDP（PPP） | 0.41*** (6.20) | 0.32*** (3.90) | 0.22*** (2.67) | 0.15* (1.70) | 0.18 (1.54) | | 0.15* (1.81) | 0.15* (1.79) |
| 文盲率 | 0.17*** (3.88) | | 0.15*** (3.59) | −0.17*** (−3.75) | −0.17** (−2.77) | −0.15** (−2.53) | −0.17*** (−3.73) | −0.17*** (−3.63) |
| 城市化率 | | 1.53** (3.82) | 1.47*** (3.53) | 1.58*** (4.21) | | 0.48** (2.52) | 0.58*** (4.26) | 0.59*** (4.25) |
| R&D投入占GNI比重 | | | | | 1.22 (1.52) | 0.16 (1.20) | | |
| 贸易占GDP比重 | | | | | | | 1.10 (0.95) | 1.13 (1.02) |
| 人口 | | | | | | | | 1.02 (0.43) |
| 新闻自由度 | | | | −0.04 (−0.30) | | | | |
| R2 | 0.51 | 0.51 | 0.57 | 0.59 | 0.53 | 0.59 | 0.59 | 0.59 |
| 样本数 | 112 | 112 | 112 | 112 | 26 | 26 | 112 | 122 |

注：各数据为1995年数值。各变都取自然对数。
括号为t检验值，*** 表示显著水平为99%，** 表示显著水平为95%，* 表示显著水平为90%，其他小于90%。资料来源：千人收音机拥有量、人均CDP、文盲率、城市化率、R&D投入占GNI比重、贸易占GDP比重及人口数据来自世界银行发展指标数据库（2002）光盘，新闻自由度数据来自 www.freedomhouse.com，取值范围为0—100，数值越大新闻自由度越低。

### 表4　千人电视机拥有量模型分析

| 方　程 | 1 | 2 | 3 | 4 | 5 | 6 | 7 | 8 |
|---|---|---|---|---|---|---|---|---|
| 常数 | −2.67*** (−2.38) | −6.65*** (−8.18) | −3.47*** (−3.37) | −5.04*** (−3.27) | 5.77*** (61.3) | 0.75 (0.86) | −8.91*** (−4.25) | −9.13*** (−4.23) |
| 人均GDP（PPP） | 0.99*** (8.05) | 0.73*** (4.92) | 0.52*** (3.57) | 0.65*** (4.37) | | | 0.62*** (4.55) | 0.64*** (4.45) |
| 文盲率 | 0.40*** (4.80) | | 0.345** (4.51) | −0.35*** (−4.52) | | | −0.25*** (−3.93) | −0.30*** (−3.93) |

续表

| 方程 | 1 | 2 | 3 | 4 | 5 | 6 | 7 | 8 |
|---|---|---|---|---|---|---|---|---|
| 城市化率 | | 1.34*** (5.35) | 1.18*** (5.07) | 0.94*** (4.09) | | 1.20*** (5.74) | 0.96*** (4.30) | 0.95*** (4.29) |
| R&D投入占GNI比重 | | | | | 0.66*** (5.12) | 0.28** (2.33) | | |
| 贸易占GDP比重 | | | | | | | 0.39* (1.78) | 2.36 (1.58) |
| 人口 | | | | | | | 0.23*** (3.65) | 0.22*** (3.22) |
| 新闻自由度 | | | | 0.38 (1.65) | | | | 0.11 (0.45) |
| R2 | 0.63 | 0.64 | 0.70 | 0.70 | 0.37 | 0.66 | 0.73 | 0.83 |
| 样本数 | 115 | 115 | 115 | 112 | 46 | 46 | 112 | 112 |

注：各数据为1995年数值。各变量都取自然对数。

括号内为t检验值，*** 表示显著水平为99%，** 表示显著水平为95%，* 表示显著水平为90%，其他小于90%。资料来源：千人电视机拥有量、人均CDP、文盲率、城市化率、R&D投入占GNI比重、贸易占GDP比重及人口数据来自世界银行发展指标数据库（2002）光盘，新闻自由度数据来自 www.freedomhouse.com。

### 表5　千人互联网拥有量模型分析

| 方程 | 1 | 2 | 3 | 4 | 5 | 6 | 7 | 8 |
|---|---|---|---|---|---|---|---|---|
| 常数 | −9.22*** (−9.50) | −9.61*** (−9.80) | −5.67*** (−4.07) | 1.78 (1.29) | −10.64*** (−8.70) | −5.39* (−1.82) | −6.23*** (−4.20) | −7.11*** (−4.00) |
| 人均GDP（PPP） | 1.46*** (14.10) | 1.30*** (9.71) | 1.13*** (8.42) | | 1.25*** (8.73) | | 1.09*** (8.03) | 1.08*** (7.82) |
| 文盲率 | −0.17** (−2.37) | −0.16** (−2.25) | −0.14** (−2.17) | −0.35*** (−4.40) | −0.14* (−1.89) | | −0.10 (−1.45) | −0.09 (−1.30) |
| 城市化率 | | 0.47* (1.91) | 0.51*** (2.32) | 1.67*** (7.56) | 0.58** (2.34) | 1.81*** (3.36) | 0.61*** (2.73) | 0.61*** (2.73) |
| R&D投入占CNI比重 | | | | | | 0.51** (2.08) | | |
| 贸易占GDP比重 | | | | 0.20 (1.11) | | 2.48 (1.07) | 0.28* (1.72) | 3.38* (1.93) |

续表

| 方　　程 | 1 | 2 | 3 | 4 | 5 | 6 | 7 | 8 |
|---|---|---|---|---|---|---|---|---|
| 人口 | | | | | | | | 0.05<br>（0.90） |
| 新闻自由度 | | | −0.74***<br>（−3.78） | −1.30***<br>（−5.48） | | | −0.96***<br>（−4.55） | −1.04***<br>（−4.56） |
| $R^2$ | 0.77 | 0.78 | 0.80 | 0.68 | 0.79 | 0.45 | 0.82 | 0.83 |
| 样本数 | 113 | 113 | 113 | 113 | 105 | 34 | 105 | 105 |

注：各数据为1995年数值。各变量都取自然对数。
括号为t检验值，*** 表示显著水平为99%，** 表示显著水平为95%，* 表示显著水平为90%，其他小于90%。资料来源：千人互联网拥有量、人均CDP、文盲率、城市化率、R&D投入占GNI比重、贸易占GDP比重及人口数据来自世界银行发展指标数据库（2002）光盘，新闻自由度数据来自 www.freedomhouse.com。

在自变量的选取方面，我们用人均GDP（PPP）代表经济发展水平，用文盲率代表教育发展水平，用城市人口占总人口比重代表城市化水平，用R&D投入占GNI比重代表科技发展水平，用贸易占GDP比重代表全球化程度，用新闻自由度代表政府对媒体的管制。从回归的结果看，日报普及率与人均GDP有显著的正相关性，弹性系数为0.97—1.26；与文盲率有显著负相关性，弹性系数为 −0.18—−0.28；与城市化水平有着较为显著的正相关性，弹性系数为0.37—0.71；与R&D投入占GNI比重有正相关性，相关系数为0.29；与贸易占GDP比重有着显著的正相关性，弹性系数为0.59—0.73；与人口有显著的正相关性、弹性系数为0.15—0.21；与新闻自由度有负相关性，弹性系数为 −0.50—−0.40。对收音机、电视机和互联网的回归分析在相关性上也得出了基本相同的结果。

从模型分析我们可以得出以下结论：传媒的普及率主要受经济发展水平、教育发展水平、传媒的科技发展水平、城市化水平、全球化程度、人口以及新闻管制等因素的影响。经济发展水平是最重要的影响因素，经济的发展能够提高传媒的普及率。城市化水平和全球化程度影响也比较大，城市化水平越高、对外开放程度越大，传媒的普及率就越高。教育和科技水平也有一定影响，文化教育水平越高、科技越发达，传媒的普及率就越高。另外，传媒的普及率还受新闻管制的影响，新闻自由度越大，传媒的普及率就越高。

## 三、中国传媒普及率的追赶状况

新中国成立以来,特别是改革开放以来,中国传媒普及率有了很大提高,不断缩小着与美、日等发达国家的差距。从千人日报拥有量来看,1980年中国是美国的11%,到2000年提高到26%;与日本比较,从1980年的5%,提高到2000年的9%;与俄罗斯比较,从1990年的7%,提高到2000年的52%。其他三种传媒普及率的追赶速度更快。(参见表6)

表6 中美日俄印传媒普及率对比

|   | 年份 | 中国/印度 | 中国/日本 | 中国/俄罗斯 | 中国/美国 |
| --- | --- | --- | --- | --- | --- |
| 千人日报拥有量 | 1980 | 1.37 | 0.05 | — | 0.10 |
|  | 1985 | 1.73 | 0.08 | — | 0.17 |
|  | 1990 | NA | 0.06 | 0.07 | 0.14 |
|  | 1995 | 0.91 | 0.08 | 0.36 | 0.20 |
|  | 2000 | 0.91 | 0.09 | 0.52 | 0.26 |
| 千人收音机拥有量 | 1980 | 2.56 | 0.14 | — | 0.05 |
|  | 1985 | 1.75 | 0.15 | — | 0.05 |
|  | 1990 | 4.17 | 0.37 | — | 0.15 |
|  | 1995 | 2.84 | 0.37 | 0.88 | 0.16 |
|  | 2000 | 2.80 | 0.35 | 0.81 | 0.16 |
| 千人电视机拥有量 | 1980 | 2.01 | 0.01 | — | 0.01 |
|  | 1985 | 7.34 | 0.07 | — | 0.06 |
|  | 1990 | 4.88 | 0.26 | 0.43 | 0.20 |
|  | 1995 | 3.96 | 0.36 | 0.64 | 0.30 |
|  | 2000 | 3.76 | 0.40 | 0.70 | 0.34 |
| 千人互联网拥有量 | 1996 | 0.28 | 0.00 | 0.05 | 0.00 |
|  | 1997 | 0.45 | 0.00 | 0.07 | 0.00 |
|  | 1998 | 1.18 | 0.01 | 0.21 | 0.01 |
|  | 1999 | 2.53 | 0.03 | 0.69 | 0.03 |
|  | 2000 | 3.62 | 0.05 | 0.84 | 0.05 |

资料来源:根据《中国新闻年鉴》(1983—2001)、《世界银行发展指标》(2002)数据光盘有关数据计算。

从增长弹性的比较来看,在 20 世纪 80 年代中国收音机和电视机的增长弹性是最高的,尤其是电视机的增长弹性高达 15.1,这是我国电视机普及率迅速提高的时期。在 90 年代后期,中国互联网呈现出爆炸性增长,增长弹性高达 744,远远高于其他国家,这是我国互联网迅速普及的时期(增长弹性参见表 7)。电视机普及率在 80 年代的迅速提高和互联网在 90 年代以后的高速发展,是我国传媒普及率整体追赶的主要因素。

表 7 五国传媒的增长弹性对比

|   | 1980—1990 年 | | | | | 1990—2000 年 | | | | |
|---|---|---|---|---|---|---|---|---|---|---|
|   | 中国 | 印度 | 日本 | 俄罗斯 | 美国 | 中国 | 印度 | 日本 | 俄罗斯 | 美国 |
| 日报 | 0.22 | 0.61 | 0.03 | — | -0.1 | 0.17 | 1.04 | -0.04 | -0.84 | -0.32 |
| 收音机 | 1.19 | 0.96 | 0.32 | — | 0.07 | 0.02 | 0.79 | 0.19 | 0.42 | -0.03 |
| 电视机 | 15.1 | 10.8 | 0.13 | — | 0.47 | 2.1 | 2.1 | 0.57 | 2.6 | 0.23 |
| 互联网 | — | — | — | — | — | 744 | 65 | 210 | 84 | 17 |

数据来源及说明:根据《世界银行集发展指标》(2001、2002)及数据光盘相关数据计算。其中俄罗斯日报以及互联网的增长弹性为 1995—2000 年的数据,计算印度日报增长弹性时 1990 年千人日报拥有量采用内插法计算。增长弹性的计算方法为:千人拥有传媒数量变化率 / 人均 GDP 变化率。

## 四、中国传媒普及率追赶的动因分析

上文对多个国家传媒普及率的回归分析表明,传媒普及率主要受经济发展水平、教育发展水平、科技发展水平、城市化水平、全球化程度、人口以及新闻管制等因素的影响。结合中国的具体情况,笔者把中国传媒追赶的动因分为以下几个方面。

一是经济高速增长。按照国家统计局统计,按照不变价格计算,中国 2000 年的 GDP 相当于 1978 年的 7.3 倍,年平均增长率为 9.5%。[2] 根据世界经济论坛和哈佛大学国际发展研究所《2000 年全球竞争力报告》的统计,1990—1999 年,全球 59 个主要国家中,中国人均 GDP 增长率排名第一。经济的发展使居民的收入大幅提高,消费结构发生了很大变化。2001 年农村居民家庭人均收入指数为 530.8(1978 年为 100),城镇居民家庭人均可支配收入指数为 41.3。1978 年农村居民家庭恩格尔系数为 67.7,2001 年减小到

47.7；1978年城镇居民家庭恩格尔系数为57.8，2001年减小到37.9。[3]收入的提高和食品等生活必需品在支出中份额的减少，使更多的居民能够有能力获得传媒产品，这是促进传媒普及率提高的经济因素。

二是教育和科技不断发展。新中国成立以来，国民文化程度明显提高，人均受教育年限逐步上升。1964—2000年间，每10万人口中具有大专及以上学历的人口从416人增加到3611人，高中和中专学历的人口从1319增加到11146人；文盲人口大幅度下降，1982—2000年间，15岁及以上文盲人口从2.03亿降到8700万，文盲率从34.5%下降到9.1%。15岁及以上人口人均教育年限从1982年的5.3年提高到2000年的7.85年。[4]中国的科技水平也取得了迅速提高。2002年R&D人员达到95.9万人年，是1991年的1.43倍；R&D经费支出占GDP的比重达到1.13%，是1995年的1.89倍；专利申请受理量达到13.26万件，是1991年的5.39倍。[5]教育的发展使越来越多的人能够获得传媒、利用传媒，也增加了对传媒的需求，这是促进传媒普及率提高的文化因素。科技的发展，特别是信息技术的变革，使传媒产品生产的效率更高、成本更低、渗透能力更强，这是促进传媒普及率提高的技术因素。

三是城市化水平显著提高。根据国家统计局最新统计，2002年我国城镇人口为50212万人，与1978年相比，我国城镇人口净增32967万人，相当于1978年的2.91倍，年平均增长率为4.55%，远高于同期总人口年平均增长率（1.21%）；城镇人口比例由1978年的17.9%上升为39.1%，提高了21.2个百分点，平均每年提高0.96个百分点。[6]根据联合国计划开发署（UNDP）《2002年人类发展报告》统计，1975—2000年期间，中国城市人口年平均增长率为4.3%，高于发展中国家平均增长率（3.7%）和世界平均增长率（2.5%）；城市人口比例中国提高了18.8个百分点，与世界城市化率平均水平（47.2%）缩小为11.0个百分点。[7]与农村相比，城市的通信、交通等基础设施比较完善，人口密集，居民收入和消费水平较高，文化教育比较发达，是传媒产品制作、生产和传播的集中地。我国城市化水平的提高，是传媒普及率提高的一项重要原因。

四是参与全球一体化程度加深。根据世界银行的统计，2000年中国商品和服务的出口总额达到2800亿美元，占CDP总量的26%，相当于1978年的41.3倍；商品和服务的进口总额达到2510亿美元，占GDP总量的23%，相当于1978年的34.6倍。2000年中国外商直接投入（FDI）达到384亿美元，占GDP总量的4%，相当于1982年的89.3倍。[8]各种关税不断降低，名义关税由1987年的43.7%下降到2000年的15.3%，实际关税由1987年的8.82%下降到2000年的4.03%。[9]经济全球化必然伴随着信息传播全球化，随着我国对外开放的不断深入，国外的传媒产品和传媒资本以各种形式渗透进来。从1995年以来我国每年进口10部以上外国电影，现在超过40部，有30个境外频道已在中国落地，[10]60多个境外传媒企业在中国设立办事处，排名前十位的杂志半数以上有外资的股份。[11]国外传媒的进入，刺激了受众对传媒的需求，也加剧了传媒的竞争，这对提高整个传媒普及率是有益的。

五是传媒经济快速成长。据统计，我国报纸、电视、广播和杂志的广告收入1983年只有7330万元、1624万元、1806万元和1081万元，到2001年分别达到179.4亿元、157.7亿元、18.3亿元和11.9亿元。[12]我国整个传媒市场的规模已超过1000亿元，从1998年起，我国传媒业已经连续三年保持了25%的增长速度，利税总额已超过烟草业，成为国家第四利税产业。[13]

目前，我国已组建起几十家传媒集团，在广东、上海和北京等经济发达地区，传媒集团的规模已达到几十亿或几百亿，成为当地的利税大户。传媒经济的快速发展，使新闻传媒单位具备了一定的经济实力，使它们有能力进行设备引进和技术更新改造，这对提高传媒产品的生产效率和质量有着重要意义。传媒竞争的逐步加剧，使传媒市场开始由卖方市场向买方市场转变，受众的需求得到越来越多的重视，这反过来也增加了受众对传媒的需求。

六是人口结构的变化。过去20多年我国人口结构的一种重要变化趋势是家庭户的迅速增加，据统计，我国家庭户规模从1982年的平均4.41人，下降为2000年的3.4人；家庭户由1982年的22203万户，提高到2000年的34837万户，净增12634万户。[14]对传媒产品的消费一般是以家庭为单元的，家庭户的增加相应增加了对传媒的需求。

## 五、结论

中国国情有两个基本特点：一是人口多、底子薄；二是改革开放以来各项事业发展很快。中国传媒普及率的变化也是与中国基本国情相适应的。从上文的分析中可以看出，在改革开放初期，中国传媒普及率十分低，远远落后于美国、日本等发达国家的水平。那时中国是一个典型的传媒弱国。经过20多年的迅速发展，中国的传媒的普及率有了很大提高，逐步缩小着与发达国家的差距。中国已摆脱了传媒弱国的地位，并逐步向传媒强国迈进。

传媒是现代社会的重要组成部分，它的发展基于经济、科技、政治、文化等社会各方面的发展。本文的实证分析表明，传媒的普及率受到人均经济发展水平、教育水平、科技水平、城市化程度、全球化水平、政府管制以及人口等社会变量的影响。改革开放以来中国经济高速增长，教育和科技水平不断发展，城市化水平显著提高，参与全球化程度加深，这些是中国传媒普及率迅速追赶的主要外因。当然，传媒业自身的改革也是重要内因。

未来20年是中国加速发展的重要战略机遇期。许多权威机构预测，中国的经济总量将在20年内超过美国，成为世界第一经济大国。经济发展将推动文化、科技等社会各方面的发展，并为中国传媒的进一步追赶提供了重要的基础条件。可以说，未来20年也是中国传媒加速发展的重要时期，中国传媒普及率将进一步大幅度提高，逐步接近或达到发达国家的水平。中国传媒业应当抓住这个重要发展机遇，制定提高全民普及率的发展战略，争取使中国早日成为屹立于世界的传媒强国。

（作者单位：中国科学院—清华大学国情研究中心）

**注释：**

[1] 胡鞍钢、张晓群：《中国传媒迅速追赶的实证分析》，《战略与管理》2004年第3期。

[2]《中国统计摘要》，中国统计出版社2002年版，第19页。

[3]《中国统计摘要》，中国统计出版社2002年版，第320页。

[4] 中国教育与人力资源问题报告课题组：《创建世界最大的全民学习、终身学习的学习型社会》，高等教育出版社2003年版，第594页。

[5]《中国统计摘要》，中国统计出版社2003年版，第20、174、181页；《中国统计摘要》，中国统计出版社2002年版，第719—720页。

[6]《中国统计摘要》，中国统计出版社2003年版，第39页。

［7］UNDP，Human Development Report 2002，NewYork：Oxford University Press，pp.162–163.

［8］The World Bank：TheDevelopmentIndicator，2002.

［9］任寿根：《WTO 与中国关税政策》,《管理世界》2000 年第 6 期，第 130—135 页。

［10］《华宇垄断终结者，影片发行变双寡头》，人民网 http：//www.people.com.cn，2003 年 9 月 1 日。

［11］赵小兵：《准备好了吗？外资进入传媒市场的大幕拉开》，新浪网 http：//wwww.sina.com.cn，2003 年 5 月 21 日。

［12］《中国广告年鉴》，新闻出版社 2002 年版，第 43—45 页。

［13］常永新：《我国传媒集团的发展现状分析》中华广告网 http：//www.a.com.cn，2003 年 4 月 14 日。

［14］《中国统计年鉴》(2002)，第 95 页。

# 传媒业的产业融合与传播符号学的新视域

李思屈　关萍萍

**【摘要】**当前,审美经济与符号经济异军突起,在电子信息科技的推动下,产业融合趋势加强,传媒产业以及整个社会经济实践都处于重大的转型时期,凸显出崭新的审美经济特征。面对这一重大转型,当代传播符号学的研究内容在传统的媒体研究和大众文化研究之外又开拓了文化产业与审美经济研究,在传媒产业及一般文化产业的审美性、符号消费及新技术研究方面取得了一系列新进展,显示出可喜的学科活力。传播符号学的这一发展回应了当前的产业融合趋势,具有重要的现实意义,同时也为传播学的未来发展提供了一种新的视野与思路。

**【关键词】**传媒产业;文化产业;传播符号学;审美经济;符号消费

当前传媒实践和传媒产业形态都经历着划时代的转折。新技术的发展模糊了传统IT业、传播业与服务业的界限,内容生产与符号消费的地位日益突出,经济的审美化和符号化特征日益明显,意义的生产和符号的消费在传媒经济中变得愈来愈重要了。当代传播符号学积极回应这一历史性转变,实现从批判到建构的研究范式转换,对新的传播现象和产业实践进行了深入研究,形成了一系列异于传统的研究课题和研究领域,显示出勃勃的学术生机,对学术界和业界都富于启发性。

## 一、产业融合与审美经济

自20世纪90年代末,互联网所蕴含的经济及传播功效开始凸显,"电信—电脑—媒介"的融合趋势开始深刻影响着传媒产业的业态特征。IT技术日新月异的发展造成了"时空收敛"效应,电子技术领域正在与内容生产领域发生前所未有的融合,在模糊传统产业形态的同时,也为产业的发展和新的产业形态的出现提供了可能。"随着国际新闻网络、电视的数字化,通过光缆传输,文化产业,或者大众通信产业,日益与电信不相区别。尽管输入、输出的是图像、印刷词语和话音,在未来的'一线通(ISDN)'综合服务数字网内,中间传输的却是'单一的混合比特流'。"[1]40—41

IPTV的出现,标志着传统电信业与广播电视业的融合。IPTV利用宽带有线电视网,将互联网、多媒体、通信等多种技术融于一体,向家庭用户提供包括数字电视在内的多种交互式服务。这一新型媒体业务跨越了内容产业与技术领域的区隔,融合了多种媒体形式,并建立在电信业与广电业合作的基础上,共享彼此庞大的用户资源和网络资源、丰富的市场运营经验以及准确的业务用户管理。这一新的产业形态客观上突破了原有传媒界内容运营的限制,开始跨行业开展电信业与广电业的业务。技术与内容的融合对传统的电视、电影、报纸等传媒业的内容生产、组织构架、产业政策和法律法规都提出了巨大挑战。内容创新速度和丰富程度需要不断提高,建立在原有行业划分和组织架构基础之上的管理体制也需要更新。

按照大卫·赫斯蒙德夫的概括,当前的产业融合现象主要表现在三个方面,一是文化形态的融合,以"多媒体"为主要表现形式。互联网作为文本融合的化身,将文化表达的各种主要成分集于一身,包括音乐、声音、文字、图像和图表等。二是公司产权的融合,媒体、电信和计算处理业之间的壁垒已经完全被打破。三是传播系统的融合,也就是媒介技术的融合,以多种数字化方式传播文化的基本成分(文字、图像、声音等)成为可能[2]263—264。

值得注意的是,目前正在发生的产业融合现象,既涉及始于IT产业的电信、广播电视和出版三大产业的融合,也涉及广义的文化融合,涉及一般文化创意产业、制造业和服务业。未来的传媒经济将是审美经济的重要组成部分,其内容产品如影像、文字、声音符号等,将在更先进的技术条件下实现更自由便捷的载体转换,因此它的技术垄断性将进一步下降,而其满足受众认知、审美和娱乐等方面需求的价值则会更加突出。传统产业的界限将会更加模糊,而不同媒介所共有的审美经济特殊性则会日益鲜明。在当代制造业和服务业中，审美成分在商品价值中所占的比例呈不断上升态势，而传媒产业始终是以"符号价值"作为其使用价值和交换价值的基础[1]168—169。因此，以传媒产业为代表的文化产业在当代这场产业融合与新型业态出现的过程中，成为审美经济的重要表现。

"审美经济"这一概念最先由德国学者格尔诺特·伯梅教授提出来的，按照格尔诺特·伯梅的定义，审美经济是指引入了马克思的使用价值和交换价值之外的第三种价值，即"审美价值"的一种新经济[3]。此后，大卫·罗伯兹在《只有幻象是神圣的：从文化工业到审美经济》一文中考察了18世纪以来的文化审美化与商品化过程，即从阿多诺的文化工业到伯梅的审美经济的发展过程，这一过程创造了超越人类生理欲求的新型价值审美价值[4]。近年来，国内学者也开始关注"审美经济"。如凌继尧认为，审美经济学"是一门美学与经济学相交叉、融合的学科"[5]，张宇、张坤认为，"审美经济"可以推动"实用与审美、生活与艺术、物质性价值与精神性价值的统一"[6]。近10年国际传媒业的演变和近50年国内传媒业的发展，越来越清晰地显示了审美经济时代的业态特征。当代传媒产品集实用性、娱乐性和审美性于一身，通过与电信、影视艺术、综艺娱乐、体育、交通、旅游、游戏等行业相互渗透融合的方式，全面满足受众对新闻信息、娱乐信息和审美信息的需求，以一种全新的"审美经济"的形态迥异于传统传媒产业。

这一新的经济业态的出现，打破了原有的业态发展模式，颠覆了原有的行业分类的基本观念，不仅给实践带来了新的机遇和挑战，也给学术界提出了历史性的新课题。在对这一新课题的回应中，传播符号学以其特色鲜明、成果丰富而尤为引人注目。

## 二、传播符号学的新视域

罗兰·巴尔特时代的传播符号学主要集中在对相互区别明显的传统媒体的研究上，包括不同媒体的内容和形式分析，如时装杂志，电视、电影中的暴力和性信息，广告的劝服效果等[7]35[8]10。随着传媒业日新月异的发展，传播符号学的研究内容已经从传统的媒体和大众文化研究走向了产业融合时代新型的"审美经济"和文化产业研究。当代传播符号学研究的新领域主要有以下几个方面。

首先,传播符号学对传媒经济的本质和传媒运营的规律有了更新的揭示。运用符号学的方法分析产业运营,有助于研究者超越传统的行业划分,加深对传媒产业本质的认识。

传媒产业和审美经济是以文化消费为导向的符号生产,而娱乐中的消费实际上就是对符号的消费,因此,符号学的方法对于新的产业模态下研究传媒实践和审美经济具有极其重要的作用[9]53—54。例如,我们可以运用格雷马斯方阵等符号工具对动漫等传媒产品进行剖析,从而发现成功的动漫产品所具有的特征,以为我国产业的实践提供有益借鉴[10]78—79。研究表明,内容生产的审美化和消费的符号化,成为包括传媒产业在内的文化产业的本质特征,要实现我国整个文化产业的真正发展,则必须对这一本质特征有深入的认识和研究[11]。

在符号经济与空间经济的研究中,有学者借用符号学这一崭新的方法考察组织化资本主义之后的人类社会。从"自反性现代化"背景出发,综括全球产业整体变化,深刻论述了当前经济生产和消费中的审美化趋势。在自反性作用下,包括传媒产业在内的各种产业日渐趋向纵向分散的模式,文化与经济日益融合,文化与信息密集成为产业运作的基本原则[1]201—202。在具体产业营销实践方面,符号学已经不仅仅是一种分析方法,更变成了传媒产业运营的一种思维方式,"符号产品"和"符号商品"的概念也进入到具体的传媒产业运作中,创造了巨大的经济价值。普通的物质产品是由自然物质、劳动力和符号形式组成的,而传媒符号产品经常缺失自然物质,符号商品的非物质生产更加依赖于符号形式以产生其交换价值。符号商品如创意、信息以及可从网上下载的商品都是瞬时的,因而也就比普通物质商品更依赖销售的方式[12]。

"符号邻近性"(Semiotics Neighborhoods)成为现代产业中新型符号营销的核心概念之一。

Iipo Koskinen 将传统营销方式与现代新型符号营销进行对比,发现虽然众多产品仍然是大批量生产和销售,但是已经有很多产品独具个性,这些就是"符号产品"(Semiotics Goods),其主要经济价值是基于人们赋予它们的意义,而非其实际用途,这一经济价值就是符号性的。这一经济类型包括奢侈品，更包括近几年发展迅速的"娱乐服务"（fun services）和"体验产业"（experience industries）。自20世纪60年代以来，美国这两大经济产业的发展速度就已经超越其他所有形式的经济。当符号产品销售点高度密集，其符号价值可在地图或其他区域性文化结构中被识别出来时，我们就称之为符号邻近性[13]。

在传媒产业日益全球化的语境下，对跨国企业的运营研究也成为符号学关注的重心。Mary Yoko Brannen所提出的"文化距离"（cultural distance）概念是影响跨国企业成功的关键因素。如在传媒巨头迪斯尼公司的主题公园推广过程中，出现了有趣的"矛盾现象"：乐园以原汁原味的"美国风格"在东京获得空前成功，而在欧洲，如法国却遭到倒闭之灾，虽然法国人是迪斯尼产品的最大消费群。他发现其原因在于美国与法国等欧洲国家共享同一符号体系，如"自由"。乐园中的很多童话主题，如"睡美人"就是源自法国本土。而美日之间，"个人主义"（individualism）和"集体主义"（collectivism）的文化要素对比较为鲜明，这是其成功的关键要素。通过符号学相关理论方法的运用分析，Brannen发现了迪斯尼公司国际化的成功经验，并提出了语义适应（semanticfit）概念，以此作为一个跨国企业实现策略适应和语境重建（recontextualization）的概念模型的必要工具[14]。

其次，数字娱乐产业等新的产业形态进入了传播符号学的研究视域。一些学者运用符号学分析数字娱乐产业，在网络游戏等新兴业态的研究上取得了一些成果。作为一种新兴的流行媒介产品，计算机游戏（Video game）不但经济利润丰厚，而且越来越成为一种大众文化意识。有学者引用格雷马斯方阵的符号学分析方法，运用"成功"与"失败"二元要素，分解构成一个四维分析矩阵，分析"反恐精英气"（即CS游戏，Counterstrikes）玩家的行为模式和价值取向。该符号方阵的分析摆脱了对概念的纯粹二元化理解，有助于我们更深刻地理解诸如"成功"这样的概念的确切含义。这些研究表明，格雷马斯符号学方阵是一个很有用的工具，不仅分析游戏，甚至对电影及技术领域的问题都是适用的[15]。

与此同时，与网络游戏相区别的电脑游戏也得到了详尽的符号学分析。David Myers将玩电脑游戏描述为一种符号形式，集中在"对抗"和"语境化"两大要素中。他将行为类型描述为一个卷入对抗的过程：意义是通过理解诸如两大敌对方领地这样的符号间的矛盾冲突而产生的[16]78。

再次,当代传播符号学推进了传播技术的研究。传播技术的发展为传媒产业的发展提供越来越多的可能性,从而成为影响传媒产业发展和产业融合的一个关键性因素。从麦克卢汉的"媒介即讯息"开始,学界对传播技术影响力的探讨一直不断深入。但 James W. Chesebro 和 Dale A. Bertelsen 指出,在过去几十年里,传媒批判研究主要集中在语言与非语言传播的内容和形式上,大都忽略了将技术当作一个研究议题——不同媒介对信息的制作和形式化的影响,也就是忽略了具体媒介系统本身的信息生产及其行为所隐含的信息。James W. Chesebro 和 Dale A. Bertelsen 并不将传播技术作为一个中性的渠道概念,而是一个积极活跃的、可以创造意义的决定因素,从而为传播、认知与社会组织之间的动态关系提供了一个清晰的解释[17]27。还有学者将符号学的方法用于分析电脑程序的制作和运用,以符号学视角观照电脑程序,为该领域的研究提供了一个有益的尝试。同时,由于互联网技术和电脑技术与大众传媒的联系日益密切,与传播符号学的研究也密切相关[18]49。

综上可知,当代传播符号学不仅在方法上和实用精神上与索绪尔、罗兰·巴尔特时期的草创阶段有明显区别,而且已经进入到当前产业发展的前沿,对当前传媒产业的新业态、受众的消费方式和深层消费动因出现的新变化进行了深入研究,从而在论题和理论风貌上也明显区别于罗兰·巴尔特所开创的传媒与大众文化批判传统。

## 三、传播符号学发展的内在逻辑

在一些传播研究论题老化、活力下降的时候,传播符号学却能不断地与时推移,通过不到30年的发展粗具规模,其中既有社会的外在原因,也有学科的内在原因。追踪其学科发展的逻辑,对我们进一步发展传播学是有益的。

"传播符号学"的概念最早由费斯克在《传播符号学理论》一书中提出。他认为传播学研究中一直存在两大派别,过程学派和符号学派。前者视传播为讯息的传递,关注的焦点在于传送者和接收者如何进行译码和编码,以及传送者如何使用传播媒介和管道。它探讨传播的效果和正确性问题。后者则视传播为意义的生产与交换，关注的是讯息以及文本如何与人们互动并产生意义[19]14。

早期的传播符号学研究与大众文化批判密切相关。罗兰·巴尔特在20世纪50年代的一系列研究成果，使符号学作为现代大众文化批判的理论工具而显示出重要价值。他的代表作《神话——大众文化诠释》一书，即从传播符号的角度对大众文化及社会意识形态进行了批判性研究。特伦斯·霍克斯在《结构主义和符号学》一书里这样评价他：他无情地剖析了法国大众传播媒介创造的"神话"，揭露了它为自身的目的而暗中操纵代码的行径[20]112。

20世纪60年代，法国符号学家J.保德里纳德继承了巴尔特符号学的文化批判工作，严厉地抨击了消费者至上的流行文化产业。英国文化研究的代表人物霍尔的编码/译码理论就借鉴了符号学分析方法，分析视觉符号的意义是如何产生的，并提出解码的三种立场。他在《表征》中引用的多篇文章，都是运用符号学来分析肥皂剧、广告、博物馆展览等大众传媒现象。鲍德里亚的研究则揭示了这种大众传媒文化是如何引起无法克制地关注他人的欲望从而丧失自我的。

20世纪80年代以后，随着现代传媒的不断发展，传播符号学的研究取向发生了重大变化，开始更加广泛地直面传播现象和产业实践，并开始对传媒产业及新媒体进行建构性的思维。1989年5月，首届"营销与符号学研讨会"在哥本哈根的斯堪的纳维亚举行。克里斯蒂安在会议上提交的论文《营销符号学挑战批判符号学》中指出，批判的广告符号学已经进入停滞阶段，它对商业广告的批判性解释常常像是多少有点枯燥乏味的智力训练。与此相应，在解释性的市场研究与批判性的符号学之间，却出现了某种跨学科发展的前景[21]26。传播符号学初期的研究区别于以往对大众传媒受众进行的定量研究，而是一种"定性研究方法"（qualitativeresearch）。杰森认为，大众传播研究的重心不在于媒介文本的内容，也不在于媒介运作的条件，而在于构成媒介文本的产品、转换以及接收的社会和文化运作机制。大众传播研究的核心议题并非关注传播是如何发生的，而是其如何转换成社会行为的。他运用皮尔士的符号学作为分析基础和依据，对受众的媒介内容的接收进行了剖析，提出了"经验受众"（empiricalaudience）的概念。他认为，如果传播研究意在为了受众利益而对媒介进行评判,那么就必须寻求一些方法鼓励受众对媒介提出的社会目标做出积极回应[22]46。

早期符号学限于现象描述和文本分析,没有具体的数据和严密的论证过程,似乎只是"将分裂为能指和所指的符号拿来摆积木游戏"[23],因而容易给人"信口而谈"的印象。由于无法印证其分析结果的正确性,"它们所支持的解放方法也过于乌托邦化,仍然走的是审美、游戏、逃避的路线"[24],因此,它们被指责为"对精雕细琢一种方法论的兴趣远超过了对社会改革和革命运动的兴趣"[25]25。总之,学界对符号学方法实际操作中的可行性存在很多质疑。因而,专业市场广告人 Ron Beasley 和加拿大多伦多大学研究专家 Marcel Danesi 于 2002 年合作出版的《劝服符号:广告的符号学》[26]67 一书中,专门论述符号学作为方法论用于实践的可行性。作者认为,符号学方法的核心在于鉴别如何将符号用于表现某项内容。广告是一种基于符号的运作程序,其工作在于有技巧的表现意义,而符号学被定义为媒体广告应用的视听觉符号的"意义的科学"。

与此同时,传播符号学在研究方法上也从原来的单纯定性逐渐走向了定性与定量研究相结合。众多学者开始以定量法积累统计数据,然后用符号学定性分析的专长进行深度研究。如 Jean M. Grow 通过定量方法对耐克从 1990 年至 2000 年十年来的,包括 27 次印刷广告的数据进行统计汇总,并运用符号学的方法分析十年间这一品牌的演变历程。该研究主要围绕以下问题:是什么符号将这十年的广告联系成一个统一的整体? 又是如何实现的? 通过研究,作者发现了三个不同的社团(community),这些社团的故事以符号和口语的方式体现出来,而这些广告的力量则依赖于社团生活的结构,以其"能指"指涉女性的文化和社会生活体验。该文还用符号学的分析向读者展示了耐克系列广告成功的秘诀[27]132。

日本学者将符号学的分析和量化的分析两种方法结合起来,明确提出了"计量符号学"(semiometicapproach)的概念,在广告研究的方法论上有鲜明的创新性。1989 年,由日本 19 家企业赞助,以日本庆应大学村田明治教授和井关利明教授为主研,多摩大学教授星野克美、电通公司市场营销局松坂为主管,田中洋为委员,成立了"日本、美国电视广告的符号学比较研究"课题组,随后展开了一项大型调查研究,旨在了解日本消费者对广告的实际接受情况。该项调查建立在对大量广告数据的统计基础上，以符号学的方法对这些数据进行分析，从而发现了日本和美国在广告符号运用上的诸多不同，以及日本消费者在接受上的差别[21]43。回顾传播符号学近30年的发展，我们看到，符号学注重内在的学科建构，在处理现实问题的时候十分强调学科基本理论的发展和研究方法的完善，并始终以研究符号及其意义为核心，注重挖掘深层意义和受众行为的深层动因，这是它能由粗到精，与时俱进，从而在新媒体时代和审美经济时代显示出新的活力的内在逻辑。

## 四、结语

传播行为与人类其他行为一样，其外部模式容易观察，也相对容易以量化的形式加以描述。然而，当各种传播技术相互交融，使传播现象弥漫于各个领域和大众的日常生活，"内容"产品正在溢出过去的"传媒业"边界的时候，传播的"内容"——符号与符号的意义和价值就再也不能被忽视了，这就为传播符号学的发展提供了外在动力。内在的发展逻辑与外在的社会需求相契合，是一门学科焕发生机的重要条件。

传播的本质是对意义的生产、传递与消费。不同文化浸淫下的消费者对同一部作品的消费感受会有不同，这非但不是信息传递的失败，恰是符号与意义消费的价值所在：传媒产品正是通过提供丰富多样的意义文本，来丰富人们的生命体验。对意义的关注有助于我们接近"符号消费"的研究焦点，深入到当前新型传媒产业发展的核心。传播符号学的研究方法将成为我们适应当前传媒产业实践的融合变化，进一步推进传播学发展的一种新的视野与思路。

**注释：**

[1] 斯科特·拉什、约翰·厄里：《符号经济与审美经济》，王之光、商正译，商务印书馆2006年版。

[2] 大卫·赫斯蒙德夫：《文化产业》，张菲娜译，中国人民大学出版社2007年版。

[3] Böhme Gernot, "Zur Kriti der Asthetischen ökonomie," *Zeitschrift für kritischen TheorieH*, No.12（2001），pp.69–82.

［4］David Roberts,"Illusion Only is Sacred:From the Culture Industry to the Aesthetic Economy", *JThesis Eleven*, Vol.173, No.1（2003）, pp.83–95.

［5］季欣：《关于构建审美经济学的设想：凌继尧先生访谈录》，《东南大学学报》2006年第2期，第109—112页。

［6］张宇、张坤：《大审美经济正悄然兴起》，《光明日报》2005年5月10日第2版。

［7］Jonathan Bignell, Media Semiotics: An Introduction, Manchester: Manchester University Press, 1988.

［8］Marcel Danesi, Understanding Media Semiotics, London: Arnold, 2002.

［9］李思屈：《数字娱乐产业》，四川大学出版社2006年版。

［10］李思屈等：《中国数字娱乐产业发展战略研究》，社会科学文献出版社2007年版。

［11］李思屈：《审美经济与文化创意产业的本质特征》，《西南民族大学学报》2007年第8期，第24—27页。

［12］GöranBolin, Notes from inside the Factory: The Production and Consumption of Signs and Sign Value in Media Industries, *SocialSemiotics*, Vol.15, No.3（2005）, pp.289–306.

［13］Iipo Koskinen, Semiotics Neighborhoods, *Design Issues*, Vol.21, No.2（2005）, pp.13–22.

［14］Mary Yoko Brannen, When Mickey Loses Face: Recontextualization, Semantic Fit, and the Semiotics of Foreignness, *Academy of Management Review*, Vol.29, No.4（2004）, pp.593–609.

［15］Pippin Barr, James Noble&Robert Biddle, Video Game Values: Human-Computer Interaction and Games, *Interacting with Computers*, Vol.19, No.2（2007）, pp.180–192.

［16］D.Myers, The Nature of Computer Games: Play as Semiosis, NewYork: Peter Lang Press, 2003.

［17］James W. Chesebro&Dale A. Bertelsen, Analyzing Media: Communication Technologies as Symbolic and Cognitive Systems, NewYork: Guilford Press, 1996.

［18］P. B. Andersen, A Theory of Computer Semiotics: Semiotic Approaches to Construction and Assessment of Computer Systems, Cambridge: Cambridge University

Press，1990.

［19］约翰·费斯克：《传播符号学理论》，张锦华译，台北：远流出版社1993年版。

［20］特伦斯·霍克斯：《结构主义与符号学》，瞿铁鹏译，上海译文出版社1987年版。

［21］李思屈：《东方智慧与符号消费》，浙江大学出版社2003年版。

［22］Klaus Bruhn Jensen，The Social Semiotics of Mass Communication，London：Sage，1995.

［23］约翰·费斯克：《理解大众文化·导言》，王晓珏、宋伟杰译，中央编译出版社2001年版。

［24］潘知常、林玮、曾艳艳：《结构主义——符号学的阐释：传媒作为文本——西方传媒批判理论研究札记》，《东南大学学报（哲学社会科学版）》2004年第5期，第15—18页。

［25］李幼蒸：《结构与意义》，中国社会科学出版社1996年版，第25页。

［26］Ron Beasley&Marcel Danesi，Persuasive Signs：the Semiotics of Advertising，Berlin：Mountonde Gruyer，2002.

［27］Jean M. Grow，"Stories of Community：The First Ten Years of Nike Womens Advertising," *The American Journal of Semiotics*，Vol.22，No.1-4（2006），pp.167-177.

# 论中国新闻媒体的双制

## ——再论中国新闻媒体的双重性

李良荣

**【摘要】** 本文就中国新闻媒体兼具的"上层建筑"与"信息产业"双重属性的问题，进行了从理论到实际、从历史到现实的多重视角的观察与辨析，并提出了自己的观点，主要包括：一、误读双重性，困扰传媒业；二、党的喉舌：重回一报两台；三、双轨制：中国媒体的现实选择；四、分层发展，分级管理。

**【关键词】** 新闻媒体；双重属性；双轨制；分层管理

1995年初，我在《试论当前我国新闻事业的双重性》[1]一文中，正式提出了中国传媒具有上层建筑和信息产业双重属性的概念。当然，这一概念的提出只不过是对已经走向市场的中国传媒业实践的一种追认。中国新闻媒体双重属性的确立为新闻媒体走向市场提供了理论支撑，并由此引发媒体经济的起飞。从1991年到2000年的10年间，中国传媒广告经营额从35亿元增长到712亿元，年平均增长率达35%，远高于同期GDP年均8%的增速。传媒业不但成为中国国民经济的一个支柱产业，而且，无论从产值看，还是从社会影响力看，传媒业已经成为中国文化产业的龙头老大。

突破禁区，对新闻媒体属性的重新认识导致了媒体产业的腾飞，这已是不争的事实。但同样一个不争的事实是，由于对新闻媒体属性的认识再次陷入盲区，新闻媒体的发展开始"失速"。为此，我们不得不再次检讨中国新闻媒体的双重属性。

第四部分　中国传媒经济学科影响力排名前 30 篇论文（数据截至 2015 年 6 月）

## 一、误读双重性，困扰传媒业

"事业性质，企业化运作"是传媒业双重属性的具体运作模式。虽然这一模式造就了中国传媒业的 10 年繁荣，目前它却深深地困扰着中国的传媒业。

经过 20 余年的新闻改革，中国传媒业以不同的办刊（台）方针、不同的功能定位、不同的受众定位呈现出多样化的格局。但多样化的媒体正遭遇着单一管理模式、单一经营模式的捆绑。

作为事业单位，中国的传媒业无一例外都必须以党性原则统率一切，无条件接受党政机关的直接领导，无条件地完成上级领导所确定的宣传任务，这使中国的传媒业成为"准行政部门"。

传媒的所有权归属于党政机关，上级领导部门可以任意处置任何一家媒体，就像在媒体集团化过程中所显示的，要并要拆，要办要关，全由领导决定。

传媒主要的人权、财权、事权归属于党政机关，包括重要的人事任免、重要的投资决策、重要的改版、最后审批权都在党政机关，甚至连报刊的发行定价、报刊的版面增减都得经党政领导批准。

传媒的报道方针、重要报道内容都由党政机关审批决定才能实施。一些重大的新闻，比如当地党政领导人的活动，几乎所有媒体都无一例外要求报道。

然而，传媒业作为事业单位，却得不到政府财政拨款，少数媒体有一点财政支持，也是象征性的，媒体必须自己去打拼市场，自己养活自己，自己发展自己。

作为企业，中国传媒必须自负盈亏，依法纳税（营业税、所得税一项都不少）。为此，全国近万家媒体（约 2000 家报纸，约 2000 家电台，约 3000 家电视台，约 3000 家生活时尚、新闻财经类杂志）都齐步走向市场，以广告收入作为主要收入来源。其中电台、电视台 95% 以上收入来自广告，报刊除发行收入外，98% 收入来自广告。广告市场僧多粥少，竞争之激烈近乎残酷。

但是，传媒业却享受不到企业的任何权利，不能自主经营、自主决策；

它们的发展除了自我积累、银行借贷之外,不允许有业外资本注入。中国的传媒是产业却不允许产业化,是独立法人却不能独立行事,实行企业化管理却不能企业化。

中国的传媒业就处在这样一个只有义务没有权利的尴尬境地:它有事业单位的义务,却不能享受事业单位的权利;它有企业的义务,却不能享受企业的权利。用"驼背落地,两头不着力"来形容中国传媒业的境况是再恰当不过了。

中国的传媒业长成了"计划的脑袋"和"市场的肚子",不得不在事业和企业之间小心翼翼地像走钢丝那样寻求平衡。比如,在报业出现了大报小报化、小报大报化的趋同怪现象。为什么呢?大报即党委机关报一方面要尽力完成党的宣传任务,另一方面为占有市场,不得不刊登许多小市民喜欢看的娱乐、生活时尚、市场动态类内容;而小报像都市报、晚报以消闲、服务为特色的报纸,也不得不刊些宣传内容。可这是何等的艰难。于是,有些媒体人大声疾呼,要否定传媒业的双重属性,要废除"事业性质,企业运作"的模式。

我认为,传媒业所具有的双重属性是传媒业本身的客观存在,不是人为的;而传媒业运作模式却是人可以选择的。目前媒体所陷入的困境,并非是双重属性的必然结果,而是我们对双重属性的误读所导致。

正确理解传媒业的双重性才能让我们重新选择传媒业的运作模式。

## 二、党的喉舌:重回一报两台

要正确解读传媒的双重属性,前提是正确认识我国新闻媒体的基本性质。

我国新闻媒体的基本性质是什么?最经典、最概括的表述是:新闻媒体是党和政府的喉舌。"喉舌"就是宣传机构。正因为如此,我们历来把新闻媒体看成是党的一个工作部门。1942年9月22日《解放日报》社论《党和党报》明确提出:"报纸是党的喉舌,这是一个巨大集体的喉舌,报纸是党的言论机关和代言人。"1954年中共中央专门做出决议指出:"党委的机关报是党委的一个工作部门。"[2] 1981年中共中央在《关于当前报刊新闻广播宣传方针的决定》中再次明确:"报刊、新闻、广播、电视是党的舆论机关。"[3]可以说,把新闻媒体当作党和政府的宣传机构(即所谓的事业性质)是从我们党成立开始就意识到,在延安时期明确提出,一直沿袭到今天的认识或提法。

但是,当我们追溯历史的时候,我们必须看到新闻媒体的巨大变化。

从 1921 年党成立到 1949 年新中国成立,在整个革命年代,党所办的报纸、电台屈指可数,除了党中央机关报《解放日报》《新华日报》外,其余抗日根据地、解放区陆陆续续创办了二三十种报刊,都是由党中央和当地党委创办的。所有报纸都是党委的机关报。所以,完全可以把所有报纸称作党的舆论宣传部门。

新中国成立以后到 20 世纪 80 年代初的 30 多年间,中国处在计划经济时代,所有媒体都是按计划来设置的大一统格局。全国的情况是一报(《人民日报》)、一刊(《红旗》杂志)、一台(中央人民广播电台),后来中央电视台开播,党中央的喉舌就是一报一刊两台。从省(市)一级看,基本格局长期是一报一台,到 70 年代末 80 年代初有了电视台,才形成一报两台成为省(市)委的喉舌。而地(市)级的媒体格局也基本如此。在 30 多年间,从中央到地(市),媒体的基本格局就是一报两台,除了《光明日报》《文汇报》《新民晚报》《北京晚报》等屈指可数的几份非党报外,党委机关报就是报纸的全部,没有其他性质的报纸、电台、电视台。所以,沿袭革命战争年代的提法,把报纸、广播、电视都称作党的喉舌同样是合理的。

但是,20 世纪 80 年代中期以后,尤其整个 90 年代中国传媒从规模到格局发生了巨大的变化。报纸至少可以分三大类,即党委机关报、晚报、都市报、专业报;电台可以分三大类即综合台、经济交通台、以文艺为主的专业台;电视台也可以分三大类,即新闻综合台(频道)、专业台(频道)、教育台(频道)。众多的媒体由于办刊(台)方针不同,功能定位和受众定位不同,呈现出各自特点和不同的价值取向。面对如此庞杂多元的媒体,沿袭过去的提法,把所有的报纸、电台、电视台统统称之为党的喉舌,作为党的代言机关显然是不适当的。以《解放日报》报业集团为例,除了《解放日报》是上海市委机关报外,尚有《申江服务导报》——面对白领阶层的消闲、时尚周报;《新闻晨报》——以动态新闻和股市行情为主的面向上班族、股市投资者的综合性报；《新闻晚报》——以生活服务、社会新闻见长的晚报等。别的不说，如果把《申江服务导报》和《解放日报》等量齐观当作党的喉舌，那么怎么能在版面上容得下消闲、时尚内容？难道那些消闲、时尚的内容也称之为"党的声音"？

很清楚，党的喉舌只能是一个，党的喉舌只能有一种声音。把如此庞杂的媒体群一视同仁都当作党的喉舌，那么必然是七嘴八舌。目前，我国媒体在某些地方，某个时候所出现的主调不明、噪声四起的局面，和笼而统之把所有媒体都当作党的喉舌的做法有很大关系。

我们可以说，中国的新闻媒体除个别民主党派所办的报纸外，都是在党领导下的。但党领导下的新闻媒体和党的喉舌是两个概念。党领导下的新闻媒体要求媒体自觉接受党的领导，和党中央在政治上保持一致；而党的喉舌除上述要求外，还必须把宣传党的方针政策、国家的法律法规当作最主要的任务。

什么是党的喉舌？我认为，党的喉舌就是原先的一报两台——党委机关报、以新闻报道为主的电台、电视台（它们一般都是新闻综合台）。它们最主要的功能就是宣传——宣传党的决议、方针、政策，宣传国家的法律、法规、法令。除此之外，其他的媒体都不是党的喉舌。

### 三、双轨制：中国媒体的现实选择

如果把党的喉舌限定为一报两台的论断能成立的话，那么，我们很自然地可以把中国庞杂的媒体划分为两大类。

一块是属于党的喉舌的新闻媒体，就是一报两台；另一块是不属于党的喉舌的新闻媒体。中国的新闻媒体都具有双重属性，双重属性是就新闻媒体的整体而言。但就个别媒体，双重属性的体现会有不同的偏重。属于党的喉舌的新闻媒体具有更多的上层建筑属性即更多的事业性质，而不属于党的喉舌的新闻媒体具有更多的信息产业属性即企业性质。

这两大类的媒体有其共同点即共性：它们都是党领导下的新闻媒体，都必须接受党的领导，都必须在政治上和中央保持一致；它们都有共同责任：对党对人民高度负责；它们都要实现企业化管理；他们都必须遵守新闻工作专业的理念：真实、全面、客观、公正。

这两大类的媒体在运作上有着明显的区别。李长春同志在《用"三个代表"重要思想统领宣传思想工作》中指出："属于党的喉舌性质的单位，实行事业性质，企业化管理。不属于党的喉舌性质的公益性事业单位，要努力加强管理，增加活力，提高服务水平。鼓励应完全面向市场的经营性行业和单位走向市场，走产业化、企业化的道路，在市场竞争中发展壮大并实施'走出去'战略，努力跻身于国际市场。"[4]

李长春同志对属于党的喉舌的单位和不属于党的喉舌性质的单位的运作模式已做了极好说明。

作为党的喉舌的新闻媒体其显著的特点如下。

1. 它们是党和政府的一个工作部门，必须以党性原则来保证无条件接受党的领导，无条件地宣传党的方针政策。虽然它们和一般党政部门有区别，即它们要实行企业化管理，实行独立的经济核算，但它们同一般党政部门一样，接受上级机关的直接领导，接受上级机关指令性的工作要求。与此相适应，它们得到特殊的优惠政策，必要时得到政府的财政津贴。

2. 它们的主要功能是宣传——宣传党的基本理论和方针政策、国家的法律法规。它们也传播信息，但主要是政治、经济、军事、社会的硬新闻。一报两台就是以思想性为主导的硬新闻作为主要内容，真正成为中国舆论宣传的主阵地、硬新闻的主渠道、社会舆论导向的引航员。

3. 它们的受众主要是党政部门的工作人员、企事业单位的各级主管、知识分子以及其他社会精英。它们影响社会上有影响的群体。

4. 它们也会进入市场，与其他媒体展开竞争，在广告市场上争取广告。但它们不能、不可能完全市场化、完全企业化，而是以行政调控为主，以市场运作为辅。对党报来说，它们的发行主要以公费订阅为主；它们的广告收入有相当一部分来自于政府部门。

非党的喉舌的新闻媒体的基本特点如下。

1. 它们不再是党的工作部门，也不是"准行政部门"，而是一个独立的法人单位。因此，它们拥有相对独立的编辑权。除了特殊时期和特别重大报道外，它们对本报本台所传播的内容负完全独立的责任。党政部门对它们的工作要求只是指导性的，鼓励性的。

2. 它们也承担着宣传任务，但它们的功能主要在信息沟通、提供娱乐、提供知识，同时发挥舆论监督的功能。

3. 它们实行产业化、企业化运作，自负盈亏，自主经营，以广告和其他经营收入维持自己的生计，谋求自己的发展，在市场上优胜劣汰。不得接受任何形式的政府财政补贴或其他形式的经济支持，一旦无法在市场上立足，或者资不抵债，难以为继，就得破产，该关就关，该并就并。以党的喉舌的新闻媒体和非党的喉舌的新闻媒体形成的两大阵营就构成了中国媒体的双轨制。

这样做，可以让党的媒体减轻市场竞争的压力，专心致志地做好宣传工作，使我们的宣传工作更有成效，更能深入人心。可以让非党的媒体减轻宣传压力，给予它们更大的发展空间，给予它们更多的自主经营的积极性和责任感，使它们能增强活力，壮大实力，提高竞争力，并发挥市场资源配置的功能，打造中国传媒的真正的航空母舰，走向国际舞台。

### 四、分层发展，分级管理

为便于对新闻传媒业的管理，我认为应对当前中国的传媒集团实行重大改组。首先在省（市）一级，把党的喉舌媒体剥离出来组建单独的跨媒体的传媒集团。这个集团以一报两台为核心，包括一家党委机关报、一个新闻综合电视频道，一个新闻综合电台频率，还可能包括一家政府办的网站、党的刊物、一家出版社。非党的喉舌的新闻媒体另外组建一家或几家传媒集团，可以以当地最具影响的都市报或晚报为龙头。非党的喉舌的传媒集团最初还不得不由党政主管部门来组建或协调，一旦组建完成出台，让它们独立运转。

既然党的喉舌媒体承担着宣传党的政府方针政策的任务，并且要让它们专心致志地去工作，那么必然有相应的特殊政策来支持、来扶植。正如江泽民同志在十六大报告中所提出的"扶持党和国家重要的新闻媒体"。[5]我认为，最主要的政策支持有以下几方面。

1. 给予重大新闻的独家报道权。例如，重大政策、举措出台，重要党政领导的任免，党政主要领导的访谈等。这有利于树立党的媒体的权威性。一名市级党报主编说:"一年中,只要有几次重大新闻的独家发布,党报的权威自然就树立起来。"

2. 公费订阅。党政机关除个别单位外,只能订党报党刊,其他的报刊自费订阅。对大中型国营企事业单位的党组织也要规定订阅。对于拥有大学本科以上学历的知识分子允许他们以党费订报(可以规定一个额度,以订报收据作为党费),从而确保党报党刊的发行量。

3. 频道频率垄断。在省(市)一级,以时政新闻为主的电视专业频道、电台专业频道只允许办一家,那就是党的喉舌媒体。

4. 必要的财政补贴。在经济欠发达地区,广告收入不足以支持党的媒体的正常运作,可以以党费作为补贴。

5. 必要的广告政策。政府的广告只刊登在党的喉舌媒体上,如工商行政管理局的广告。

6. 输送高质量人才。通过相关单位,尤其是高校的思想政治工作,吸引、动员高质量的人才进入党的喉舌媒体。

当然,对于党的喉舌的媒体必须是高标准、严要求,决不能允许它们依仗行政保护措施得过且过混日子。必须建立一套严格的考核标准,要真正通过新闻从业人员自身的努力,重树党的喉舌媒体的权威性,真正成为中国媒体的核心,成为中国新闻从业人员的遵纪守法、遵守职业操守的楷模。毫不留情地撤销那些不思进取、碌碌无为的领导干部的职务,毫不手软地把那些破坏纪律和严重违反职业道德(如制造假新闻造成恶劣影响者)的从业人员开除出党的喉舌媒体的队伍。

对于非党的喉舌的新闻媒体,党政机关不再有直接的管辖权。对它们的管理和指导,应该有三个层次。

一是非党喉舌媒体的管理委员会。这是非党喉舌媒体的直接管理机构,因为非党喉舌媒体的资产所有权属于国家,国家当然有权对它们实行管理和监督,类似公司的董事会。媒体管委会决定媒体主要领导的任免,决定媒体的办刊(台)方针,决定媒体的重大投资融资,通过媒体每年的工作计划和财务预决算,决定一切关系媒体存亡和发展的重大事宜。

二是媒体的行业协会。例如,报业公会、电台电视台协会,保护新闻从业人员合法权益;协调媒体间关系,处理相互纠纷;监督新闻从业人员的职业操守；处理公众投诉。

　　三是政策通气会和学习会。由党委主管部门定期向非党喉舌媒体主要领导通报党委的工作部署，学习党的重大方针政策，引导他们从实际出发自觉地贯彻执行。

　　非党喉舌媒体拥有相对独立的人权、事权、财权，其中最重要的是相对独立的编辑权和相对独立的经营权。除个别重大新闻外，媒体公开传播的内容由各媒体独立负责（当然必须在党纪国法和其他规定的允许范围内），无须事先批准。重大错误，做事后追惩。媒体的改版、定价、报纸版面的数量、播出时间长短等，都由媒体自行决定。非党喉舌媒体在政治上和中央保持一致，这是铁定的纪律，这包括党的基本理论，党和政府重大方针政策，国家的法律法规，容不得任何媒体说三道四。但在具体问题上，应该允许非党喉舌媒体有不同意见的公开表达。市场经济允许并保护不同群体利益。不同意见有一部分就是代表着不同群体的利益，有一部分是不同的认识，比如说一些专家的意见、建议。中国如此之大，领域如此之广，有不同意见是正常的，只要无伤大局，无碍大政方针，不同意见的公开表达，可以开阔言路、活跃思想，有助于创新，有助于形成一个活泼的政治局面。大事小事，统统都是"一致认为""共同认识"，只能造成思想僵化，造成被动，这已被无数事实所证明。

　　中国的媒体要做大做强，必须实行跨媒体、跨行业、跨区域的运作，必须广泛吸收业外资本，才能在和国际传媒巨头的竞争中站稳、壮大。由于我们把所有媒体都定性为党的喉舌。跨媒体、跨行业、跨区域和资本运作都失去了前提。如果我们把媒体分成两大类，那么，作为党的喉舌的媒体是不允许被兼并的，也不允许吸收业外资本的。因为它们属于党政机关的一个工作部门，世界上哪有党政机构可以被其他部门兼并或去跨区域去兼并其他党政机构？世界上哪有党政机构可以让业外资本来投资的呢？而非党喉舌媒体剥离出来以后，为大媒体集团的建立创造了条件。非党喉舌媒体可以在清产核资的基础上相互兼并，并吸收业外资本（是否对外国资本开放应由国家决策）。这样做，可在全国范围内，建立几家、十几家跨媒体、跨行业、跨区域的媒体"航母"。

　　对中国媒体属性的重新定位，在此基础上实行媒体的双轨制，是中国传媒体制的创新，一旦实施，将对中国传媒的管理、经营、传媒格局带来巨大变革。上述的设想是否合理，暂且勿论，但是，中国的传媒要增强活力，壮大实力，提高竞争力，必须以制度创新为动力，这已是刻不容缓的事情。

（作者系复旦大学新闻学院教授、博士生导师）

**参考文献：**

［1］《新闻大学》1995年夏季号。

［2］《中国共产党新闻工作文件汇编》（中），新华出版社1980年版，第328页。

［3］《三中全会以来重要文献选编》（下），人民出版社1982年版，第688页。

［4］《广州日报》2003年5月3日。

［5］江泽民：《全面建设小康社会，开创中国特色社会主义事业新局面——在中国共产党第十六次全国代表大会上的报告》，人民出版社2002年版，第41页。

# 3G 元年的困惑与思考

彭兰

以手机为终端的 3G 业务的拓展，必须充分研究其终端的特点，淡化其屏幕弱势所带来的影响，而将其便携性、移动性优势充分发挥出来。

2009 年，是中国的 3G 元年。2010 年 1 月 14 日，工业和信息化部公布了 2009 年我国 3G 发展总体情况。数据显示，截至 2009 年底，我国 3G 用户超过 1500 万户。2009 年 3G 间接拉动国内投资近 5890 亿元，带动直接消费 364 亿元。其中，终端消费 297 亿元，业务消费 67 亿元。[1]

这些数据表明了一个基本事实，那就是 3G 时代已经在中国到来。但是，另一方面，用户这端的反应，并不如运营商期待的那样热烈。3G 业务消费水平，远远低于终端消费，而显然，3G 真正的前景在于应用业务而不是终端。

尽管第一年的成绩并不足以成为判断 3G 在中国的应用前景的依据，但是，分析开局之年 3G 在中国发展所面临的困惑与困境，对于认识 3G 在中国发展的方向，具有重要意义。

## 一、概念的迷失与 3G 的竞争环境

3G 在中国发展，首先遭遇的是概念上的迷失，以及由此造成的市场上、战略上的错位。

很多人把 3G 视为移动互联网的代名词，但是，也有专家对这种观点提出了质疑。例如，在通信专家项立刚列出的"手机网"十大特点中，和互联网完全重合的基本上只有一条。他进一步指出，"移动互联网"概念的提出与流行，已经很大程度上歪曲了 3G 之后移动数据时代的本来面目，造成了

3G 发展的障碍。[2]

对 3G 与移动互联网的关系，也许需要从短期与长期两个不同阶段加以认识。

从长远看，移动通信网与互联网、手机与电脑等渠道与终端所承载的业务，的确在进行着相互渗透，未来它们的界限也将进一步模糊，手机网与电脑互联网可能会逐渐融合。

但是，媒介融合的目标，并不是形成一个同质的、单一的媒介市场，而是在一个共同的数字平台上，造就多样的、异质的媒介产品，以满足人们丰富的、个性化的需求。因此，无论未来手机网与互联网将如何融合，在 3G 的起步阶段，探索手机网的独特发展方向和业务模式，是必要的。过分强调移动互联网的概念，容易导致人们在基于电脑的互联网的思维惯性下来思考手机网的发展模式，也就会将产品的差异性在一开始就抹杀掉。这在市场发展的初期是不利的。

因此，3G 的发展，也需要从短期与长期两个阶段进行战略布局。而目前更需要解决的是短期的战略问题，也就是更多以手机网的发展为主攻方向，来探索最具有个性的产品与服务。

要制定 3G 短期的发展战略，首先需要厘清 3G 的概念与定位，也就是对与之相似的产品进行分析，对 3G 发展的竞争对手及竞争格局进行分析。而这需要在渠道与终端两个维度上加以综合考察。

3G 手机网，面对的是相关技术与应用的重重包围，而它在目前还不能提供"杀手级"的应用或产品，更多地提供的仍是锦上添花的服务，所以它在现阶段业务发展不尽如人意，也是必然的。

## 二、在"选择的或然率"公式下看 3G 发展障碍

传播学家施拉姆提出过一个著名的"选择的或然率"公式，即受众对某一媒介的选择概率，与受众可能获得的收益与报偿成正比，与受众获得媒介服务的成本或者费力的程度成反比。

简单地说，对于媒介的选择，是基于报偿与代价两个方面的因素。3G 发展，是将"报偿/代价"比值不断扩大的过程。而对于其发展障碍的认识，

也可以基于这一视角。

从代价方面看，费用高，是大多数用户采用 3G 手机的一个主要障碍。另一方面，当手机用户已经拥有了 2G 上网手机时，在没有更换手机需要的情况下，很少会有用户为了赶 3G 的时髦而马上扔掉 2G 手机。而 3G 概念的含混，各种技术的纷扰，也使用户在选择 3G 产品与服务时，需要付出更多代价。制约 3G 手机网发展，更多的障碍还来自报偿方面。缺乏"雪中送炭"式的应用，是 3G 手机普及缓慢的重要因素。

更深入地分析用户的报偿/代价，需要对用户市场进行区隔性分析。以收入为指标来进行市场划分，手机用户大致可分为三层：高端、中端、低端。他们所需要的报偿与付出的代价，是有差异的。

手机的高端用户：资费不是障碍，他们更关注的代价在时间方面。这决定了他们对手机网的需求结构。相对来说，娱乐的需求（如视频、游戏等），不是他们需求的主流，而商务交往（如邮件、社区）、交易（如手机股票、在线交易、手机支付等），是更主要的。从理论上来说，这类用户更容易转向 3G 网络，但是，由于时间成本的因素，他们未必是 3G 应用的活跃用户，除非 3G 能在商务性功能方面有大的发展。

手机的中端用户：对资费最敏感，资费的变化会立即引起他们的消费方式与行为的变化。相对来说，他们对时间成本的关注较少一些。而对于报偿的需要，这一群体显得更为"广谱"，娱乐、商务、社交等都存在于他们的需求结构中。这一群体也是 3G 网上最活跃的群体，是推动 3G 应用向深层发展的主要动力。但是，这一群体往往也是活跃的互联网用户，如何使他们获得在互联网（包括移动接入互联网）上不能得到的报偿，或者使这两个平台上的服务更多地形成联动、互补关系，应该是开发 3G 产品时需要重点考虑的因素。

手机的低端用户：主要集中在两个人群，一是学生人群，一是农民和农民工。两者情况有所不同。学生群体接近中端用户，但现阶段还没有更高的消费能力。对他们的策略，更多地应是以 2G 应用来培养他们对 3G 产品的潜在需求。而农民和农民工，是将手机上网作为电脑上网的替代品。目前要转向 3G 还是很困难的。

进行市场差异化研究的坐标系还有很多，无论从哪些维度来分析，针对用户在"报偿/代价"方面的差异采取不同的 3G 发展策略,都是必需的。

### 三、3G 真正的产品增长点在哪?

下面几个方面,常常被人们视为 3G 的主要产品发展方向,但事实是否如人们的期望呢?

内容

传统媒体时代所信奉的内容为王的口号,被很多人直接搬到了互联网和手机网上。但是,早在互联网中,这一思维便受到了挑战。在手机网中,这样的挑战更为明显。虽然指向性更强的视频内容的确可以视为 3G 时代一个内容增长点,但是,在三网融合的趋势下,提供视频服务的渠道与终端日益增多,3G 手机网必须找到能体现其特性的视频业务模式,才可能与其他平台与终端抗衡。

视频通话

目前的 3G 带宽,限制了视频通话的质量,而且并非所有 3G 手机都具有视频通话功能,实现视频通话还需要通话双方都有相应手机。用户则由于担心隐私暴露等问题,对视频通话也有所迟疑。更重要的是,视频通话功能并非 3G 手机所独有。因此,把视频通话作为卖点,又已成为 3G 推广中的一个困境。

游戏

正如前面分析的,目前 3G 最高端用户,对游戏的需求并不强烈,而真正以手机游戏为主要需求的低端用户,又由于"门槛"的问题,无法进入 3G 时代。中端用户,虽然有可能成为 3G 游戏消费的主力,但 3G 手机并非他们玩游戏的唯一选择,电脑、PSP 游戏机等,已经造就了他们稳定的游戏习惯,并且 PSP 也能满足移动状态下的游戏需要。而资费因素对这些用户扩展到 3G 游戏平台也会形成阻碍。

当然,尽管有种种障碍,上面几个方面的产品,都仍然有自己的生存与发展空间。但是它们只是基础性应用，而不会是刺激 3G 突变式发展的关键应用。

以手机为终端的 3G 业务的拓展，必须充分研究其终端的特点，淡化屏幕弱势所带来的影响，充分发挥便携性、移动性优势。笔者认为，下面几个方面的应用，在推动 3G 业务发展方面，能量更大。

*移动查询及其延伸性服务*

由互联网或手机媒体服务商"推送"的内容，用户未必一定要在移动状态下接收，除非是突发新闻。用户在移动状态下最突出的信息需求，往往表现为"拉出式"信息需要，即特定情境下的查询需要，特别是在生活类信息方面。例如，寻找道路、寻找餐馆、查询航班及旅馆等，以及由此延伸的预订等服务。这类服务是信息服务与电子商务服务的结合，与手机的高、中端人群的活动特征相吻合，本身对终端屏幕没有太高要求。

*社交产品*

无论是从互联网还是手机的发展历程看，社交功能都是它们的永恒的功能。而且也是每一次技术变革的基础动力。因为人与人的关系，永远比人与内容的关系更重要。近年来，互联网的应用的热点也在 SNS、微博客等社交服务方面。因此，通过 3G 手机来补充、发展互联网上的社交应用，既能满足各类用户的需要，也可以培养用户与 3G 手机网的牢固关系。

*移动支付与移动交易*

CNNIC 的《第 25 次中国互联网络发展状况统计报告》称，2009 年，互联网上商务交易类应用的用户规模增长最快，平均年增幅达到了 68%。其中，网上支付用户年增幅 80.9%，在所有应用中排名第一，旅游预订、网络炒股、网上银行和网络购物用户规模分别增长了 77.9%、67.0%、62.3% 和 45.9%。[3] 这些数据可以显示出用户需求的结构性变化。手机用户的需求变化趋向，也是与此一致的。而网络交易与移动交易业务能形成良好的互补关系，因此，移动交易方面的产品将可能为 3G 应用带来广阔的市场。

无论未来 3G 还将出现哪些产品，一个总的趋向是，它是以全方位的生活、工作需求为基础的,而单纯的内容产品的作用将不断减弱。3G 产品的发展,如果与物联网等技术应用相结合,也会有更广阔的天地。

(作者是中国人民大学新闻学院教授,博士生导师;中国人民大学新闻与社会发展研究中心研究员。本文为"高等学校全国优秀博士学位论文作者专项资金"项目成果)

**注释:**

[1]《2009 年我国 3G 和 TD 发展总体情况》,2010 年 1 月 14 日,工业与信息化部网站 http://www.miit.gov.cn/n11293472/n11293832/n11294132/n12858447/12979622.html。

[2]项立刚:《移动互联网概念批判》,项立刚博客 http://blog.sina.com.cn/s/blog_5854ac960100enbd.html。

[3]数据来源:http://research.cnnic.cn/html/1263531336d1752.html。

# 中国民营报业托拉斯道路的破灭

刘小燕

中国民营报业诞生于清朝末期的 19 世纪 70 年代，兴盛于南京国民政府统治时期的 20 世纪三四十年代，衰退凋零于 20 世纪 40 年代末 50 年代初。进入 30 年代，军阀混战逐渐结束，城市资本主义经济和社会事业均有明显发展，中国报业随之呈现相对繁荣景象，同业竞争更趋激烈，其特点是：商业报纸扩展，独立报纸成长壮大，小型报纸发达，国民党党营报纸由创立到繁荣。前三者基本属民营报纸。北平、天津、上海等城市有影响的民营大报，经过多年的经营，奠定了继续发展的经济基础。它们利用有利的社会条件，进一步拓展生存空间，自我发展，增强实力，朝着报业托拉斯的方向发展。或兼并他报，或创办子报，或几家报纸联营，形成中国早期的报团雏形。由于中国当时尚缺乏高度发达的工商业基础、日本帝国主义的入侵、国民党的遏制以及南京国民政府土崩瓦解后社会制度的更迭等，中国（大陆）民营报业托拉斯发展趋势（报团雏形）最终解体。

## 一、民营报业托拉斯发展趋势及解体

当时有影响的民营报业的报团雏形主要包括："世界报系"、"新记大公报"、《申报》和《新闻报》"四社"联合办事处（类似一个准报团）以及"新民报系"等，其报业资本出现朝着集中、垄断方向发展的托拉斯趋势。

1. "世界报系"（"成氏体系"）

成舍我继北平创办《世界晚报》（1924 年 4 月）、《世界日报》（1925 年 2 月）、《世界画报》（1925 年 10 月）后，于 1927 年 4 月在南京创办《民生报》，

1932年创办"北平新闻专科学校"（1942年创"私立北平新闻专科学校桂林分校"），1935年9月在上海与沪宁报人合资创办小型报《立报》，形成著名的"成氏体系"。

"世界报系"创刊于军阀混战、政局动荡年代，当时北京有大大小小、形形色色的报社、通讯社200多家，同业竞争十分激烈，成"在努力采写独家消息的同时"，独辟蹊径，以"发展教育"为号召，大量刊载教育新闻，同时在副刊刊载情趣高雅的小品文和诗词。世界晚日两刊创刊初期，"具有鲜明的反军阀统治色彩"，在民族危亡关头，主张"立止内战，协力御侮"，鼓动全民抗战。1933年《世界日报》购入天津《大公报》出让之轮转印报机，使报纸销数迅速上升。"自20年代后期，成舍我精心经营日报，就其规模、设备、作者队伍、销售数量和社会影响，足以与京城各大报相匹敌，成了引人注目的京城大报之一。"[1]1397年8月日军侵占北平，三报停刊，其资产被日寇劫夺。抗战胜利后成舍我于1954年11月在北京复刊《世界日报》系列，并继续出重庆版。

1926年8月成舍我因坚持"不畏强暴"的办报宗旨，刊载林白水被杀的消息，被奉系军阀张宗昌逮捕，逃出枪口后即离京南下办《民生报》。这是南京第一份小报，以"小报大办""精选精编"为方针，"重视言论，竞争消息，广用图片"，"一年后即发行1.5万份，多时发行到3万份，超过了《南京日报》的销数"。1928年6月北伐完成，成重回北平主持"三世界"，此后成往返南京、北平，主持两地报纸。《民生报》与《世界日报》南北呼应，相互补益，处于"朝廷"脚下的《民生报》人员为《世界报》采写新闻、拍发专电，使《世界报》提高了竞争力，而世界报社以民生报社为分社，推销报纸，扩大了在南方的影响。

《民生报》1943年因揭露汪精卫部下贪污舞弊和刊载军事消息，被国民政府勒令停刊，成舍我出狱后又在上海办《立报》。《立报》诞生于内忧外患、国难深重之时，以"对外争取国家主权独立，驱除敌寇；对内督促政治民主，严惩贪污"为宗旨，以"小型化、大众化""小报大办"为原则，顺应民心，紧追时代潮流，重视言论、新闻及副刊，重视经营管理，版面新颖，内容丰富，价格低廉，加之言论激进，敢于同上海一些恶势力对抗，很快吸引了不少读者，几可与上海一些老牌报纸媲美。淞沪战争期间，《立报》销量达20

万份以上,创我国自有日报以来最高纪录。《立报》在上海出版发行的两年中,始终坚持报纸大众化方向,在言论新闻报道上一贯主张"对内和平,对外抗战"。1937年上海沦陷后《立报》自动停刊,1938年4月在香港复刊,继承上海《立报》"三多"原则(副刊多、专栏多、小品文多),1941年12月香港沦陷被迫停刊。1945年抗战胜利后上海《立报》复刊。成舍我将资产转让,《立报》实际归CC系潘公展所有。[2]

《世界日报》的成功经营,使成舍我雄心更大,1930—1931年成赴欧美考察游历,更使他对西方"大众化报纸"的办报方式和报业托拉斯向往不已,回国后萌发成立"中国新闻公司",拟设总部于南京,在全国各大城市各办一份日报,组成一庞大的、兼具影响力的报业集团。由于日本帝国主义的大肆入侵,内忧外患,成舍我壮志未酬。直到1945年成在国民党支持下,着手筹建"中国新闻公司",这时的成舍我对于在中国大搞新闻企业已有一套较成熟的方案,他多次向程仓波等国民党新闻界人士游说。其想法最终得到陈果夫的支持,陈关照交通、农民和中国三银行集资创建"中国新闻公司"。并以"提倡民主建设,独立经营新闻事业"为标榜,拟在重庆复刊《世界日报》,抗日战争胜利后再以南京为中心,在全国东南西北中五大地区主要城市分期创办十几家报纸,都用《世界日报》命名,以实现成舍我当年的梦想,使"世界报系"成为中国的报业托拉斯。但"中国新闻公司"最终只复刊重庆、北平,《世界日报》就不了了之。1949年2月,"因其在解放后坚持刊登国民党中央社的新闻,充当国民党宣传喉舌","三世界"被北平军管会接管与查封,同年6月《光明日报》在《世界日报》原址出版。1949年7月重庆《世界日报》停刊。

**2. "新记大公报"**

天津《大公报》系英敛之1920年创办,曾享有"敢言"之称,后转由王郅隆经营,因依附安福系声名扫地。1926年由吴、胡、张"三驾马车"接手,组建"新记大公报",续刊之日提出"不党、不卖、不私、不盲"的办报方针,续刊的最初4年,销量达到5万份。1933年斥巨资购置新型高速轮转机一部,事业蒸蒸日上。1936年创办《大公报》上海版,抗日战争开始后,其天津版、上海版相继停刊。张季鸾率将先后于1937年9月和1938年12月创办《大公报》汉口版和重庆版,胡政之率将先后于1938年8月和1941年3月创办

《大公报》香港版和桂林版。在政治倾向上，前二者较接近当局，后二者则在反映民主派的呼声和揭露黑暗方面，较为开放大胆。当时有人指出，张"跟政府走"，胡"则在政府以外绕圈子"。1941年5月《大公报》获美国密苏里大学新闻学院授予的1940年度外国报纸荣誉奖，这是中国报界首次获国际新闻奖。

新记《大公报》在新旧军阀混战不已的续刊初期，作为华北地区一家老店新开的报纸，其与众不同的"四不"办报方针，较为客观、公正的言论和报道，为自己赢得声誉，一跃成为全国性舆论重镇。"9·18"后乃至整个抗战时期，《大公报》一面保持与蒋的亲密关系，时常先机传达蒋的设想；一面又常批评当局行政措施，保持独立报纸的姿态，尤其在民族危亡之时高举抗日大旗，在国内外赢得声誉。而且它以新闻与言论著称，强调"报纸生命，首在新闻"，登载"确实的消息"和独家新闻；同时，立言以"公"（无私、客观）、"诚"（诚心为国）、"勇"（"不畏强权""不媚时尚"）为原则，发表"负责任的评论"，而且敢言善言。"以其消息灵通，敢于批评和客观公正的姿态而吸引了知识分子"。其政治通讯和旅游通讯"深为读者所喜阅，在字里行间，可以窥见政治内情和时局趋势"。[3]读者遍布中上阶层，"对统治集团中的决策人士尤有影响"。正因如此，才走南闯北，"独步报坛"。

自1941年张季鸾病故，王芸生主持笔政后，重庆《大公报》"言论尺度有所放宽，并几度与蒋介石发生冲突"。其中1943年因河南发生大灾，"批评当局不恤民命"，惹怒蒋，被勒令停刊3天。面对国民党军队日退千里的局面，自1944年9月起，《大公报》开始严厉批评时政，在局势紧张、人心惶惶的关头，其言论发挥了振奋人心的作用。抗战后先后复刊上海版和天津版，1946年1月，该报总管理处迁上海，统辖上海、天津、重庆三馆，后又复刊香港版，在全国同时发刊4个分版。天津《大公报》1949年2月（改名为《进步日报》）结束其使命。重庆《大公报》1952年公私合营，在此基础上组建国有报纸《重庆日报》。上海《大公报》经毛泽东批示北迁，与天津《进步日报》合并，仍叫《大公报》，分工报道国际新闻和财经新闻。[4]1954年迁北京，北京《大公报》出版13年，"文革"开始后停刊。

**3. 上海申、新两报**

在上海，《申报》老板史量才收购《新闻报》大部分股权，成为拥有旧中国发行量最大的两家报纸的报业主。以后，史量才以《申报》为中心又发展成一报多刊、多种文化事业的庞大产业。《新闻报》大部分股权虽属史，但因种种原因，实际仍由汪氏父子经营。

资格最老的《申报》，业务日趋发达，继建成五层大厦后，又先后购置新式轮转印报机三部，二小时可印报纸10余万份。1931年销量"宣称达到15万份，每日刊行对开3张至4张，读者多属知识阶层"。

在"9·18"国难发生后，《申报》一改以往在重大政治事件上谨慎保守的常态，"表现出积极抗日和要求民主的进步倾向"，提出"应为维护国家维护民族，而作自卫之背城战"的抗日主张，并积极报道和声援民众抗日行动。同时反对国民党独裁，倡导民主自由权利。针对国民党左派领袖邓演达被蒋暗杀，1931年12月20日[5]冒着风险率先发表宋庆龄《国民党不再是一个革命集团》的讨蒋檄文。[6]全力报道支持十九路军淞沪抗战，募捐总额"达93万元之巨"，一时成为上海舆论中心。

1932年，值《申报》创刊60周年之际，提出在"新闻和广告编排、国内外通讯、自由谈改版等十二方面进行全面改革"。其中最引人注目、社会影响最大的是革新副刊《自由谈》，改变庸俗的趣味主义编辑方针，主张文艺的进步与现代化。以此为阵地，团结各种文化力量，形成爱国民主的文化统一战线。1932年起，又创办月刊、年鉴、图书馆、补习学校、新闻函授学校等一系列文化事业。依靠报纸办文化事业，通过文化事业又提高报纸声誉，实为报业管理的一个创举。这一系列的改革，"既服务了社会，又增强了报纸声誉，促进了报纸销路"。《申报》在史量才的经营下，"发生了中国报纸企业化可以成功的示范作用"。[7]但自史量才遇害后，《申报》的"革新计划，受到顿挫"。1938年《申报》迁离上海后，曾出版汉口版和香港版，寿命很短，同年又迁回上海复刊沪版，身处逆境。

《新闻报》在史量才收购股权之前，是《申报》在上海的劲敌，在有着特殊政治地位的洋老板福开森的庇护和汪氏父子两代人的苦心经营下，发展成为经济实力雄厚的"全国数一数二的大报"。《新闻报》以配合上海商界心理为编辑目标，发行"取薄利多卖主义，批价比申报低，争取了一部分申报的读者，同时组织销报网，扩展外部市场"，使其销数"永远维持着领先的纪录"。

进入历史鼎盛时期的《新闻报》，1929年由外国人控制达39年之久的产权归国人所有。但因老板福开森将股权秘密转让给史量才惹出一场风波。由于汪氏兄弟和其他股东以及《新闻报》上下的反对，加之国民党当局阻挠和买办资产阶级的插脚，史量才被迫让出部分股份（自己拥有50%），也使史量才对《新闻报》的拓展规划落空。《新闻报》沿着原有轨道经营，"没有可能获得更大发展"，发行量"在30年代一直维持在15万份左右"。1933年创办《新闻夜报》，不久成为当时销量最多的《大晚报》的强劲对手。

1941年12月太平洋战争爆发后，申、新两报沦入日军之手，仍以美商名义出版。一年后，褪去中立色彩，成为"赤裸裸的汉奸日报"。抗战胜利后，两报被国民党政府接管。1949年5月上海解放后，两报被上海军管会接管。世事更迭，两报几易其主，历尽沧桑，风光不现。史量才当年的报业托拉斯梦想，终成泡影。

**4．三报一社**

30年代民营新闻业出现报业托拉斯雏形的联合体，较有影响的还有由张竹平组建的"四社"。其骨干单位《时事新报》是由1907年创刊的《时事报》发展起来的大报。申时通讯社成立于1928年，几年之内，"订户达百十余家"，经营范围有电讯、邮讯、广告等。1934年组建股份有限公司，俨然成为国内有影响的通讯社。英文《大陆报》创刊于1911年，其读者2/3为在华外侨。《大晚报》1923年发刊，销量最高时达7万份以上，为上海晚报之冠。

"三报一社"中除申时电讯社由张竹平独资经营外，另外三报都是股份公司，各有自己的董事会，"张竹平在三报的股份不超过1/3，他并不是三报一社的总报业主。"严格地讲，"三报一社"不是资本的联合，仅是业务上的部分联合，只能说是一个报团的雏形。

四社虽然仅是业务上的部分联合，还不是资本的联合，但它不仅给三报一社带来了方便和利益，而且在新闻界造成很大影响。如此一个既有报纸，又有通讯社；既有日报，又有晚报；既有中文报，又有英文报的联合体，在中国尚属首创。四社因1933年与反蒋势力（"福建人民政府"蔡廷锴）发生联系，为蒋所不容，1935年被孔祥熙强行收购（张仅得到孔"赠送"的5万法币，实际上是劫夺）。抗战爆发后，除《时事新报》内迁重庆外，其余三者相继停办。"中国新闻史上少见的报团雏形就此完全解体"。

**5. 新民报系**

中国现代著名报纸《新民报》1929年9月创刊于南京,"9·18"后积极宣传抗战,1936年春销量1.6万份,广告收入占总收入的50%,同年8月改为轮印,提早了出报时间和提高了印刷质量,"成为南京报业中的佼佼者"。同时改出对开两张,发行量2万份。1937年全面抗战爆发后,南京政府迁重庆,《新民报》坚持出版至11月(仅出8开一张)忍痛告别南京。

撤至重庆的《新民报》确立了"中间偏左,遇礁即避"的办报方针,成为以社会新闻和副刊称胜的小型报,"常在新闻和副刊文字中暴露黑暗,针砭时弊"。其冷峻犀利、颇具战斗力的副刊文字,被国民党当局称之为"挖墙脚"。1944年7月30日起,《新民报》重庆、成都两版连载其主笔赵超构的《延安一月》,在"大后方引起强烈反响"。作为"当年重庆颇有影响的两张民间报纸"之一的《新民报》(另一为《大公报》),"在不危及本报生存的前提下尽可能多地批评当局,以争取读者",为抗日民主运动的推进尽了一份舆论之力。战后《新民报》总管理处迁回南京,"发展为拥有南京、上海、北平、重庆、成都5个分社和日、晚刊共8种的报团,各地总销数约十一二万份。"[8] 1948年7月国民党援引《出版法》查封南京《新民报》。[9] 1952年1月重庆《新民报》自愿停刊,成都、南京《新民报》因人力物力不济,于1950年4月停刊,北京《新民报》也因经济原因被北京市人民委员会收购,新民五报仅剩上海刊。

民营报业在抗战胜利后,纷纷复出,并在各都市创立分版,除上述大公报系、新民报系外,声誉较高、影响较大的还有:益世报系,是由雷鸣远神父创办的天主教报纸,战时迁重庆,言论反共。战后总社迁回天津,设北京、南京、上海、重庆、西安等分版,以天津销量最多,总发行量8万份。因其言论常公开反共,天津解放后被天津军管会查封。大光报系,1912年香港创办,1938年广州沦陷后停刊。1993年在韶关复刊,"业务日进,规模渐趋完备",因其能适应战时局势,"或避敌锋,迅速转移;或应需求,创刊分版",被誉为"配合战时动向灵活运用的一种典型"。抗战胜利后,《大光报》总社迁广州,另创汕头版、海口版,复刊湛江版、韶关版,还接办广东英文新报。[10] 大光报日、晚刊于1949年10月停刊。[11]

## 二、民营报业托拉斯破灭的动因分析

报业托拉斯是西方现代报刊发展到一定程度的产物,其本质上是对报刊等传播媒介的垄断。它的产生是以工商业经济的高度发达、政治上相对自由为基础的。而这两者在当时的中国都不具备。中国大陆民营报业托拉斯道路的最终破灭,原因在于如下。

第一,缺乏稳定的社会基础。

中国民营报业自诞生以来,先后跨越清末、民初、北洋政府、南京国民政府及中华人民共和国多种制度。而每次制度更迭,就意味着旧的政治制度和经济基础被打破,新的政治制度和经济基础重新确立。尤其在新中国建立之前的半殖民地半封建社会里,先是孙中山推翻封建王朝,后有袁世凯篡夺国权。北洋军阀执政后,总统府的主人走马换将,像走马灯似的你方唱罢我登台,内有军阀南北混战,争权夺利,外有列强入侵,设租界,开商埠,在中国瓜分势力范围。到国民党执政初期,虽然名义上全国趋于统一,不少地区结束了旧军阀割据混战的局面,但内部派系争夺中央权力以及新军阀争夺地盘的斗争此起彼伏。"9·18"后,日本侵占东北,七七事变后,日军更是长驱直入,由北到南侵占全中国。本来,时局的震荡使民众对时政新闻的需求与日俱增,极大地刺激了民营报刊、通讯社、电台的创办,然而,日军所到之地,实行"顺我者昌,逆我者亡"的政策,而高举御侮抗敌大旗的民营报纸,不肯助纣为虐,纷纷关门歇业。譬如《大公报》在整个抗日战争中,"六迁其社,绝不在日寇铁蹄下出版一天"。[12]中国民营报业的生存与发展在抗日战争、解放战争两次大规模的战争中受到极大的冲击和影响。《京报》、"世界报系"、《大公报》、《申报》、《新闻报》、《新民报》、《文汇报》等民营报业所走过的历程说明,在这种动荡不安的乱世背景下,报纸辗转南北,生存尚朝不保夕,何谈发展壮大?

第二,不具备高度发达的工商业经济基础,政治上受制约。

中国民营报业托拉斯趋势基本上出现于国民政府统治时期,当时城市资本主义经济有了一定的发展,客观上为民营新闻事业提供了相应的经济基础。但应当看到,大革命前后,活动于上海一带的"江浙财阀"得到新发展,它以金融资本为主,同军阀勾结,并参与政府公债发行,迅速暴发起来,并逐渐掌握中国银行和交通银行，其重要人物张静江、虞洽卿与蒋关系越来越亲近。大革命时期，"江浙财阀"同国民党右派相互利用，结成一体，孕育了新的官僚买办资本。

报业要发展成为规模巨大的资本主义托拉斯企业，只有有政治靠山、巨大财力的大资本家才能办到。"'经济上的强者'的力量也在于他们握有政治权力，没有这种政治权力，他们也不能保持自己的经济统治。"[13]蒋国民党上台执政，四大家族当权，官僚资本发展到一个新阶段，形成蒋宋孔陈四大家族官僚资本主义经济。它同国家政权结合起来，形成国家垄断资本主义。从垄断金融开始，又独占商业，垄断盐业，控制工业，霸占土地，操纵国民经济。而"中国的民族资产阶级，主要是中等资产阶级，他们虽然在1927年以后，1931年（"9·18"事变）以前，跟随着大地主大资产阶级反对过革命，但是他们基本上还没有掌握过政权，而受当政的大地主大资产阶级的反动政策所限制。"[14]民族资本主义经济，没有官僚资本那样的封建性、买办性和垄断性，与国家的联系也少，它经常受到帝国主义、封建主义和官僚资本主义的挤压，发展受到极大的限制。四大家族的官僚垄断资本，"不是由于资本主义生产的发展引起资本的积累与集中后形成的，而是通过掌握政权，利用政府的特权，采取超经济的掠夺手段积累起来的。"[15]说到底，中国当时不具备高度发达的工商业基础，民营报业主既没有掌握政治大权（不是"经济上的强者"），又没有巨大的财力，徒有一腔热血。

民营新闻业的发展和国民党政治专制和经济垄断政策发生尖锐矛盾。这一矛盾"制约着出版、发行、新闻来源、人事和管理等"，对言论、报道和编辑工作影响尤为严重。民营报业处于某种畸形发展状态，托拉斯道路终归破灭。

第三，不可能有自由的环境，仅在夹缝里生存。

国民党政权建立后，在全国范围内建立起为这一政权服务的新闻事业网。国民党的中央通讯社不仅垄断了新闻来源，而且拥有无线电传播新闻的专用权，民营报业无法突破这一新闻网获取消息。1928年国民党宣布进入"训政"阶段，实行"党治"，并推行"党化新闻界"政策。"9·18"后，它又依靠官方新闻网络，垄断了新闻发布权和评论权，从而控制了全国舆论。另一方面，国民党政府实行严厉的书报检查制度，1930年随着出版法等一系列法令的颁布，以及国民党中央新闻业的强化，私营新闻业受到愈来愈多的限制、干涉以至摧残。

当时这几家报团中，《大公报》张季鸾、吴鼎昌与蒋政权的关系由疏到密，常在社评和新闻中透露蒋施政设想，为蒋"放试探气球，因而为社会上层，尤其是军政界人士所重视"。"9·18"后乃至整个抗战时期，《大公报》一面保持与蒋的亲密关系，时常先机传达蒋的设想；一面又以独立报纸的姿态，常批评当局行政措施，一时"称雄舆论界"，抗战后期当主持笔政的王芸生严厉批评时政，几度与蒋发生冲突时也没有好结果。《申报》因其政治倾向与蒋国民党相左，又由于事业如日中天，加之其掌门人史量才成为新闻界巨首和金融界头面人物，成为国民党难以驾驭的地方实力派人物，因而为蒋所忌恨。1943年11月史量才遭蒋介石军统特务暗杀，《申报》的"革新计划，受到顿挫"，新闻界被蒙上一片乌云，也驱散了一些人独立办报，发挥舆论作用的幻想。稍有微词的成舍我被囚禁，《大公报》言论稍宽被勒令停刊，倾向进步的史量才被刺杀，张竹平的"四社"被强行收购。离开国民党管制，任何私营报业的自由发展都遭到遏制和摧残。民营报业在内忧外患的夹缝中争得一线发展的机会，但在半殖民地半封建的整个社会状况没有多大改变的情形下，不可能有独立发展和繁荣的天地。

（作者系中国人民大学新闻学院在职博士生）

**注释：**

[1] 周靖波：《成舍我的业绩》，中国人民大学港澳台新闻研究所主编：《报海生涯》，新华出版社1998年版，第11页。

[2] 中国人民大学港澳台新闻研究所主编《报海生涯》，新华出版社1998年版，第304—306页。

[3][10] 赖光临：《七十年中国报业史》，中央日报社1981年3月，第114页。

[4] 王芙之：《老报人王芸生——回忆我的父亲》，《慈父遗爱》，中国文史出版社2001年版，第32页。

[5] 据方汉奇主编：《中国新闻事业通史》第二卷，第428页记载为1931年12月19日；据马光仁主编：《上海新闻史》第735页记载，《申报》全文发《宋庆龄之

宣言》为 1931 年 12 月 20 日。

［6］参见蔡宁:《现代报业巨子——史量才寻踪记》,《新闻广场》2000 年第 2 期。

［7］曾虚白主编:《中国新闻史》,三民书局 1989 年版,第 12 页。

［8］方汉奇主编:《中国新闻事业通史》第二卷,中国人民大学出版社 1996 年版,第 997 页。

［9］马光仁主编:《上海新闻史》,复旦大学出版社 1996 年版,第 1408 页。

［11］见梁群球主编:《广州报业（1827—1990）》,中山大学出版社 1992 年版,第 431 页。

［12］见（香港）凤凰卫视专题片《百年大公报》。

［13］《列宁全集》第 1 卷,第 236 页。

［14］《毛泽东选集》合订本,第 603 页。

［15］王相钦主编:《中国民族工商业发展史》,河北人民出版社 1997 年版,第 474 页。

# 自媒体：新媒体发展的最新阶段及其特点

邓新民

**【摘要】** 自媒体的核心是基于普通市民对于信息的自主提供与分享。目前发展迅速应用日广的新媒体都具有这种自媒体特征，从而成为新的应用广泛的重要信息传播渠道。自媒体的进入门槛低，具有自主性越来越强、发展越来越快、应用越来越广、作用越来越大、管理越来越难等特点，应当引起重视。

**【关键词】** 新媒体；自媒体；网络传播；第五媒体

## 一、自媒体是新媒体发展的最新阶段

在目前广泛应用的互联网尚在孕育之中，出现了"新媒体"的概念。这个概念出现的时间是20世纪60年代末。1967年，美国CBS（哥伦比亚广播电视网）技术研究所所长P.戈尔德马克（P.Goldmark）发表了一份关于开发EVR（电子录像，electronicvideorecording）商品的计划，其中首次提出了"新媒介"（newmedia）一词；1969年，美国传播政策总统特别委员会主席E.罗斯托（E.Rostow），在向尼克松总统提交的报告书（简称"罗斯托报告"）中，也多处使用newmedia一词及有关概念。自此激发起"新媒介"用语在美国社会上上下下迅速流行，并传至其他西方国家。20世纪70年代末至80年代，"新媒介"成为西方发达国家新闻界、学术界和科技界最热门的话题之一。实际上，"新媒介"永远是一个相对的、不断更新的概念。印刷媒介相对于岩洞、甲骨、钟鼎和竹简等人类曾经使用的信息的媒介来说，无疑曾是一种新媒介；广播相对于印刷媒介来说也曾是一种新媒介，信息革命中"新媒介"的最大特征则是集中了数字化、多媒体和网络化等最新技术。不过,在过去多次的媒体变革中,人们并没有提出"新媒体"这样一个概念,这从一个方面说明,这一次媒体变革的确是前所未有的深刻。

1998年5月,联合国新闻委员会年会上正式提出"第四媒体"的概念,即继报刊、广播和电视后出现的互联网和正在兴建的信息高速公路。"第四媒体"的概念存在广义和狭义之分。从广义上说,第四媒体通常就指互联网。不过,互联网并非仅有传播媒体的功能,因此,从狭义说,"第四媒体"是指基于互联网这个传输平台来传播新闻和信息的网站。联合国秘书长安南在会议上指出,在加强传统的文字和声像传播手段的同时,应利用最先进的第四媒体互联网,以加强新闻传播工作。

在第四媒体大行其道时出现了"第五媒体"的概念。所谓"第五媒体",是传播学者对继报纸、广播、电视、互联网这几种新闻媒体之后,一种可能出现的新媒体的称谓。究竟什么是第五媒体,也没有一个定论,较为一致认同的是,手机作为一种新的信息传播媒介将成为"第五媒体"的一名重要成员。

分析手机和其他一些应用日益广泛的传播方式,可以发现它们有一个共同特征就是"自媒体"。自媒体(We Media)是学者们分析博客发展时引入的一个概念,意思是进入门槛低,可以自由选择。美国学者丹·吉尔默(DAN GILLMOR)给自己的专著《自媒体(WE THE MEDIA)》起的副标题是"草根新闻,源于大众,为了大众(GRASSROOTS GOURNLISM, BY THE PEOPLE, FOR THE PEOPLE)"[1]。美国新闻学会(The American Press Institute)的媒体中心(Media Center)于2003年7月出版了由谢因·波曼(Shayne Bowman)与克里斯·威理斯(Chris Willis)两人联合提出的"We Media"研究报告,对于"We Media"下了一个十分严谨的定义:"We Media是一个普通市民经过数字科技与全球知识体系相联,提供并分享他们真实看法、自身新闻的途径(Away to begin to understand how ordinary citizens, empowered by digital technologies that connect knowledge throughout the globe, are contributing to and participating in their own truths, their own kind of news.)。"这份报告认为"We Media"改变了长期以来的新闻传播模式,随着科技进步,以往媒体由上而下由传者传播新闻给受者的"广播"

（Broadcast）模式，已经开始向新闻传者与受众改变角色的点对点（Peer to Peer）传播模式，称之为"互播式"（Intercast）。可见自媒体的核心是基于普通市民对于信息的自主提供与分享。我国著名新闻传播学者喻国明将这种特征概括为"全民DIY"，"简单来说，DIY就是自己动手制作，没有专业的限制，想做就做，每个人都可以利用DIY做出一份表达自我的'产品'来。"[2]

目前发展迅速应用日广的新媒体都具有这种自媒体或者"全民DIY"特征，从而成为新的应用广泛的重要信息载体，主要包括即时通讯、博网博客和手机媒体。

即时通讯。互联网诞生于传统的电话网络，通信交流可以说是互联网天然的应用之一。网络的高速和海量使无时差通讯（实际上是时差短得觉察不到）成为可能，即时通讯（IM）成为最近十年发展最快的信息交互工具。中国网民以一种极为休闲的态度把即时通讯称为聊天。聊天者只需进行简单的注册登录，即可在网上与认同的群组成员进行各种形式的交流，这已经成为网民们上网的主要活动之一。即时通讯产品最早的创始人是以色列特拉维夫的Mirabils公司中的三个青年在1996年11月做出来的，取名叫ICQ。ICQ就是英文"ISEEKYOU"的谐音，中文意思是：我找你。通过ICQ用户可以在互联网上不限国界不限时间的找到新的朋友，与朋友聊天交流、传递文件。目前ICQ已成为世界上最大的即时通信系统。目前国内用户最多的即时通讯软件是QQ。QQ诞生于1998年，最初命名为OICQ（OhIseekyou。啊，我找你），后来为了避免知识产权纠纷使用了用户们的爱称QQ。经过最初艰难的发展目前已经具有极大的用户群体，注册用户数以亿计，在线用户最多时超过千万。许多人已经把QQ号作为与电话号码、电子邮件地址并列的通讯信息。目前国内许多用户使用QQ+MSN，即同时使用QQ和微软的MSN。

博网博客。博网一般特指专有名词Weblog或Blog。一个Blog就是一个网页，它通常是由简短且经常更新的Post（帖子）所构成。Blog的内容和目的各不相同，许多Blogs是个人心中所想之事之情的发表，还有一些Blogs则是一群人基于某个特定主题或共同利益领域的集体创作。Blog好像对网络传达的实时信息。撰写这些Weblog或Blog的人就叫作博客：Blogger或Blogwriter。在网络上发表Blog的构想开始于1998年，但真正开始流行是在2000年。起初，Bloggers将其每天浏览网站的心得和意见记录下来，并予以公开，来给其他人参考和遵循。但随着 Blogging 快速扩张，它的作用与最初已相去甚远。由于采用博客沟通方式比电子邮件和论坛更简单和容易，Blog 已成为家庭、公司、部门和团队成员之间越来越盛行的沟通工具。博网博客飞速发展的一个重要原因是由于进入门槛低，博客被称为"2 分钟上手的发报台"，是一种超级简单的个人网页工具。在技术层面，博客满足了"四零"（零技术、零成本、零编辑、零形式）条件，从而实现了"零进入门槛"。成为一名博客，没有任何技术含量，没有任何新技术，不需要注册域名，不需要租用服务器空间，不需要许多软件工具，不需要许多网页制作知识，是一种傻瓜式的工具，就如同人们拿到纸和笔就可以写、可以画一样。现在网上提供免费或付费博网架构的服务非常之多，任何会上网的人只需要几分钟就可以申请架构起属于自己的博客领地；另一个重要原因是由于满足了人们信息交流的需求，博客作为一种新表达的方式，成为传播新闻、情绪、意见和思想的重要工具。

手机媒体。最初的手机出现在 1973 年 4 月 3 日，它的重量约 930 克，因为它看起来就像一只鞋子，被叫作"鞋机"。30 年来，蜂窝移动电话技术取得了巨大的进步。今天的移动电话与当年的鞋机相比，体积大大缩小，重量也大大减轻，可以握在掌心，成为名副其实的手机。更大的变化还在内部。手机早已不再只是单一的通话工具，而集音乐播放机、收音机、录音机、游戏机、数码照相机、摄像机以及电子邮件等功能于一身。手机出现以来，经历了迅速发展的过程，目前在我国已经拥有接近 4 亿用户，当之无愧地成为信息传递的重要渠道，实现了在移动中"随时随地"传播和获得信息，成为又一种新的媒体。被称为"第四媒体"互联网之后的"第五媒体"。使手机获得"第五媒体"称号的是手机短信。世界上第一条短信 1992 年出现在英国，通过 GSM 网络由计算机向移动电话发送成功。手机短信在我国起始于 1998 年，开始风行于 2000 年，之后手机短信业务在中国得到很快发展，迅速地影响到众多领域，手机用户无论在停机、通话还是呼叫前转状态均能接收到其他用户发出的消息。目前手机短信技术发展到了 MMS 阶段。MMS 是 Multimedia Mesaging Service 的缩写，中文意为多媒体短信业务，又被称为彩信，是按照有关多媒体信息的标准开发的最新业务，可以传送视频片段、图片、声音和文字，支持语音、网页浏览、电子邮件、会议电视等多种高速数据业务,实现即时的手机之间、手机到互联网或互联网到手机的多媒体信息传送。目前手机媒体已经在手机报纸、手机电视、手机电影等许多方面显露出更加广阔的前景。

## 二、自媒体显露出值得高度关注的明显特点

自媒体之所以能够为普通市民提供信息的自主提供与分享手段,其基本原因是进入门槛低,可以说自媒体的以下五个明显的特点,都是这种低门槛派生出来的。这些特点值得人们高度关注。

第一,自主性越来越强。

在传统媒体条件下,个人试图向大量公众发言,是处处受阻的。这种阻力被称为进入的门槛高,人们如果要在传统媒体上发表意见,往往需要付出比较高的代价,这种代价有经济实力方面的,有社会地位方面的,有个人水平方面的,没有一定的代价无法进入传统媒体的视野。互联网的兴起大大改善了公众公开表达民意的被动局面。论坛、电子邮件和个人主页都成为人们意见表达的重要手段。在这些地方,言论的尺度也可以比传统媒体宽松许多。更为重要的,可以实现各种观点的正面交锋,表达和辩论平等地进行。与缺乏不同意见的传统媒体相比,从中能够倾听到更多真实的民意。降低进入门槛,是目前新媒体发展的一个重要方向。除了上面介绍的自媒体之外,较为"传统"的新媒体都不同程度地发展出低门槛的应用。网络论坛发展的一种新形式是"贴吧"。这类似一个完全开放的论坛,不需要注册,不需要身份的认证,用户可以迅速根据自己的兴趣建立起一个个贴吧,在上面任意发出帖子,表达意见、宣泄情绪。

网络文件传输目前发展出的"网络U盘"简称网盘,对于任何一个上网用户通过很简单的手续就可以开通,网络U盘就像随身携带的U盘一样方便。更加方便的是,可以让知道网络U盘用户名和密码的任何人在网络U盘的共享区域存取文件,这为用户间大量信息的交换提供了方便。由于网络U盘的存取量可以远远大于电子邮件的附件,一些分量较大的信息发布(如网络刊物的发行)很可能通过这种渠道进行。

网页浏览发展出了一个重要的交互方式"新闻跟帖",新闻跟帖是在新

闻网页下方设置一个发表意见的对话框，读者不需注册可以方便地将自己的意见通过对话框表达出来，也可以看见前面发表了一些什么意见。这可以看成是新闻网页与专题论坛结合而成的综合运用方式。

如果说这些较"老"的新媒体正在尽量降低进入门槛，那么自媒体的进入门槛更加低。这为民意表达平台的自主选择创造了条件。人们几乎不用什么代价就可以通过贴吧发起一个论题，可以在新闻的跟帖上发表自己对于某个事件的看法，可以将自己的文章放在网盘中而将打开网盘的信息公之于众，可以在QQ中和具有相同兴趣的网友议论共同的话题，可以在博网上发表文章充当一回博客，可以通过手机短信将意见发给自己所希望知道的任何人。这大大地方便了公众意见的表达。

这种意见表达平台的自主化可以说是自媒体最主要也是最根本的特点，其他的自媒体特点都是由此派生而来。

第二，发展越来越快。

自媒体由于有进入门槛低这一"草根"特点，极为容易进入寻常百姓之手，这是其飞速发展的根本原因。ICQ诞生于1996年，1998年注册用户数达到1200万，被美国在线（AOL）收购。2001年5月9日，ICQ注册用户数量突破1亿大关。目前ICQ已成为世界上最大的即时通信系统。我国的QQ诞生于1998年，2001年注册用户就达到了9000万，2005年10月达到了3.7亿注册用户。

有人估计每40秒，在世界上就有一个人成为博客。2002年6月，美国犹他州政府的信息主管（CIO）Phillip Windley就要求州政府的2000名IT职员和18000名其他政府雇员，都使用博客软件作为新的交流和沟通工具。法国最新的统计结果表明，每十个法国人就有一个是博客，并且以每五个月翻一番的速度增长。据统计，我国目前已经有博客3600万，并且每分钟有数十名新博客出现[3]。

手机短信在我国起始于1998年，风行于2000年，之后手机短信业务在中国发展迅速，从2000年的发送总量10亿余条，到2004年的2177亿条，中国手机短信发送量5年增长了217倍。据信息产业部的统计，2005年的前10个月，中国短信发送总量达到2466亿条，比上年同期增加了40.1%[4]。

第三，应用越来越广。

第四部分　中国传媒经济学科影响力排名前 30 篇论文（数据截至 2015 年 6 月）

自媒体已经对传统媒体的所有方面进行了全面的融合，应用日益广泛。即时通讯早已由文字聊天发展到了语音聊天、可视化聊天；博客也已经发展到利用语音甚至图像传播信息了；手机媒体更是有一种融合所有传统媒体的势头。

手机报纸是依托手机媒体，由报纸、移动通讯商和网络运营商联手搭建的信息传播平台，用户可通过手机浏览到当天发生的新闻。它的实质是最新电信增值业务与传统媒体相结合的产物。2004 年 7 月 18 日，《中国妇女报彩信版》正式开通成为中国大陆第一份手机报。2005 年 5 月 17 日，由浙报集团、浙江移动通信有限公司和浙江在线联手打造的中国大陆第一份省级手机报《浙江手机报》正式开通。之后，广东、深圳、重庆也陆续开通了手机报纸。

手机电影的概念目前有一些争议，一种观点认为是在手机上观看的电影，另一种观点认为是用手机拍摄、编辑并在手机上观看的电影。2005 年 6 月，一些老、中、青电影人宣布将拍摄 10 部，长度 3 到 5 分钟的手机电影。2005 年 7 月，推出了由 8 部独立的影片组成、每部 3 分钟的手机电影《这一刻》。

2005 年 10 月，由手机拍摄、编辑通过手机播放的电影《苹果》诞生，制作者认为这是中国第一部真正的手机电影，即在手机上拍摄、编辑的电影。

手机电视能够实现移动中收视，被认为有可能是电视的新一次革命。美国的市场研究公司 IMS Research 公司题为《手机电视世界市场》调研报告预测，到 2010 年底，全球将有 1.2 亿以上手机用户接收手机电视服务，北美将拥有最高的手机电视普及率，其次就是亚洲。在我国，2005 年 1 月 1 日由上海文广和上海移动合作的手机电视"梦视界"试播；3 月，国家广电总局给上海文广颁发全国第一张手机电视集成运营牌照；9 月，中国移动开通了全网手机电视业务；11 月，山东移动与山东广电推出了"广视无限"。

2005 年 12 月 16 日在中宣部、国新办、信产部指导和支持下，由人民网、新华网、千龙网共同主办的"掌上天下"手机网站开通，标志着国家主流媒体全面进军手机媒体领域，也标志着手机媒体在我国进入了一个新的发展阶段[5]。

第四，作用越来越大。

人们发现自媒体的重要作用往往是在一些重大事件发生之后。即时通讯出现不久，一个邻国的客机被歹徒劫持，机上一名乘客情急之中打开电脑，进入了一个中国公民的聊天组，通报了劫机信息，这些信息又及时地传到该国大使馆，为解决劫机问题提供了非常重要的信息。

在世界博客短暂的发展史中，有两件事是不可不提的。第一件是1998年德拉吉在他的博网上第一个报道克林顿和莱温斯基绯闻，向传统的和新兴的主流媒体发出了挑战。另一件事就是对2001年"9·11"事件最真实、最生动的描述不在各个主流媒体，而在那些幸存者的博客日志中；对事情最深刻的反思与讨论，也不是出自哪一个著名记者手中，而是在诸多博客当中。2005年11月26日，我国江西九江发生地震。有资料表明，这次地震报道中反应最快的不是传统媒体，也不是传统网站，而是地震所在区域的每一个生活在现实中的"草根"百姓们。一个博客在当天9：04发出了地震的消息，作为迄今为止发现的最早对此地震事件做出有记录文字的反应消息，比各家媒体整整早了至少一刻钟，甚至比一向以速度取胜的网站都快。

手机短信的发展过程中，所涉及的重大事件会引起我们的重视。非典的广泛影响，始自2003年2月8日的一条手机短信："广州发生致命流感"，这条只有8个汉字的短信以每天递增100万—500万条的速度悄悄在南方蔓延，推动了自2002年末以来少为人知的非典医学事件开始成为一个公共事件，蔓延到中国社会生活的各个领域。从这个意义上说，手机短信中信息的传播扮演了极为关键的角色，并且其影响覆盖于事件的全过程[6]。而政府部门利用手机短信处理社会性事件更成为2005年的一大创举。3月，天津市发生一起恶意牛奶投毒事件，政府紧急部署移动运营商发送手机短信传递信息，及时避免了事态的扩大。4月30日前后，全国各地发生的涉日游行中，相关政府管理部门通过手机媒体平台应用短信及时、准确传递政府的声音，有效化解了此前所谓"五一"期间北京将有反日游行的谣言。福建省曾利用手机短信平台发布台风信息。2006年初，北京城区突发路面塌陷事件，交通管理部门及时通过手机短信传递路况信息有效疏导城市交通。上海、北京、辽宁等地还将这种方式制度化，建立了相应的灾害天气手机短信预警机制。

第五，管理越来越难。

自媒体的发展使对于传播的管理增加了新的难度。这里从舆情的汇集和分析的角度进行讨论。

由于自媒体的门槛低，民众意见表达平台选择的自由度大，对于舆情的汇集和分析产生了比较大的影响，使舆情汇集和分析的渠道大大地复杂化，舆情的汇集和分析也会因此需要更多的资源投入和更加完备的知识后备。

由于自媒体事实上的弱管理，自媒体的虚拟化程度比较"老"的新媒体更甚。这往往使意见的内容和意见的主体分离。我们从自媒体上看到一条意见，意见的内容是实实在在的，但意见来自何方何人经常是搞不清楚的。这种虚拟化特征，有两方面的影响：其一，对于意见的发表者，由于身份的隐去，发表意见可能会比较轻松，敢于将意见大胆地表达出来。但也带来另外一个问题，由于没有身份暴露的顾虑，有的人可能会不负责任地随意发表一些没有经过认真考虑的意见、情绪性的意见、甚至为了某种利益的歪曲的意见。有人甚至担心，会有"网络枪手"强奸民意，发表歪曲民意而有利于某些利益集团的意见，造成假象误导民众和决策者。其二，对于意见的收集者，由于发表意见者身份的隐去，有时难于弄清某种意见主体的状况，对于意见价值的判断会因此难于做出。由于可能出现的不成熟的、情绪性的、歪曲的意见，会大大增加意见收集的工作量和取舍的难度。对于应当单独回应的意见，也会增加寻找意见主体的困难。

自媒体的使用大大强化了新媒体快速化的特征。由于事件信息容易快速传播，影响面会比过去更大更迅速，人们更多地接触到"原始"的事件信息，而不是已经附加了传递者理解的加工过的事件信息，对于事件的意见更多地需要一些自己独立的见解，引导成分减少。由于意见信息的快速传递，在一个事件发生之后，大量意见会迅速出现，这个时候会有一个短暂的"意见信息原生状态"，这是一个了解民众基本意见的黄金时段。但是，正是由于这个快速传递，各种意见会在网上形成一个交锋态势，交锋结果会促使各个方面调整自己的意见，一些有影响力的意见逐渐取得各方面意见主体的认同，形成几种主要的意见倾向。这要求我们的反应速度和引导决策要有一个调整应对的机制。

除此之外，由于自主性增大监管力度减弱造成的负面信息问题、由于用户集中于少数提供商造成的事实上的垄断问题，也非常值得重视。

（作者单位：中共重庆市委党校图书馆）

**注释：**

[1][美]DANGILLMOR.WETHEMEDIA[Z/OL].http://www.oreilly.com/catalog/wemedia/book/index.csp.

[2]喻国民：《全民DIY：第三代网络盈利模式》，《新闻与传播（人大复印报刊资料）》2006年第2期。

[3]赵志立：《新闻博客的三道坎》，《网络传播》2006年第2期。

[4]冯晓芳：《短信居我国信息服务十大应用首位》，《市场报》2005年12月26日。

[5]张建军：《2005年中国手机媒体十大主题事件》，http://media.people.com.cn/GB/40606/4000543.html。

[6]杜骏飞：《流言的流变：SARS舆情的传播学分析》，《南京大学学报（哲学人文社会科学版）》2003年第5期。

# 社会资本与媒体产业发展

刘年辉

**【摘要】**社会资本是媒体在一定社会环境中通过与其他行为主体长期互动形成的社会网络以及在其中所积累的共享的规范、信任、认同等互利合作机制。媒体产业的本质是一种社会资本经济。社会资本对媒体核心竞争力有内在的作用机制。构建共同进化的生态网络是媒体经营社会资本、开发核心竞争力的重要战略选择。中国媒体社会资本开发具有从自发利用向自觉运营过渡,从外部导入向自我开发转变,从日常运作向战略高度提升等特征;同时还存在一些需要解决的问题。

## 一、社会资本:理解媒介产业的新视角

社会资本是一种区别于金融资本、物质资本、人力资本的资本形式。近来,社会学、政治学与经济学等多个领域的学者都用社会资本来解释和分析社会行为、民主政治或经济活动中的各种现象。本文将社会资本理论引入对媒介经济活动的分析中,以期为媒介经济研究提供一个新的理论范式。社会资本有利于解释媒介活动与社会环境的广泛联系,并打开了从传播社会学、经济社会学等领域吸收理论营养的大门,使对媒介经济活动的分析有可能更为契合媒体在社会中的身份。

社会资本的定义一直处在争辩中,不同领域的学者尤其是社会学家以及经济学家、政治学家有差别地使用社会资本的概念。我们给媒体的社会资本作如下界定:媒体在一定的社会环境中通过与其他行为主体长期互动形成的社会网络以及在其中所积累的共享的规范、信任、认同等互利合作机制。社

会网络以及影响网络的相关制度是结构型社会资本,而网络中的信任、规范与态度等是认知型的社会资本,两者相互关联和补充。[1]

根据媒介系统依赖理论,媒介系统作为一个有机社会系统的子系统,与整个社会以及社会中的个人、群体、组织和其他社会系统之间存在双向复杂的依赖关系。媒介依赖关系的形成源于社会行动者要实现的目标与所需资源的分离。每个社会行动者都控制着一部分资源。媒介作为社会的信息系统,控制着收集、处理与传播信息的资源,其他社会行动者要达成自己的目标,必须依靠媒介所控制的信息。同样,媒介系统要达成自己的目标,也不能只依靠自己控制的资源,而必须获得多方面的资源。所以,媒介与其他行动主体之间形成双向依赖关系。所以,为了获取他人所控制的资源,达成自己的目的,媒体与其他社会行动主体之间必须以某种方式进行资源控制权的交换。[2]

媒体与社会其他行动主体交换资源的方式除了我们已经熟知的市场与计划以外,还有另一个重要的方式——社会资本。社会资本被认为是除市场与计划这两种基本的资源配置方式之外的第三种重要的体制。人们已经开始认识到社会资本在资源配置方面是市场与权力的有益补充,可以避免纵向一体化所带来的过高行政成本和灵活性的缺乏;同时也可以减少短期市场交换必须付出的高额交易费用。根据沃尔特·鲍威尔区分出的一组要素,可以把市场、计划与社会资本三种资源配置方式区分出来。见表1。

**表1 市场、计划与社会资本的区别**

| | 方　式 | | |
|---|---|---|---|
| 主要特征 | 市场 | 计划 | 社会资本 |
| 规范基础 | 契约 | 行政关系 | 力量互补 |
| 沟通方式 | 价格 | 常规 | 关系 |
| 冲突解决办法 | 讨价还价、法律强制 | 行政命令、监督 | 互利规范、尊重 |
| 弹性 | 高 | 低 | 中 |
| 成员间承诺的数量 | 少 | 至多中等 | 至多中等 |
| 风气或气候 | 精确的、怀疑的 | 正式的、确切的 | 开放、互利 |
| 相互影响 | 独立 | 依附 | 相互依赖 |

有学者提出了媒体产业本质是影响力经济的观点，认为传媒影响力的本质特征在于它为受众的社会认知、社会判断、社会决策和社会行为所打上的"渠道烙印"。[3] 如果我们换一个视角，从社会资本的角度探讨媒介的经济活动，可以获得对"传媒产业本质是影响力经济"观点的进一步佐证。传媒的影响力可以视为传媒社会资本的一部分，也就是视为传媒与受众之间的一种网络关系以及其中所包含的信任、忠诚和互惠等互动机制。如果把视野放大一点，传媒影响力的作用对象不仅仅限于受众，而是可以扩展到更广泛的、所有的利益相关者，包括政府、广告商、供应商、受众等众多的行动伙伴。因为，媒体的资源交换并不只限于受众。同时传媒与其利益相关者之间也不只是传媒单向的强势影响作用，而是包含着内涵更为丰富的互动的过程和作用机制，而这些过程与机制就是社会资本发生作用的方式。媒体作为大众传媒与社会有着比其他产业更为深入、密切和复杂的社会联系，而这些社会联系包含着对媒体所需各种重要资源隐性交换的途径，对媒体的生存与发展产生关键性的作用，政府的支持、广告商的信任、受众的忠诚等决定了媒体的生存方式、发展空间和竞争能力。这些无形的社会资本最终会转化为经济价值，决定媒体的核心竞争力。传媒经济的关键之处就是要实现传媒社会资本与经济资本之间的良性的循环转化。因此，从本质上说，媒体产业就是一种社会资本经济。

把传媒产业认定为一种社会资本经济，还因为社会资本对媒体核心竞争具有内在的作用机制，主要体现在社会资本的价值创造作用、难以模仿、可延展与自我更新的特征等方面。

社会资本在媒体完成某些特定的经济行动中具有不可或缺的意义，至少可以从以下三个主要方面为媒体创造价值：节约交易成本，提高活动效率；达成某些特定交易，有效获取关键资源；促进合作，降低风险等。

当一家媒体与社会网络中另一成员交易时，社会资本能够发挥保障作用，其中的信任机制，可以节省谈判、协议签订和执行的时间、精力和费用，从而降低交易成本。社会资本的网络包含丰富的信息，可以降低信息搜寻费用：一方面，可以通过社会网络获取更多的消息来源与新闻线索，如记者广泛的社会关系，可以获得更多的采访机会，甚至可以采写更多的独家新闻。在新闻采写的过程中，社会资本可以为其提供更多的工作便利。另一方面，可以获得其他方面的信息，特别是难以通过公开渠道接触到的内部信息，这些信息往往是缺乏社会资本的主体难以获得的，如新的投资机会、媒体市场的动向、媒体运作的诀窍、人力资本的信息等。媒体还有可能利用社会资本获得友善的支持，达成原本难以达成的交易，获得关键的稀缺资源。《北京娱乐信报》创刊之初，启动资金严重不足，社长崔恩卿在报界的良好信誉让其获得造纸厂的大力支持，达成先用纸后付款的协议，保证了信报的初期发展。[4] 与其他媒体、大学新闻院系和科研机构等社会机构建立的网络关系，可以使媒体在与网络中成员的长期互动中，相互分享和学习默会性的知识。社会网络中成员可以通过彼此合作，相互整合、链合与协同，共同应对难以预测的市场的变化和其他社会条件、技术条件等的变化。长期互利的机制，可以使媒体在原材料供应、新闻信息、资金等方面能获得其他成员的积极配合，从而降低运营风险。

社会资本形成具有时间依赖性、路径依赖性、专用性、结构性等特征，决定了其难以被竞争者模仿，从而成为媒体独特的核心竞争力。一家媒体的社会资本尤其是认知型的社会资本是在与社会各界长期的交往过程中形成的，具有时间的依赖性与路径依赖性。许多媒体的社会资本来源于某些特殊的因素。可能由于特定的政治、经济结构规定了媒体在社会系统中的特殊地位，使媒体拥有了特殊的社会资本。如我国的各级党报，作为各级党政机关的喉舌，天然具有与党政部门的密切关系。对于单个媒体来说其拥有的社会资本很强的专用性特征和个性特征，有一定的使用范围，很难通过市场来买卖。社会资本存在与媒体与其他社会主体的互动之中，同时与媒体所在的社会系统密切相关，是嵌入社会系统的结果，具有结构性的特点。

社会资本还具有可延展的特征，有助于媒体扩展经营领域，实施多元化经营战略。例如，媒体与工商部门、税务部门的良好关系，也可能在多元化经营领域获得相应的便利。再如，媒体可以利用自己的社会资本，获得更多市场信息、政策信息等，更有利于抓住新的投资机会，获得新的资源。媒体还可利用社会资本，与其他领域的厂商建立合作或联盟关系，获取相关领域的知识诀窍。

社会资本一般会在使用中更新和增长，在不使用中贬值和枯竭。只要不断互动，社会资本就会产生和持续发展。社会资本一旦构建起来，只要媒体等参与者保持信任和互惠、遵守共享的规范，就会使社会资本得到改进。社会资本中的互利机制有自我学习的能力。媒体在和其他行动者交往的时候，最初可能会以特别的方式来解决特别的问题，再次遇到相同的问题时，以前的决策就成为了解决类似问题的先例，如果相互之间具有长期合作的共同期望的话，先例就会成为双方之间交往的惯例，用来解决未来的问题，社会资本就由此发展更新。社会网络也会因为媒体的能动作用而不断更新。既有由于业务的变迁、地理位置的改变等因素的影响而退出社会网络媒体，同时也会有新成员不断加入。

## 二、网络制胜：媒体社会资本开发战略

对社会资本进行投资，参与、维护和发展媒体的社会网络是媒体核心竞争力发展的基本路径和战略选择之一。

美国的肯·奥利塔曾用蜘蛛网比喻媒介市场的关系。他描述了最具潜力的六大传播公司（时代华纳、迪斯尼、新闻公司、微软公司、通用电气公司、远距离传播公司）之间的竞争与合作："像蜘蛛一样，这些公司通过吞噬其他同类并编织更大的网来相互竞争——覆盖所有方面的网，从拥有思想，通过拥有把这些思想产品来生产的工厂，到拥有发行这些产品的方式，再到拥有它们的未来。然而，当公司在继续相互竞争的同时，他们又不断地相互合作，结果就形成了一张联合伙伴关系的平行网……"[5]如果说，以前媒介市场状态可以比喻为每个蜘蛛都坐在自己的网上的话，现在的市场则是所有的蜘蛛都坐在同一张网上，相互之间既有激烈竞争，同时又有各种合作，相互依赖，共同把市场这张网做大。这昭示了一种新的战略逻辑：构建共同进化的网络。

传统意义上的媒体竞争是对抗竞争。媒体之间相互独立，各自为了争夺稀缺的资源展开激烈的角逐，往往是你死我活、势不两立的零和非合作博弈。对抗性竞争带来的伤害，让人们渐渐意识到，媒体之间激烈对抗，具有很强的破坏性。具有战略眼光的媒体发现处在同一市场的媒体往往具有某些特定的共同利益，以合作方式展开竞争强过单纯的对抗。

共同进化的战略观念是对合作竞争观念的进一步发展。共同进化意味着媒体瞄准广阔的机会环境，把所有的利益相关者包括直接竞争的对手都纳入

自己的网络，形成具有结合力的结构，一致协调行动，联合服务受众、广告客户和其他顾客，推动整个网络的进步和发展。共同进化并不是一定要击败竞争对手，而是对常规的合作竞争的超越、整合与深化。通过合作网络可以获取市场没有或难以通过市场交换获取的知识、能力与资源。比如，当进入新的区域市场时，与当地媒体合作，可以获取关于当地受众、市场等方面的地方知识和社会资源。也可以与网络伙伴实现能力、资源与知识的互补、组合，从而丰富自己的能力与知识。如迪斯尼公司通过卡通人物形象的许可使用，进入儿童快餐连锁业，既使自己的资源得以有效利用，又能利用其他快餐企业的资源，从中获得巨大收益。还可与网络伙伴联合开发新的能力或知识，以便满足新的需求，利用新的机会或新的市场。媒体和各类组织间的合作非常普及，媒体之间，无论是否竞争对手，都结成错综复杂的联盟群体，以一种相互依存的商业生态系统的方式保持媒体发展的基地。同时又意味着更高水平的竞争，是不同的社会网络之间的竞争，其竞争的主体已经从单个的媒体扩展到各类媒体的社会网络或联盟群体。

共同进化的战略观念源于生态学的视角，把整体社会理解为类似自然界的生态网络，也就是把社会视为一个由个人和组织相互作用形成的网络共同体。[6] 从这个角度来说，媒体的社会资本就是其生态网络，我们可以把对社会资本的投资理解为对生态系统的优化，使其中的成员和谐、一致，一起应付威胁，从而促进整个生态系统的进化，同时增强自己的能力和优势，获取网络利益。

媒体可以通过多种形式构建自己的商业网络：组建媒体集团、建立战略联盟、实行许可协议、业务外包和业务协作等。一家媒体可以根据需要选择不同的网络建构方式，而且一般都参与多个网络，由此形成一个相互交错的庞大的媒体生态网，同时，还可借此培育媒体的职业声誉、品牌形象、可信任度等，实现认知型社会和结构型社会资本的协同开发。

2005年湖南卫视最为成功的电视节目《超级女声》是构建开发共同商业生态网络的一个典型案例。以《超级女声》节目为核心，整合各类资源，将各种不同的利益主体纳入其生态网络之中，赢取网络利益，实现多方共赢。主办方湖南卫视以及相关娱乐公司、广告赞助商、参赛选手、相关合作电视台、节目主持人、评委、短信运营商、其他各家各类媒体、观众都从中获益。

湖南卫视由此强化了其"快乐中国"的品牌形象，扩大了社会影响力，同时获得丰厚的广告收入和短信收入。娱乐公司也由默默无名到声名大震，更重要的是由此掌握了不少优质的演艺明星资源。主要的参赛选手则一赛成名，成功进入演艺界。广告赞助商通过对节目的赞助进行产品和形象的整合传播营销，获得绝佳效果。在除长沙以外的其他赛区，湖南卫视都选择了与当地的电视台合作，这些电视台也借此东风扩大了影响。节目主持人、评委的声誉依靠此节目平台得以大幅提升。短信运营商从观众发来的海量短信中享受利润分成。其他许多全国各地的平面媒体、电视媒体以及网络媒体以此节目作为重要的报道资源，对赛事的报名及比赛资格介绍、比赛全程等各种情况进行详细报道和介绍。在节目举办期间，有些媒体甚至以此作为主要卖点。节目的观众也从新颖的节目形式、精彩的比赛过程和方便的互动参与中获得快乐和满足。

### 三、中国媒体社会资本运营评论

社会资本的运用和开发，对处于社会经济转型期的中国媒体来说具有特别重要的价值。原有的计划经济的资源配置手段开始失效，而市场经济体制没有发育成熟，媒体必须借助社会资本来优化资源配置，开发核心竞争力。社会资本与金融资本、人力资本一样成为媒体发展的关键要素。概括而论，中国媒体社会资本运营具有三个特征。

其一，从自发利用向自觉运营过渡。传媒必须依靠与社会的广泛联系才能有效发展，无论有没有认识到社会资本价值，在以往的传媒运营中，对社会资本都有一些自发利用。如一般报纸都建立了自己的通讯员网络，以便扩大新闻来源。现在，在激烈的市场中竞争的媒体越来越发现社会网络、公信力等社会资本的价值，开始进入自觉运营阶段。以报业读者网络的开发为例。与读者的广泛联系是报业的一项特殊社会资本，读者网络既是报业实现经济价值的依托，也是报业的知识源泉与创新机遇来源之一。报业与读者网络的互信互动，将为报业吸收和利用受众的知识创造更多机会。读者对报纸需求的不断变化以及长期阅读报纸所积累的经验与知识，常常成为报社改进报纸质量、识别新的市场机会、制定发展战略等所必需的关键信息，有助于报社提高市场预测能力和应变能力。在过去的报业实践中，读者与报纸的互动交流都或多或少地存在着。如传统的读者来信、编读往来、读者挑错、读者评报、读者热线等，但主要是沿袭报业运作传统，形式单一，多为自发行为。现在，报社开发读者网络、与读者互动的手段丰富、渠道多样。例如，在北京、武汉、广州、长沙等地的一些报纸为提供新闻线索的读者提供报酬，通过一定的经济手段激发读者向报社提供信息的意愿。北京《京华时报》价格最高 2000 元，最低也有 50 元。《新京报》给出的报酬低的一百，高的达到一万元。四川《成都晚报》曾开展了"人间真情"专题热线线索有偿活动，是把新闻策划与读者经验有机结合起来的尝试。还有的开展了建立读者俱乐部、举办读者节、举办各种论坛、发动读者参与报社举办的评选等各种活动。"报业呼叫中心"的出现意味着对读者网络开发进入比较系统的阶段。已有天津《今晚报》、广州《羊城晚报》、南京《扬子晚报》等多家报纸建立了"报业呼叫中心"。"报业呼叫中心"成为报业组织与读者互动的综合平台，内容涵盖报业各方面业务，从新闻线索提供、意见反馈、投诉受理、公众调查到发行征订、广告咨询以及便民服务等。这无疑有效强化了报社与读者之间的互动，既有利于增强对读者的影响力，又可以直接从读者那里获取有用的信息和知识。呼叫中心出现的更为重要的意义是为实施读者网络的全面管理与利用开发积累经验。《扬子晚报》等已经开始规划提升呼叫中心的功能，计划将呼叫中心整合成一个统一的新闻服务平台，最终构成功能强大的报业客户关系管理系统。[7]

其二，从外部导入向自我开发转变。社会资本与媒体本身的社会地位、所掌握的社会资源、所采取的社会行动都息息相关，媒体的权威性、公信力、声誉、品牌等都是社会资本来源。但是在现行管理体制下，媒体所能动员的社会资源多少、能建设的社会网络的大小是与媒体的行政级别、性质定位、主管部门的权力范围等相联系的，如中央的大报比地方报纸影响范围大，党报的权威性、公信力明显优于一般报纸。来源于社会地位、政治身份的社会资本是一种从外部导入的或叫作外生型的社会资本，也就是说这些媒体的社会资本是依附外在的力量累积起来的。外在力量所赋予的社会资本优势，因为并不是通过社会行动主体之间长久互动所自然而然形成的，基础并不坚实。不过随着媒体之间市场竞争的兴起与发展，这种情形开始在改变，许多媒体通过实实在在的新闻传播活动、经济竞争策略赢得受众信任、社会尊重和职业声望。报业中都市类大众化报纸的兴起，就是一个明证。主要城市的都市类报纸的竞争都是在不同的行政级别的报纸之间进行的。如在北京，三要是中央党报所属的报纸《京华时报》《新京报》和北京市所属的《北京晚报》《北京青年报》之间的竞争；在广州，是省级党报所属的报纸《南方都市报》《新快报》等与市委党报《广州日报》及其属下的《信息时报》之间竞争。都市类报纸主要依靠的不是行政权力，而是市场策略，通过在市场竞争中接受受众、广告客户、供应商等各方利益相关者的检验，据此积累开发社会资本，并实现社会资本与经济资本之间的良性互动。同时，有些党报也通过市场竞争，实现了社会资本从外生到内生过程的转变，如《广州日报》品牌价值位居中国平面媒体第三位，2005年的发行量达到105万多份，基本无须行政力量介入，85%以上为自费订阅。

其三，从日常运作向战略高度提升。中国媒体对社会资本的运营不只是停留在简单的业务协作、沟通学习、人员联系等日常运作方面，开始从战略高度进行社会资本的开发积累，把提升社会资本作为发展核心竞争力的重要路径。从认知型社会资本角度来看，许多媒体把品牌塑造放在首要位置。因为在信息不对称的条件下，媒体品牌就成为社会资本重要载体。例如，南方报业传媒集团实施多品牌发展战略，以"品牌媒体、创新力量"作为在集团整体层面上的形象定位，形成了"主品牌"（集团整体）、"核心品牌"（主报）和"子品牌"（子报）协同发展的总体战略框架，已经取得初步的战略成效。从结构型社会资本角度来说，利用网络力量、构建战略联盟已经成为媒体重要发展路径。过去，中国媒体之间战略联盟的成员比较少，合作事项也比较单一。如今，媒体之间的联盟网络迅速发展，已有蔚然成风之势，从广告、发行、新闻的单项联盟扩展到全方位结合。2004年10月，中国地市级城市党报广告"五强联盟"成立，宣称要达成广告客户、媒体业界、读者多赢格局。随后，珠三角地区19家报纸成立"珠三角报业广告联盟"；《广州日报》等9家报纸成立"中国主流媒体美丽联盟"；新浪网汽车频道联合15家媒体成立"中国汽车媒体大联盟"；《华西都市报》等9家报纸结成"中国数字媒体联盟"。在发行方面，以北京小红帽发行股份有限公司发起的"全国城市报业发行网络联盟"已经扩展到37家成员单位。新闻报道方面，出现了自

11家报纸成立的"全国主流媒体教育联盟",在教育及其相关产业的新闻报道上协作。全方位的媒体网络联盟也出现了。2005年6月,由《新民晚报》等5家报纸发起,长三角地区的17家报社组成了"世界第6大城市群主流媒体发展联合体",以加强"报联体各成员的协作互补,推动传媒产业的创新及区域经济的一体化"。2005年7月,中国中部7家报纸宣布成立"中国中部强势媒体联盟",参与媒体认为,面对激烈的市场竞争,必须在更加广阔的区域内结成联盟,形成共赢局面;并宣示在信息资源、报道组织、广告发布、报纸发行、文化建设、队伍培训等方面密切合作,坚持共适共荣、共兴共赢的战略之路。上述众多事实说明,中国的媒体开始认识到单枪匹马难以获得竞争优势,必须借助网络力量实现共同发展。

中国媒体的社会资本运营方面也存在需要解决的问题。一是各种壁垒限制了媒体社会资本的开发空间,政府对传媒业的严格社会性管制和行政化治理方式,导致传媒市场中地区、行业壁垒森严,社会资本运作的物理空间逼仄。许多有创新意识、战略意识的媒体想通过跨地区的合作来扩展社会资本,但属地管理的原则往往使合作难以获得批准。媒体开展社会资本运营的其他制度条件也不是很完善。如产权不明晰,媒体难以进行涉及产权的深度合作;不具有充分的经营自主权,重大决策权被主管部门掌握,导致媒体经营层对社会资本开发的动力不足和积极性不高。二是媒体对社会资本整合还有待加强。现在媒体资本开发多囿于社会资本的某一个方面,或是塑造品牌,或是强化与受众联系,或是建立联盟网络等。适宜的策略应该是整合优化认知型和结构型的社会资本,通过两种互补的作用机制持续地开发、积累社会影响,实现对社会资本系统全面地投资和挖掘。三是部分媒体没有很好遵守职业规范、履行媒体的社会责任,误用和滥用社会资本,导致社会资本存量降低甚至完全丧失。有些媒体不在乎能否可持续发展,为了一时的利益,过于庸俗化,放弃社会责任。还有的媒体从业人员,滥用媒体的社会资本,以媒体的声誉、影响力从事个人寻租活动,有的甚至进行腐败犯罪,破坏乃至摧毁人们对媒体的信任,让媒体社会资本异化为社会成本。

(作者系广州日报报业集团博士后,清华大学文化产业研究中心博士后)

第四部分　中国传媒经济学科影响力排名前 30 篇论文（数据截至 2015 年 6 月）

**注释：**

[1] C. 格鲁特尔特、T. 范·贝斯特尔纳编：《社会资本在发展中的作用》，黄载曦等译，西南财经大学出版社 2004 年版，第 122 页。

[2][美] 梅尔文·德弗勒、桑德拉、鲍尔 – 洛基奇：《大众传播学理论》，杜力平译，五南图书出版公司 1990 年版，第 331—363 页。

[3] 喻国明：《关于传媒影响力的诠释——对传媒产业本质的一种探讨》，《国际新闻界》2003 年第 2 期。

[4] 崔恩卿主编：《老实交代》，台海出版社 2002 年版，第 4 页。

[5][美] 雪莉·贝尔吉：《媒介与冲击：大众媒介概论》，赵敬松主译，东北财经大学出版社 2000 年版，第 334 页。

[6] 详细论述参见 [美] 詹姆斯·弗·穆尔：《竞争的衰亡：商业生态系统时代的领导与战略》，梁骏等译，北京出版社 1999 年版。

[7] 张晓东：《"报业呼叫中心"——新型的信息服务平台》，《新闻战线》2003 年第 6 期。

# 3G 环境下手机媒体的赢利模式

匡文波　高岩

手机媒体是天然的商业化媒体，实现赢利是生存与发展的基础。目前，手机媒体的赢利模式可以分为两大类：一类是免费＋广告模式；另一类是收费模式。具体的赢利途径主要有信息服务收费、手机广告、收费手机游戏以及手机音乐、手机搜索、移动支付等新应用。随着智能手机和 3G 网络在中国市场的推广，各种手机业务的巨大潜能日益显现。

根据中国工业和信息化部的统计，截至 2010 年 7 月，中国大陆手机用户已经达到 8.14 亿，移动电话普及率达到 60.5 部／百人；而固定电话用户为 3.04 亿；固定电话普及率为 22.9 部／百人。其中，手机用户平均每月增加 870 万用户；而固定电话用户平均每月减少 110 万用户。

据 CNNIC 的调查，截至 2010 年 6 月，中国网民规模达到 4.2 亿，互联网普及率攀升至 31.8%。我国手机网民规模达 2.77 亿，其中只使用手机上网的网民达到 4914 万，占整体网民比例提升至 11.7%。

手机用户规模的扩大和手机上网用户比例的提高，为手机业务的发展提供了庞大的用户基础。目前美国移动因特网用户大约有 6000 万，而根据 comScore2010 年 8 月的数据，美国智能手机用户已达 60.4%，也就是说，智能手机用户已经超过普通手机用户。本文将借鉴美国手机经营策略的经验及其对中国的启发意义，阐述 3G 时代，手机媒体产业各方如何了解用户需求，全方位地发掘手机的信息功能、娱乐功能、生活助理功能，最终实现赢利。

## 免费阅读或使用+手机广告模式

手机广告又称移动广告、手机媒体广告，是基于手机媒体所提供的商业广告。实质上手机广告是网络广告的组成部分。根据市场研究公司 ABI Research 的数据，截至 2010 年 2 月，27% 的美国手机用户通过移动互联网点击广告，45% 的手机用户接受移动优惠券和折扣。eMarketer 对美国未来 5 年手机广告市场规模的预测数据发现，美国手机广告市场规模在 2009—2013 年间将保持稳定的增长趋势，复合增长率估计为 38.8%。2013 年，手机广告市场规模将达到 15.6 亿美元。

在中国，手机成为越来越普及的上网媒体，这也意味着手机广告时代即将来临。但是，与美国手机广告业务的蓬勃发展态势相比，中国的手机广告业前景还不是很明朗。

首先，在广告形式上，虽然目前美国移动广告份额中 32 亿美元，也就是 85% 来自彩信广告，但随着手机技术的发展，传统的文本、彩信形式的广告将逐步被融合文字、图像、视频、音频、动画等丰富多彩的表现形式的多媒体手机广告所取代。随着智能手机用户的快速增长，使用移动 Web 浏览器的用户将越来越多，从而带动网页形式的手机广告的兴起。中国手机广告产业链下游的服务提供商应密切关注此趋势，进行业务、技术能力的调整，对广告形式的变化做出及时反应，从而拓宽既有市场。

第二，手机用户对广告的针对性要求增强。ABI Research 的调查发现，相比 2008 年，2010 年的美国手机用户希望手机广告能更有针对性，或者使手机服务费用更加便宜。调查显示，2010 年 45% 的手机用户希望收到更有针对性的广告，较 2008 年上升了 9%；33% 的手机用户希望通过接收手机广告可获得更便宜的手机服务，较 2008 年上升 5%。综上可以看出，用户对手机广告接受度有所提高的同时，对手机广告挑剔性也在增加。在中国，随着手机尤其是智能手机在全球特别是发展中国家的普及，手机营销必将吸引越来越多的商家。对于客户群体同手机用户群体高度重合的商家，应该抓住手机这样一个营销渠道，尝试允许用户自行设置广告偏好，从而增加宣传效率，深化自己的品牌知名度，争取更多的市场份额。

第三，在美国，手机广告产业链各方对手机广告持不同态度，关键是要找准自身核心竞争力,而不是盲目随大流仓促进入手机广告市场。乐观者如美国智能手机广告的翘楚苹果、谷歌。苹果 iOS 设备(尤其是 iPhone)目前在美国智能手机广告市场上所占份额超过 55%,谷歌 Android 手机所占份额为 19%。而与之形成对比的是,一些内容提供商对手机广告的态度并不如此乐观。美国在线于 2007 年收购了手机广告创新公司 Third Screen Media,并借此进军手机广告市场。但由于各种经营策略调整以及技术创新步伐的落后,这一块业务并不能很好地服务美国在线的自有资产。因此,于 2009 年大幅缩减其手机广告网络,把精力投入到手机广告技术的研发当中,以在未来拿着更好的技术进入该市场。美国在线的做法值得中国一些企图在手机广告市场分得一杯羹的内容提供商的思考。

第四,在手机广告经营管理规范上,美国的运营商采用的是由手机营销协会开发的一套基于自律的行为守则,只能向同意接受广告的用户发送广告。ABI Research 发现,2010 年消费者对移动商务安全的关注提升,76% 左右的受访者表示对手机交易心存顾虑。在美国,手机运营商向广告商出售手机号码是非法的。手机运营商也有权利封杀发送垃圾信息的广告主。美国的手机运营商表示,流失客户的风险是他们对手机广告有所保留的主要原因。而美国研究机构 Opus Research 在 2009 年 9 月的调研数据发现,对基于位置的手机广告所持的不同态度上,有 67% 的手机用户选择"我很在意,因为这侵犯了我的隐私"。消费者保护问题也应引起我国企业的重视,否则难以达到广告效果,还可能会起到相反的作用。

### 收费模式

经典的免费+广告模式存在不少不足,尤其是在手机媒体的创业初期,广告收入十分有限;收费模式是目前业界赢利模式创新的焦点。手机媒体收费模式具体有以下几种。

**手机游戏** 手机游戏主要分为两类,一类是单机游戏,一类是联网游戏。近年来,随着流量费用的不断降低和手机网络游戏的快速发展,手机网络游戏日益成为手机游戏用户的一项新鲜选择。

根据 eMarketer 的预测,2010 年美国手机游戏市场营收将达到 8.49 亿美元,其中大部分营收将来自于付费下载。预测到 2014 年,手机游戏营收将超 15 亿美元。中国的手机游戏刚刚起步,虽然在市场规模和基础条件上都还不足以与美日韩等市场相抗衡,但凭借着中国深厚的人口市场潜力,广泛培养基础用户,改善市场环境,提高技术内容,将能大力度地挖掘出中国的手机游戏市场蕴藏的巨大潜力。

第一,不能忽视预装游戏在品牌效应方面的作用。美国的游戏厂商认为预装游戏虽然不会为游戏厂商带来太多利润,但是可以为出版商带来不错的品牌效应。预装可以有效地将对于手机上网和手机游戏不熟悉的新用户转化成初次使用用户。业务的不熟悉会驱使他们依赖终端的内置信息或软件,因此终端内置是手机游戏较为有效的推广方式。

第二,积极探索手机游戏的广告赢利模式。据 eM ar k eter 统计,美国手机游戏广告收入接近翻番,占手机游戏总营收的 6.5%,预计这一比例将持续升高,到 2014 年,广告支持的手机游戏营收将占手机游戏总营收的 12.3%。手机游戏广告收入比重的增加,将启发中国手机游戏厂商寻找付费下载之外的赢利新途径。比如外国有移动游戏公司与地铁公司建立合作伙伴关系。该协议包含在地铁只要用户发送短信即可免费下载高品质的手机游戏。消费者在等待游戏启动前,看几秒钟的手机广告。该移动游戏公司的主要合作广告主有 eBay、Britvic 等。

随着我国 3G 通信网络速度及手机数据处理能力的大幅提升,游戏广告的导入时间也越来越短。在游戏中加入内容和手机游戏相互结合的广告,用户在游戏过程中可看到广告或与广告直接互动,将越来越具有可行性。

第三,拓宽手机游戏内容开发思路。美国近年出现了影片与手机游戏内容整合的新模式。如美国《金刚》《蜘蛛侠 3》《变形金刚》《哈利·波特与凤凰社》以及《加勒比海盗 3》在发行时,都同步推出了同名手机游戏。这些游戏均为国际著名手机游戏公司开发制作,发行档期均放在了电影热映期间,并在行业内外做了大量宣传,同时也捆绑了诸多地面发行资源,比如常见的电影海报点播、影院地面发行游戏等。中国虽然也有《投名状》等与影片同步推出的同名手机游戏登录中国移动的百宝箱平台,但效应推广、内容切合度、用户群覆盖方面还有待提高。

在 3G 时代,视频化的手机游戏是发展的方向。

**手机音乐和手机视频**　手机音乐指用户使用手机终端,在线收听或通过手机上网下载到手机内存卡收听音乐。作为新兴业务,手机音乐在3G时代拥有较大市场。

手机音乐在美国已经逐渐成为一块成熟市场,而在中国其潜力更不容忽视。根据市场研究公司M Metrics在2008年的一项调查,中国手机用户用手机听音乐的比例比英国或美国都高。在中国用户使用手机音乐方式中,通过手机上网下载音乐成为主流方式。随着中国3G行业的发展以及电信运营商下调手机上网流量资费的措施,提高了用户使用手机上网下载音乐的意愿。

第一,从产业链分析看,唱片公司在手机音乐产业链中仍具有决定性地位。唱片公司是手机音乐最主要的内容提供商,负责音乐的提供并协调与乐曲版权所有者的利益分配。中国运营商应该积极展开与唱片公司的版权合作,为产业链的合作提供解决方案。

第二,开发手机音乐产品新模式、营销新方式。2008年,美国音乐制作人蒂姆巴拉德与美国第二大移动通信公司Verizon签订协议,专门为后者制作一张仅限该公司手机用户下载的数字专辑,这张专辑包括十二首单曲,每个月推出一首,由不同的歌手演唱。另外,蒂姆巴拉德还将乘坐一辆巡回录音车,在全美各地海选歌手。同时,这次巡游将于Verizon的音乐用户互动,听取他们的需求。这种产品开发、营销的方式,有利于培养手机用户的忠诚度;另一方面,结合了手机媒体互动性特点,更进一步提高了用户黏性。当前中国手机音乐用户规模不断扩大,从商业运营策略、营销策略和品牌战略的角度来看,瞄准特定市场的目标用户,根据用户需求制定针对性的发展策略对手机音乐的发展显得尤为重要。

第三,加强手机音乐的版权保护。手机被视为是比互联网和CD更安全的音乐发布渠道。在中国,盗版一直是困扰音乐公司和运营公司的问题。华纳音乐数字及商业开发高级副总裁迈克尔·纳什曾表示:"中国市场的盗版问题严重,已经对中国的艺人和节目投资商造成了危机。"因此,提高数字版权管理系统的保护水平,加强打击盗版力度,完善相关法律法规,将是中国手机音乐发展的基本保障。

在3G时代,手机视频越来越普遍,除了视频广告外,原则上手机视频都应该实行付费下载模式。

**移动商务** 目前，移动商务主要有移动支付和移动炒股。

移动炒股在中国已经十分普遍，而移动支付的发展潜力也很大。移动支付是指交易双方为了某种货物或者服务，使用移动终端设备为载体，通过移动通信网络实现的商业交易。移动支付使手机的价值产生一个质的变化，使手机成为集通话、信息服务、多媒体服务、金融交易工具于一体的个人智能服务终端。移动支付一般分为近端支付与远程支付。

据美国市场研究公司 Gartner 发布的报告称，2010 年全球移动支付用户将达到 1.086 亿户，较 2009 年的 7020 万户增加 54.5%。而在中国，2009 年中国移动支付活跃用户为 2000 万户，支付规模达到 19.9 亿元，用户黏性的提升和更多近距离支付业务的发展将使手机支付市场收入规模快速提升，2010 年底市场规模将突破 30 亿元。

业内产业链各方都在探索合理的商业模式，想要把移动支付这块蛋糕做大，快速增加移动支付的用户规模和商户规模，从而获得规模经济优势。在这个问题上，美国企业采取了合作的方式。2010 年，美国三家主要的移动运营商 AT&T、Verizon 无线和 T-Mobile 将与信用卡公司 Discover 金融集团和巴克莱集团合作，开发非接触式移动支付服务。双方将建立合资公司，在亚特兰大及其他三座城市推广业务。

美国的做法给中国移动支付产业链各方的合作提供了借鉴。目前中国移动支付最大问题是标准难以统一。中国银联、电信运营商、第三方支付、手机制造商等都希望在该领域获得主导话语权，产业链各方缺乏强有力的协调整合。如 2010 年 3 月，移动推广自己主导的 RF-SIM 标准的手机支付业务。中国移动手机支付技术方案采用 2.4G 标准；但银联选择了传统的 13.56M 赫兹 NFC 技术。友善的用户界面是手机钱包业务获得成功的关键。只有简化消费者的手机交易过程，让消费者像使用传统钱包一样得心应手，才能使手机钱包业务得到推广。不同的标准不但使消费者产生了困惑，也让产业链上的公司无所适从。因此，尽快开展小额手机支付标准的研究和制定工作，协调移动支付产业链形成产业合力，是保证产业蓬勃发展的基础。

**手机搜索** 虽然手机搜索可以采取"免费搜索+竞价排名"模式；但是，Cgogo 的失败使得付费的手机搜索大行其道。手机搜索是一种面向无线网络的搜索系统。在美国，手机搜索占整体搜索份额飞速上升，美国市场调查机构 RBC 在 2010 年 7 月发布的报告称，手机搜索占整体搜索的份额有望从目前的 9% 增长到 2012 年的 20%。手机搜索的用户数目及其使用频率也显示出用户对手机搜索依赖程度增强：comScore 所作的调研表明，在美国约有 50% 的智能手机用户平均每月使用一次手机搜索，20% 的用户每星期使用一次手机搜索，11% 的手机用户平均每天使用搜索功能。

在中国，易观国际数据显示中国移动搜索市场在 2010 年第二季度日均搜索量达到 4.01 亿次/天，日均页面浏览量也达到 15.8 亿次/日，均取得快速发展。艾瑞咨询数据显示，第二季度中国移动搜索市场规模为 5800 万元，同比增长 48.7%，环比增长 5.5%。据预测，未来三年中国手机搜索市场将呈现稳步增长态势，2012 年手机搜索市场将步入成长期，中国手机搜索市场用户规模将达到 3.22 亿人，市场收入规模将达到 18.6 亿元。由此可见，手机搜索无论是在用户规模还是在市场规模上都具有巨大的潜力。

在发展手机搜索业务上，首先，产业链既有各方要加强合作。手机搜索虽然市场潜力巨大，但是还没有形成成熟的商业模式。开放与合作在这种竞争中非常有必要。谷歌和苹果在国外争夺的主要目标之一便是移动搜索市场，但它们同时也形成了较好的合作模式。2010 年下半年，苹果公司首席执行官史蒂夫·乔布斯宣布：iPhone4 的用户可以从 Google、雅虎和 Bing 中选择自己喜欢的搜索引擎。2010 年 9 月，谷歌 CEO 施密特透露谷歌已就 iOS 的搜索引擎提供商跟苹果续签了新协议。可见，谷歌和苹果、微软既是合作商也是竞争者，服务与内容提供商、运营商与终端厂商的合作对于培养用户的使用兴趣和习惯都很重要。

在中国，百度、谷歌通过不同合作模式加大市场占有率，百度通过与联发科、三星、海尔等手机厂商合作拓展用户，并成功成为联通无线搜索合作伙伴。而谷歌与中国移动合作，并与新浪通过为其提供手机技术建立合作。稳定互惠的合作模式将有利于促进移动搜索市场的快速发展。

其次，新进入者应抓住契机拓展市场。移动搜索和传统搜索看起来同出一系，实际上却存在较显著的差异：不同的互联网环境，不同的硬件，不同的页面，不同的用户群，不同的技术方法。就目前情况看，中国传统搜索市场格局难撼，相比之下，移动搜索还是新市场，相对来说机会较多。在国内移动搜索市场中，除百度、谷歌外，宜搜、易查等厂商也在不断扩大市场份额。艾瑞咨询数据显示，在移动搜索市场，今年上半年百度的市场份额从 26.55% 增长到 34.44%。谷歌的市场份额从 23.63% 下滑到 12.29%，被一直排在行业第三的宜搜以 16.91% 的市场占有率超过。

再次，竞争态势上，从国外苹果与谷歌的竞争手段看，中国移动运营商在争夺移动搜索市场很可能会采取手机屏蔽技术，来限制竞争对手。在推广移动搜索的时候，移动运营商可以将移动搜索与发展较好的传统业务如短信、话音等，通过资费套餐捆绑结合，提高用户的使用率。

最后，关注移动搜索的技术新动态。目前主流搜索模式是关键词搜索，但从微软 Bing 收购 Farecast、Google 收购 ITA 的举措可以看出搜索形式从关键字搜索向目的地搜索或日期搜索转移的趋势。手机搜索更注重地理位置，而电子商务搜索更注重你的社会关系以及人们对产品的体验。国内移动搜索业要对这些新的技术动向有敏锐嗅觉才有望在竞争激烈的搜索市场站稳脚跟。

**结语**

随着移动技术的进步带来的移动服务多样化，手机媒体大概经历了四种角色演变。手机媒体登上历史舞台的最初身份是一种赋予人们随时随地即时互动的手提通信工具，最初只提供通话功能。随着 IT 技术的进步，手机具备了初级电邮功能，成为一种信息接入工具。而随着互联网接入、视频、游戏、音乐、可视电话等功能的开发，手机媒体逐渐成为人们体验生活的方式，成为一种娱乐方式。如今，定位、安全、拍卖、手机钱包、搜索引擎等个性化服务使手机演变成人类行为助理。

而从产业的视角来看，随着移动互联网的引入以及各种 3G 应用的推广，手机媒体产业已经从价值链结构拓展进化成价值网，各种经营策略和赢利模式，给各方玩家提供了新的机遇，也带来了更加激烈的竞争。限于篇幅，本文只论述了手机广告、手机游戏、手机音乐、移动支付、手机搜索这几项在目前3G时代较为流行的应用。除此之外，方兴未艾的移动社交网站、手机网络视频、手机网络文学等移动网络应用及其赢利模式，也值得投以关注。

（匡文波系中国人民大学新闻学院教授、博士生导师；高岩系中国人民大学新闻学院博士生）

# 什么是"全媒体"

罗鑫

"全媒体"是近年在业界出现频率很高的一个词,不同时期定义也有不同的提法,本文试图厘清"全媒体"这一关键词。

2008年以来,各类报纸、期刊、广播、电视中频频出现一个名为"全媒体"的关键词,其中包括"全媒体时代""全媒体战略""全媒体报道""全媒体记者""全媒体出版""全媒体广告"等。然而,何谓"全媒体",学界至今还没有人下一个准确的定义。

## 国外对"全媒体"的提及

"全媒体"在英文中为"omnimedia",为前缀omni和单词media的合成词。经过搜索国外的Elsevier(SDOL)数据库、EBSCO全文数据库以及Springer外文期刊,笔者发现omnimedia只以专有名词形式出现,即一个名为Martha Stewart Living Omnimedia(MSO)的公司。作为一个新闻传播学术语的"全媒体"并未为国外新闻传播学界所提及。

1999年10月19日,玛莎-斯图尔特生活全媒体公司成立。这个公司拥有并管理多种媒体,包括四种核心杂志、34种书籍、一栏荣获艾美奖的艺术电视节目、一栏在CBS电视台播出的电视周刊节目This Morning。不仅如此,MSO还管理一个名为AskMartha的报纸专栏(其内容提供给230多家报纸)、一个在美国330多家广播台播出的节目、一个拥有17万注册用户的网站www.marthastewart.com。玛莎-斯图尔特生活全媒体公司是美国当时最有名的家政公司之一，它通过旗下的"全媒体"传播自身的家政服务和产品。

回顾1999年，信息技术和通信技术得到长足发展，互联网开始在全世界范围内起步发展。媒介内容通过报纸、杂志、电视节目、网站等不同的媒介形态得以表现。然而，囿于当时的技术条件限制，玛莎－斯图尔特生活全媒体公司并没有实现如今所有的媒介形态如手机电视、户外电视等。当时的"全媒体"只停留在扩张阶段，只求拓展新的媒介形态，而没有注重"全媒体"中传统媒体和新媒体的融合问题。

## 国内对"全媒体"的提及

经过搜索国内的万方数据、维普期刊以及中经专网，笔者发现国内也同期出现了"全媒体"这一关键词。1999年6月，《中国经济时报》中的一篇文章《消费真无热点？》上写道："个性化的市场需求即将成为家用电器行业的新潮流，也将是消费者新的消费追求热点，多元化、个性化的需求必将造就一片新的市场空间。重享受的发烧友追求全媒体、全数字的声音和图像效果。"显然，文中提到的发烧友追求的全媒体的声音和图像效果，只局限于传播形式中的声音和图像，从受众全方位的体验感受来说，这种"全媒体"的说法是不全面的。

而1999年至2007年间，各行各业对于"全媒体"的提及都是在文章中点到为止，可见这个时期人们对全媒体的认识是直观而片面的。笔者认为此时的国内"全媒体"同国外一样都囿于技术方面的限制，没有得到正确认识。

从2007年开始，"全媒体"出现在文章中的频率越来越高。2007年11月12日《投资中国项目精选》上的一篇《Xtel统一通信平台项目招商》对"全媒体"的认识有所突破："Xtel统一通信平台具有以下功能：全媒体通信，支持音频、视频、即时消息、手机短信、应用共享等各种媒体形式。"文中的"全媒体通信"，包括了当今各种媒介形态。这种对"全媒体"认识上的进步与信息技术和通信技术的发展是分不开的。

## "全媒体"在我国新闻传播领域的应用现状

2008年,"全媒体"开始在新闻传播领域崭露头角。许多媒体从业者纷纷提出"全媒体战略"或"全媒体定位"。报纸、电视、广播、出版、广告等行业的?"全媒体"发展呈现出两种方式:一是"扩张式"的全媒体,即注重手段的丰富和扩展,如新兴的"全媒体出版""全媒体广告";二是"融合式"的全媒体,即在拓展新媒体手段的同时,注重多种媒体手段的有机结合,如已经探索一年多的"全媒体新闻中心""全媒体电视""全媒体广播"。

烟台日报传媒集团2008年3月在全国首开先河,整合集团所有媒体记者,组建了"全媒体新闻中心",开始了从传统报业到"全媒体"的运作方式、生产流程以及各种运营平台的探索。一方面单一的印刷报纸分化成多种产品形态,如手机报纸、数字报纸等;另一方面媒介生产流程进一步细分、专业化。

2008年2月,《TD广电对决手机电视国标》一文中提到,在当年的北京奥运会期间,手机电视将成为重要的传播形式,中央电视台的转播也将采取"全媒体"对外传播。而中央电视台从2009年7月2日开播的《世界周刊》,其定位就明确提出"全媒地带,信息就是选择"。该栏目负责人认为,对于《世界周刊》来说,新闻只是起点。启动强大的信息搜索及整合能力,打破不同媒体间隔,开辟独具特色的全媒体地带,给观众丰富的信息"选择"可能,展示一周世界重大新闻事件背后的世界和新闻所引发的关注,是《世界周刊》的价值及意义所在。

在广播行业,2008年北京奥运会期间,中国广播网实现了中央电台所有奥运报道广播信号同步网上直播,创新了图文并茂、音视频同步多点互动直播报道新模式,尝试广播频率、门户网站、有线数字广播电视、手机广播电视、平面媒体五大终端的融合。2009年,国家广电总局成立了中广卫星移动广播有限公司,负责建设全国移动多媒体广播传输覆盖网络。

在出版行业,2008年底,贺岁电影《非诚勿扰》的同名长篇小说《非诚勿扰》在北京以"全媒体出版"方式首发。国内自此掀起了一股"全媒体"出版热潮,《贫民窟的百万富翁》《我的兄弟叫顺溜》等图书都宣布采用全媒体方式出版。2009年在济南举行的"全媒体出版整合营销沙龙"上,中文在线总裁童之磊这样介绍全媒体的含义:"全媒体出版就是同一个内容同时发布在纸质媒体、互联网、手机和手持阅读器等媒体上。""中文在线所提的'全媒体出版整合营销',即是利用各种媒体和各种渠道发行阅读产品,同时尽可能覆盖所有读者。"

在广告行业,2009年10月19日,《中国计算机报》上的《全媒体:指点网络大市场》一文中,作者肖庆飞指出,将网络广告与传统广告形式结合起来优势互补,形成"全媒体"。笔者认为,"融合式"全媒体发展才能真正发掘出"全媒体"的价值,更符合"全媒体"的内涵。

在"全媒体"语境下,多种媒体形式要打破传统的单一模式,提供不同的表达方式。面对不同的状态,要选择不同的表达方式。如果各种手段只是同一角度的重复或者只是不同媒体的简单堆积,那么,就很难产生增值的效果。

### "全媒体"在我国新闻传播领域的研究现状

尽管全媒体在国外新闻传播学界未被提及,但在近几年经常被我国新闻传播学者提及或研究。我国新闻传播学者对全媒体的定义分为两类,一类是"营运理念(模式)说",另一类是"传播形态说"。前者的代表是中国人民大学新闻学院教授彭兰;后者的代表是南京政治学院军事新闻传播系的周洋。

2009年7月,中国人民大学新闻学院教授彭兰的《媒介融合方向下的四个关键变革》中明确提出了"全媒体"的概念。她指出,全媒体是指一种业务运作的整体模式与策略,即运用所有媒体手段和平台来构建大的报道体系。她强调,从总体上看,全媒体不再是单落点、单形态、单平台的,而是在多平台上进行多落点、多形态的传播。报纸、广播、电视与网络是这个报道体系的共同组成部分。

2009年11月,南京政治学院军事新闻传播系的周洋则认为"全媒体"的概念来自于传媒界的应用层面,是媒体走向融合后"跨媒介"的产物。

具体来说,是指综合运用各种表现形式,如文、图、声、光、电,来全方位、立体地展示传播内容,同时通过文字、声像、网络、通信等传播手段来传输的一种新的传播形态。

笔者认为"传播形态说"更符合"全媒体"的内涵。全媒体在发展中往往受到信息技术和通信技术的限制。它并不是一种一成不变的单一模式，它是一个开放的系统。当互联网日益普及，博客、播客等媒介形态大行其道；而当手机逐渐普及，手机报、手机小说、手机电视又风靡全球。"全媒体"就是一个开放的不断兼容并蓄的传播形态，随着3G网络的成熟，4G网络的开发成功，又将有许多意想不到的传播形态加入其中，丰富受众的媒体体验。

综上所述，"全媒体"是信息、通信及网络技术条件下各种媒介实现深度融合的结果，是媒介形态大变革中最为崭新的传播形态。

"全媒体"是在具备文字、图形、图像、动画、声音和视频等各种媒体表现手段基础之上进行不同媒介形态（纸媒、电视媒体、广播媒体、网络媒体、手机媒体等）之间的融合，产生质变后形成的一种新的传播形态。全媒体通过提供多种方式和多种层次的各种传播形态来满足受众的细分需求，使得受众获得更及时、更多角度、更多听觉和视觉满足的媒体体验。

（作者单位：武汉大学新闻系）

# 大数据浪潮中的传媒业

## ——兼谈大数据讨论的若干误区

王武彬

**【摘要】** 本文围绕大数据与传媒业的关系提出了与众不同的观点,指出大数据概念存在误读,大数据对媒体的价值不宜高估。同时,大数据时代核心理念对媒体又是至关重要的,这主要体现为媒体应视数据为重要资产和生产资料,它可以被广泛应用于媒体的辅助经营和报道。

**【关键词】** 大数据;传媒业;辅助经营和报道

大数据无疑是2012年最红火的概念。它不仅意味着一次颠覆性的IT技术变革,由于产业融合和学科渗透的程度越来越深,也成为《自然》《哈佛商业评论》和《哥伦比亚新闻评论》同时关注的领域,IT业、互联网业、媒体业、咨询业共同讨论的话题,硅谷、华尔街、五角大楼一起注目的趋势,对政治、经济、商业等领域都产生了深远的影响。身处这个大数据时代,大数据的价值似乎已经毋庸置疑。媒体业也在热切关注着这一浪潮,大数据甚至跻身传媒业成为年度热词。然而从现实来看,媒体业并没有能在这个新领域乘风破浪地前进,大数据也没有许给媒体业一个笃定明朗的未来。围绕大数据与传媒业,本文试图提出以下观点。

(一)大数据概念存在误读。时下谈到的大数据案例大多与真正的大数据无关。

(二)大数据对媒体的价值不宜高估。大多数媒体机构在大数据领域并不具备颠覆创新和业务转型的条件。

(三)大数据时代核心理念对媒体至关重要,媒体应视数据为重要资产和生产资料辅助经营和报道。

## 对大数据的误读与迷思

大数据一经提出,就迅速和"革命""时代"等宏大概念配搭,无处不在甚至无所不包,基本内涵反而被模糊。那么大数据究竟指的是什么?研究机构 Gartner 给出的定义是大数据是需要新处理模式才能具有更强的决策力、洞察发现力和流程优化能力的海量、高增长率和多样化的信息资产。咨询机构麦肯锡则提出:大数据是指其大小超出了典型数据库软件的采集、储存、管理和分析等能力的数据集。简单地讲,大数据定义了传统模式(或流程工具、手段)无法处理的数据集。

大数据概念的提出,是因为其所定义的数据集的信息量超出了现有基础设施承载能力,多样性超出传统流程工具的处理能力,实时性超出现有 IT 架构的计算能力。换言之,大数据的特征可以用"4V"来描述,即:(1)Volume,数据量大,计算量大,从 TB 级别跃升到 PB 级别;(2)Variety,数据来源多、数据类型多,传统方式无法轻易捕获和管理;(3)Velocity,增长速度快,数据处理的速度必须满足实时性要求;(4)Value,价值密度低,商业价值高,沙里淘金却又弥足珍贵。

可见大数据并不复杂,和新媒体一样是个相对的概念。人们无法回答"多大的数据才能叫大数据"这样的问题,只能说随着数据量持续高速增长,发现分析处理力不能及时跟进,这样一个术语因此应运而生。企业内部的经营交易信息,物联网世界中商品、物流信息,互联网世界中人与人交互信息、位置信息构成大数据的三个主要数据来源,共同揭开了大数据的序幕,促使海量数据在渐变中完成了从量变到质变的飞跃。透过大数据,人们能够发现知识、提升智能、创造价值。而相关的技术、应用和产业,都可纳入大数据的范畴。

然而,诚如 EMC 公司首席营销官 Jeremy Burton 所说,大数据这一术语和"云计算"等一样,被炒作赋予了太多的意味。现实是,大数据已经成为一个充满魔力的万能语汇,在有意无意中被夸大和误读。大数据在修辞学上的意义被浓墨重彩地强调,各种事物冠以大数据之名,无数故事围绕大数据讲述。这样的例子并不少见。一些以大数据为题的文章,除去首段和末段出现过大数据词眼外,所谈及的内容很难说与大数据有何关系,即便删去大数据相关字句也无关宏旨;国外科技博客 Mashable 一篇关于《金融时报》借助数据优化经营策略的文章,未脱传统网络分析的范畴,但被译成中文后标题中的 Data 就被大数据取而代之了;世界各国记者协力挖掘维尔京群岛资料的案例,其实是精确新闻在全球化和社交化背景下的自然延伸,但随即被当作大数据的典型案例;有些媒体机构推出金融终端产品,名字前也要加上大数据三个字。

上述种种现象表明,目前媒体行业对大数据的理解存在着误读和迷思,很多时候偷换了概念,谈的是数据或大数据时代,而非大数据。数据更多从普遍意义上强调数据的魅力和价值,与大数据并不相悖;大数据时代则扩展了大数据的内涵,代表一种精神内核和核心理念,适用面自然也更广。如果用"虽不中亦不远矣"来评价,这些用法并不算错,毕竟在很多语境中"大数据不只是一个概念,实际上是对一种社会状态的描述"。但也应该看到,这种误读遮蔽了大数据概念的真正内涵,可能会导致高估大数据对媒体的价值,甚至引发在实践中的偏差。

## 大数据对媒体的价值不宜高估

大数据对媒体的价值不宜高估。诚然,麦肯锡全球研究所的报告称,大数据是继传统 IT 之后下一个提高生产率的技术前沿,在政府公共服务、医疗服务、零售业以及涉及个人位置服务等领域都将带来可观价值。如果医疗业全面使用大数据,保障医疗系统安全有效运行,美国每年能多创造 3000 亿美元的附加价值,同时减少 8% 的医疗费用支出;如果运用到公共领域,欧洲政府每年可减少 1000 亿欧元的开支。

大数据意味着巨大的发展机遇,然而却不是所有行业的机会,更不是所有机构的机会。典型的大数据源包括:网络日志、社会网络、互联网文本和文件、大规模的电子商务;传感器网络、通信记录、医疗记录;天文学、大气科学、生物化学等领域。显然,除了政府之外,大数据主要是巨头的游戏,为数不多的大公司真正拥有大数据,如在互联网领域与视频相关的 Youtube

和 Netflix，与电商相关的亚马逊和阿里巴巴，与社交相关的 Facebook、Twitter 和新浪微博等。但目前，即便这些公司主要也只是在利用传统意义上的数据价值，大数据的利用尚处于初级阶段，价值并未得到释放。因此在提到大数据时，我们听到的更多是 EMC、惠普、IBM、微软这些做基础架构的 IT 公司的名字。

在大数据浪潮中，属于媒体业的想象空间并不多，大数据对媒体的价值非常有限。大多数媒体机构在大数据领域并不具备颠覆创新和业务转型的条件，原因是多层次的。

首先是最本质的问题，媒体业掌握的数据资源有限。麦肯锡全球研究所的报告指出，不同行业的大数据强度和内容各有不同。证券、投资服务以及银行等金融服务领域拥有最高的平均数字化数据存储量，通信和媒体公司、公共事业单位以及政府等企业和组织也有规模显著的数字化数据存储。但事实上，大多数媒体机构拥有的数据资源很难算是真正的大数据。与 SNS、微博、视频网站、电子商务网站的数据相比，与物联网、移动设备、个人位置、传感器采集的数据相比，与电信和互联网运营商的数据相比，与各种传感器和监控设备采集的图像和视频数据相比，媒体业拥有的数据量相形见绌。一个简单的例子：中国最大的电视台中央电视台据称拥有近 40 万小时的节目资源，年播出总量为 23.0248 万小时；而 YouTube 每分钟就有 72 小时的视频被上传，更不用提每月 10 亿独立用户的行为数据。数据量级相差悬殊。

接下来最关键的问题是，媒体业缺乏处理大数据的能力。大数据应对的是传统流程、传统工具、传统方法无法解决的大量、多样、快速的数据。而媒体业自身生产的数据有限，对于有限内容的数字化程度也不够。以纸媒为例，传统以版面为对象的生产方式，在开展新媒体业务时难以适应，需重新转化编码。而在内容数据库的建设方面，很多媒体甚至处于"零"的状态。可以说，大多数媒体机构连传统的流程、工具和方法都没有掌握。

再从硬件和人才来看，大数据对媒体业是一块难以啃下的硬骨头。数据的存储、处理、可视化呈现所需要的 IT 架构、基础设施和专业人员，大多数媒体机构也无一具备。如果从头做起，搭建架构，部署设施，培养团队，无异于再造一个新机构。

由此可见，对大多数媒体机构而言，想借助大数据浪潮完成转型，各方面条件都不具备的情况下，只会是无法完成的任务。国金证券关于大数据的报告中总结了六种商业模式：租售数据模式、租售信息模式、数字媒体模式、数据使能模式、数据空间运营模式、大数据技术提供商。其中租售信息模式与媒体相关，主要包括以彭博为代表的金融信息服务商。恐怕也只有类似规模和形态的媒体机构才有可能借大数据创造巨大价值，其他媒体最好考虑更现实一些的利用途径。

### 大数据时代传统媒体的升级

媒体业受大数据冲击和影响，但又缺根基，难以出现颠覆性的创新，无法孵化出新的业务形态。新的变革来临之际，媒体还停留在上一个街角，被技术公司远远落在后面。因此大数据浪潮之下，追逐概念并非理性的举动，媒体机构应当一方面承认差距，补上过去落下的功课，一方面避免盲目，实事求是地思考未来的进取之途。

《大数据时代的历史机遇》一书的宣传语说："缺少数据资源，无以谈产业。缺少数据思维，无以言未来。"数据是黄金、石油、货币，是重要的生产资料。传统媒体过去强调"内容为王"，而内容不过是数据之一种。面对未来，大数据的理念、思维和意识不可或缺，媒体机构应当充分认识到数据的价值，以开放和务实的心态拥抱数据。具体而言可从以下五个方面着手，这些举措并不全然属于大数据范畴，其中很多是传统的数据利用手段。

第一，积累数据资产。原创内容和历史数据数字化可以构成媒体数据资产的核心部分，对报业而言是全文数据库、原版数据库、图片数据库等，对电视而言是健全的媒体资产管理系统；外部数据可以作为数据资产的扩充部分，如通过合作、购买、交换、抓取等方式获取来自其他媒体的内容和来自互联网平台用户创造的内容；完善数据资产的组织存储、查询调用和版权管理，能够为进一步的转化利用打好基础。

第二，数据能力的获取。媒体应通过合作、购买、外包、孵化等方式，首先掌握传统的数据处理能力，进而具备大数据应用的能力；引进和培养数据人才，包括拥有统计学、商业智能、机器学习、自然语言处理等多方面技能的"数据科学家"，也要有知晓如何通过运用大数据来设计产品和运营企业的分析师和管理者。浙报集团旗下的新媒体战略投资机构传媒梦工场投资了知微、优微等项目，主要专注社交网络的数据深度挖掘，在这一领域布下了棋子。

第三，用数据辅助经营。在经营方面，媒体可以借助数据增强决策的科学性。在完善传统用户数据库的同时，可借助网站和客户端收集的丰富和多元的用户信息，精准化理解用户需求，辅助改进产品设计，制定营销策略，提升广告效果。在这方面，《金融时报》通过用户分析调整"付费墙"策略，《纽约时报》综合比对订户数据和访问数据获得更精确全面的读者信息，这些做法都值得借鉴。

第四，用数据辅助报道。数据新闻学正蔚然兴起，通过挖掘和展示数据背后的关联与模式，运用丰富的具有互动性的可视化手段，更好地报道新闻，帮助公众理解正在发生的新闻事件以及这些事件对人们生活的影响。《纽约时报》《华尔街日报》《卫报》等业界先驱在这一领域提供了丰富的案例，由 Google 和全球编辑网（Global Editor Network,）合作推出的数据新闻奖（DataJournalismAwards）也已经举行了两届，分设数据驱动调查报道、数据可视化新闻报道和数据驱动的新闻应用等奖项，展现了数据新闻的最新图景。媒体也应当向搜索引擎、社交网站的新闻产品学习并展开合作，借助数据把握社会脉搏。MSN 网站 2011 年上线服务的 msnNow，分析 Twitter、Facebook、Bing 和 BreakingNews.com 上的内容，以分钟为单位识别热门话题，并由专门的编辑团体整理撰写成 100 字左右的话题故事，代表着数据辅助新闻的一个方向。

第五，拓展业务，真正拥抱大数据。推出具有社交属性的新闻产品，真正投身大数据的海洋，欧美大型媒体机构在这方面的案例并不鲜见：纽约时报公司注资 URL 网址链接缩短服务 Bit.ly，后者提供的短链接截至 2013 年 3 月已经达到 1000 亿次点击；CNN2011 年收购移动应用 Zite，后者作为一款免费的个性化阅读应用，通过采集用户的阅读行为，抓取用户在 Facebook 或 Twitter 等社交网络上的数据，进而判断用户的兴趣，聚合推送个性化的内容。

（作者单位：新华社新闻研究所）

**参考文献：**

［1］喻国明、宋美杰：《微电影、大数据、三网融合：中国传媒业跨入新传播时代的门槛——社会视角下的 2012 中国传媒业关键词》，《编辑之友》2013 年第 2 期。

［2］定义来自 Gartner 网站：http://www.gartner.com/it-glossary/big-data/。

［3］麦肯锡全球研究所：《大数据：下一个创新、竞争和生产力的前沿》，2011 年。

［4］国金证券：《"大数据"专题分析报告：大数据时代即将到来！》，2011 年 12 月 7 日。

［5］官建文：《大数据时代对于传媒业意味着什么》，《新闻战线》2013 年第 2 期。

［6］数据来自中央电视台网站"中央电视台概况"页面，http://cctvenchiridion.cctv.com/20090617/113152.shtml，2009 年数据。

［7］数据来自 Youtube 网站发布数据，http://www.youtube.com/yt/press/statistics.html，2012 年数据。

# 微博：一种蕴含巨大能量的新型传播形态[*]

## 喻国明

微博即微型博客（micro-blogging），是基于有线和无线互联网终端发布精短信息供其他网友共享的即时信息网络，由于用户每次用于更新的信息通常限定于140个字符以内，故此得名"微"。

一个看似并不打眼的微博竟然几乎在一夜之间便在全世界风生水起，迅速成为一道景观，成为互联网应用的一股潮流，原因何在？纵观后互联网的发展，一种能够成为趋势和潮流的技术应用形态，总是因为它解决了人们在通信传播中的某一种基本的应用需要：门户网站解决了人们"一站式"消费的需要；搜索引擎解决了人们对于一个海量资讯的有效选择和掌控；即时通讯解决了人们随时随地点对点沟通的需要；博客解决了人们的自我表达的需要；MSN网站则便利了"同缘同道"的聚合关联，等等。而这一次，微博所带来的，则是提供了一个个体向无限广泛的社会群体进行"喊话"和广播的手段，换言之，微博是给每个人提供了一个"麦克风"，它可以将每一个微博用户上传的任何一段文字、图片及视频以现场直播的方式即时传播至他（或她）所有的"粉丝"，即使虽然这个"麦克风"的一次性传播受限于他个体关联的"粉丝"数量，但由于每一个"粉丝"群都叠套着众多"粉丝"群（每一个微博用户都拥有自己的大小不等的粉丝群）。因此，按照互联网的"六度分割理论"，只要这种即时传播的信息具有穿透六类不同人群的价值评价的能力，它便会在层层转发中，及时通往全球互联网的每一个角落。这种类

---

[*] 本文是基于中国人民大学舆论研究所新近完成的《微博：一种新传播形态的考察——影响力模型和社会性应用》科研课题而写，本项课题报告的主要执笔者有：喻国明、欧亚、张佰明、王斌等。

似于核裂变式的传播效能,不能不使人们对它的应用前景刮目相看。

微博创始于美国,最早的微博网站是美国的 Twitter,于 2006 年 7 月面向公众开放,2007 年 4 月开始独立运营,目前的独立访问用户已达 3200 万,美国白宫、FBI Google、HTC DELL、福布斯、通用汽车等很多国际知名个人和组织都纷纷利用 Twitter 与大众进行交互,并获得了意想不到的成功。有人说,是微博成就了美国总统奥巴马的大选,这话虽然片面,但也不无道理。

那么,什么是微博呢?简单地说,所谓微博,就是一种节点共享的即时信息网络。微博是由 Twitter 率先提出产品构想并成功实践的,微博的想法最初始于美国的一个由广播公司 Odeo 的董事会成员组织的"全日智囊团",这个组试图打破公司创造力低下的现状,于是提出了个人使用手机短信来与小组进行交流沟通的大胆设想。也就是说,每个小组成员以便捷设备向一个平台上发送所有成员阅读的讯息,这是微博最为核心的理念。随着 Twitter 产品的不断完善,越来越多的功能整合进微博之中,但所有的功能都是基于这一核心理念:信息的即时性、共享性以及基于即时、共享信息形成的动态信息传播网络。

## 一、信息的即时性

互联网上存在着各类信息,包括 web1.0 的结构化、完整性的信息、Web2.0 的众多碎片化、零散化的信息。在以海量信息为特征的互联网上,最不缺少的就是信息,各类信息几乎都可以在网络上找到,但这些信息基本上都与当前时间有一定距离,而且越是结构化、越是完整的信息,这种距离就越远。相比之下,即时信息却是微博所能提供的最为独特的信息类型,微博用户以最短的字符随时随地发送自己的所见、所闻、所感的内容,而发送的设备除了手机这种随身媒体外,互联网上的诸多客户端都可以成为上传微博内容的端口,内容和媒体形式的便捷性能最大程度保证了微博用户页面上信息的即时性,从这种意义上说,微博可以称为是"随时、随地、随性"的媒体,而微博用户所吸引的关注者也因为微博内容的即时性更新而持续关注。对于关注者来说,只要订阅了关注的对象,被关注对象更新的信息就会同步刷新，从而关注者可以在第一时间获得最新信息，这要比任何媒体都更为高效、便捷。

## 二、信息的共享性

微博是一个开放的信息平台，微博用户在个人页面上发布的任何信息都可以随时查阅，对于互联网用户而言没有任何信息接入的门槛可言。不但用户在微博上的信息是完全开放的，用户与其他用户之间的互动也能够方便地看到。不但如此，借助一定的网络工具，一个用户被其他用户关注的程度、微博用户普遍关注的热点话题、对于同一社会事件的倾向性态度等，都可以通过相关渠道获得，Twitter 开放 API 接纳的大量第二方软件就提供类似的服务。借助微博的技术支持，每一个有表达欲或暴露欲的用户都可以成为扩大某一信息传播范围的个人化媒体，以个性化的角度呈现大千世界的某个侧面。对于想获取更多信息的用户来说，进入微博这个共享的世界，就可以获得若干可以直接提供对自己而言有价值的信息的信源，在最短的时间内减少自己所关注事物的不确定性。对于信息索取型的用户而言，经过不断筛选之后确定下来的重点关注用户，就成为该用户获取信息的固定而便捷的渠道，通过"加关注"的设置，这些被关注的用户会源源不断地将共享信息随时推送给该用户，成为稳定而高效的信源。

## 三、动态信息传播网络

微博作为开放平台的最大优势，就是允许用户将任一用户添加为自己的好友，通过"加关注"功能的简单设置，这些已被关注的用户（微博主）就变成了寻找信息用户的固定信源。每一个关注其他微博用户的网民都有自己的信息选择偏好和标准，以此为筛选依据，每一个用户都会形成一个以自己为中心的信息网络，每一个微博主都是这张网络上的一个节点，只要节点上的信息有更新，信息网络就会改变原来的状态，作为网络中心的用户会根据信息的变化情况做出回应，从而改变信息传播网络的状态。同样，微博主因被其他用户关注，也会以其为中心形成信息网络，影响着微博主对于自己所发布信息的价值的认知，其他用户的行为和态度也会引起微博主的反应，在与其他节点的互动中改变着微博主信息网络的状态。正是这种关注者与被关注者之间互为节点的互动，让微博平台上信息的流动状态变得复杂起来。就是说，这个信息网络是根据信息节点的变化而实时地发生变化，正是这些由不同用户所编织的信息网络的动态变化加速了互联网上的信息流动状态，凸显微博的独特价值。

总之，在微博的平台上，每一个用户都是既可以发布信息同时又接受其他用户信息的节点，他们之间的互动又会增加新的信息，改变信息的传播路径和状态，所有这些信息都是全面开放共享的，每一个用户无论是微博主还是微博信息的索取者，都会以自己为中心形成规模各异的信息传播网络。也就是说，微博用户使用微博的最直接动机是发布和获取信息以及基于这些即时信息引发的人际互动，这就决定了微博既不同于传统的 Web1.0 产品，也不同于 Web2.0 的诸多产品，如博客、SNS。用户之所以信赖微博，是因为用户对为自己提供信息的微博主以某种方式做了筛选，确定这些微博主能够为自己提供有价值的、值得关注的信息，并且这些信息是以稳定、即时的方式自动推送给自己的。微博改变了人类信息传播和获取的方式，是一种独特的信息渠道，这是微博强大的生命力所在。美国现任总统奥巴马恰恰是因为认识到了微博 Twitter 的独特价值并大胆尝试，使得 Twitter 成为让广大选民实时跟踪奥巴马行踪和言论的最佳渠道，他的胜出让全世界认识到了微博的独特价值。这只是微博在政治领域的一种功能表现，它在其他领域的更大价值正在进一步探索和挖掘中。

（作者为中国人民大学新闻学院教授，中国人民大学新闻与社会发展研究中心研究员、博士生导师）

# 再造流程，实施报业战略转型

郑强

传统报业要想扭转目前的被动局面，就必须改变现有的以纸媒为中心的布局，从报纸产业向内容产业转变，从传统报业独立作战向全媒体整合运营转变，进入到以互联网为中心进行整合传播、整合营销的全媒体时代。

当前，我国报业正发生着深刻变革，其表现特征是新媒体的迅速崛起，诸多报业集团谋求向现代传媒集团转型的愿望越来越迫切。而要实现战略转型，纸质媒体内部传统的生产方式、运行方式、传播方式必须首先实现自我转型，尽早从报纸生产商向内容供应商转变。这就需要对传统报业实行流程再造，从而最大限度地整合资源，占领信息传播和媒介经营的制高点。烟台日报传媒集团的全媒体战略与实践，正是基于这种判断，通过建立完善的多种媒体形态的组合，形成崭新的"全媒体框架"，再造内容生产流程，按媒体内在传播规律制作和发布产品，以求实现从"报纸社"到"报道社"的转变。

## 数字报业的发展需要生产流程再造

### （一）流程再造是新闻传播规律的必然要求

在报业集团传统的新闻生产链条上，记者当天生产的一个个新闻产品，经过编辑加工制作，第二天首先在纸媒上刊发，随后在集团自己的网站、手机报、电子纸移动报上陆续发布。在这一传统流程上，新媒体依然是报纸的配角和附庸，其快捷优势并没有发挥出来。而且，从新闻发布时效性上来看，这一流程也不适应网络时代的市场需求。网络时代的新闻时效以分为计、以秒为计，而且新闻发布从原来的以日发布转向滚动发布。显然，传统报业新闻传播的价值链没有得到合理延伸。

要改变这一现状，就要遵循媒体内在传播规律和新媒体的运行规律，在生产流程上寻求突破。美国道琼斯公司有一个著名的"波纹"信息资源管理理念为我们提供了实践的理论基础。它认为：一个新闻事件发生，就像一块石头投到水里，会产生很多波纹，一个波纹一个波纹地扩散开，影响面会迅速放大。道琼斯把这个新闻按照内在传播规律依次在道琼斯通讯社、华尔街日报网络版、CNBC电视频道、道琼斯广播、华尔街日报等7种不同的媒体发布，实现新闻产品的及时滚动播报，使新闻从"第一时间采写"向"第一时间发布，波纹信息传播"转变。现在绝大多数报业集团的新闻运作流程与这种"波纹"传播方向是相逆的，无法充分发挥新媒体在传播方面的优势。不变革目前传统的信息采集、加工、生成和发布流程，显然是不行的，也很难在新形势下将报业内容资源优势转化为市场优势。

（二）集团内容的集约化制作和内容数据库营销，需要突破传统流程藩篱

现代化企业集团的优势是通过集团层面的资源配置，达到发展集约化、利润最大化的目的。而目前的报业集团内部媒体的运营模式，显然不会使这一优势发挥出来。以烟台日报传媒集团为例，目前已经形成了一个较为完整的媒体方阵，包括三个部分：一是核心业务，就是主打本地市场的三张日报：烟台日报、烟台晚报和今晨6点；二是成长业务，就是主打全国市场的华夏酒报、37°女人、新闻人物等；三是新兴业务，就是以互联网为传输手段的新闻媒体，如水母网、光速资讯网、电子纸移动报（e媒界）、烟台手机报、黄海数字出版社等。如果这么多媒体，都按照传统的组织架构、运营模式来进行运作，势必形成重复投入、人力浪费。比如，当一个新闻事件发生后，集团各个媒体同时进入新闻现场进行采访，采集到的内容是同一素材，然后都平行进入各自的编辑序列加工，平行发布在各自的媒体上，实际上是一种重复作业。

要实现集团新闻产品生产的集约化，必须从集团层面再造流程，实现产业链条上各个环节的互相支撑，进而实现传播价值的最大化。就是从集团层

面再造流程，打造一条包括"内容采集—内容编辑加工—内容多次发布—内容数据库存储—内容多次出售"等环节的内容产业化链条，通过整合产业链的上下游资源，创造出符合数字报业发展规律的新的价值模式，体现集团内容经营的集约化增值效应。

报业从报纸生产商向内容供应商转变，追求的就是这种增值效应。从上面提到的内容产业化链条上，我们就可以看出，内容数据库的整合、管理、开发、利用和营销，将是报业再造流程、创新产业经营、向内容供应商转变的关键。

处于内容创意产业核心层面的报业，既要尽快做大做强自己的数字信息生产发布平台，更要快速适应媒介产业变革的新形势，着力实现信息生产—信息发布—信息增值的功能回归，将长期以来一次性消费的新闻易碎品进行集成加工，并对区域综合信息进行系统整合，建立起分级管理使用的强大内容数据库。并通过对内容数据库的多元整合、配置，探索放射状全媒体价值链运营模式：一次开发，多次生成，通过多次售卖，获取增值效益。

### 实施全媒体战略必须要构筑"全媒体框架"

报业的全媒体转型是一个复杂的系统工程，必须在报业集团集约化管理比较完善的基础上，才能在科学的规划指导下逐步实施。烟台日报传媒集团的全媒体战略，一定程度上就是在总结多年集约化管理经验的基础上推行的。从2007年11月开始研发"全媒体数字复合出版系统"开始，采取循序渐进、稳扎稳打的策略。经过实验、整合、融合等三个阶段，目前，逐步形成了以"四个统一"为基础的"全媒体框架"，突破了报业机构的现行业务流程，重塑起适合包括数字媒体在内的全媒体发展的集团化业务流程和运营体系。

（一）在集团总体框架内搭建起一个统一的数字信息发布平台

烟台日报传媒集团实施全媒体战略的一个重要标志，就是在集团总体框架内搭建起一个统一的数字信息发布平台。这个自主开发的平台就是全媒体数字复合出版系统，共分九个模块：个人平台、线索、策划、任务管理、待编稿库、个人系统管理、报表系统、资料中心和系统帮助。在个人系统管理中，系统为每个记者提供了网络空间，支持文字、图片、音频、视频、文件、联系人等多种信息录入渠道，支持本地写稿、远程写稿。稿件可以输出到采编系统、图片系统、网站系统、数字报系统、手机报系统等。一个平台可以实现用户、任务、线索、选题、策划、数据库等六大统一管理功能。

新系统概括起来有五个特点：第一，按照媒体运行规律进行流程再造；第二，整合集团所有资源，它是开放的，而不是排外的；第三，它面向全媒体，符合数字复合出版的需要；第四，稿件采编发布过程是多形态的，而不是单一的；第五，操作界面是友好的，更加具有实用性，更加人性化。

这一系统经过近一年的运行，不仅顺利实现了与老系统的对接过渡，还在短时间内发挥出了媒体全新的力量。采编人员经过实践应用后，感觉：一是"全"，文图音视频一个平台搞掂；二是"快"，按照新闻内在规律即时滚动传播；三是"酷"，私密化设计实用性极强；四是"特"，一个平台两个稿库，既有公共稿库，又有特供库，可为各媒体提供特殊内容供应。去年8月，这一系统已通过新闻出版总署验收。

### （二）在集团层面构筑起一个统一的全媒体方阵

以全媒体数字复合出版系统为载体，烟台日报传媒集团组建了全媒体新闻中心。这个中心相当于集团内部的"通讯社"，集团所有记者都集中在这里。集团统一为新闻中心配备硬件，如笔记本电脑、照相机、摄像机、智能手机、无线网卡、海事卫星传输系统、电视演播室等设备。新闻中心通过全媒体数字复合出版系统向集团各媒体提供"初级新闻产品"。各媒体负责"深加工"和"排列组合"，生产出各种形态的新闻产品。为了更好地实现跨界合作，集团还组建了YMG特别工场。这是一个虚拟组织，有重大选题或者是重大的新闻事件发生，由全媒体新闻中心牵头，临时抽调人员组成。

### （三）整合新旧媒体形成一个统一的全媒体内容生产链

在打造统一的数字信息发布平台和全媒体方阵的基础上，烟台日报传媒集团将报纸、网络、手机报、户外视屏、电子纸移动报等多种新旧媒体形态有机整合在一起，按照道琼斯波纹信息传播理论，形成了一个纵向的内容生产链，力争在集团层面实现从"第一时间采写"向"第一时间发布、即时滚动播报"转变。在这一链条上,新闻内容传播大致分四个层级。第一层级:包括水母网、烟台手机报、电子纸移动报(e媒界)、光速资讯网等数字媒体;第二层级:包括烟台日报、烟台晚报、今晨6点等纸媒;第三层级:内参;第四层级:根据全媒体记者采集的文字、图片、视频等内容,进行整合包装,利用集团黄海数字出版社这一平台,形成电子出版物。构建这一链条,目的是按照传播速度的快慢,通过多种媒介逐级发布、传播,满足不同受众的多元信息诉求。

(四)聚合集团之力打造一个统一的YMG品牌

在实施全媒体战略的过程中,原有日报记者、晚报记者、晨报记者等都合并到一起,已无法再叫哪报记者。烟台日报传媒集团顺势打造出一个原创新闻产品的统一品牌,标识就是烟台日报传媒集团的英文缩写"YMG"。YMG记者由此开始活跃于新闻采访一线。YMG还有更深层次的含义:作为集团原创新闻产品品牌,应用于全媒体方阵,便于受众识别,便于跨地区、跨媒体发展。目前,YMG正在通过新闻采访、活动策划等在烟台乃至国内叫响这个品牌。

**全新流程带来全新效应**

虽然烟台日报传媒集团全媒体战略实施时间不长,但通过构建新的"全媒体框架",在拓展传统媒体的资源优势、发挥新媒体的独特优势、形成集团舆论宣传合力等方面,已初见成效。

资源的整合,使竞争力得以增强。实施全媒体战略后,集约化带来的最直接效益是大大降低了采访人力成本。原来一个一般的新闻事件可能会有3个以上的记者前往采访,现在只要一个人即可完成。原来记者分布在各媒体,力量分散,遇重大事件因力量薄弱无法进行战役性报道,现在这个难题也得以解决。如2009年正月初九,烟台市经济工作会议、人才洽谈会、庙会等三大重要报道任务同时展开。以往集团各媒体如果每个活动派出2—3人,精干力量就得全部上阵,势必影响其他领域的新闻采访。如今,根据各媒体提前量身定做的报道方案,全媒体新闻中心分兵把口文图、视频及专题等各种新闻产品，分层级开发出来，可做到游刃有余，而且传统媒体与新媒体报道相得益彰，进一步强化了集团报道的整体效应。

新闻质量得以提升，媒体活力得以激活。原来编采合一，碍于情面，许多时效性差的稿件和关系稿充斥版面，影响了版面质量，如今，由于编采分开，新闻中心与媒体之间在稿件供求关系上变成了实际意义上的买卖关系，时效性差的稿件没有了市场，时效性强的即时新闻和质量高的深度报道成了抢手货，版面质量因而大幅提升；水母网、手机报、电子纸移动报等新媒体也因为全媒体记者第一时间提供的文字、摄影、视频等内容的加入，有了以往不曾有的新内容，增添了新的竞争力元素。以水母网为例，2008年是其快速成长的一年，网站流量翻了一番，点击量翻了一番。2008年水母网获得山东省优秀网站称号，进入中国出版业报刊网站前三十强。

新闻运作方式从按日发布转向滚动发稿，记者编辑开始向"两栖"功能拓展。现在，在新闻发生现场，记者用手机发布快讯，用相机拍下现场照片，同时用摄像机录下一段视频。几分钟后这些内容就出现在了水母网和手机报上，这已是全媒体新闻中心记者的日常工作。原来只给报纸写稿的文字记者，已具备报纸和网络"两栖"作战的能力。同时，编辑也开始了角色转换。编辑除了对新闻价值的专业判断、新闻信息整合加工之外，也开始考虑报网互动，通过报网融合创新，实现传播效果叠加。

经过努力，许多人担心的媒体内容趋同化问题得以逐步解决。全媒体新闻中心成立初期，单看一张报纸，质量提高了，但内容趋同化现象比较严重。之后，我们不断采取措施，比如，为各报特约稿设定保护期，不进入公共稿库，过了保护期，其他媒体才能看到；一段时间采取强制性分流的办法，即：将某些稿件硬性分流给不同报纸处理。最重要的还是强调各报明确定位，办出自己的风格；强调编辑加强策划，精心做好二次加工；将内容是否符合报纸定位，列入绩效考核项目。目前，运行良好，趋同化现象越来越少。过去，各报之间虽没有信息共享，但记者之间常"互通有无"，有的稿子你传给我，我传给你，稍做修改也上了报，实际上趋同化现象已经存在。与以前相比，如今趋同化现象反而有所降低。现在已不完全靠"强制分流"，而主要靠各报编辑部之间的某种默契，使报纸整体质量得到了提高。

## 全媒体探索之路未有穷期

从传统报业到全媒体的运作方式、生产流程以及各种运营平台的探索，我们仅仅是起步，还有待时间的进一步检验，但这个过程所揭示出的战略意义不容置疑：传统报业要想扭转目前的被动局面，就必须改变现有的以纸媒为中心的布局，借助新技术、新介质、新渠道，从报纸产业向内容产业转变，从传统报业独立作战向全媒体整合运营转变，改变生产方式、经营方式、赢利模式，提升集团化和跨媒体背景下的舆论引导水平和市场竞争力，进入到以互联网为中心进行整合传播、整合营销的全媒体时代。下一步，我们在继续完善"全媒体框架"的基础上，将致力于以下探索。

**1. 向"融合新闻"转型**

就是超越纸质形态，向"数字"形态转型。纸媒、网媒结合、整合、融合，将多种媒介的新闻传播活动整合进行，采用多媒体、多渠道的方式传播新闻。探讨"全媒体原创＋全媒体专题互动＋滚动发稿"的模式，变"静"为"动"，实现"一次采集，多次生成，多媒介发布"，以较低的采编成本，全面参与新闻市场竞争。

**2. 变新闻信息发布平台，为信息发布与信息服务相结合的综合信息平台**

在全媒体数字复合出版系统这一新闻信息发布平台基础上，建立 YMG 呼叫中心平台，有效实现双向互动，将市民、网民、读者整合到一起，将新闻报料、市民投诉、增值服务整合到一起，逐步实现编辑记者办报到全民办报的转变。

**3. 探讨建立以搜索引擎为前台的集团数据库**

将已搭建起的集团三大信息存储仓库，即：渊博仓储数据库、颐美图片数据库和由全媒体待编稿库、历史资料库、成品稿库等组成的多媒体数据库，与客户数据库进行资源整合，建立统一的集团全媒体数据库，实现信息共享、统一检索、循环利用，努力使其成为区域性、专业化、多媒体的数字信息平台，成为集团突围数字时代的新生力量和未来收益的增长点之一。

（作者为烟台日报传媒集团社长、总编辑）

# 论新时期我国传媒业的改革与发展

郑保卫

**【摘要】** 本文论述了 30 年来我国传媒业改革与发展的状况，总结了取得的成绩与经验，并对其未来发展思路提出了自己的见解，提出要把传媒业的改革与发展提升到增强国家综合国力的高度；要始终坚持以最大限度地满足社会与公众的信息和精神文化需求为目标；要提升传媒业的核心竞争力，将传媒业做强做大，做优做好；要促进传统媒体同新兴媒体的融合与协调发展；要适应经济一体化、政治多极化与信息传播全球化的需要，提升传媒业的国际化水平，增强其国际竞争力；要及时总结改革经验，加强新闻理论研究，促进新闻学理论创新与学科发展。

**【关键词】** 新时期；传媒业；改革与发展；新闻学

## 一、我国传媒业改革与发展的现状

自 1978 年底十一届三中全会召开，国家实行改革开放，进入转型期以来，我国传媒业也进入了历史上从未有过的"黄金时期"，快速发展。如今我国已经建立起了一个多种类、多层次、多功能、多样化的现代传播体系，形成了一个用新媒体、新技术装备起来的现代传播体系，在社会政治、经济、文化与群众日常生活，以及对外交往与促进世界和平、发展、合作与和谐中发挥着越来越重要的作用。

### 1. 我国传媒业改革与发展的基本状况

改革开放以来，我国传媒业获得长足发展，规模不断扩大，数量不断增加，实力不断增强，逐步发展成为国家信息与文化产业中的主导性产业。

以报纸为例，1978年底全国有186家报纸，总印数127.76亿份，总印张113.52亿。而到了2007年底，报纸总数已达1938家，总印数为437.99亿份，总印张为1700.76亿，广告经营额达到322.2亿元。

其他传统媒体，如期刊、广播、电视以及通讯社等也都获得快速发展，迄今全国期刊数已达到9000多种；全国有广播电视播出机构2587座，共开办了3760套节目，全国广播电视人口覆盖率分别达到了95.4%和96.6%；新华社则跻身世界四大通讯社之一，在事业规模、发稿数量和用户总量上都已居世界前列。

被称作"第四媒体"的互联网更是发展神速，后来居上，短短几年时间就走过了传统媒体要用几十年才能走过的路。如今，中国互联网的用户已超过2亿。手机媒体的发展速度更加惊人，全国手机用户已超过6亿。

我国传媒业的经济实力不断增强，社会影响力也越来越大。在国家政治、经济、文化和社会生活中发挥着巨大的、无以替代的作用。

**2．我国传媒业改革与发展的主要成果**

（1）建立了多种类、多层次、多功能、多样化的现代传媒体系

改革开放使我国传媒业逐步发展壮大，如今已建立起了一个多种类、多层次、多功能、多样化的现代传播体系。

"多种类"，是指形成了包括报纸、杂志、广播、电视、通讯社、互联网、手机等各种类型的传播形态与传播手段。

"多层次"，是指形成了包括中央、省（市）、地（市）、县报纸、电台、电视台在内的各级媒体。

"多功能"，是指新闻媒体由过去主要承担宣传任务，转向了传播信息、报道新闻、刊发广告、提供娱乐和思想宣传、引导舆论等多种功能。

"多样化"，是指形成了以中央媒体为龙头，遍布各地，功能齐全的全方位现代传播网络。

媒体的多样化保证了能够更好地满足人民群众多方面的信息需要。

（2）形成了用新媒体、新技术装备的现代传播网络

传媒业的快速发展，大大增强了自身的经济实力，为其进一步发展提供了强有力的经济支持，使之能够有条件用新媒体和新技术装备自己，建立起现代化的传播网络。

一些报业集团在市场化的经营中获得了较好经济效益。这使其有条件去实现传播手段的现代化，建立起了包括纸质报、电子报、手机报、电视报等新型传播形态在内的现代传播网络。

广电集团在运用现代传播科技实现数字化传播方面也取得了突破性进展。今后几年内，中国将逐步实现数字化电视的全面普及。

（3）传统媒体与新兴媒体在竞争中协调发展

新媒体出现之后，对传统媒体带来一定的冲击，制约了传统媒体的发展。

为了应对新媒体的竞争，更好地生存发展，近年来传统媒体积极、主动地同新兴媒体相互融通、整合，发挥综合、整体的优势，创立新的发展模式，开辟了新的发展道路。

近年来一些传统媒体纷纷"触网"，报纸、广播、电视都建立了自己的网站，设置了电子版，借助网络技术开拓自己新的传播领域，在网上占据一席地盘。

通讯社则直接运用互联网传稿、收稿和发稿，并且建立起自己独立的新闻网站，实现了新闻信息直接落地，直接同媒体用户和广大受众见面。

传统媒体在借助和利用网络技术和数字化手段发展自己，开拓新的发展空间方面取得了重大进展和积极的成果。从目前情况看，我国传统媒体在受众覆盖率、受众接触时间、经营收入分布等方面依然占有一定优势。

（4）传媒业已成为国家信息与文化产业的支柱性产业

近年来，政府将传媒业作为国家文化产业中的支柱性产业，加大了扶持力度，为其发展不断注入新的动力。

政府适时制定了一些新的产业政策，通过政策的扶持，来促进传媒业的深化改革与发展。

一是对内进行行业改制，促进新闻机构事业单位和企业单位的改制分离（区分公益性事业与经营性产业）；二是对外加大对业外资本的开放力度，鼓励和支持业外资本投资国家批准的某些传媒业领域。

政策上的相对宽松，为传媒产业的发展营造了良好的经济环境和社会环境，推动了传媒业企业化运作进程，提高了传媒业市场化程度，激发了传媒业内在活力，促进了传媒业的深化改革与发展，使传媒业在整体实力上有所增强。

（5）传媒业的经济实力大大增强，社会影响力不断扩大，社会地位显著提高

目前，我国已经拥有 40 多家报业集团，全年经营收入大都超过亿元，有的已达到 20 多亿元，有的仅靠广告全年就能够获得十几个亿的收入，成为全国收益最好、发展最快的行业之一。广播、电视及其他传统媒体和新兴媒体的经济实力也显著增强。我国的传媒业已经成为国家产业发展链条上的重要一环。

据世界报业协会提供的报告显示，我国报纸的总发行量和总印数已经超过日本，居世界第一位。在发行量进入世界前 100 名的报纸中，我国共有 26 家（包括台湾 1 家），印度 19 家居第二位，日本 17 家居第三位，美国 7 家居第四位。这从一个侧面反映出我国传媒业的快速发展，及其竞争力的增强。

在经济实力增强的同时，新闻媒体的社会影响力也在不断扩大，社会地位显著提高。

（6）深化改革，加快发展成为传媒界的强烈共识与不懈追求

改革开放以来，我国传媒业虽然从总体看发展速度惊人，但也还存在不少问题。其中既有体制、机制、政策上的问题，也有资金、设备、技术上的问题，还有人才培养和使用上的问题，等等。有些问题甚至形成了"瓶颈"，严重制约着传媒业的进一步发展，而发展不协调、不均衡，则是其中一个十分突出的问题。例如，不同地区和不同媒体间就存在发展不协调、不均衡的问题。东部与西部、沿海与内地、城市与农村的差距还很大；报纸与期刊、广播与电视，特别是传统媒体与新兴媒体之间，也都存在一些不够协调和均衡的现象，这些都需要通过深化改革来加以解决。

面对以上问题，传媒界学界并未因此停滞追求的步伐。以科学发展观为指引，进一步深化改革，加快发展已经成为并将依然是我国传媒业的不懈追求。

## 二、我国传媒业改革与发展的经验

**1. 以观念更新为突破口，实行全方位新闻改革**

我国传媒业的改革最初是从转变观念开始的。

改革之初,"信息观念""受众观念""服务观念""时效观念"等成为引导传媒改革的新观念。在国家实行市场经济体制后,"竞争观念""效益观念""市场观念""产业观念"等又成为推进传媒业深化改革的新观念。

在观念更新的带动下,我国传媒业不断解放思想,在新闻业务、管理体制、运行机制、人才培养等方面进行了全方位的新闻改革,使传媒业的面貌焕然一新,实力不断增强,影响越来越大。

今后传媒业要求得更大发展,仍需要进一步解放思想,更新观念,深化改革。

**2. 坚持在改革中发展,在发展中创新,在创新中前进**

我国传媒业在改革中取得快速发展。经济实力、技术装备、整体水平大大提高;信息传播力、舆论引导力、社会影响力不断增强。

为了获得更大发展,我国传媒业始终坚持在发展中不断创新。

报纸主要通过加大信息量,不断开掘深度(热点报道),增强可读性(社会新闻),增强服务性,加强干预生活力度等方式来实现创新与发展。

广播主要通过增加直播,栏目杂志化、板块化,吸引听众参与,增强服务性(经济台、信息台、音乐台、交通台)等方式来实现创新与发展。

电视则主要通过增加频道、栏目,延长播出时间,加大新闻播出量(滚动播出新闻、创建新闻台、实行新闻直播),创办谈话类节目(焦点访谈等),增强娱乐性和服务性等方式来实现创新与发展。

正是在坚持不断创新的过程中,我国传媒业得以不断前进。

**3. 尊重规律,循序渐进,科学发展**

我国传媒业在改革与发展的过程中始终坚持遵循新闻规律,实现新闻价值与宣传价值的统一(兼顾传播新闻与宣传思想),经济效益与社会效益的统一(兼顾市场导向与社会导向);坚持健康、有序、协调、均衡、可持续发展的科学发展观;坚持实现做强与做大的统一(在做强的基础上做大,体现又好又快),确保传媒业集团健康、有序、科学发展;坚持实现媒体间、地域间、城乡间的协调、均衡发展;坚持扩大经营面,开辟新的经济增长点,实现可持续发展。这些做法确保了我国传媒业能够得到不断发展。

**4. 利用新技术,发展新媒体,扩大新优势**

从长远看,传统媒体毕竟存在着很大局限,在未来的传播领域,一些传统媒体可能不再是主要的传播形态和传播手段。因此，传统媒体应当利用新的传播技术和手段，加快与新兴媒体间的相互融通、整合，以发挥综合、整体的优势，从而创立新的发展模式，开辟新的发展道路。

在整合过程中，无论是传统媒体，还是新兴媒体，应当相互取长补短，融通汇聚成为一种多媒体、多样化的传播形态，媒介融合将成为未来传媒业发展的必然趋势。

**5. 实现社会效益与经济效益的协调统一**

我国传媒业的特殊性质与社会定位，使其格外强调要坚持正确的舆论导向，要把社会效益放在第一位，要在保证社会效益的前提下实现社会效益与经济效益的协调统一。

新闻传媒既要进行有效的新闻与信息传播，实现正确的舆论导向，争取好的社会效益，又要实现科学经营，促进产业发展，争取好的经济效益。

**6. 把失误和教训作为财富与动力**

近些年来，我国传媒业在改革发展过程中，也存在不少失误和教训。

例如在处理做大与做强的关系、做好与做快的关系、事业发展与队伍建设的关系、经济效益与社会效益的关系等方面，都还有许多没有解决好的问题。

从宏观上看，我国传媒业的发展还存在不平衡、欠科学、缺后劲的问题。另外，职业道德滑坡，媒体公信力受到冲击，虚假报道、"有偿新闻"、低俗之风、不良广告等现象在社会上和群众中影响很坏。

总结这些失误和教训，将其作为一种"财富"和"动力"，会有利于中国传媒业今后更好地发展。

## 三、全球化背景下我国新闻传媒业改革与发展的思路

**1. 把传媒业的改革与发展提升到增强国家综合国力的高度**

美国哈佛大学肯尼迪政府学院教授约瑟夫·奈在其《软力量——世界政坛成功之道》中，把国家的综合实力分为"硬国力"和"软国力"两种。

"硬国力"，指的是一个国家的经济实力、军事实力和科技实力。它主要是通过硬性的、有形的力量，靠"施加压力"或者"施予恩惠"的方式来发

挥作用。

"软国力",指的是一个国家的思想凝聚力、文化影响力、信息渗透力和参与国际机构的程度。它主要靠采用"吸引"和"影响"的方式来发挥作用。

通常情况下,一个国家可以通过各种信息和舆论的手段,包括设置舆论话题的内容,调节舆论引导的方向,扩大舆论传播的范围,改进舆论营造的方式,增强舆论渗透的能力等办法,不间断地向世界展示自己的文化传统、价值观念、政治理念和方针政策等,并尽可能地使自己的主流媒体所传播的这些信息为社会所接受、所理解、所认可。

只有当一个国家所传播的信息被国际社会认为不但合情、合理而且真实、可信时,这个国家在世界舆论中才有可能产生并不断提高自己的影响力,其"软国力"也才有可能发挥作用并随之不断增强。

按照这一观点,传媒业属于"软国力"的重要组成部分,因为它所具有的信息传播、文化教育和舆论引导功能,使它可以对社会和受众施加思想和文化影响,凝聚各方面的力量,形成团结一心、共建国家的合力,这是一个国家综合国力的重要体现。

因此,应当把传媒业的改革与发展提升到增强国家综合国力的高度,加大对传媒业的投入,加快其发展速度,提升其发展水平,增强其整体实力,使其在增强国家综合国力,树立国家良好形象方面发挥更大的作用。

**2. 传媒业的改革与发展要始终坚持以最大限度地满足社会与公众的信息和精神文化需求为目标**

最大限度地满足社会与公众的信息与精神文化需求,既是传媒业改革与发展的发端、起点和动力,也是传媒业改革与发展的最终归宿、根本目的和主要目标。

今后传媒业的改革与发展依然要坚持这一方向,追求这一目标,使新闻传播真正满足公众获知、获益、获趣的需要,真正体现作为信息传播者、文化传承者、舆论引导者的作用。

当前出现的媒介融合趋势,就是传媒业为了更好地满足社会与公众的信息与精神文化需求所做出的努力,其最终的效果正是要使公众能够更加便捷、有效地享受到传媒业所提供的新闻与信息等各种服务。

### 3. 提升传媒业核心竞争力，将传媒业做强做大做优做好

提升核心竞争力是传媒业增强竞争优势的必然选择。

一家媒体的"核心竞争力"，是指该媒体在经营和发展中胜过对手的核心资源和能力的总称。具体说，它是该媒体以其主体业务为核心形成的能够赢得受众，占领市场，获得最佳经济与社会效益，并在众多媒体中保持独特优势的那些资源和能力。对于竞争对手而言，这些资源和能力是难以仿效和取得的。

媒体要提升核心竞争力，关键是要找准自己的社会定位和市场定位，要扬长避短，选择最能够发挥自身优势的领域、地区和方式去开拓市场，实现发展。

各级、各类传媒集团要适时调整经营战略，加大改革力度，强化自己的核心竞争力，要依靠集团化在资源整合与团队整体运作上的优势，努力把自己的产业做强做大，并追求做优做好，使自己在激烈的市场竞争中能够立于不败之地。

### 4. 促进传统媒体同新兴媒体的融合与协调发展

今后传媒业发展的趋势是各种媒体形态、传播方式、传播手段的相互融合，在相互借鉴与融合之中实现协调发展。

特别是传统媒体，要善于抓住机遇，充分利用新媒体、新技术，实现与新兴媒体的融合，争取新的发展契机，实现新的发展目标。

我国报业在经历了前几年的徘徊之后，正是借助与互联网和手机等新媒体、新技术的联手合作，开辟了自己新的发展空间，找到了新的发展途经，进入了新的发展阶段。广播和电视同样是在融合新媒体和新技术的过程中开拓了自己新的发展空间。

### 5. 适应经济一体化、政治多极化与信息传播全球化的需要，提升传媒业的国际化水平，增强其国际竞争力

当前，在世界范围内，经济一体化、政治多极化和信息传播全球化的趋势日益明显。由此而给传媒业带来的竞争也越来越激烈。

西方发达国家在资金、技术、设备、人才等方面拥有绝对的优势地位，在新闻与信息传播的数量和质量，以及媒介经营和管理的经验上也占有很大优势。

如何在国际传媒的激烈竞争中使自己立于不败之地，是今后我国传媒业深入改革与发展需要认真思考的问题。

因此，我国传媒业应当统筹国内、国际两个方面，努力提升自己的国际化水平，增强国际竞争力，不断扩大自己在国际舆论中的话语权和主导权，建立起同当前我国不断提升的国际地位相适应的新闻与信息传播运作机制，从而使自己在激烈的国际传媒市场竞争中能够立于不败之地。

**6. 及时总结改革经验，加强新闻理论研究，促进新闻学的理论创新与学科发展**

我国传媒业的改革一开始是"摸着石头过河"，在实践中逐步摸索前进的。如今，经过30年的探索，我们已经积累了许多宝贵的改革经验，现在需要将这些在改革实践中所积累的经验上升到理论层次，提高今后改革与发展的理论自觉，这就需要进一步加强理论研究，增强理论素养，提高理论水平。

近年来我国新闻学界与传媒业界都十分重视新闻理论研究，在理论创新和学科建设方面不断开拓，做了许多开创性的工作，使新闻学作为一门社会科学学科的理论体系和学术含量得以不断提升，这将为今后我国传媒业的改革与发展提供更多更好的理论支持。

30年的改革，赢得了30年的快速发展，我国传媒业已阔步迈入了健康发展的成熟期。未来的30年，将是其继续腾飞，实现全面、协调、可持续发展的宝贵时期，我们期待着这令人振奋的30年！

（作者系中国人民大学新闻与社会发展研究中心主任、新闻学院教授、博士生导师）

# 制度环境与传媒治理结构创新

## ——一个传媒治理结构的理论分析框架及其在中国的应用

周劲

**【摘要】** 转型期中国传媒经济必将遵循一系列特殊的经济规律。本文以三角结构和交易替代理论为基础,构建了一个传媒治理结构的理论分析框架,以政府、市场、媒体作为经济主体,研究它们之间的交易替代和交易成本,解释中国传媒经济复杂的、独特的、非均衡的演化过程。并运用这一分析框架,阐述了传媒制度环境的现状,指出当前的传媒治理结构是政府单边主导的事业法人治理结构和半行政化的企业行为。传媒制度环境创新就是要建立和完善一套基本的传媒在市场经济条件下生存发展的游戏规则,把传媒视为一个市场性契约组织,达到外部治理和内部治理的有效统一。最后提出了公益性传媒公共事业型治理模式(一拖四模式)和经营性传媒主体加辅助治理模式(3+2模式)。

**【关键词】** 制度环境;分析框架;传媒治理结构;治理模式

转型期的传媒既要服从市场规律,又要服从官方意志,政府控制与市场动力之间的博弈导致了传媒转型期的失衡,失衡表现为传媒的制度变迁呈现一个渐进、滞后、冲突以及不均衡发展的过程。因此,转型期中国传媒经济必将遵循一系列特殊的经济规律,经历一条独特的发展轨迹。但长期以来,我国传媒经济的研究一直滞后于传媒经济的发展,主要原因:一是在中国市场化进程中有许多迫切而重大的问题需要探讨;二是传媒涉及意识形态领域,事关政治体制改革,目前的制度环境下理论研究难有重大突破;三是传媒的事业性质定位成为传媒经济研究的瓶颈;四是传媒产品性质的多元和专业,产业的复杂性和特殊性也增加了经济学研究的难度。

本文以制度经济学的理论为基础,结合中国传媒的实际情况,采用三角分析框架,阐述传媒制度环境的现状及对传媒治理结构的影响,提出并分析传媒治理结构演进的方向与模式,使传媒在政治利益、经济利益和公共利益这三者之间找到一个平衡点。

## 一、传媒治理结构的三角分析框架

### 1. 转型期中国传媒制度变迁的三角结构和交易替代:三角分析框架的理论基础

近代制度经济学的鼻祖康芒斯把人类的全部经济活动划分为"生产"活动和"交易"活动,"生产"活动是人对自然的活动,"交易"活动是人与人之间的活动。这两种活动共同构成了人的全部经济活动。"交易"活动被康芒斯视为制度的基本单位,制度的实际运转是由无数次"交易"构成的,"交易"因而就成为康芒斯的制度经济学的基本分析单位。康芒斯将"交易"分为三种基本类型:一是买卖的交易或称市场交易,即平等人之间的交换关系;二是管理的交易或称企业内产业组织内交易,即上下级之间的命令和服从关系;三是限额的交易或称政府交易,主要指政府与企业和个人的关系。[1]随着制度经济学的发展,科斯在制度分析中引入边际分析方法,建立了"交易成本"概念。诺斯认为,有了"交易成本"这个发现,我们才找到了解释制度存在和制度变迁的方式,才可以解释整个经济在体制上的变化。

由于交易活动是人与人之间的博弈关系,而制度是人们交换活动和发生联系的行为准则,因而,一种交易方式就是一种制度安排。[2]康芒斯的伟大贡献在于:将以前看似不相干的活动如市场买卖、企业对员工的管理、国家对企业的管制等,通过"交易"这个一般化概念联系归纳起来,不同的制度安排只是这三种交易类型的不同比例的组合。尤其是中国正处于转型期,转型经济学的领袖人物热若尔·罗兰认为"转型是大规模制度变迁的过程,而制度变迁是一个复杂的动态系统,它既包括政治,政治约束决定了转型的策略;还包括市场,市场影响资源配置;更包括企业本身。"[3]因此,我们可以把中国传媒领域的制度安排纳入这三种交易活动中,即政府交易、市场交易、媒体内交易,①其主体分别是政府、市场和媒体。②每种交易活动都是有成本的,这三种交易活动构成了中国传媒制度变迁的三角结构。(见图1)

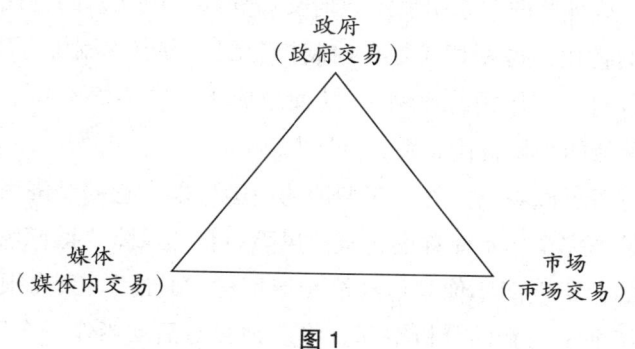

图1

由政府、市场、媒体构成的这个三角形就是传媒制度变迁的三角结构,中国传媒制度变迁的任何变化都是在这个三角结构中进行的。也就是说,中国传媒改革始终围绕政府、市场和媒体三者之间的关系而进行,三者的关系又归结于在确保舆论控制的前提下,如何让传媒发展壮大,因为只有让传媒占领市场才能让传媒占领思想。这一结构使得传媒的发展得到国家强有力的政治保护和稳定的经济收入,从而使制度变迁具有可控制性和稳健性。

三角形是稳定的,但三角形中每个角与其他两个角的关系却变幻莫测,三个角对应三条边,大角对大边、小角对小边,三角形任意一边的变化都会给结构带来影响,构成了广泛的三角函数关系。

具体而言,政府这个角所对应的底边就是传媒的制度环境,底边的长短是由政府这个角决定的,这条底边确定了三角形面积的大小和扩展的空间。中国传媒制度变迁的任何变化都是在这条底边确定的三角形中进行的,这条底边可以称为传媒的制度环境。传媒的制度环境可以表述为:"政府主导的一元体制二元运作。"一元体制就是指媒体始终为国家所有;二元运作就是媒体不但要承担党和政府赋予的义务,又要像企业那样进行市场运作。"这种体制下的媒介既要完成现行政治结构所要求完成的意识形态宣传任务,又要通过广告等市场经营收入支撑媒介的再生产。简言之,用国家所有制赋予的政治优势在市场上获取经济收入,又用市场上赚取的经济收入完成意识形态领域需要完成的政治任务。"[4]

此外，政府既要让"有形的手"来指导传媒完成政治宣传任务，又要让"无形的手"引导传媒生存壮大，形成了政府与媒体、政府与市场之间独特的两两关系，这种两两关系引发了政府交易和媒体内交易的替代、政府交易和市场交易的替代，这种替代是在控制权分配、政府管制中分别调整政府、市场、媒体各自发挥作用的比例，③从而形成了中国传媒不同于国外传媒和中国国企的独特的交易替代关系。（见图2）

从上述分析可以看出，处于转型期的中国传媒，它的经济系统远离均衡状态，信息是不完全、不对称的，政治风险、自然风险、道德风险、技术风险并存，它的分析空间不像其他经济领域那样"光滑"。只有根据中国传媒经济系统的特征重构新的分析空间，将三种交易活动当作一个完整的体系，研究它们之间的关系和交易成本，以及它们之间的交易替代，才能解释中国传媒经济的这种复杂的、独特的、非均衡演化过程。

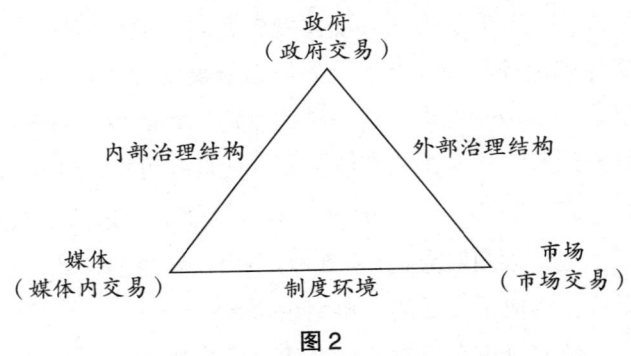

图 2

### 2. 传媒治理结构三角分析框架的基本内容

传媒治理结构是近两年在传媒转制改革中提出的，2005年我国传媒改革的重点在于体制机制的创新："经营性报刊进行转企改制，完善法人治理结构，建立现代企业制度，加快产权制度改革；对党报党刊和社会公益性较强的报刊，由国家主办，实行新的事业体制，宣传经营两分开，把广告、印刷、发行、传输等业务和其他经营性产业从事业体制中剥离，转制为企业。"[5] 可以预见，随着转制改革的深入，有关治理结构的问题，如产权设置、控制权和索取权的分配、激励和制衡机制的建立，以及传媒经营者的选定、绩效的考评等都到了亟待研究的阶段,传媒治理结构研究必将成为传媒经济研究中的显学。

我国传媒治理结构不但与西方国家传媒集团不同,也与我国的国有独资公司不同,它内生于其赖以存在的政治环境和经济环境,受到事业单位产权模糊和行政控制的国家框架所左右,在特殊的约束条件下产生了特殊的传媒利益最大化选择,将遵循一系列特殊的经济规律。传媒治理不仅包含传媒作为一个企业必备的公司治理,而且包含了传媒作为一个公共事业组织应具有的行政治理。(见图3)

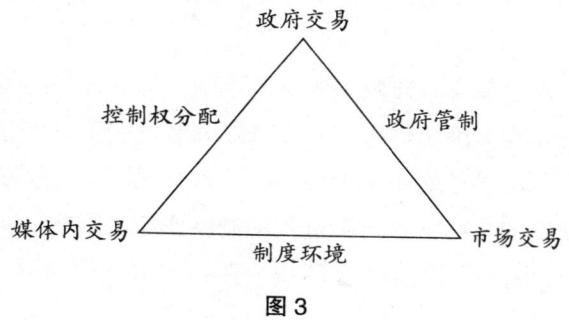

图3

在这个三角分析框架中,传媒治理结构的研究是围绕政府、媒体、市场三者之间的关系展开的;政府、媒体、市场的关系又归结于确保舆论控制的前提下,让传媒发展壮大占领市场;占领市场的关键在于政企分开、政事分开,让传媒成为市场主体;传媒要成为市场主体,就必须明晰产权,将传媒的所有权、采编权、经营权进行分离;而传媒"三权分离"的核心在于建立一个有效的传媒治理结构。

传媒治理改革必须顺应制度环境选择成本最低的治理方案。三角形的左右两边是传媒治理结构的两翼,即内部治理结构和外部治理结构。两者的研究是在制度环境的约束条件下展开的,内部治理结构研究政府交易和媒体内交易的替代,即如何通过制衡机制实现控制权在政府和媒体中的最优配置。外部治理结构研究政府和市场对传媒的治理,即通过外部治理结构的设计进行政府交易和市场交易的替代,从而实现对传媒的共同治理。

## 二、传媒治理结构研究的前提：制度环境创新与传媒治理结构的制度安排

制度经济学认为，制度首先是制度环境，即"一系列用来确定生产、交易分配基础的政治制度与法律规则"，其次是制度安排，即"支配经济单位之间可能合作与竞争的方式的一种安排"。前者相对稳定，可作为制度创新模型的外生变量，制度创新则主要指制度安排的变化。制度创新是创新者为获得追加利益而对现行制度进行的变革，它是在既定的秩序和规范性行为准则下，制度供给主体为解决制度供给不足，从而扩大制度供给以获取潜在收益的行为。[6]275—320

在中国，传媒改革应看作政治体制改革的一部分，中国传媒制度变迁在总体上是由国家作为制度主体进行制度选择和制度变革，国家扮演着制度决定者的角色，是制度供给的主要来源。在这种情况下，传媒必将遵循路径依赖的规律，在政府的主导下进行渐进式的制度变迁。因此，研究中国传媒经济必须首先研究中国传媒的制度环境，制度环境是传媒经济研究的约束条件。

### 1. 制度环境下传媒治理结构的内涵界定

中国的政治体制决定了中国的传媒是特殊的行业，它不是单纯追求利润最大化的企业，而是以低成本提供公共服务的事业组织，具有经济组织与公共事业双重属性。因此，制度环境界定下的传媒治理结构，就是党和政府对传媒的宣传、经营、管理、绩效进行监督和控制的一整套制度安排，它通过一定的治理手段，合理配置剩余索取权和控制权，以强化党的领导，协调利益相关者之间的利益和权利关系。从而形成科学的决策机制和相互制衡机制，有效地抑制代理成本，解决管理层的选择与激励，以期提高传媒的绩效。这种制度安排，狭义上指的是在传媒所有权和管理权分离的条件下，国家与传媒之间的控制关系和利益分配；广义则可理解为关于传媒组织方式、控制机制、利益分配的所有法律、意识形态、机构、文化和制度安排。

我国的传媒治理结构与一般公司治理结构相比具有较大的特殊性：（1）传媒产业横跨信息服务业与文化产业，不是单纯追求利润最大化的企业，而是一个以低成本提供公共服务的事业单位，与我国的国有独资公司不同，具有

经济组织与公共事业双重属性；（2）中国经济制度和政治制度的特殊性决定了我国传媒是党和人民的喉舌，其传媒治理结构与国外传媒企业集团完全不同，必将遵循一系列特殊的经济规律，经历一条独特的轨迹；（3）我国传媒治理结构的产生和发展具有与西方发达市场经济国家不同的初始状态，它是政治体制改革的一部分，传媒治理结构的诞生和发展必然受到客观制度环境和传统计划模式的影响和制约；（4）我国传媒治理结构具有较强的约束条件，它是以人为设计和干预为主导的制度创新和渐变的过程，不是伴随现代企业发展应运而生的自发演变过程。

有效的传媒治理结构能够达到两个目标：一是在制度约束的前提下给传媒管理者以充分的自主权，解放传媒的生产力，消除传媒现有的体制性弊端，通过市场机制加快传媒的发展壮大；二是强化党的领导，保证传媒管理者以党和国家的利益为准绳，在激励和约束机制下运用好这些自主权，使传媒在政治利益、经济利益和公共利益这三者之间找到一个平衡点，从而实现部分替代政府管制的作用。

**2. 制度环境下传媒治理结构的现实形态**

改革开放前，传媒是被动接受政府指令的行政附属物，即党和政府的喉舌，处于党和政府从宏观到微观的严密控制下，传媒领导由上级任命，人财物由党政部门分配并提供保障。政府对传媒实行严格的控制，不是因为"市场失效"，而是源自意识形态的需要，由于舆论导向的需要。因此，计划经济时期传媒的治理结构是政府科层制结构，治理中枢是超强的政治控制。其特点是以国家行政机构为逻辑起点和归属，由行政机构和行政机制构成，具有高度政治化的色彩，属于命令—服从式的单向关系。

改革开放后，传媒实行"事业单位企业化管理"，采取的是政府单边主导的事业法人治理结构和半行政化的企业行为，治理结构是典型的行政型治理结构，它最大的特点就是政事不分、政企不分，传媒治理行为行政化。国家作为全民的代表拥有对传媒国有资产的所有权，同时还掌握着传媒的宣传控制权和国有资产的经营权，这种三权不分导致了政府作为传媒管理者的职能与国有资产所有者的职能并存，导致了传媒管理的行政职能与传媒治理的经济职能并存，带来的是传媒治理行为的行政化。

在这种逻辑下，政府处于绝对的先动优势地位，作为治理主体行使所有者的职能，政府委派官员管理传媒并掌握传媒的所有控制权，从而形成干部选拔、任用、管理和考核的政治化，造成传媒目标的双重性与实施的两难性，政治意识形态与市场经济的不相容性。传媒多年的改革只是单纯地改进政府对传媒的控制和激励，而不是试图建立一个符合现实约束条件的科学的治理结构。虽然改革开放后，国家在经营和管理层面赋予传媒更多的空间，让传媒享有较大的利润支配权，但这只是国家为调动传媒积极性做出的一种被动姿态和无奈选择，传媒享有的剩余控制权既不是各方利益主体谈判的结果，更未在法律上得到确认，只是一种行政性契约。没有触及行政型治理模式的实质，没有触及传媒的产权制度、组织制度和管理制度。

### 3. 制度环境创新与传媒治理结构的制度安排

如果说当前进行的转制改革是一种制度环境创新，那么传媒治理结构就是一种内生于制度环境的制度安排。揭示制度创新的源泉、动力和过程，较为完善的理论模型是诺斯等人建立的，他与戴维斯在《制度变迁和美国经济增长》一书中指出：经济制度之所以发生创新是因为在社会中的个人或集团看出这些安排的成本是有利可图的，创新者能够获取一些在旧的安排下不可能得到的利润。制度安排是有成本的，人们在不同的制度安排中做出选择，实际上是权衡各种制度安排的成本收益比，从中找出一种成本收益比最小的制度安排。[6]379—380

制度环境对传媒治理的影响表现在对传媒治理结构的制度安排上，不同的制度环境演化出不同的制度安排，同一种制度安排在不同的制度环境下会有不同的效率表现。传媒治理结构的制度安排只有"适应"制度环境才能最大限度地节约交易成本，同时，传媒治理结构的改革总是会按照路径依赖规律，在传媒的制度环境里展开。

传媒制度环境创新就是要建立和完善一套基本的传媒在市场经济条件下生存发展的游戏规则，这个游戏规则应该包括以下内容：一是规范传媒市场主体及其活动的准则，包括传媒的产权明晰，责、权、利的有机统一等；二是规范政府干预市场行为的准则，通过法律和经济的手段进行管制；三是规范市场运行过程的规则，包括传媒市场准入和退出的规则，价格由供求关系自由决定的规则，禁止垄断的规则，保持市场行为正当化、市场竞争公正化的规则等。

在传媒治理结构的制度安排上,要把传媒视为一个市场性契约组织,构建一个政府和传媒能够双向沟通的符合市场经济要求的契约型治理制度,"保证公司能够很好地履行对权益主体的说明责任。使所有企业参与者得到激励与有效的合作,并且使协调成本和形成决议的成本最小化。"[7]达到外部治理和内部治理的有效统一。

### 三、传媒内部治理结构的研究:双重逻辑下的模式定位

#### 1. 内部治理结构中政府交易和媒体内交易的替代

政府交易和媒体内交易的替代就是哪些决策由政府决定,哪些决策由媒体决定,这两者的替代在政府对传媒控制权的分配中进行,是上下级关系的替代,替代的形式表现为决策权力和采编权力的分配以及控制权力在两者之间的转换。比如改革初期,传媒实行"事业单位,企业化管理",就是政府迫于沉重的财政压力,增加传媒的决策权和控制权,让传媒实行企业化管理的自收自支、自求发展的财务政策。传媒拥有了一定的资源控制权和配置权后,具备了制度创新能力,此时以传媒为中心的旧体制束缚了传媒的发展,导致传媒继续争取更多的决策权,即通过争取更多的采编控制权,来增强报纸和电视节目的可读性,提高传媒的核心竞争力,以争夺庞大的市场利润。

在政府交易和媒体内交易的替代中,政府的决策在不同层面实行不同的手段和方式,在意识形态层面,政府的控制不但不会减少,今后还会进一步增强;在经济层面,媒体的自主决策权在不断提升,媒体作为创新集团不断反作用于政府,从而获得更多的市场主体地位。政府交易和媒体内交易的替代可以通过传媒内部治理结构的设计和运行来实现。

传媒内部治理结构就是通常讲的法人治理结构,它在政府和媒体之间分配各自的权利,受政府和市场的双重影响,同时又反作用于制度环境和外部治理结构。它主要包括传媒的治理机构和治理机制,我国公司法确定的"三会四权"制衡机制就是一种内部治理,对内部治理结构来说,要达到合理分配剩余索取权和控制权,必须具备一定的程序和机构。常见的机构有股东大会、董事会、监事会及经理层。机制则通过表决程序、利益分配程序、人事

任免程序等，形成科学的自我约束机制和相互制衡机制，目的是协调利益相关者之间的利益和权利关系，促使他们长期合作。

**2. 双重逻辑下经营性传媒主体加辅助治理模式（3+2模式）**

传媒转制改革重塑传媒新型市场主体的地位，传媒治理结构创新就应该在"政治"逻辑和"资本"逻辑的双重主导下进行，即党委、政府除了作为政治代表，追求政治利益的最大化外，还要沿着产权明晰化的道路，作为资本所有者的代表，以国有股东的身份来追求股东利益的最大化，从以往的行政型治理方式过渡到契约型治理方式。

对经营性传媒，中央的改革思路是整体转制为企业，整体转制是将原属事业单位性质的传媒整体转制为企业，取消事业法人、事业编制和行政级别，明确其企业法人地位，作为企业法人参与市场竞争。因此，保证传媒的正外部性，防止商业利益侵害传媒公共利益的实现，成为治理结构设计的首要考虑因素。

按照《公司法》的规定："国务院确定的生产特殊产品的公司或者属于特定行业的公司，应当采取国有独资公司形式。"传媒转制为企业，成为国有独资的有限责任公司，拥有独立的法人产权。按照《公司法》的规定，国有独资公司在公司治理上设董事会而不设股东会，由国家授权投资的机构或者国家授权的部门授权公司董事会行使股东会的部分职权，决定公司的重大事项。

主体加辅助的治理模式，即传媒内部治理的主体系统由董事会、监事会、经理层（含总经理和总编辑）组成，辅助系统由党委会、编委会组成，构成"3+2"的结构。作为治理结构的主体系统，董事会是传媒集团的最高决策机构和权力机构。由于传媒是国有独资公司，董事会由政府在听取党委宣传部门和组织部门的意见后选派，董事长由政府任命，董事长是法人代表，政府董事在董事会中占较大比重；监事会是国资委下派传媒的机构，对国有资产的保值增值和经营管理进行监督；总经理由董事会聘任，执行董事会的决议，负责国有资产的保值增值和经营管理。

作为治理结构的辅助系统，党委会由上级党委任命（可由董事长兼任党委书记），行使舆论导向权、重要人事权，宏观上监督董事会，不参与经营决策。编委会是党委会领导下的专门委员会，对传媒集团的宣传负责。经理会中总编辑人选由党委会和董事会决定,负责集团的宣传工作。子报子刊的编委会均服从集团编委会的领导,主报的宣传由集团编委会直接负责。"3+2"模式实行母子公司制,主报、子报子刊、经营部门均成立相应的子公司。"3+2"模式的内部治理结构和权力关系如图4所示。

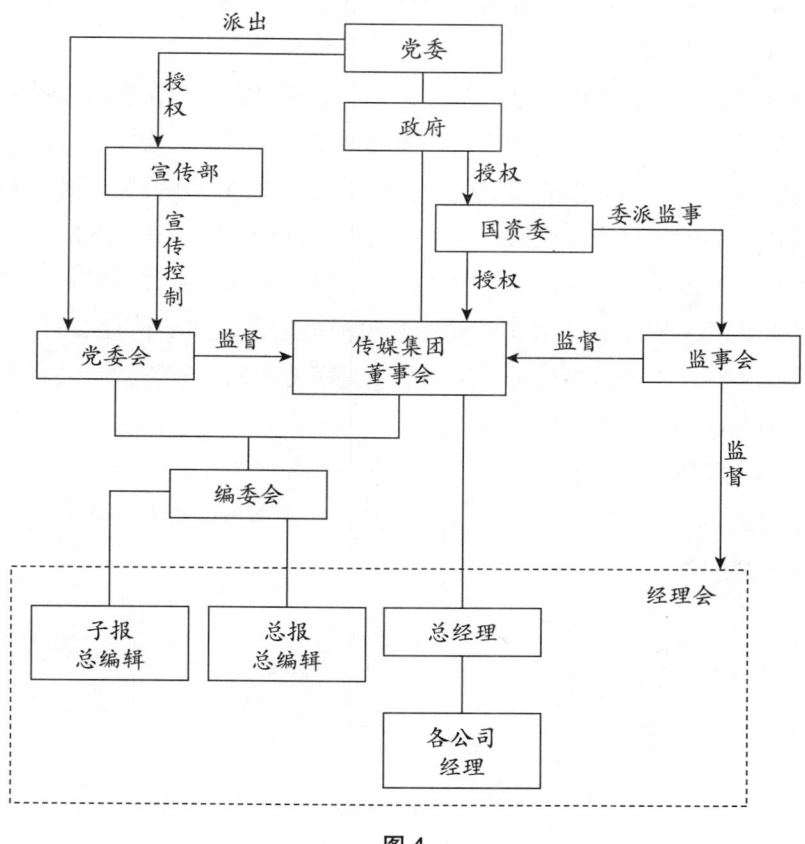

图 4

### 3. 双重逻辑下公益性传媒公共事业型治理模式（一拖四模式）

经营性传媒转制为企业,通过授权经营可直接成为市场主体。而对于数量众多的公益性传媒而言,④情况就复杂得多,由于中央对公益性传媒事业体制的定位,事业单位不能接受国有资产授权经营,就要采取变通的方式明晰产权,并通过"两分开"成为新型市场主体。公益性传媒可在原有事业集团的基础上成立集团有限公司,国资委将经营性资产整体授权给集团有限公司,事业集团与集团有限公司"两块牌子、一套班子",集团内部实行采编与经营两分开。采编部门定性为事业性质,隶属于事业集团(也可以将采编部门单独成立事业性质的单位,隶属集团),以行政治理为主;经营部门定性为企业性质,以公司治理为主,集团有限公司可吸收外资,成立具有独立企业法人地位的控股公司,确保集团控股地位。⑤集团的经营业务并入控股公司。两分开模式如图5所示。

双重逻辑下的公共事业型治理模式(一拖四模式)即在政治逻辑和资本逻辑的双重影响下,将公益性传媒作为公共事业型组织来治理,所谓公共事业治理,就是针对公共事业组织的社会职责及组织的内外关系,通过内部治理结构设计和外部功能约束而建立的公共事业制衡机制,从而形成科学的决策机制和约束激励机制,使公共事业组织提供公共物品达到最大化,实现公共价值最大化。它是介于公司治理和政府治理两者之间的治理形式。"一拖四"模式实行采编经营两分开,采编部门是事业编制,实行行政式治理,经营部门是企业编制,实行公司治理。"一"是传媒集团党委会,"四"分别是编委会、控股公司董事会、控股公司监事会和控股公司经理层。其中,党委会是集团最高权力机构和决策机构,编委会、董事会、监事会和经理层都要接受党委会的领导。

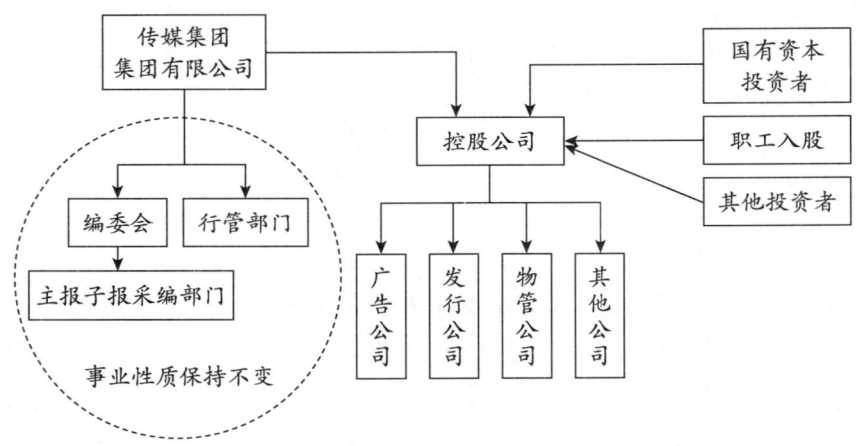

图5

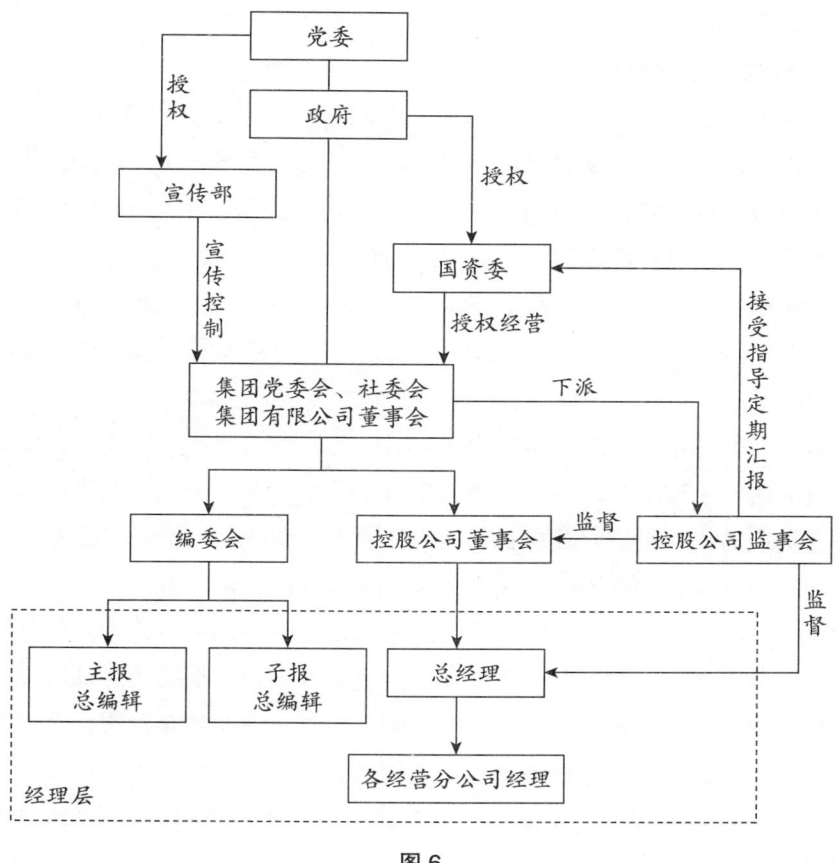

图 6

在具体设置上,党委会下设社委会作为党委会的高级行政管理机构,执行党委会决议,协调集团各职能部门和相关人员。传媒集团实行党委领导下的社长负责制,党委书记兼任社长,社长是事业法人代表。集团有限公司接受传媒国有资产授权经营,与党委会"两块牌子、一套班子",党委书记兼任集团有限公司董事长。⑥

采编方面,党委会下设编委会作为采编专门委员会,对传媒集团的宣传负责,主报子报实行编委会领导下的总编辑负责制,传媒集团采编部门是事业编制,以行政治理为主。经营方面,集团有限公司作为母公司对控股公司的国有资产授权经营,控股公司成立董事会,董事会负责集团经营性资产的经营管理工作,保证国有资产的增值保值。"一拖四"模式的内部治理结构及权力关系如图6所示。

**4. 新模式定位的可行性分析**

双重逻辑下的传媒治理模式试图在党委政府与传媒之间合理配置剩余占有权和剩余控制权，既有效地调动传媒积极性完成意识形态的宣传任务，又能使国有资产保值增值。这两种模式都是把传媒视为一个市场性契约组织，构建的是一个政府和传媒能够双向沟通的符合市场经济要求的契约型治理制度，从而达到外部治理和内部治理的有效统一。在实践层面上有厚实的制度基础，在理论层面上符合治理的发展趋势，同时也遵循了传媒改革的路径依赖规律。

对于经营性传媒而言，转制为企业后，传媒作为国有独资公司，就能建立规范的法人治理结构，"3+2"模式中董事会是企业的最高决策机构，是企业国有资产的代表机构，董事长是法定代表人。董事会负责规划企业的长远发展和战略目标，根据国家有关规定决定盈余分配，决定其他与国有资产有关的重大事项，并任命考核经理层。经理层是董事会的执行机构，经理层独立行使经营管理权，党委会、董事会、监事会都不得直接插手经理层经营管理工作，但党委会、董事会、监事会可派人介入经营管理全过程，即"可以派人列席经理班子会议，而不是直接进行经营管理，目的在于既保证经理班子独立进行经营管理，又保证对经营管理全过程的有效监督。"[8]监事会受国资委委托，负责监督董事会成员、经理层成员的经营活动。编委会体现党的喉舌和舆论导向的作用，把握媒体的正确舆论导向和宣传方向，确保社会效益的不断提高。党委会是传媒的政治核心，这个政治核心不是脱离传媒经济工作的"政治中心"，也不是独立于传媒管理体制之外的另一个"权力中心"，党委会的政治核心作用有机融合、渗透在传媒的决策、监督、执行的具体实践之中，让党组织在传媒治理结构的规范运行中履行职责。党委会领导新闻宣传工作和舆论导向，对集团全面工作进行监督，有权按照党的干部路线和干部政策，对集团各级干部进行教育、培养、考察和监督，并有权对董事会、经理层提出的干部人选方案提出考察意见和建议。综上所述，"3+2"模式中五会之间的权、责、利明确，各司其职，决策层、管理层、监督层相互制约，是党委领导与法人治理结构相结合的理想模式。

对于公益性传媒而言，"一拖四"模式保持了集团的事业性质不变，坚持了党管传媒的基本出发点,并且实行了传媒国有资产的授权经营,通过传媒内部采编和经营相对独立的运营机制,找到传媒政治责任与企业利润最大化的最佳结合点。

在"一拖四"模式中,党委会是传媒最高决策者,是最高权力机构,协调采编部门和经营部门。首先通过编委会实行对采编权的控制,编委会是党委会的下属机构,党委委员兼任编委会成员,对采编部门实行行政领导,具有机构设置权、干部任免权、业务指导权和收入分配权,共同组成集团党委领导下的新闻宣传组织指挥系统。其次对传媒经营权进行控制,控股公司的法人治理结构是在党委会的领导下构建的,虽然控股公司实行授权经营,拥有传媒的法人财产权,党委会不能直接插手控股公司的具体经营业务,但由于党委会和集团有限公司是两块牌子一套班子,党委会可以行使《公司法》规定的股东会的各项权力,任命控股公司董事会成员,党委会的意图完全可以在控股公司董事会上得到体现,通过控股公司董事会控制传媒的经营权。党委领导还体现在对传媒决策权、人事权的掌控上,把党管干部原则同董事会依法行使用人权相结合,按照党的干部路线和干部政策,对集团各级干部进行培养、考察、任用和监督,从而构建了党委领导下的法人治理结构。

"3+2"模式和"一拖四"模式从不同角度做到了传媒"四个不变",即喉舌性质不变、党管媒体不变、党管干部不变、正确的舆论导向不变。这种创新强调了国有产权的主导地位,强调国家行政指导的必要性,是在行政力量的控制下进行的传媒产业化和集约化。两种模式都是遵循"成本最小化"的原则,按旧体制中各个制度层面危机的高低,逐步递进的诱致性制度变迁。在法律框架内,政治力量与市场力量协同管理,党委领导与法人治理结构相结合,多元主体既相互制衡又注重协调和持续互动的理想的治理模式。

### 四、传媒外部治理结构的研究:政府交易和市场交易的替代

长期以来,政府力量和市场力量的博弈成为推动中国传媒制度变迁的核心动力,"政府交易和市场交易的关系,实际上就是国家管制和自由主义(即非国家管制)的关系,因为采取国家管制措施就意味着选择和扩大政府交易

方式，而采取自由主义政策就意味着选择和发展市场交易方式"。[2] 对于非传媒领域而言，当一项管理措施带来政府交易费用的节约大于所引起的市场费用的增加时，就选择国家管制，反之则选择市场交易。由于传媒的特殊性，政府对传媒市场的管制并不是按交易费用来确定的，而完全是意识形态的需要。

传播学者何舟以"拔河赛"来比喻传媒制度层面中政治与市场的互动，他把政治与经济两种力量的分析置于"拔河"的情境中，从而得出政治力量唯一占强势地位的领域是新闻内容生产过程。在拔河赛中，竞争双方都尽全力试图将对方拉入自己的领域，竞赛中的接触、拉扯和前后移动，形成了整个竞赛的全过程（见图7）。[9]

```
           ＋ 管制 －
政府 ←—————————————→ 市场
       宣传管理  广告经营
```

图 7

在政府和市场的博弈中，政府与市场各有各的逻辑，政府交易要求的是控制和权力，市场交易要求的是等价交换和按市场规律办事，双方都有各自的底线，如何在双方的博弈中取得平衡，让传媒健康地发展，就成为当前传媒改革的首要目标。当政府力量上升时，政府交易多于市场交易，政府控制加强，媒体趋于选择事业化为主的发展策略，市场对传媒的作用就下降；反之，政府从某些交易中退出，市场交易大于政府交易时，政府控制减弱，媒体则倾向于企业化为主的发展策略（见图8）。

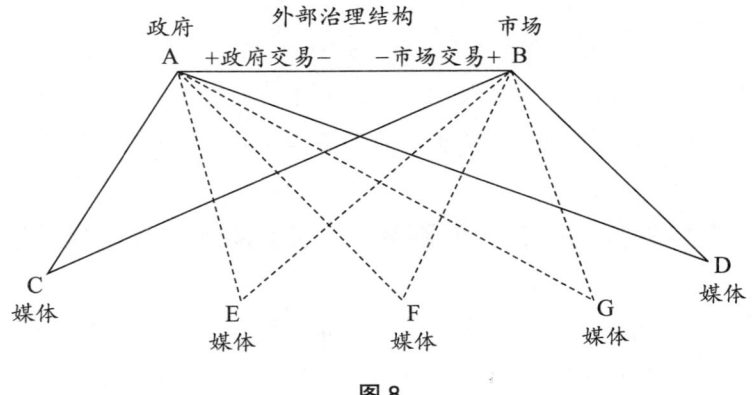

图 8

从图 8 我们可以看出，三角形 ABC 中，政府的控制力量大，媒体倾向于事业化发展；而三角形 ABD 中，市场的力量大于政府，媒体倾向于企业化的发展；三角形 ABE、ABF、ABG 就是政府交易与市场交易的替代中产生的不同制度安排，呈现一种从政府控制向市场调节的转变过程，即政府交易从传媒的一些领域退出，而市场交易和媒体内交易在这些方面进入，这些交易的替代则取决于传媒的外部治理结构。

外部治理结构包括政府对传媒的治理和市场对传媒的治理。政府治理即政府出于舆论导向和公共利益的需要对传媒实现的管制，当前转制改革的思路就是在新闻采编领域，政府交易多于市场交易；而在经营领域，市场交易要逐渐取代政府交易。市场治理则包含了传媒产品市场、广告市场、发行市场、资本市场和劳动力市场对传媒的治理。市场治理在政府治理无法达到的领域发挥作用，为传媒提供市场交易和传媒绩效的信息，评价传媒行为和经营者行为的好坏，并通过自发的优胜劣汰机制激励和约束传媒及其经营者。

不同的制度环境演化出不同的治理结构，"任何一种现有的公司内部治理模式都不能无条件地应用于所有的公司经营环境中，也没有一种包医百病的监督机制可以单独起作用，公司内部治理结构的方式，依一个经济中技术条件、规模经济和法律框架的差别而异，也有路径相依的由来关系。"[10] 因此，治理结构内生于赖以存在的制度环境，同时也处于不断创新之中，只有当传媒制度环境的约束条件有了较大的改变，传媒治理结构制度安排的不足才能逐步消除，对于传媒而言，这是一项长期的系统工程，需要国家、传媒、社会力量的共同努力。

**注释：**

①作为公共物品，影响传媒的还有来自公共领域的力量，目前中国的传媒可以看作是政府的一个机构，并正在向市场主体的方向迈进。在传媒转型期，公共领域对传媒的影响多发生在新闻宣传领域，对传媒体制机制改革及传媒制度变迁的影响较小，且政府、市场、媒体的三角关系也部分包含了公共领域关系的内容。故本文暂不将公共领域作为研究的变量。

②媒体内交易和政府交易都有明确的行为主体，市场交易则可以认为是某个媒体以外的其他媒体或其他市场主体产生的交易，因而也有明确的行为主体。

③在政府这个角对应的底边中，还包含了市场交易和媒体内交易的替代。由于中国传媒的事业性质，它不是一个完全在市场中生存发展的企业，市场交易和媒体内交易替代的范围非常小，且这种替代完全由政府决定，定位于政府有效控制传媒的一种手段和方式，传媒的很多市场行为是在行政撮合下进行的，而不是由媒体或市场决定。为此，政府应培植一个进退无障碍的市场，培育一个有自主决策能力的市场主体，使市场交易和媒体内交易能够按经济规律进行，把资源配置到效益好的环节，适合市场交易的用市场的方式进行，适合内部供给的则采取媒体内交易的方式进行。以保障传媒竞争的公平有序，从而将传媒调节到最佳的市场均衡状态，这些都是传媒制度环境创新的研究内容。因此，本文将市场交易和媒体内交易替代纳入传媒制度环境的研究中。

④公益性传媒包含党报集团和广电集团，本文论述以党报集团为例，广电集团的电视新闻频道和广播新闻频率相当于党报集团的主报，文体、娱乐、生活等频道（频率）相当于报业集团的子报，有限电视网络公司相当于党报集团的发行公司。

⑤2003年12月31日，国务院颁发了《文化体制改革试点中支持文化产业发展的规定》和《文化体制改革试点中经营性文化事业单位转制为企业的规定》（国办发〔2003〕105号）两个重要文件，105号文第9条指出"党报、党刊、电台、电视台等重要新闻媒体经营部分剥离转制为企业，在确保国家绝对控股的前提下，允许吸收社会资本。"

⑥由于党委书记、社长、集团有限公司董事长系一人兼任，因此本文将社委会、集团有限公司董事会视为与党委会一体，三会在传媒内部治理中的功能可集中归于党委会。

**参考文献：**

[1] 康芒斯：《制度经济学（上册）》，商务印书馆1991年版，第74—86页。

[2] 张曙光：《经济制度的三角结构和三角替代》，《天津社会科学》1994年第2期。

[3] 热若尔·罗兰：《转型与经济学》，吴敬琏：《比较》，中信出版社2002年版，第40页。

[4] 胡正荣：《媒介寻租、产业整合与媒介资本化过程》，《媒介研究——媒介公共政策与制度创新》2004年第1期。

［5］《石峰副署长谈报刊业改革与发展走势》,《传媒》2005年第3期。

［6］R.H.科斯、A.A.阿尔钦等:《财产权利与制度变迁——产权学派与新制度学派译文集》,上海三联书店1994年版,第275—320页。

［7］李维安、武立东:《公司治理教程》,上海人民出版社2002年版,第71页。

［8］孙长坪、陈凌云:《国有企业法人治理结构的基本构想》,《湖南农业大学学报》2004年第8期。

［9］何舟:《从喉舌到党营舆论公司:中共党报的演化》,《中国传媒新论》,香港:太平洋世纪出版社1998年版。

［10］林毅夫等:《充分信息与国有企业改革》,上海人民出版社、上海三联书店1997年版,第82页。

# 中国传媒迅速崛起的实证分析

胡鞍钢　张晓群

在信息社会时代，传媒不但是国家在国际舞台扩大影响力的有力工具，也是促进国家经济、政治和文化全面发展的重要手段。作为一种重要的软实力，传媒在综合国力竞争中的地位和作用越来越突出。本文第一次提出了传媒实力的概念、构成及指标体系，并对世界一些主要国家的传媒实力进行了量化计算，在此基础上对中、美、日、俄、印五国的传媒实力对比及其动态变化进行了分析。本文的主要结论是：中国传媒在过去20多年里实现了快速发展，传媒实力已超过日本等西方发达国家，并迅速缩小与美国的差距，中国正成为一个迅速崛起的传媒大国。但中国传媒实力结构是不平衡的，在国际传播和传媒经济方面实力较弱，远远落后于美国等西方发达国家，这也是中国在国际舆论上被动挨打的主要原因。

## 一、问题的提出

2003年上半年，美国媒体利用SARS事件对中国进行了大量负面报道，对我国政府的工作不足之处予以夸张和指责，直接对我国政治体制进行攻击，形成了自1989年以来最大规模的反华舆论浪潮。[1]美国媒体的这种"软打击"使我国政府在国际上一度陷入被动局面，国际形象受到极为不利的影响。这种影响波及经济合作、政治外交和文化体育交流等各个方面。在这之前，美国媒体还炮制出"中国威胁论""中国经济崩溃论"等反华舆论浪潮。他们还常常利用人权问题、台湾问题、西藏问题等，刻意丑化中国形象，他们想要在世界公众心目中"塑造一个专制的非民主的、具有威胁的非和平的、敌对的非友好的中国国家形象"。[2]

美国媒体的这种做法是出于对美国国家利益的考虑。冷战结束后，美国成为世界唯一的超级大国，建立一个独霸世界的一元化秩序成为其战略企图，为此它要遏制一切能够对它形成威胁的力量。经过20多年的改革和发展，中国经济实力和综合国力迅速增强，成为一个正在崛起的世界大国。由于社会制度的不同、意识形态的对立以及冷战思维的延续，美国仍将中国视为一个敌对势力，中国的繁荣强大是它所不愿看到的。因此，美国会使用一切可能的手段来遏制中国。在经济制裁和军事行动等"硬打击"越来越难以奏效的情况下，传媒就成为美国对中国实行"软打击"的重要武器。

利用传媒对敌对势力进行"软打击"，是以美国为首的西方国家的长期战略选择。冷战时期，"美国之音"就与西方一些媒体机构共同制定了一份宣传提纲，把反对共产党执政和反对社会主义制度作为其主要的宣传战略目标，并具体化为八条宣传方针。[3]美国政府十分重视媒体宣传战略，多次对美国之音等重要媒体增加投入，扩大其传播范围。这种战略取得了很好的效果。哈佛大学肯尼迪学院院长、美国国防部前助理部长约瑟夫·奈（Joseph S.Nye）认为，冷战的胜利和美国文化和价值观念的全球化，是通过新闻、娱乐、广告等"软力量"得以实现的。[4]苏联解体后，西方媒体把矛头转向中国，利用各种机会和手段丑化中国，并极力推行西方意识形态和价值观念，妄图实现"和平演变"。

由此可知，传媒是美国等西方国家维护国家利益，推行全球战略的有力工具。作为一种"软力量"，传媒已成为世界主要国家长期博弈的重要手段，在国际竞争中发挥着不可忽视的作用。事实上，传媒对国家发展的重要作用不仅仅体现在意识形态竞争和国家形象塑造上，作为一种现代社会的结构性因素，传媒已渗透到社会生活的各个方面。

在经济领域，传媒系统作为信息传播的主要载体，是经济活动有效运作的基础。媒体引导消费者需求，减少市场信息不对称，还对市场道德和市场信用产生作用。同时，作为信息产业的一个组成部分，传媒业本身已发展成为一个新兴产业。目前，全球媒体行业的产值已超过1万亿美元，并且平均每年以7%的速度增长。美国传媒业的年产值超过5350亿美元，占国民生产总值的 5% 以上，吸收了 4% 的劳动力。英国传媒业的产值占 GDP 的 5%，雇用了 100 万劳动力。[5]

在政治领域，传媒几乎影响了所有政治活动。在提高政治过程中的透明度、提高政治参与度方面，大众传媒发挥了重要作用。约瑟夫·斯蒂格里茨认为，信息不公导致的信息不对称，使政府官员获得了寻租空间，因而他们具有封锁信息的动机。大众传媒在解决政治委托代理问题和提高政府责任感方面发挥重要作用，"良治"（GoodGovernance）的有效手段。[6]

在文化领域，传媒承担着传播文化、促进交流的重要功能。在推进国民教育方面，传媒已成为一种有效的工具，为公众灵活学习、终身学习创造了条件。另外，传媒还推动着世界各国的文化交流，"书籍、报纸、电影、杂志和电视，这些都远不止是闲暇的消遣，它们是一个民族参与世界范围伟大思想交流的必经之路。"[7]

随着信息社会的到来，传媒产生的影响将越来越大，它在国家发展中的作用也将越来越突出。可以说，传媒已成为体现和影响一个国家综合国力的重要方面。因此，研究传媒实力（National Power of Media）就成为研究综合国力的必要内容。本文关心的中心问题是：中国的传媒实力在世界上处于什么地位？

## 二、国内外相关研究

目前国内外还没有对传媒实力的系统研究和计算，但有些学者和机构在研究综合国力时间接或直接地涉及了传媒，日本经济企划厅（1985）制定的综合国力指标体系中，把海外广报中心数作为外交力的一个重要指标。约瑟夫·奈（1990）把综合国力分为硬实力（Hard power）和软实力（Soft power）两类。硬实力包括基本资源、军事资源、经济资源和科技资源等。软实力包括国家凝聚力、文化被普遍接受的程度、参与国际机构的程度等。虽然他没有明确提及传媒，但文化被普遍接受的程度是与传媒的发达程度密切相关的。国内学者王诵芬（1996）提出的综合国力指标体系中，把千人拥有日报数和百人拥有电话数作为衡量社会发展水平的指标，并对世界 18 个重要国家进行了数量对比。黄硕风（1999）把软国力分为政治力、外交力、文教力三方面，把千人拥有日报份数和百人拥有电话数作为衡量文化水平的指标，并对美、日、德、俄、中、印六国的水平进行了比较。刘康、李希光（1999）提出了"政治＋经济＋军事＋传媒＝综合国力"的观点。周浩然、李荣启（2000）设计的文化国力研究指标框架中，文化事业和文化产业分项的绝大部分指标是传媒指标。刘继南、周积华、段鹏等（2002）认为，在信息时代传播力量是国家综合国力中重要的一部分，并提出了国际传播力的概念和衡量指标。胡鞍钢、门洪华（2002）对综合国力的计算也涉及信息及版权方面的指标。陈锡添（2003）提出传媒影响力是综合国力的延伸，正在崛起和复兴的中国需要在世界舆论中占据重要地位。以上这些研究没有明确提出传媒实力的概念以及较为全面的指标体系，在量化衡量方面基本还是空白，本文将在这方面做一些探索。

### 三、传媒实力的概念、构成及指标体系

我们将传媒实力定义为：一个国家传媒体系渗透力和影响力的总和。传媒实力是一个总量的概念，它衡量一个国家传媒体系的总体水平。随着人类社会的发展，传媒经历了一个由低级到高级、由简单到复杂的发展过程。时至今日，传媒的结构日趋复杂，规模日趋庞大，形成了一个多介质、多层次、全方位的传媒体系。我们认为，一个国家的传媒实力应当由以下四个方面体现。

第一，传播基础。现代信息业、物流业与传媒业密切相关，它们是传媒业发展的基础条件。现代传媒与其他信息行业正日益融合，这种融合表现在三个方面：一是技术融合，即计算机数字技术、通信技术与媒介技术的紧密融合；二是功能融合，传媒和其他信息传播方式的界限逐渐模糊，功能趋于多样化，并相互替代；三是企业融合，媒介公司、信息技术公司及通信服务公司相互兼并、融合，发展成为跨领域、跨行业的综合性信息产业集团。这种融合使传媒的发展更加依赖于信息通信等基础设施条件。另外，纸质媒体的发行网络是现代物流业的一个组成部分，物流业的发展水平决定着纸质媒体的发行效率，从而间接影响纸质媒体的普及率。

第二，国内传播。国内各种传媒的总量是体现传媒实力的重要方面。世

界各国传媒总量水平是极不均衡的，发达国家与发展中国家存在巨大差距。高收入国家日报总量占世界的56%，中等收入国家占世界总量的35%，低收入国家只占世界总量的9%。高收入国家收音机总量占世界的46%，中等收入国家占世界总量的39%，低收入国家只占世界总量的15%。高收入国家电视机总量占世界的38%，中等收入国家占世界总量的48%，低收入国家只占世界总量的14%。高收入国家互联网用户总量占世界的74%，中等收入国家占世界总量的24%，低收入国家只占世界总量的2%[8]。

第三，国际传播。纸质媒体的跨国传播受到很多限制，但它仍是一种文化和信息交流的重要手段，广播的诞生，使信息无阻碍地跨国流动成为可能，由此世界进入了国际传播时代。20世纪90年代卫星电视迅速发展，由于电视比广播具有更大的影响力，许多国家都把发展卫星电视看成扩大国际影响的重要手段。互联网的发展又引起了一场传播革命，它把世界上的所有国家和地区连接起来，使不同国别、民族和信仰的人们能够自由地交流。国际传播是一个国家扩大势力范围、提高影响力的重要战略资源，也构成了传媒实力的重要内容。

第四，传媒经济。书刊、报纸、广播、电视和互联网这些媒体在普及的过程中，形成了产业形态，尤其是进入知识经济时代，知识和信息服务行业的增长超过硬件设备行业的增长，以内容生产和信息服务为主要内容的媒介产业，进入了一个高速发展时期，2000年世界传媒和娱乐业的市场规模已达到10388亿美元，占全世界GDP总量的3.3%，美国和英国等发达国家超过了5%，[9]传媒业真正开始成为一个巨大的新兴产业。

在对传媒实力构成分析的基础上，我们提出衡量传媒实力的指标体系。分四个层次，14个指标（参见表1）传播基础用电话主线数、移动电话总数、邮局总数和互联网主机数四个指标度量。电话是现代社会主要的通信手段，电话主线数和移动电话总数能够反映通信基础设施的实力。邮局是纸质媒体的重要发行渠道，邮局总数反映纸质媒体发行物流网络的总体实力。互联网与报纸、广播、电视等主要媒体相互融合，互联网的变革带动着其他各种媒体的发展，我们用互联网主机数反映互联网的基础设施实力。

第四部分　中国传媒经济学科影响力排名前 30 篇论文（数据截至 2015 年 6 月）

**表 1　传媒实力指标体系**

| 序号 | 反映传媒实力的不同方面 | 权重 | 指标 | 各指标权重 |
|---|---|---|---|---|
| 1 | 传播基础 | 0.1 | 电话主线数 | 0.1 |
| | | | 移动电话总数 | 0.4 |
| | | | 邮局总数 | 0.1 |
| | | | 互联网主机数 | 0.4 |
| 2 | 国内传播 | 0.4 | 日报总数 | 0.3 |
| | | | 收音机总数 | 0.1 |
| | | | 电视机总数 | 0.3 |
| | | | 互联网用户数 | 0.3 |
| 3 | 国际传播 | 0.4 | 图书出口额 | 0.3 |
| | | | 国际广播语言数 | 0.1 |
| | | | 全球电视受众数 | 0.3 |
| | | | 互联网站数 | 0.3 |
| 4 | 传媒经济 | 0.1 | 广告额 | 0.9 |
| | | | 观看电影人数 | 0.1 |

注：为反映不同方面及指标对传媒实力的不同影响，我们选取了不同的权重。我们把传播基础和传媒经济视为体现传媒实力次要方面，因而赋予了较低的权重；把国内传播和国际传播视为传媒实力的主要方面，因而赋予了较高权重。在传播基础的四项指标中，考虑到手机和互联网已与其他传媒日益融合，所以赋予了比较高的权重；而电话和邮局只是为传媒的发展提供辅助条件，因而赋予了较低的权重。在国内传播和国际传播的八项指标中，考虑到纸质媒体、电视媒体和互联网的作用和影响比较大，所以赋予了较高的权重；而对收音机广播赋予了较低权重。在传媒经济的两项指标中，考虑到对大多数国家而言，传媒经济的主体还是媒体广告，所以对广告额赋予了很高的权重；而对观看电影人数赋予了很小的权重。

国内传播用日报总数、收音机总数、电视机总数和互联网用户总数四个指标度量。日报已有 300 多年的历史，作为主流的印刷媒体，一直是最有影响力的传媒之一。无线广播是 20 世纪 20 年代以后开始兴起的，由于覆盖面广、传播迅速和收听便捷，成为一种主要的信息传播渠道。电视只有 60 多年的历史，由于能够同时传输图像和声音，很快就超越了报纸和广播，成为受众最多的传媒。互联网开始成为一种大众传媒只有短短几年的时间[10]，但由于它具有数字化、容量大、多媒体、交互性和全球性的优势，已成为人们获取信息的一个主要渠道。

国际传播用图书出口额、对外广播语言数、全球电视受众数和互联网站数四项指标度量。图书是最主要的出口印刷品，图书出口额可以代表印刷媒体的国际传播实力。对外广播是一种重要的国际传播方式，对外广播电台播音语言数是反映对外广播总体实力的重要指标。卫星电视的发展使跨国电视网成为现实，可以用全球电视观众数反映电视的国际传播实力。互联网是一种全球化的媒体，在互联网上发布的信息可以即刻被全世界的网民看到，我们用互联网站数代表一个国家在互联网上发布信息的实力。

传媒经济用广告数和观看电影人数两项指标度量。广告是媒体主要的创收来源，报纸70%左右的收入来自广告，而广播电视90%以上的收入来自广告。可以说，一个国家的广告水平反映了该国传媒经济实力水平。而另一种重要的传媒——电影也在传媒经济中扮演重要角色，作为一种主要的娱乐方式，电影吸引了大量受众，创造了巨大的市场。据统计，美国最大的出口是电影和电视节目，其出口收入占美国出口总收入的比例，已由1980年的30%增长到现在的50%多。[11]我们用观看电影人数来代表一国电影市场的总体规模。

## 四、传媒实力的衡量、动态变化以及与综合国力的比较

根据上文设计的传媒实力指标体系，我们对世界一些主要国家的传媒实力进行计算和比较（计算结果参见表2及附表1、2、3、4）。由计算结果可以看出，美国的传媒实力远远高于世界其他国家。中国在14个国家中排名第二，相当于美国的47%。在反映传媒实力的四个方面中，中国的国内传播实力相对最强，相当于美国的89%；传播基础实力也相对较强，相当于美国的56%；而国际传播和传媒经济实力相对较弱，分别只相当于美国的14%和6.5%。与日本相比，中国在传播基础和国内传播方面实力要强一些，而在国际传播和传媒经济相对较弱，尤其是传媒经济实力只相当于日本的1/4。与印度相比，中国在传播基础、国内传播以及国际传媒方面占有优势，但传媒经济差距较大，还达不到印度的1/3。与俄罗斯相比，中

国在传播基础、国内传媒和传媒经济三个方面实力有明显优势，国际传播方面实力相当。

从动态变化的情况看，中国传媒实力在过去20多年里发生了巨大变化。在可计算年平均增长率的指标中，中国有8项指标的平均年增长率在10%以上，其中互联网用户数高达227%，移动电话总数高达133%，广告额高达52%，图书出口高达35%，电视总量高达24%。反观其他四国，美国只有移动电话总数、互联网用户数、互联网站数和电视广告四项指标的年平均增长率超过10%，而这四项指标的增幅均低于中国。日本只有移动电话总数、互联网用户数和互联网站数三项指标年平均增长率高于10%，而这三项指标的增幅也低于中国。俄罗斯有移动电话总数、互联网用户数、互联网站数和图书出口四项指标增幅超过10%，除图书出口增幅超过中国外，其他三项指标增幅均低于中国，而且基数也比中国小。印度有电话主线数、移动电话总数、电视总量、互联网用户数、图书出口、电视广告和观看电影人数7项指标增长率超过10%，但增幅均低于中国（参见附表3）。

表2 世界一些主要国家的传媒实力

|  | 传播基础相对美国比重（%） | 国内传播相对美国比重（%） | 国际传播相对美国比重（%） | 传媒经济相对美国比重（%） | 传媒实力相对加权指数（%） |
| --- | --- | --- | --- | --- | --- |
| 美国 | 100 | 100 | 100 | 100 | 100 |
| 中国 | 55.57 | 88.72 | 14.43 | 6.45 | 47.46 |
| 日本 | 36.37 | 65.01 | 19.1 | 25.63 | 39.84 |
| 英国 | 25.3 | 21.78 | 37.79 | 13.22 | 27.68 |
| 印度 | 43.59 | 44.01 | 7.06 | 22.85 | 27.07 |
| 德国 | 25.7 | 27.4 | 25.2 | 13.45 | 24.95 |
| 意大利 | 21.01 | 11.13 | 16.94 | 5.76 | 13.91 |
| 俄罗斯 | 13.68 | 17.29 | 13.8 | 0.91 | 13.9 |
| 法国 | 14.36 | 14.15 | 14.15 | 7.34 | 13.49 |
| 西班牙 | 11.14 | 6.8 | 12.46 | 4.32 | 9.25 |
| 加拿大 | 11.59 | 9.66 | 8.11 | 3.51 | 8.62 |

续表

|  | 传播基础相对美国比重（%） | 国内传播相对美国比重（%） | 国际传播相对美国比重（%） | 传媒经济相对美国比重（%） | 传媒实力相对加权指数（%） |
|---|---|---|---|---|---|
| 墨西哥 | 8.33 | 9.46 | 4.12 | 3.57 | 6.63 |
| 澳大利亚 | 6.34 | 7.27 | 4.32 | 3.47 | 5.62 |
| 荷兰 | 5.29 | 4.99 | 4.9 | 2.6 | 4.75 |

资料来源：笔者根据附表1、2等相关数据计算。

由于缺少一些数据，我们无法直接计算1980年和1990年五国的传媒实力，但从上面的分析可以看出，过去20年中国传媒实力得到迅速提高，速度远远高于其他四国。20多年前中国在世界传播格局中的力量还相对弱小，今天中国已成长为一个在世界占举足轻重地位的传媒大国。我们利用上文的计算结果以及胡鞍钢、门洪华（2002）计算的综合国力，对中美日俄印五国的传媒实力和综合国力进行一定比较（参见图1和附表4）。

从比较中我们发现两个特点：一是传媒实力与综合国力有着明显的正相关关系，相关系数高达0.98，这说明传媒实力与综合国力是相辅相成的，综合国力较强的国家其传媒实力也较强。二是以美国为均衡参照（传媒实力和综合国力都取值为100），中国、日本和印度的传媒实力均高于综合国力，中国和印度尤为明显。从前文传媒实力的动态分析可以发现，中国和印度这两个发展中大国传媒发展速度很快，反映传媒实力的多项指标增幅超过10%，这种高速增长导致传媒实力相对高于综合国力。

## 五、主要结论和政策含义

本文首次提出了传媒实力的概念、构成和指标体系，并对世界一些主要国家的传媒实力进行了计算和比较。这对我们全面正确地认识中国传媒的基本国情，以及制定科学的传媒发展战略提供了极其重要的参考。

**1. 基本结论**

（1）2000年中国传媒实力居世界第二位，相当于美国的一半左右，超过了日本，并远远高于英国、印度和德国等国家。中国已成为一个名副其实的传媒大国。

（2）中国传媒实力的结构是不均衡的，国内传播和传播基础实力相对较强，与美国的差距较小，而国际传播和传媒经济实力相对较弱，不但与美国有巨大差距，而且与日本、英国、印度和德国等国家也有很大差距。

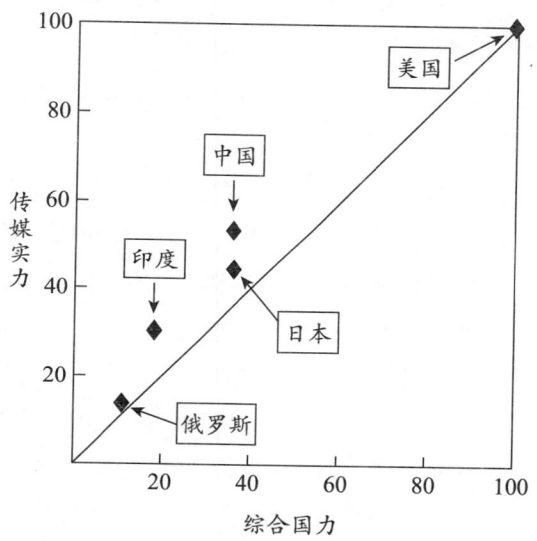

图1　中美日俄印五国传媒实力与综合国力的比较

（3）在过去20多年间，中国传媒业取得了快速发展，多项传媒指标平均年增长率在20%以上，传媒实力大大提高，迅速缩短了与美国的差距，并成功赶超了日本、英国等西方发达国家。

（4）传媒实力与综合国力是相辅相成的，综合国力较强的国家传媒实力也较强。由于中国和印度传媒业发展速度很快，其传媒实力相对高于综合国力。

**2. 政策含义**

改革开放以来的20多年，是中国经济高速发展、综合国力迅速增强的重要时期。按照不变价格计算，中国2000年的GDP相当于1978年的7.3倍，年平均增长率为9.5%。[12]中国与美国的经济实力相对差距由1980年的4倍下降为1998年的不足2倍[13]，两国综合国力相对差距由1980年的5倍缩小为1998年的3倍（胡鞍钢、门洪华，2002）。中国传媒业也取得了突飞猛进的发展,传媒实力已跃居世界第二位,与美国的相对差距缩小为2倍。[14]

但中国传媒实力发展是不均衡的,国际传播和传媒经济实力很弱,无法与美国等西方国家的强大国际传媒势力相抗衡。因而在面对西方媒体的"软打击"时,我们几乎无力还击。中国是正在迅速崛起的大国,国际地位和影响都在不断增强,在国际舆论上被动挨打显然对中国的发展很不利。为此,中国必须制定出有针对性的传媒发展战略,在较短的时间内提高国际传播实力和传媒经济实力,不断提升我国在国际舆论舞台的地位,与西方跨国传媒展开长期博弈。

首先,国家要加强对外宣传工作,加大对新华社、人民日报海外版、中央电视台国际频道和中国国际广播电台等对外宣传机构的投入,提高它们在海外的传播能力。要对现有国际传播资源实行优化组合,把外宣力量有效地组合起来,先在华语范围内形成一定的舆论优势,然后向英语等其他语种的传播扩展。重点扶持中央电视台国际频道的发展,在5年内把它办成最权威的全球中文台,在10年内办成在国际有较大影响的全球英文台。

其次,加强互联网的建设,重点加强人民网、新华网、中国日报等国家重点新闻网站的建设,增大信息量和语言种类,提高时效性,扩大受众范围和影响力,增强我国新闻网站在网络"话语权"上的竞争力。同时要加大对商业网站的管理力度,严禁那些损害国家形象的信息在互联网上出现。

再次,加快传媒业的改革步伐,调整宏观管理体制,打破条块分割,促进传媒业结构转型,规范传媒市场秩序,完善传媒产业政策。组建跨媒体、跨行业的传媒集团,鼓励传媒集团实行跨地区发展,促进传媒集团做大做强。支持传媒集团走向世界,对到海外办报、办刊、办台的国内传媒集团,要给予一定的财政支持和税收优惠。争取用5—10年的时间,培育起几个世界级的传媒集团。

最后,在强化传媒实力的同时,强化传媒的公信力。传媒具有物质和精神混合特性,物质形态是外壳,精神形态是内核,物质形态与精神形态相辅相成,不可或缺。因此,在增强国际传播和传媒经济物化实力的同时,还要注重提高传媒内容的公信力。这就要求提高信息的客观性、时效性和准确度,并在新闻报道的方式和内容上做出重大调整。

第四部分 中国传媒经济学科影响力排名前30篇论文（数据截至2015年6月）

### 附表1 世界主要国家传媒基础实力

| | 2000年电话主机数（万线） | 2000年移动电话总数（万部） | 2000年互联网主机数（台） | 2000年邮局数（个） | 电话主机数占美国比重（%） | 移动电话总数占美国比重（%） | 互联网主机数占美国比重（%） | 邮局数占美国比重（%） | 加权平均占美国比重（%） |
|---|---|---|---|---|---|---|---|---|---|
| 美国 | 19700 | 1203.3 | 73386 | 38060 | 100 | 100 | 100 | 100 | 100.00 |
| 中国 | 14114 | 8309.6 | 171 | 70968 | 71.65 | 74.17 | 0.23 | 186.46 | 55.57 |
| 印度 | 3251 | 359 | 85 | 154551 | 16.5 | 3.2 | 0.12 | 406.07 | 43.59 |
| 日本 | 7431 | 6675.9 | 4139 | 24765 | 37.72 | 59.59 | 5.64 | 65.07 | 36.37 |
| 德国 | 5015 | 4813.8 | 4441 | 13500 | 25.46 | 42.97 | 6.05 | 35.47 | 25.7 |
| 英国 | 3516 | 4343.2 | 5374 | 19340 | 17.85 | 38.77 | 7.32 | 50.81 | 25.3 |
| 意大利 | 2733 | 4253.5 | 940 | 14918 | 13.87 | 37.97 | 1.28 | 39.2 | 21.01 |
| 法国 | 3411 | 2905.2 | 1446 | 5605 | 17.31 | 25.93 | 1.97 | 14.73 | 14.36 |
| 俄罗斯 | 3176 | 323.3 | 242 | 41025 | 16.12 | 2.89 | 0.33 | 107.79 | 13.68 |
| 加拿大 | 2080 | 875.1 | 4530 | 18787 | 10.56 | 7.81 | 6.17 | 49.36 | 11.59 |
| 西班牙 | 1662 | 2404.4 | 857 | 4750 | 8.44 | 21.46 | 1.17 | 12.48 | 11.14 |
| 墨西哥 | 1222 | 1394.7 | 218 | 9957 | 6.2 | 12.45 | 0.3 | 26.16 | 8.33 |
| 澳大利亚 | 1006 | 857.3 | 3207 | 3887 | 5.11 | 7.65 | 4.37 | 10.21 | 6.34 |
| 荷兰 | 984 | 1066.4 | 695 | 2282 | 4.99 | 9.52 | 0.95 | 6 | 5.29 |

资料来源：有线电视用户数、电话主线数、互联网主机数来源于《世界银行发展指标数据库》2002年资料光盘；邮局数据来源于世界邮政协会官方网站：http://www.upu.int/statistics/。

### 附表2 世界主要国家国内传播实力

| | 2000年日报总量（百万份） | 2000年收音机总量（万台） | 2000年电视总量（万台） | 2000年互联网主机（万台） | 日报占美国比重（%） | 收音机占美国比重（%） | 电视机占美国比重（%） | 互联网占美国比重（%） | 相对加权指数 |
|---|---|---|---|---|---|---|---|---|---|
| 美国 | 5998 | 59643 | 24048 | 9535 | 100 | 100 | 100 | 100 | 100 |
| 中国 | 5650 | 42799 | 37036 | 2250 | 94.2 | 71.76 | 154.01 | 23.6 | 88.72 |
| 日本 | 7335 | 12132 | 9196 | 4708 | 122.29 | 20.34 | 38.24 | 49.38 | 65.01 |

续表

| | 2000年日报总量（百万份） | 2000年收音机总量（万台） | 2000年电视总量（万台） | 2000年互联网主机（万台） | 日报占美国比重（%） | 收音机占美国比重（%） | 电视机占美国比重（%） | 互联网占美国比重（%） | 相对加权指数 |
|---|---|---|---|---|---|---|---|---|---|
| 印度 | 6095 | 12292 | 7927 | 500 | 101.62 | 20.61 | 32.97 | 5.24 | 44.01 |
| 德国 | 2507 | 7793 | 4811 | 2400 | 41.8 | 13.07 | 20 | 25.17 | 27.4 |
| 英国 | 1964 | 8549 | 3898 | 1800 | 32.75 | 14.33 | 16.21 | 18.88 | 21.78 |
| 俄罗斯 | 1529 | 6086 | 6130 | 310 | 25.49 | 10.2 | 25.49 | 3.25 | 17.29 |
| 法国 | 1184 | 5596 | 3700 | 850 | 19.74 | 9.38 | 15.39 | 8.91 | 14.15 |
| 意大利 | 600 | 2498 | 2849 | 1320 | 10 | 4.19 | 11.85 | 13.84 | 11.13 |
| 加拿大 | 490 | 3225 | 2144 | 1270 | 8.16 | 5.41 | 8.92 | 13.32 | 9.66 |
| 墨西哥 | 921 | 3234 | 2774 | 271 | 15.36 | 5.42 | 11.54 | 2.84 | 9.46 |
| 澳大利亚 | 563 | 3663 | 1415 | 660 | 9.38 | 6.14 | 5.88 | 6.92 | 7.27 |
| 西班牙 | 395 | 1315 | 2333 | 539 | 6.59 | 2.21 | 9.7 | 5.65 | 6.8 |
| 荷兰 | 487 | 1558 | 856 | 390 | 8.11 | 2.61 | 3.56 | 4.09 | 4.99 |

资料来源：笔者根据《世界银行发展指标数据库》2002年资料光盘；（2003 World DevelopmentIndica-tor）WBI，第298—300页。

附表3 中美日俄印五国传媒实力指标动态变化

| 传媒实力分层 | | 传媒实力分解指标 | 1980年 | 1990年 | 2000年 | 年平均增长率（%） |
|---|---|---|---|---|---|---|
| 中国传媒实力 | 传播基础 | 电话主线数（万线） | 206.1 | 669.8 | 14114.3 | 23.5（1980—2000） |
| | | 移动电话总数（万部） | NA | 1.8 | 8309.6 | 133（1990—2000） |
| | | 互联网主机数（台） | NA | NA | 171 | — |
| | | 邮局数（个） | 48206 | 51233 | 70968 | 2（1980—2000） |
| | 国内传播 | 日报总量（百万份） | 3336.2 | 4800 | 5150 | 3（1980—2000） |
| | | 收音机总量（万台） | 9500 | 37300 | 42798.8 | 13.6（1980—2000） |
| | | 电视总量（万台） | 500 | 17686.6 | 37035.7 | 24（1980—2000） |
| | | 互联网用户（万） | NA | 6 | 2250 | 227（1995—2000） |

第四部分　中国传媒经济学科影响力排名前 30 篇论文（数据截至 2015 年 6 月）

续表

| 传媒实力分层 | | 传媒实力分解指标 | 1980 年 | 1990 年 | 2000 年 | 年平均增长率（%） |
|---|---|---|---|---|---|---|
| 中国传媒实力 | 国际传播 | 图书出口（百万美元） | NA | 19.9 | 221.6 | 35.2（1990—1998） |
| | | 对外广播语言数量（种） | 38 | 43 | 43 | 0.6（1980—2000） |
| | | 电视广告（百万美元） | NA | 1382 | 2181 | 16.4（1997—2000） |
| | | 互联网站数（万） | NA | NA | 8.7 | — |
| | 传媒经济 | 广告额（百万美元） | 2 | 340 | 8586.3 | 51.9（1980—2000） |
| | | 观看电影人数（人次） | NA | 127 | 115 | -1（1990—2000） |
| 英国传媒实力 | 传播基础 | 电话主线数（万线） | 9407.1 | 13582.0 | 19700.1 | 4（1980—2000） |
| | | 移动电话总数（万部） | NA | 527.2 | 11203.3 | 35.7（1990—2000） |
| | | 互联网主机数（台） | NA | NA | 73386 | — |
| | | 邮局数（个） | 39327 | 43067 | 38060 | -0.2（1980—2000） |
| | 国内传播 | 日报总量（百万份） | 6220 | 6232.8 | 5998.1 | -0.2（1980—2000） |
| | | 收音机总量（万台） | 45500 | 52900 | 59642.9 | 1.4（1980—2000） |
| | | 电视总量（万台） | 12771.84 | 19260.7 | 24048.4 | 3.2（1980—2000） |
| | | 互联网用户（万） | NA | 2000 | 9535.4 | 36.7（1995—2000） |
| | 国际传播 | 图书出口（百万美元） | 608.7 | 1522.5 | 2077.9 | 7.1（1980—1998） |
| | | 对外广播语言数量（种） | 48 | 43 | 43 | -0.5（1980—2000） |
| | | 电视广告（百万美元） | NA | 41168 | 54981 | 10.1（1997—2000） |
| | | 互联网站数（万个） | NA | 605.6 | 6652.2 | 615（1995—2000） |
| | 传媒经济 | 广告额（百万美元） | 29815 | 72780 | 136899 | 7.9（11980—2000） |
| | | 观看电影人数（人次） | NA | 1140.6ª | 1421 | 1.1（1990—2000） |
| 日本传媒实力 | 传媒基础 | 电话主线数（万线） | 3983.4 | 5449.2 | 7430.8 | 3.1（1980—2000） |
| | | 移动电话总数（万部） | NA | 86.8 | 6675.9 | 54.4（1990—2000） |
| | | 互联网主机数（台） | NA | NA | 4139 | — |
| | | 邮局数（个） | 22983 | 24098 | 24765 | 0.4（1980—2000） |

续表

| 传媒实力分层 | | 传媒实力分解指标 | 1980年 | 1990年 | 2000年 | 年平均增长率（%） |
|---|---|---|---|---|---|---|
| 日本传媒实力 | 国内传媒 | 日报总量（百万份） | 6625.8 | 7252.4 | 7334.8 | 0.5（1980—2000） |
| | | 收音机总量（万台） | 7920 | 11100 | 12131.6 | 2.2（1980—2000） |
| | | 电视总量（万台） | 6282.7 | 7545.5 | 9196.4 | 1.9（1980—2000） |
| | | 互联网用户（万） | NA | 200 | 4708 | 88.7（1995—2000） |
| | 国际传播 | 图书出口（百万美元） | 68.6 | 226.8 | 133.1 | 3.7（1980—1998） |
| | | 对外广播语言数量（种） | 21 | 22 | 22 | 0.2（1980—2000） |
| | | 电视广告（百万美元） | NA | 18631 | 19294 | 1.2（1997—2000） |
| | | 互联网站数（万个） | NA | 26.97 | 340.4 | 65.9（1995—2000） |
| | 传媒经济 | 广告额（百万美元） | 8918 | 30913 | 37538 | 7.4（1980—2000） |
| | | 观看电影人数（人次） | NA | 163.4$^b$ | 135.4 | -2（1991—2000） |
| 俄罗斯传媒实力 | 传播基础 | 电话主线数（万线） | 973.1 | 2074.6 | 3176.0 | 6（1980—2000） |
| | | 移动电话总数（万部） | NA | 0.03$^i$ | 323.3 | 181（1991—2000） |
| | | 互联网主机数（台） | NA | NA | 242 | — |
| | | 邮局数（个） | NA | 45594$^c$ | 41025 | -2（1995—2000） |
| | 国内传播 | 日报总量（百万份） | NA | NA | 1528.8 | — |
| | | 收音机总量（万台） | NA | 5500 | 6086.1 | 1（1990—2000） |
| | | 电视总量（万台） | NA | 5413.9 | 6130 | 1.2 |
| | | 互联网用户（万） | NA | 22 | 310 | 69.7（1995—2000） |
| | 国际传播 | 图书出口（百万美元） | NA | 263.3$^d$ | 365.9 | 115（1996—1998） |
| | | 对外广播语言数量（种） | NA | 30 | 34 | 1.3（1990—2000） |
| | | 电视广告（百万美元） | NA | 1414 | 887 | -15（1997—2000） |
| | | 互联网站数（万个） | NA | 2.22 | 28.6 | 67（1995—2000） |
| | 传媒经济 | 广告额（百万美元） | NA | NA | 925 | — |
| | | 观看电影人数（人次） | NA | 489$^e$ | 42.8 | -30（1993—2000） |

第四部分　中国传媒经济学科影响力排名前30篇论文（数据截至2015年6月）

续表

| 传媒实力分层 | | 传媒实力分解指标 | 1980年 | 1990年 | 2000年 | 年平均增长率（%） |
|---|---|---|---|---|---|---|
| 印度传媒实力 | 传播基础 | 电话主线数（万线） | 213.1 | 501.2 | 3250.9 | 14.6（1980—2000） |
| | | 移动电话总数（万部） | NA | 7.68j | 359 | 46.9（1995—2000） |
| | | 互联网主机数（台） | NA | NA | 85 | — |
| | | 邮局数（个） | 136999 | 147236 | 15455.1 | 0.6（1980—2000） |
| | 国内传播 | 日报总量（百万份） | 1453.1 | 2633.5 | 6095.4 | 7.4（1980—2000） |
| | | 收音机总量（万台） | 2600 | 6700 | 12292.4 | 8.1（1980—2000） |
| | | 电视总量（万台） | 174.6 | 2710.3 | 7927.5 | 21（1980—2000） |
| | | 互联网用户（万） | NA | 25 | 500 | 82（1995—2000） |
| | 国际传播 | 图书出口（百万美元） | 1.34 | 19.3 | 46 | 21.7（1980—1998） |
| | | 对外广播语言数量（种） | 17 | 24 | 26 | 2.1 |
| | | 电视广告（百万美元） | NA | 439 | 625 | 12.5（1997—2000） |
| | | 互联网站数（万个） | NA | NA | 2.94 | — |
| | 传媒经济 | 广告额（百万美元） | 657f | 730g | 1571.5 | 3.7（1993—2000） |
| | | 观看电影人数（人次） | NA | 649h | 3100 | 47.8（1996—2000） |

数据来源：有线电视用户、电话主机数、互联网主机数、日报总量、收音机总量、电视总量、互联网用户来自《世界银行发展指标数据库（2002）》《2003 World Development Indicator》WB1. 第298—300页。邮局个数来自：世界邮政协会官方网站：http://www.upu.int/statistics/。图书出口额来自：UNESCO Institutefor Statistics《International flows of selected cultural goods 1980—98》.p.14。对外广播语言数1980年/1990年数据来自：陈大斌、王玉成主编：《国际大众传播媒介简编》，青岛出版社1992年版，第38页；十一院校编写组：《当代中外新闻事业》，兰州大学出版社1983年版，第132页；张国良：《新闻媒介与社会》，上海人民出版社1999年版，第382页。电视广告额数据来自：《广播电视研究》2002年第6期，第9页。广告额数据来自：International Journal of Advertising 2002/1p307-308; Advertsing Age. April 19.1982.P16；《国际广告》1992年第4期，第39页；1988年第2期，第45页；《2001年中国广告统计年鉴》，第43页；《凤现代广告》1994年第3期，第16页。以上标的数据年份分别为a.1991年数据；b.1991年数据；c.1995年数据；d.1996年数据；e.1993年数据；f.1986年数据；g.1993年数据；h.1996年数据；I.1991年数据；j.1995年数据。NA表示无数据。1990年一栏五国互联网用户数、互联网站数为1995年数据，电视广告额为1997年数据。2000年一栏图书出口为1998年数据。

附表 4　中美日俄印五国综合国力与传媒实力的对比

| | 中国 | 美国 | 日本 | 俄罗斯 | 印度 |
|---|---|---|---|---|---|
| 经济资源 | 48.05 | 100.00 | 36.73 | 11.84 | 25.41 |
| 人力资本 | 279.07 | 100.00 | 38.02 | 47.21 | 143.02 |
| 自然资源 | 60.17 | 100.00 | 21.72 | 44.32 | 41.7 |
| 资本资源 | 30.23 | 100.00 | 22.19 | 2.89 | 8.04 |
| 知识技术资源 | 5.3 | 100.00 | 42.08 | 4.61 | 3.03 |
| 政府资源 | 7.28 | 100.00 | 48.1 | 16.46 | 17.22 |
| 军事资源 | 35.12 | 100.00 | 11.11 | 28.19 | 28.29 |
| 国际资源 | 7.55 | 100.00 | 36.32 | 3.01 | 2.27 |
| 综合国力 | 34.13 | 100.00 | 34.02 | 12.34 | 19.18 |
| 传播基础 | 55.57 | 0.00 | 36.37 | 13.68 | 43.59 |
| 国内传播 | 88.72 | 100.00 | 65.01 | 17.29 | 44.01 |
| 国际传播 | 14.43 | 100.00 | 19.1 | 13.8 | 7.06 |
| 传媒经济 | 6.45 | 100.00 | 25.63 | 0.91 | 22.85 |
| 传媒实力 | 47.46 | 100.00 | 39.84 | 13.9 | 27.07 |

数据来源：综合国力数据来自：胡鞍钢、门洪华：《中美日俄印有形战略资源比较——兼论旨在"富民强国"的中国大战略》，《战略与管理》2002 年第 2 期；传媒实力数据由笔者计算。

**注释：**

[1] 根据我们对西方四个主流媒体（华盛顿邮报、纽约时报、CNN、BBC）有关中国 SARS 事件报道的统计，在 3 月 31 日至 4 月 12 日的 202 条新闻报道中，负面报道有 132 条，占总报道数的 65%。其中公开对我国政府和政治体制进行指责攻击性的报道有 46 条，正面报道只有 1 条。参见胡鞍钢、张晓群《为何中国政府被动挨打——评西方媒体对中国密集型负面报道》，中科院——清华大学国情研究中心：《国情报告》，2003 年 4 月 23 日。

[2] 于家娣：《1998："新中国"千呼万唤始出来》，李希光：《中国有多坏》，江苏人民出版社 1999 年版，第 443 页。

[3] 这八条方针是：①宣传西方生活方式；②宣传社会主义是一种力图为统治世界而发动战争的侵略势力；③宣传社会主义社会是一种"极权主义"的社会，没有

"人权";④煽动社会主义国家的民族情绪和宗教狂热;⑤动摇听众对共产党的信任;⑥报道社会主义国家存在的困难,并把这些困难解释为在社会主义条件下是不可避免和无法消除的;⑦宣讲改良主义,抵制马克思主义,宣讲社会主义必然向资本主义演变;⑧将资本主义与时代精神、自由民主相等同。

〔4〕李希光、赵心树:《媒体的力量》,南方日报出版社2002年版,第21—22页。

〔5〕〔7〕《默多克在中央党校谈传媒产业》,《学习时报》2003年10月20日。

〔6〕Joseph Stiglitz: Transparency in Govemment, The Right to Tell, The World Bank, 2002, pp.27–45.

〔8〕根据世界银行世界发展指标(2002)数据光盘有关数字计算。

〔9〕根据Pricewaterhouse Coopers: Entertainment and Media Outlook: Global Overview,世界银行世界发展指标数据库(2002)有关数据计算。

〔10〕1998年5月联合国新闻委员会将互联网定义为与报纸、广播、电视并列的第四媒体。

〔11〕《电影出口占美国出口之首》,《中国电影报》2000年3月30日。

〔12〕《中国统计摘要》,中国统计出版社2002年版,第19页。

〔13〕Angus Maddison, 2001, The World Economy: A Millennial Perspective.

〔14〕胡鞍钢、门洪华:《中美日俄印有形战略资源比较》,《战略与管理》2002年第2期。

**参考文献:**

〔1〕UENSCO:《世界文化发展报告(1998)——文化、创新与市场》,中译本,北京大学出版社。

〔2〕王涌芬:《世界主要国家综合国力比较研究》,湖南出版社1996年版。

〔3〕黄硕风:《综合国力新论》,中国社会科学出版社1999年版。

〔4〕李希光、孙静惟:《全球新传播——来自清华园的思想交锋》,南方日报出版社2002年版。

〔5〕周浩然、李荣启:《文化国力论》,辽宁人民出版社2000年版。

〔6〕刘继南、周积华、段鹏等:《国际传播与国家形象》,北京广播学院出版社2002年版。

〔7〕张国良:《新闻媒介与社会》,上海人民出版社1999年版。

［8］陈大斌、王玉成主编：《国际大众传播媒介简编》，青岛出版社1992年版，第38页。

［9］十一院校编写组：《当代中外新闻事业》，兰州大学出版社1983年版，第132页。

［10］陈添锡：《内地传媒跨区域发展的探索》，《中国记者》2003年第12期。

# 新闻传播的变化融合了什么

## ——从美国新闻传播的变化谈起

蔡雯

美国新闻传播正在发生一场前所未有的变化。这一年在我走访到的所有地方，从新闻媒体到新闻学院，总能听到两个使用频率极高的词"融合媒介"（convergencemedia）和"融合新闻"（convergencejournalism）。

### 融合媒介：利益驱动下的竞争策略

"convergence"原义是"集中"，"convergencemedia"，顾名思义就是将各种不同类型的媒介集中在一起。最早的想法是通过机顶盒，将电视和电脑合为一体。随着网络技术的发展，媒介融合的前景大大超出人们想象。

对已经拥有若干种类的媒介并期望在未来市场上获取更多利润的美国传媒公司来说，要将技术发展提供的可能性转变为媒介产业的现实经营模式，无疑是一场从经营理念到业务流程的全方位变革。虽然在美国目前还没有哪种媒介能完全取代报刊、广播和电视，但一些传媒集团已在21世纪初开始对现有媒介进行融合的尝试，这种业务流程的整合无疑为将来运用新媒介争夺市场打下了基础。最早做这项实验的是论坛公司（The Tri-bune Company）和媒介综合集团（Media GeneralInc.）。论坛公司的实验以《芝加哥论坛报》和佛罗里达的《奥兰多哨兵报》为基地，媒介综合集团的试验以佛罗里达的《坦帕先驱报》为中心。

论坛公司在芝加哥除了拥有著名的《芝加哥论坛报》等报纸，还拥有多家电视台、电台和网站。《芝加哥论坛报》新建了多媒体新闻编辑部门，作为与其他媒体合作的桥梁。当电视台需要报纸报道过的新闻素材时，这个部门负责提供。该部门编辑还会与编辑部管理人员讨论哪些新闻可以由其他媒介再度传播，哪些记者可以到电视台电台接受采访、协助兄弟媒介完成报道。由于这种操作方式并没有打破各媒介的相对独立性，被称为"协商模式"，是松散合作模式。

在《奥兰多哨兵报》的实验与前者不同，是以一种称为"恒星飞船"（starship）的概念来操作的，各种不同媒介的新闻部门负责人以固定会议形式坐到一起讨论新闻报道，分享新闻来源，研究各自的报道如何做，相互之间如何合作。这种模式被称为"合作分类模式"。

媒介综合集团在佛罗里达的实验更进了一步，被称为"合作操作模式"。该集团设立"多媒体新闻总编辑"岗位，该总编的责任是统营各类媒介的新闻报道，负责对各重大新闻报道的策划，并组织各类媒体的记者一起工作，协同完成报道。这种模式使多媒体编辑走到新闻采编流程的核心位置上。

媒介走向联合运作，不仅在美国发展迅速，在欧洲、新加坡和我国的香港地区也已出现。这一改革浪潮中最积极的多是报纸，也许因为报纸在竞争中感受的压力最大，寻求出路的心情也最迫切。

美国报纸通过与网络融合已开创出一片新天地。美国西北大学媒体管理中心主任 Michael P. Smith 认为，网络帮助报纸开发了新的受众群体，一个最典型的例子是《芝加哥论坛报》1996 年创办名为 "Metro Mix" 的娱乐性网站，很快成为成功品牌。调查发现，这个网站的用户中竟有 60 万人不读《芝加哥论坛报》，于是报社研究了如何让这个庞大的人群成为报纸读者——专门办一张报纸，这就是刚办了两年、在年轻人中很走红的新生代都市小报《红眼报》（Red Eye），其娱乐版至今还叫 "Metro Mix 新闻"，网站品牌效应在传统媒体上延续。这算得上是第一家由网络派生的报纸，据说美仿效的报社不少。

更让美国报界欢欣鼓舞的是，报纸在网络上的收获日见丰硕。尼尔森调查公司今年新公布的关于网络用户情况的最新统计数据表明，今年 3 月，报纸网站用户人数比去年同期增加了 3.1 个百分点，达到历史最高水平。从 2 月到 3 月一个月时间中，报纸网站页面点击率增加 38%，人均访问时间增加 5%。这些数据进一步验证了尼尔森公司一年前得出的调查结论：报纸网站在美国已经成为人们获得地方新闻的第一渠道，45%的网民从报纸网站上查阅新闻。在美国排名最前的25个媒介区域市场中，有22个市场里的报纸网站用户人数多于其他类型的网站用户，而且平均年龄更低、受教育程度更高、消费能力更强、平均花在网络上的时间比非报纸网站的用户多一倍。去年已有84%的报纸网站用户通过网络购买商品和服务，远高于全部互联网用户59%的平均比率。早在2003年，就有8.011亿美元的广告投进报纸网站，报纸网站吸引广告的能量还在进一步增长。

2005年4月，美国报纸协会在旧金山召开年会，一批地方报纸负责人和新闻研究专家发布了他们对报纸在网络上发展的最新实验成果和研究成果。加州地方报纸创办的一些成功网站如Bakotopia.com、网上免费报纸The Northwest Voice等的经验受到关注。

看到报纸与网络结伴的良好前景，美国纽约时报公司等传统媒体公司纷纷收购网站，意在将传统媒体的内容优势转化成新媒体的市场利润，推进媒介融合。

在这场新闻传播战略调整的背后，是经济利益的驱使。首先，从各媒介独立经营转向多种媒介联合运作，能最大限度降低生产成本，使集团利润最大化。其次，不同类型媒介联合运作，能对已占有的媒介市场起到保护作用。从这个意义上说，"convergence media"，不只是简单的"集中媒介"，而是相互合作、相互融合，你中有我、我中有你。美国新闻学会媒介研究中心主任Andrew Nachison将"融合媒介"定义为"印刷的、音频的、视频的、互动性数字媒体组织之间的战略的、操作的、文化的联盟"，他强调"融合媒介"最值得关注的并不是集中了各种媒介的操作平台，而是媒介之间的合作模式。

### 融合新闻：新闻传播业务变革

媒介融合，除了媒介经营模式的变化，最大的改变是新闻传播业务流程的设计及其管理。对此，不妨以美国媒介综合集团作为个案略加分析，这一集团的媒介融合被公认为最有成效。

2000年，媒介综合集团投资4000万美元在佛州、坦帕市建造了一座传媒大厦，取名"坦帕新闻中心"（Tampa's News Center），将属下《坦帕论坛报》及其网站 Tampa Bay Online、电视台 WFLA-TV，还有集团网站 TMO.com 的编辑部门全部搬进去。当时报社有 210 人，而电视台只有 92 人，电视台希望利用报纸的新闻采编力量扩大报道面，提高报道质量；而报纸看好电视拥有的 150 万个家庭用户。对网站来说，可以更方便地将报纸和电视的新闻信息全部搬上网络，并根据网络特点衍生出新内容和产品，才能真正实现资源共享和效益共增。还需要创造一套崭新的采编流程管理模式。

综合媒介集团完成这一整合的关键决策是设立"多媒体新闻总编辑"，统管三类媒介的新闻报道。担此重任的是 Steve De Gregorio，他此前已在 WFLA-TV 工作了 11 年。走上新岗位后，其主要任务是发现重要新闻线索，进行报道策划，并组织和落实报道。每天上午他要召开三次会议：电视台 9 点的晨会，网站 9 点半的会议，报社 10 点半的编前会。他说自己的工作"如同要把一群野马圈进畜栏，总是有大量谈判，做大量策划方案，还要确定不能出现重复性报道。"被统一管理的编前策划会使三类媒介在新闻采编方面实现联动，但这种联动并没有固定模式，完全根据新闻事件的价值和媒介当时的条件而定。

比较有代表性的报道案例有：《坦帕论坛报》报道过一条社会新闻，有个小型飞机的飞行员突然发病，机上一位乘客操纵飞机平安着陆。新闻由报社记者和电视台记者联合报道，共同署名，报纸记者的新闻稿成了电视后续报道的新闻背景。还有一例是，电视台报道当地一位参加奥运会的游泳运动员在印第安纳接受审判，电视新闻是由报纸记者拍摄报道，电视上还有主持人对这位报纸记者的访谈，电视新闻结束时，主持人还提示观众可以到网站上去获取这一新闻的更多信息。类似的报道有很多。

在没有固定模式的联动新闻报道之外，也有一些相对稳定的合作形态。如《坦帕论坛报》的商业编辑 Bernie Kohn 在每周一早间电视新闻中做一段专题节目，网站编辑 Adrian Phillips 每周在电视的早间新闻节目中亮相三回，电视台专门报道医药新闻的记者 Irene Maher 在报纸上开设两周一期的固定专栏。媒介融合使大量新闻信息在同一栋建筑中流动，报纸、电视和网站分享彼此的消息来源和新闻生产力，合作的结果是把每个入伙媒介的市场都进一步做大。

媒介融合当年 7 月份的市场调查数据显示，WFLA-TV 收视率比前一年同期上升 3%，《坦帕论坛报》的发行量较前年同期增长 5000 多份，但周日版销量有所下降。网站进步更明显，7 月份的页面点击率比 5 月上升 35%。需要说明的是，坦帕湾是美国排名第 13 位的电视消费市场，WFLA-TV 的竞争对手非常强大，包括分属哥伦比亚广播公司、福克斯、美国国家广播公司的多家地方电视台，在这样一个竞争白热化的地区，当地新闻是电视台吸引观众的拳头产品，综合传媒集团通过媒介融合补自家电视新闻的不足，的确是明智之举。现在，这个集团的融合媒介之举已经从坦帕发展到该集团属下媒介相对集中的另外五个区域性市场。

融合媒介导致新闻传播业务变革的必然结果是"融合新闻"。虽然仍处于探索阶段，但随着宽带网的普及，融合的成果将越来越多地以网络传播方式呈现。

更值得思索的是，西方媒介集团可能会通过融合媒介和融合新闻的优势，实现全球范围的媒介产业垄断和文化侵略。这不能不引起我们重视。媒介融合在美国本土已经受到一些人批判，被认为严重影响声音多元化，不利于民主政治。

我认为，从新闻传播业务角度来说，"融合新闻"最值得研究的有两点。

一是传播业务整合和流程管理。

传统新闻业务以单一媒介形态为基础，技术手段相对有限，各媒介形成了自己的新闻采编流程，日报按 24 小时周期运转，电视根据新闻滚动与栏目架构需要操作。而"融合新闻"恰恰要打破这种限制和流程，要在全方位技术运用和所有形态媒介介质基础上整合新闻传播，建立新流程。新闻传播越来越体现为团队合作，而非编辑记者的个人智慧。

因此，需要研究新闻可以呈现的类型和表现方式到底有哪些？如何在不同载体上进行分配？例如，用"融合新闻"的思路做突发新闻报道，派往现场的就必须是个小组，包括最好的电视录像记者和最有经验的文字记者，带数码摄像机、数码相机，后方有图表制作专家、设计网络交互式传播的专家配合等。这个团队的第一批作品是简讯、简要电视新闻、现场照片，网络与广播、电视可能是首选载体。后续报道能包含更多文字信息和图表，还可能产生深度报道，相关背景资料、各方反馈等也将不断递增，报纸深度报道优势将更能体现，网络传播的互动性特点在后期也更能充分实现，而且应以信息总汇优势成为其他媒介可依托的受众服务平台。

更重要的变化是，在团队作业前提下，新闻采集与新闻载体是分离的，团队成果不为某个载体独有，载体使用完全以新闻传播整体效果最优化为目标。从管理学角度说，这是最复杂的网状组织结构管理，每套新闻产品生产都对应所有媒介，每个媒介都能在成套新闻产品中获得最适合自己的部分。整体看，这些新闻产品有差异，包括内容差异、角度差异、表现形态差异等。这些差异使各媒介定位差异得以实现。

如果说，前几年新闻报道策划研究者所关注的"媒介联动式报道"是一种偶然、自发、小规模的"融合新闻"，那么在融合媒介时代，"融合新闻"则是常规性有组织、制度化的操作。

二是新闻人才需求的变化。

美国案例说明，融合媒介需要两类新型人才：一是能在多媒体集团中整合传播策划的高层次管理人才；二是能运用多种技术工具的全能型记者编辑。

第一类管理人才不同于传统媒体管理者，必须是精通各类媒介的专家，知道技术发展为新闻传播所提供的可能性，以及如何运用这些技术使新闻内容得到更好的表现。因此，懂新闻、懂技术、懂管理且擅长策划是必备素质。这类人才不是高校能培养的，只能在媒介竞争中磨炼，具有多种媒介工作经历并有管理才干的业务人员成才希望更大。

第二类人才的主要特点是技术全面，凡有新闻素养的从业人员经技术培训都能做到，在美国被称为"背包记者"（backpackjoumalis），目前美国有一大批新闻院校、新闻媒体和媒介组织正进行这类培训，很多文字记者在学摄像技术，报纸编辑在学音频视频编辑和图表制作等。

当然，也有学者认为，短期内这种"背包记者"并不是所有媒介都需要，如密苏里新闻学院 Daryl Moen 教授说，"我个人并不认为会有很多人成为背包记者，但这种人才在某些地方会有用武之地。"他指的是人力资源有限的地方媒体和派驻外地及国外的记者站。美国媒介综合集团的案例证明了这点，该集团所融合的媒介都是同处一地的地方媒体，派往异地采访的记者都是多面手。如该集团中有个 Jackie Barron 的女电视记者，曾用四周时间在安东尼奥采访一个重要联邦案件，每天工作日程是：早 6 点给网络写篇专栏文章，介绍案件情况，然后到法院采访当天最新进展，10 点给电视台发去最新报道；下午两点半到三点编制一个晚间电视节目传回，然后到法院采访下午的进展情况，通常晚上 7 点结束采访；最后，还要给第二天出版的报纸写篇新闻稿。这样高强度、高难度的工作也使一些记者因承受不了压力而离开媒介综合集团，还有人对自己付出与得到报酬的不相称提出异议。在对新闻从业人员提出更高要求时，媒介的资金实力和管理水平也受到挑战。

（作者系中国人民大学新闻学院教授、博士生导师，新闻与社会发展研究中心研究员）

# 我国媒介广告市场集中度分析

王威

【摘要】市场集中度是通过市场参与者的数量和参与程度来反映市场的竞争或垄断程度的基本概念,通过对报业和电视媒介广告市场绝对集中度指数的计算,分析报业和电视媒介广告市场的市场结构和竞争状况。

【关键词】市场集中度;绝对集中度指数;媒介广告市场

市场集中度是通过市场参与者的数量和参与程度来反映市场的竞争或垄断程度的基本概念。对市场集中度的量化分析,一般应计算卖方或买方市场集中度的指标,然后进行个体分析。市场集中度分为卖方集中度和买方集中度两种。由于人们在市场经济条件下对卖方特别重视,以及卖方集中度较容易计算测定,而买方集中度难以观察,所以市场集中度主要是指卖方市场集中度。反映卖方市场集中度的指标有绝对集中度指标、相对集中度指标、赫佛因德指标。绝对集中度指标,也称领先企业市场占有率,是世界主要发达国家政府进行统计时最广泛使用的指标,也是最基本的市场集中度指标,通常是市场上前几位企业的产量(销售额、职工人数、资产数额)占特定市场中整个产品的产量(销售总额、职工人数、资产数额)的比重来表示。相对集中度指标是从比较的角度描述企业规模分布的相对的集中程度,一般借用经济学中的洛伦茨曲线和基尼系数进行测定。洛伦茨曲线和基尼系数是经济学家用来测定社会收入分配平均程度的统计方法。赫佛因德指数是用一个行业中各企业市场占有率的平方和表示,该指数能准确反映企业或产业的市场集中程度,但是需要全面统计资料,计算比较困难。

绝对集中度指数是市场上占最大地位的几个企业市场占有率的累积，它能形象反映产品或产业市场集中的状况，用来测定最大的主要企业在市场上的支配力程度，以反映市场的垄断与竞争程度。由于这种方法所需的统计资料可以在对市场有一定了解的基础上用非全面调查方法取得，计算时只要将调查得出的前几位企业市场占有率累加，这种测算对市场占有率大的前几位企业的占有率变化反应特别敏感。

根据市场集中度指标对产业的市场结构进行合理的分类，以反映市场垄断和竞争程度。依据前几位企业的集中率对产业的市场结构的分类标准，CR8<20%，属于分散竞争型；20%<CR8<40%属于垄断竞争型；40%<CR8<70%属于完全垄断型；CR8>70%属于寡头垄断型。

欧洲各国的研究者通常根据CR3来判断传媒市场集中程度，0<CR3<35%属于低集中度，市场是竞争的；36%<CR3<55%属于中集中度，市场是完全竞争的；CR3>56%属于高集中度，市场是垄断竞争的。

我国大众传播媒介自恢复广告经营以来，企业市场化程度的迅速加深带来了广告市场的急剧扩大，使媒介广告收入迅速提升，广告收入成为媒介企业主要收入来源。2005年，随着媒体经营体制改革的深化，大众媒体整体广告经营活力焕发，四大媒体广告经营额呈现强劲上升势头。电视的龙头地位没有动摇，在广告市场中的份额还在扩大。报纸广告经营在应对网络媒体的竞争中通过个性化、差异化、深度化的内容定位、市场定位，发挥纸媒体的竞争优势，从去年的负增长一跃攀升到今年11.0%的增长率。广播、杂志在分众化传播中显示出目标针对性强、广告价位低的媒体优势，尤其是杂志广告经营额出现新一轮强势上升的动能，再度引起市场关注。2005年，电视台、报社、广播电台、杂志社广告经营额为675亿元，比上年增加99.5亿元，增长17.3%，占广告经营单位营业总额的47.6%。其中，电视广告经营额为355.3亿元，报纸广告经营额为256亿元。

### 垄断竞争的报业媒介广告市场

在报业市场中，市场占有率包括读者市场和广告市场占有率。由于读者市场占有率的数据取得比较困难且不准确，而报纸的发行量与其广告收入之间有很强的正相关关系，且报业的广告收入占报业总经营收入的绝大部分，所以根据广告营业额来判断报业市场的集中度。根据中国广告网 2005 年度媒介单位广告额前 100 名排序的数据，排列出报业单位广告营业额前 8 位，根据

$$CRn=\sum_{i=1}^{R} M_i \Big/ \sum_{i=1}^{n} M_i$$

分别计算了绝对集中度指数 CR4 和 CR8 值，广告营业额前 4 位的广告营业总额为 73.17 亿元，CR4=28.58%，广告营业额前 8 位的广告营业总额为 105.45 亿元，CR8=41.19%。

表 1　2005 年度报业媒介单位广告营业额前 8 名

单位：亿元人民币

| 序号 | 媒介单位 | 广告营业额 |
| --- | --- | --- |
| 1 | 深圳报业集团 | 27.3 |
| 2 | 广州日报报业集团 | 21.4 |
| 3 | 南方都市报 | 14.2 |
| 4 | 解放日报报业集团 | 10.27 |
| 5 | 京华时报社 | 8.69 |
| 6 | 杭州日报报业集团 | 8.58 |
| 7 | 羊城晚报 | 7.65 |
| 8 | 北京晚报 | 7.36 |

数据来源：中国广告网。

按照市场集中度 CR4 和 CR8 数值，报业市场属于垄断竞争市场，这个市场的市场结构表现为产品集中度较低、产品差异化，进入和退出壁垒较低。垄断竞争的报业媒介市场，每个媒介所生产和传播的信息产品相近，但又存在差异，因此信息产品之间不可以完全替代。如今的产品内容类型化发展，体现的就是媒介产品的差异化程度，从而避免竞争，各自在某个细分市场获

得竞争优势。

我国报业市场的总体状况是市场绝对集中度指数较低，没有市场势力很强的报社或报业集团，但是报业广告市场有市场集中度逐步提高之势。这表明改革开放以来，随着我国报业经营市场化和产业化进程的加快，我国报业单位的经营规模在不断扩大，经营收入有逐步向优势报业集团集中之势。由于我国现行的条块分割体制，报业资源还不能跨地区在全国范围流动，真正意义上的垄断地位的全国报业集团还没有形成。

我国报业的发展主流已经开始由目前的众多报种的数量型覆盖向少数实力雄厚的报纸的优势规模型覆盖的方向发展。换言之，从全国看，进入我国报业市场的报纸种数可能不会再有多少增加，甚至在近一两年内可能会进一步减少，但某些单个报纸的市场规模可能会做得很大，而多数报纸的市场空间会变得更为狭窄。

### 寡头垄断的电视媒介广告市场

从目前来看，电视广告收入已经成为各电视台的主要经济来源，即使在多种经营比较发达的电视台，广告收入在全部经营收入中所占的比重也高达90%以上（个别广播影视集团的总体经营收入比例有例外）。换言之，对于绝大多数电视台来说，其他诸项产业收入之和所占份额还不到10%。可见，今天电视台的经济支柱事实上仍然是电视广告，广告收入水平仍然是衡量其优劣的重要标准。显然，广告是电视台赖以生存和发展的经济基础，广告业是电视传媒产业结构体系中的支柱产业。因此，从某种程度上可以说，各电视媒体的竞争集中地表现在了电视广告的竞争上。

随着消费市场的日益繁荣和电视媒体节目创新的发展，电视广告市场竞争也愈发加剧，从而表现出了广告份额增速减缓，以及由于地域经济的关系整体市场呈现出地域分割的特点，电视广告的投放更加向部分强势媒体集中。

### 表2  2005年度电视媒介单位广告营业额前八名

单位：亿元人民币

| 序号 | 媒介单位 | 广告营业额 |
| --- | --- | --- |
| 1 | 中央电视台 | 86 |
| 2 | 上海文广新闻传媒集团 | 30.55 |
| 3 | 北京电视台 | 16 |
| 4 | 广东电视台 | 16 |
| 5 | 浙江广播电视集团 | 12.1 |
| 6 | 江苏省广播电视集团 | 11.37 |
| 7 | 湖南广播影视集团 | 10.7 |
| 8 | 电影频道 | 7.2 |

根据中国广告网2005年度媒介单位广告额前100名排序的数据，排列出电视广告营业额前8位，根据

$$CRn=\frac{\sum_{i=1}^{R}M_i}{\sum_{i=1}^{n}M_i}$$

分别计算了绝对集中度指数CR4和CR8值，广告营业额前四位的广告营业总额为148.55亿元，CR4=41.81%，广告营业额前8位的广告营业总额为189.92亿元，CR8=53.45%。

按照市场集中度CR4值来说，电视媒介市场的市场结构表现为产品集中度高，产品基本同质，进入和退出壁垒高，属于寡头垄断市场结构。当媒介市场被少数几个媒介控制时，几个媒介均向受众和广告主出售大致相似的信息产品并展开竞争。

中央电视台在电视媒介市场上处于垄断地位，因为它在市场上具有无可替代的位置，新闻联播几乎所有电视台都要转播，它的广告价位不是由市场来定价，而是电视台自己决定。譬如以招标的形式来预售电视黄金时间广告，让企业自己披露支付意愿，然后实行价格歧视，获得垄断利润。这种媒介销售紧俏广告时间的方式只有在垄断程度较强的电视市场中才会出现。

电视广告增速减缓，必然引发广告市场的激烈竞争，由此导致电视广告市场的新一番洗牌。在这场角逐中，央视继续保持"一家独大"的气势，尽管相对份额下降，但绝对额持续上升，继续在 2006 年电视广告市场傲视群雄；部分省级卫视势头良好，呈上升趋势；实力不足的地方卫视和地方电视台则越发弱势，市场份额继续缩减。

央视的广告收入从 1998 年 41 亿元起一路攀升，到 2000 年达到 53.6 亿元，2002 年达到 64.5 亿元，2004 年则突破了 80 亿元大关，比 2003 年净增 10.0143 亿元，2005 年达到 86 亿元。虽然央视广告总量持续上扬，但由于省级卫视近年来步步紧逼，央视广告的增长势头已大不如前，其广告收入在全国电视广告收入中的比例逐年下滑。即便如此，央视仍向广告客户展示出国家媒体的强势地位和品牌影响力。世界品牌实验室发布的《世界品牌 500 强》报告显示，CCTV 连续两年跻身世界品牌 500 强。央视的广告价格是央视品牌价值的反映，每年标的物的招标价都呈递增趋势。2006 年，央视广告标的物价格上涨了 10%，2007 年又涨了 10%，中标标额高达 67.95 亿元，显示出强势媒体的吸引力和说服力，证明央视在中国电视市场的领先优势。

在央视和城市台的夹缝中生存的省级卫视，将区域、全国甚至全球作为拓展市场的目标地，其传播范围迅速跨越本省范围，拓展至全国。省级卫视过去基本上是以本地市场为主，其节目也基本上是关起门自己办，视野不够开阔。这样光靠本地资源和市场是很难支撑起一个大台的，这也是当时省级卫视做不大的一个主要原因。省级卫视发展至今，开始冲出地方视野，将区域、全国甚至全球作为自己拓展市场的目标地，其传播范围迅速跨越本省范围，拓展至全国。根据美兰德媒体（CMR）2004 年中国电视频道覆盖调查结果显示：2004 年 31 个省级卫视的全国累计可接收人口已经超过 100 亿，约为全国电视人口的 8 倍。一批省级卫视频道的可接收人口也已远远超过本省和本地区人口。例如，浙江、山东、广东、安徽、四川、福建东南、贵州、云南等省级卫视，其全国可接收人口均突破 4 亿人。其传播价值已经完全不是原来意义上的省级卫视，其影响力已经铺向全国。这也正是省级电视台在电视广告大战中地位提升的原因。如今，部分省级卫视在区域市场甚至全国市场已拥有与央视竞争的实力，在本地区甚至全国的覆盖人口及观众规模方面已超过央视的多个频道。据央视－索福瑞的数据显示，2006 年 1—7 月，湖南卫视广告收视份额为 2.58%，在全国所有卫星频道中排名第三，仅次于央视一套、五套，在省级卫视排名中，以绝对优势位居第一。安徽卫视排名第二，份额为 1.27%，只有湖南卫视的一半，位列第三的是北京卫视，份额为 1.05%。

电视广告市场竞争日益激化，市场份额增速减缓与地域发展不平衡的特点，将引发我国电视广告格局的结构重组。部分实力和资源不足的电视台，不断受到挤压，市场空间锐减。广告投放逐渐向部分强势媒体集中，强者愈强的电视广告市场格局正在形成。

（作者单位：中国人民大学新闻学院）

**参考文献：**

［1］张旦稼:《市场集中度统计分析初探》,《西安石油学院学报》1999 年第 4 期。

［2］郭韶明:《当代中国媒介市场的结构失衡》,《当代传播》2004 年第 5 期。

［3］王艳萍:《报业市场集中度中外比较》,《学术研究》2006 年第 8 期。

# 纸质媒体产业竞争性分析

陈敏

**【摘要】** 随着网络媒体、潜在进入者等竞争要素的冲击和影响，纸质媒体进入了"微利时代"，报业历经"拐点"后，一些弱势的或者没有市场基础的报刊将"消亡"，而一些报业集团在创新、改革甚至自我革命之后，将继续生存、发展并壮大。

**【关键词】** 纸质媒体；报业拐点；产业竞争性；竞争五要素；媒体改革

在国际传媒业规模化、集中化和全球化趋势推动下，随着国内政策的逐步放开，我国新闻媒介竞争日趋激烈。由于来自电视、互联网和潜在进入者的威胁、来自境外媒介的冲击、来自读者阅读行为变化的影响，纸质媒体的生存空间越来越受到挤压，其受到冲击的程度是巨大且不可忽视的。纸质媒体是随着竞争的加剧而消亡，还是随着挑战的出现而寻找到自身的发展之路？作为报业的管理者和经营者对此的理性思考，有益于报业在将来的发展中处于有利的地位。

## 一、纸质媒体产业进入"拐点"

根据新闻出版总署的统计，2004年我国报纸共有1926种，广告总收入231亿元，比1983年增长了360余倍，依然雄踞于第二大广告媒体的位置，全国超过亿元的报社也首次超过了100家。然而，表象繁荣的背后，却隐藏着报业生产的深刻危机。[1] 2005年，持续10年保持高增长率的中国报业，首度出现增长率大幅降低，一些城市的报业甚至出现负增长，报纸发行量开始下滑，而报纸广告率先失守的是大城市，其广告刊登额增长率已在全国平均水平之下。来自全国媒介广告行业年度交易会的数据，则更印证了"拐点"的提出并非夸大其词，专业从事纸质媒体广告监测和研究的慧聪媒体研究中心的数据显示：2005 年 1—8 月，平面媒体的广告额为 440 亿元，同比增长 7.8%，是近 5 年来首次低于 GDP 平均增长速度。北京前 8 个月仅增长 4%，广州为 -1.5%。和网络广告的持续增长形成明显对比的是，报纸的广告收入正受到严峻考验。[2]

报业的这一衰退现象不仅出现在中国，而是全球性的。北美是全球报业最为发达的地区，进入 2005 年，北美报业市场就出现了近 10 年来发行量最大幅度的下滑，令人吃惊的是，越大的报业集团亏损越严重，报业长期以来的金字招牌《华尔街日报》《纽约时报》也无法幸免。[3] 据报道美国杂志协会和报业协会在一起开会，探讨如何在新媒体当道的今天，在广告收入不断被侵蚀、发行收入不断下滑的今天，探索一条生存之道。

## 二、纸质媒体产业竞争性分析

产业竞争分析属于外部环境分析中的微观环境分析，它的内容主要是分析本行业中企业竞争格局和其他行业的关系。按照美国著名战略管理学者波特的观点，一种行业中的竞争，远不止在原有竞争对手中进行，而是存在五种基本的竞争力量，它们包括：潜在的行业新的进入者、替代品的威胁、购买者的威胁、购买商讨价还价的能力以及现有竞争者之间的竞争。五种竞争力量状况及其综合强度，决定着行业的竞争激烈程度，从而决定着行业中获利的最终潜力。[4] 国内的学者将此演化为媒介竞争环境五要素，即媒介中现有竞争者、替代品、潜在进入者、受众以及供给方。

**1. 纸质媒体自身竞争现状**

按照波特的理论，现有竞争者之间采取的竞争手段主要有价格战、广告战、引进产品以及增加对读者的服务等。市场经济的本质是竞争，只有竞争才有活力，只有竞争才能出效益。但是，市场竞争不能离开"平等、自由、公平、有序"的原则。

在我国广播、电视、报刊三大传统传媒中，竞争相对充分的领域是报刊。

但在实际竞争中很少出现优胜劣汰的情况,报业竞争并没有像在其他经济领域一样抬高市场准入的门槛,反而是刺激了更多的进入者,这不能不说是一个非常奇怪的现象。导致这种现象的原因在于:一是我国报纸种数虽多,但相当大数量是行业报,行政色彩浓厚,不以市场为追求,因此只生不死;二是行政扶持,有些报纸尽管亏损严重,但由于涉及部门、地方利益,不能让其关门;三是由于我国报纸宣传功能强大,作为事业单位享受种种优惠政策,而且广告市场超速发展,刺激了一些部门申请新的刊号,产生分一杯羹的欲望。区域竞争、条块分割的市场封锁状态,是滋生重复办报、层层办报、报刊结构不尽合理、过多过滥的温床;使一批水平不高、社会影响力与舆论控制力不强的报纸在相对封闭的环境下得以苟存;一些市场化的报纸在报业竞争中,违规违纪的操作也时常发生,出现恶性、无序竞争现象。

随着竞争日益激烈,报刊市场出现不同程度的同质化竞争趋势。报业同质化现象表现在两个层次:一是内容层次,特点是千报一面;二是运营层次,表现为各报策划手法相似、营销运作雷同,缺少独树一帜的盈利模式。曾经有人把某个城市的几份报纸盖住报头让大家辨认,结果几乎无人能从内容上找出它们之间的区别,并且,报道策划方式、新闻文风、版面编排样式等,凡是曾让人耳目一新的东西,都很快被淹没在跟进者掀起的克隆大潮中。

**2. 网络媒介异军突起**

替代品是指那些与本行业的产品有同样功能的其他产品。纸质媒体面临众多替代者的威胁,无论是广播、电视等传统的电子媒介,还是被称为"第四媒体"的网络媒介,甚至包括以手机为传播工具的所谓"第五媒体",都力图扩大自己的地盘。特别是网络媒介随着用户的剧增,如今成了传统报纸生存与发展的巨大威胁。根据历史的经验,无线广播与电视未能代替报纸,是因为报纸的文字信息比广播电视的声音与图像更详尽,更深入,也更易于保存。而与互联网相比,报纸这一独特的优势荡然无存了。互联网有广播的速度与方便,有电视的图像与声音的有机合成,有报纸的详尽、深入与可保存的优势。

**3. 潜在进入者的影响**

20世纪90年代,媒体被称为最后一个暴利行业,投资者踊跃致使一个城市同时出现几张同类报纸。随着国内报业的竞争日趋激烈,投资报业的门槛提高了。但境外资本仍觊觎抢滩,强大的跨国媒体公司正在寻找各种突破口切入中国市场,有的通过合作,有的通过强大的造势行动,已经取得了一定进展。

**4. 受众的影响**

现在很多报纸经营者都发现,读者越来越挑剔了,一是阅读需求发生变化,二是其可选择的余地大大增加了。传统的办公室阅报行为已经逐渐被互联网新闻浏览所取代,越来越多的年轻人,正在减少读报和看电视的时间,而将时间耗费在可以实现多媒体传输的互联网上。

**5. 供给方的影响**

设备、纸张、人力成本等供给方对报纸的影响也是不容忽视的。对发行量几十万份、动辄几十个版的报纸来说,纸张价格的涨落对报社的利润的影响是巨大的。如今,众多晚报和都市类报纸都采取"厚报策略",但是,报纸在由"薄"变"厚"的过程中,带来了成本加大的困扰,很多报社感叹厚报之累,被迫减版以降低成本,提倡增收节支,重新审视有效发行。

## 三、思考和对策

当前,面临多层次的竞争,纸质媒体是否会消亡并不仅仅取决于替代品的威胁,更重要的是取决于其自身是否具有市场和生命力。纸质媒体要突破自身发展中的束缚,积极应对替代者和潜在进入者带来的各种不利因素,寻求新的出路。

**1. 纸质媒体不会消亡**

有千余年历史的纸质媒体,曾饱受无线电广播、电视的冲击。虽然陆续涌现的媒介、载体,因为各有特点,或者说各有优缺点,市场分割的波动虽然曾闹出不小的动静,但最终大家还是安然度过了危机。[5] 从产业分析来看,一个产业必然会受到替代品和潜在进入者的威胁。从报业自身现状来看,即便没有网络及其他新兴媒介的冲击,媒介的扩张也已经达到或接近了极限,就是说竞争只能在饱和或趋于饱和的市场中展开,结果必然是媒介原有地盘、利益、势力范围的重新调整和分割。随着网络媒体等竞争要素的冲击和影响,纸质媒体无可置疑地进入了"微利时代",报业历经"拐点"后,一些势单力薄的或者没有市场基础的报刊将"消亡",资源将进一步向优势媒体集中,必将催生出大媒体,一些大的报业集团是有能力在改良、改革甚至革命之后继续生存并发展的。

《华盛顿邮报》记者保罗·法西在《报纸的光明前途》一文中指出,互联网虽然发展快,但据皮尤调查中心 2004 年的调查结果显示,仅有 2% 的人认为互联网是自己的唯一新闻来源。大多数人是把互联网作为各种信息源"套餐"中的一个选择。该文还质疑"年轻人不看报"的论断:虽然美国年轻人对报纸有些冷淡,但他们对电视新闻的兴趣也在下降,可以说,他们对任何渠道的新闻都不太热衷,在线新闻的出现并没有扭转这一潮流。因此,吸引年轻受众,不仅是报业一家的课题。这篇文章说的是美国的情况,其他国家也可找到反驳"报纸消亡说"的论据。例如,在英国,仍有 77% 的年轻人认为报纸重要;在亚洲,中国 2004 年日报发行量比上年增长了 3.7%,印度增长了 8%,日本也增长了 0.04%。[6] 可见,虽然网络媒体对传统媒体的受众和广告的分流不可逆转,也是与日俱增的,但不可能完全取代传统媒体,因为纸质媒体除了自身具备的传统优势之外,自身也在不断改革、创新、发展。

**2. 报纸自身的突破和创新**

当前正在推进的文化体制改革,其主旨在于赋予报刊出版单位独立的市场主体地位,使之在政府的宏观调控下健康发展。文化产业的提出从根本意义上改变了对媒介属性与功能的认识。既然承认了是产业,改革就有规可循了,可以把作为文化产业单位的媒介作为国有企业的一种,采用国企改革的办法,改革媒介。[7]

对于读者,报纸是一种日常消费品,由于媒介行业长期受各种政策的影响,市场化程度低,现在应借鉴成熟消费品行业的产品营销方法,再做适度调整与创新,是媒介经营中进行读者营销的成功法宝。在多媒体时代,广告传播载体日趋多样化,在传播效果上也各有千秋。报纸作为传统的广告强势载体,某些优点依然无可取代,需要在新的竞争环境下进一步改进和强化。[8] 2005 年中国传媒产业充分运用市场的力量,大力整合优化资源,解决重复浪费、同质竞争问题。优质资源开始向优势报业集团倾斜,从而达到结构调整和优化的目的,增强了纸质媒体产业的核心竞争力。这就需要我们从战略高度上对报纸的版面资源、读者资源、广告资源、社会网络资源和长期积累的品牌公信力资源进行统合经营,与此同时,一些报业集团还涉足了更广泛的投资领域。

在互联网的冲击下,美国报业已经采取了一些举措,实施电子报纸、免费报纸和"整体广告售卖"计划,前两者是回应新技术特别是网络传播做出的尝试,后者则是为了挽救报业市场,提升报纸发行量,增强广告商信心所做的努力。

**3. 探索跨媒体经营之路**

2005年《中国报业发展报告》预测,未来三到五年内,报纸出版单位将树立"数字报业"战略,加快向数字内容提供商转型,发挥新闻和原创内容优势,占据竞争的制高点。因为数字技术的引导,使我们的传媒更加丰富多元,更加方便低廉。而且,也更意味着传媒之间并不存在壁垒。

电视媒体收购平面媒体,平面媒体收购网络媒体,网络媒体又转而收购电视媒体的故事几乎天天都在上演。无论是当年AOL并购时代华纳,还是现在的Google开始涉足平面媒体业务,除了在资本市场长足考虑外,无一不是为了给自身已有的广告业务增加更多的辅助项目而使客户的广告价值最大化。[9]从投资的角度讲,实际上投资报纸的回报率是最低的,熟悉报业资本运作的人非常清楚,媒体今后的出路一定是跨媒体经营,促进不同媒体之间的互动。针对网络媒体的兴起,几乎国内所有的大型报业集团,都已建立了自营网站。报业集团除了"触网"之外,也纷纷采取了多种对策,回应网络媒体的竞争。而数字化的"手机报"成为其情有独钟的创新对象。手机报之所以受报业集团的青睐,与其蕴含着巨大的广告市场密切相关。[10]

总之,纸质媒体要练好内功,解决好自身竞争中存在的问题,并积极应对各种竞争要素带来的不利影响。我们相信纸质媒体的"自我革命"以及与新兴媒体的融合将赋予纸质媒体的新的活力,使之不断发展壮大。

(作者单位:江淮时报社)

**注释:**

[1] 喻国明:《中国报业发展的现状与契机》,《传媒》2006年第1期。

第四部分　中国传媒经济学科影响力排名前 30 篇论文（数据截至 2015 年 6 月）

［2］［10］肖景辉：《报业，你的真正"敌手"是谁》，《传媒》2005 年第 11 期。

［3］黄文夫：《纸质媒体如何跨越寒冬》，《传媒》2005 年第 11 期。

［4］文理：《企业战略管理》，中国科学技术大学出版社，2001 年版。

［5］《直面博客冲击波：专业媒体必须拥抱博客》，《人民日报》2006 年 3 月 29 日。

［6］王卓：《不服"报纸消亡说"：报纸的前景仍然很光明！》，《媒中媒》2005 年 10 月。

［7］吴海生：《媒介体制改革》，媒体安都，2005 年 11 月 22 日。

［8］张忠：《平面媒体内容和营销的重新定位》，《媒中媒》2005 年 12 月。

［9］《网络广告将是传统媒体广告的终结者》，《TOM 科技》2005 年 11 月 5 日。

# 微信传播机制与治理问题研究

方兴东　石现升　张笑容　张静

【摘要】作为移动互联网时代第一个杀手级应用，以中国腾讯微信为代表的新一代移动即时通讯软件在全球迅速崛起。其崛起的背景源于互联网正处于第三个高速发展热潮——即时网络阶段。微信体现出来的融"即时化、社交化"为一体的特征，正在呈现出引爆互联网未来的发展趋势。基于移动终端，呈现跨网络、跨终端的特点使微信的传播机制与规律都呈现出新的特点，提升了社会沟通的效率。但是同时，微信作为一项新技术引发的负效应开始显现。本文对微信的信息传播机制进行深入分析，同时对引发的负面问题进行综述，最后对适合微信的治理模式进行了探索。

【关键词】微信；即时网络；传播机制

## 一、微信概念及发展背景

### 1. 主要概念

2011年1月21日，腾讯正式推出微信。微信是一款基于智能手机，可以实现通过网络快速发送语音短信、视频、图片和文字，支持多人群聊的移动通信软件。其中，"语音短信""免费""移动""便捷"等极具特色的特点迅速受到市场热捧，微信成为迄今为止增速最快的手机应用，也是增速最快的互联网服务。微信类移动通信软件是指类似于腾讯微信的，能够跨平台提供语音短信、视频、图片等多样化服务的移动通信软件。目前国外用户规模较大的包括 Whats App、Talk Box、LINE、Kik、Kakao Talk 等，国内则有腾讯公司的微信、小米公司的米聊以及三大电信运营商推出的"飞聊""翼聊"

和"沃友"等。微信类移动通信软件以智能手机终端为主要平台甚至唯一平台，提供语音短信、视频、图片等多样化的聊天方式，创新多元化社交方式（基于手机通信录为核心，辅以地理位置信息服务等），实现了跨网络、跨终端平台的特点。

**2. 即时网络时代的杀手级应用**

互联网正处于第三个高速发展热潮——即时网络阶段。从20世纪90年代商业化开始，互联网至今已有20多年历史，其间历经Web1.0和Web2.0两次热潮后进入了即时网络阶段。与过去相比，即时网络时代的产业规模和发展空间更为巨大。除了用户规模更为庞大外，用户需求也更加多样化和个性化，产业典型应用也大大不同。在这个时期，微信是最重要的典型应用之一，微信将"即时化、社交化"融为一体，呈现出引爆未来的发展趋势。作为国内首款世界级产品，在不到两年的时间里，用户超过3亿，创造了国内外互联网领域的全新发展纪录。微信已经登陆东南亚、美国、港台、澳洲等市场，海外用户已超千万。按微信用户增长速度预测，微信的注册用户5年内将突破8亿，届时将成长为继Google、Facebook、Twitter、Yahoo、YouTube之后的第六大世界级互联网平台。

表1 微信在互联网三次浪潮中的位置

| 发展阶段 | Web 1.0 | Web 2.0 | 即时网络 |
| --- | --- | --- | --- |
| 中国网民规模 | 5910万（2002） | 2.98亿（2008） | 5.64亿（2012.12） |
| 发展时期 | 1994—2002年 | 2003—2008年 | 2009—2015年 |
| 典型应用 | 门户、网游 | 博客、SNS | 微信、微博 |
| 特征 | 单向、网络化 | 个性化、自组织 | 即时化、社交化 |

资料来源：互联网实验室2013年1月。

微信存在巨大的市场需求。这种巨大需求来源于两个方面：一方面，微信潜在用户数量巨大。微信用户的一个很重要的来源是网民。我国网民数量保持稳定增长的势头，截至2012年12月底，我国网民规模达5.64亿，互联网普及率为42.1%，预计2020年将达到10亿左右，在当前的基础上翻一番。由此来看，随着网民数量的快速增长，微信在国内的潜在市场规模还将继续迅猛扩大。另一方面,用户质量大大提高。由于即时网络的特点,使用户不再受时间和空间的限制。智能手机等移动上网终端随身携带,也将大大延长用户的网络使用时间,用户在线时间将从平均每人每天1—2小时增长到10—20小时。网民数量的增长,体现出微信潜在市场的广阔;网民在线时间的延长,表明潜在用户消费能力的增强。这不光为微信的未来奠定了坚实的用户基础,也为产业发展带来新的重大机遇。

## 二、微信传播机制

从传播学角度来看,微信传播以点对点的人际传播为主。微信传播的内容具有个人私密性和准实名制的特征,大众传播能力薄弱。传播范围主要在自己的微信朋友之间,传播的内容只有好友能看见,陌生人看不见。微信在增加相应插件的前提下,可以接受腾讯新闻、公众账号信息广播、腾讯微博和朋友圈推送的信息。

### 1. 微信传播方式

以点对点传播为主微信涉及的传播方式大致可以分为三种:好友之间传播、朋友圈传播以及信息接收(信息源包括系统广播、公众账号和微博动态)等方式。

第一种,所谓"好友之间传播",是指通过微信互相添加为好友的用户之间的点对点双向传播。好友来自手机通信录、QQ好友以及部分陌生人的账号。一般而言,数量限于几百人。传播方式与手机短信类似,是一种点对点的类似短信聊天方式。

第二种,所谓"朋友圈传播",是指微信用户在增加了朋友圈插件后,可通过手机接收到自己的朋友圈好友动态,也可通过手机拍照发送到朋友圈。传播范围跟自己的好友数量相关。微信"朋友圈"被定义为一种私密性的图片分享,限定在相互关注的"朋友"范围内。基于私密性,微信朋友圈的传播功能有"点赞"和"评论",但不支持转发,难以形成大规模传播。

第三种,所谓"信息接收",是指微信用户作为信息接收端,可以在安装有关插件的前提下,接收来自腾讯网站推送的新闻广播;接收来自公众账号推送信息;接收来自腾讯微博更新的信息,并向自己好友转发。具体来说,微信可以将腾讯网站的新闻以系统广播功能，面向所有中文用户推送，用户可以在绑定手机号或 QQ 号的前提下转发到朋友圈或腾讯微博或好友。但是，系统每天只发送两条新闻，大大限制了传播能力。个人账号接收到信息后，可以向朋友圈和自己好友分享；分享给好友，是一种点对点的传播模式。分享到朋友圈的内容，可以进行简单的讨论和点赞的交流，但是由于没有转发功能，所以，微信传播无法形成微博那样的多级链条传播。

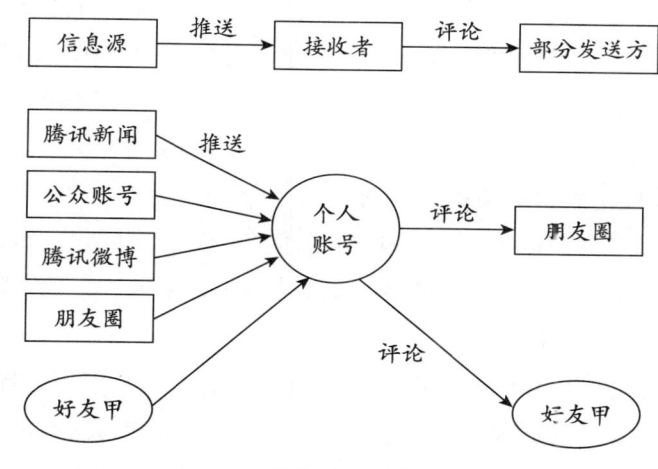

**图 1　微信信息传播路径图**

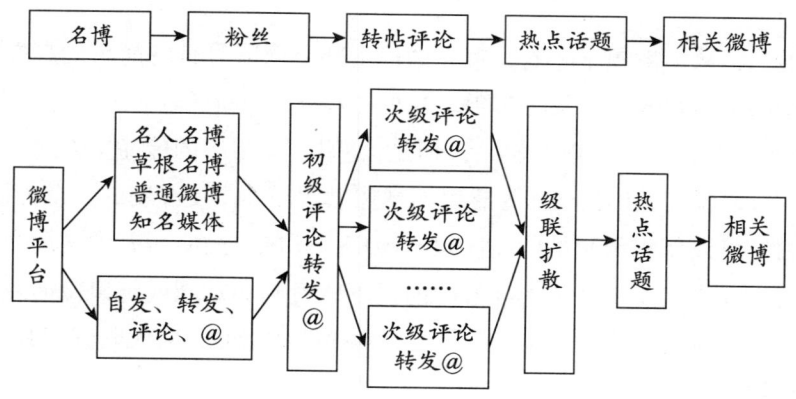

**图 2　微博影响力逻辑模型**

微博较之微信，即时化的个人媒体与大众传播机制的特点更为明显。在微博上添加"关注"行为所形成的是一种不对称人际关系，这种过程很容易将人际关系从熟人的圈子扩展到陌生人,因而使得个人社交范围大大拓宽,"粉丝"可高达数十万乃至上千万。松散的社交关系使微博具备了一对多的大规模群体交流的能力,从而使微博大众化传播成为一种现实。微博一对多的发布模式,借助转发使影响力几何级增大,能赢得规模性的话语权,并且进一步反作用于传统媒体。从微博影响力逻辑模型可以看到从次级评论转发开始,微博内容开始爆发式传播。比较上面的微信传播图,由于朋友圈的设计并不支持再转发,同时信息已经在亲密圈子内公布,再传播只能延续点对点的转发方式,或出现向其他平台扩散的方式,如在"南周事件"中吴法天微博公布在微信上收到的事件真相信息,就是一种向外的扩散方式。

**2. 微信传播能力、渠道、范围**

微信虽然有三种传播方式,用户获取信息的途径多元化,但是各种传播方式在传播频率、传播渠道、传播范围上存在一定限制,导致了微信对大规模群体交互有先天局限性。

第一,终端对大规模传播能力产生了限制。微信目前仅用于智能手机端,智能手机屏幕大小的局限性,决定了在小屏幕上多人沟通内容很容易被实时的信息所覆盖,用户体验较差。手机端屏幕的面积和信息量,显然远远不及PC端。

第二,从传播频率上看,首先微信上的公众账号具备简单的广播能力,微信提供了公共账号的关注功能,有些"大号"的粉丝较多,可达千万级粉丝,可以实现简单的广播功能[1]。但是,这些"大号"的传播量受到限制[2]。因此,可以说,微信公众账号难以实现像微博一样高度互动的大众传播。其次,微信可以将腾讯网站的新闻以系统广播功能,面向所有中文用户推送,用户可以在绑定手机号或 QQ 号的前提下转发到朋友圈或腾讯微博或好友。但是,腾讯新闻作为插件应用,每天只发送两条新闻,大大限制了其作为媒体的功效。

第三,从传播范围上来看,微信群 75% 为 3—5 人的小型群组,可见,群组传播直接覆盖人群相对有限。

表2 微信各传播方式的范围与频率限制

| 传播方式 | 传播途径 | 用途 | 传播范围 | 传播频率 |
| --- | --- | --- | --- | --- |
| 好友传播 | 微信 | 短信聊天，语音聊天，视频聊天 | 一对一 | 不限 |
| 朋友圈传播 | 朋友圈插件 | 可在手机上接收到朋友圈好友动态，也可通过手机拍照发送到朋友圈 | 好友之间 | 不限 |
| 信息接收 | 腾讯新闻插件 | 通过安装插件，发送新闻 | 所有中文用户 | 2条/天 |
| | 公众账号 | 信息可被粉丝转发给好友，认证账号每天发3条，未认证账号发1条 | 粉丝数 | 3条/天；1条/天 |
| | 腾讯微博插件 | 接收自己的微博动态 | 微博粉丝 | 很低 |

资料来源：互联网实验室2013年1月。

### 3. 微信传播特点

（1）微信准实名性

微信的准实名性体现在如下方面：一是个人的社交关系。微信的好友来源可以有三种途径：手机通信录、QQ好友和陌生人。其中，手机通信录是微信好友的核心来源，微信更多应用于通信录好友之间的交流，带有典型的准实名制特征。

二是号码绑定。微信账号可以与手机号码和QQ号码打通并绑定，手机号码已经符合实名制要求，QQ号码中积累了非常多的个人资料和个人网络痕迹。

其中会有很多资料能够体现个人身份。三是微信软件中鼓励实名交友，提供了个人信息（包括头像、名字、性别、地区等）和扫一扫名片，用户之间可以方便地进行真实身份比对。对于移动社交实名制问题，可以参考《人民日报》的观点。

人民日报发表文章指出，互联网的"泥沙俱下"所带来的互联网诚信、隐私权保护等问题已经上升为网民关切的共同话题，而移动社交的实名化则让此类问题迎刃而解，由于移动社交的发展所依靠的是基于熟人"强关系"

新互动沟通方式,所以实名化的应用有力推动了移动社交网络环境的改善。

(2)个人私密性

微信的信息内容具有个人私密性特点[3]。简单来说,所谓个人私密性,主要指普通账号发送的所有信息,好友可以看到,非好友则完全看不到。从产品基础功能来看,作为一款应用于个人社交通信场景的产品,微信天然属于强关系链产品,主要是熟人间聊天交流的工具,因此用户隐私得到严密的保护。从微信特色创新功能来看,微信也可以用于构建弱关系链,即陌生人交友。与微博相比,微信完全是具有不同基因属性的产品。微博有更强烈的传播和媒体属性,而微信有更强的黏性,更好的交流体验,是一条具有私密性的沟通纽带。

(3)微信大众传播能力薄弱

微信着眼于点对点的精准定位,这一点决定了微信在产品功能上也做出了限制信息分享的功能限制,导致微信的大众传播能力较弱。

第一,限制信息的大规模传播。微信语音、视频不能复制粘贴,不利于大规模的信息传播。微信信息停留在传受双方的移动终端上,只有传受双方可以看到听到,其他用户无法在自己界面获知。微信目前的功能设计中没有转发功能,因而无法形成微博式长链条的多级传播。朋友圈实际是一个封闭的讨论圈,由于缺少转发功能,难以形成圈子与圈子之间的传播。

第二,降低信息积累,增加信息溯源难度。微信以聊天为主,积累信息的深度不如微博。相比微博而言,信息缺乏可挖掘的能力,比如,天然的无法搜索,无法进行量化分析。

第三,重视个人隐私的保护。在个人隐私保护和不良信息处理方面,微信也注重了私密性,设计上更尊重个人意志。例如,微信上 QQ 空间及腾讯微博的分享按钮都是默认关闭的、朋友圈的照片没有分享功能、发起视频需要消息回复等。

### 4. 微信受众的网络社交

(1)以强人际关系为主要社交关系

微信作为一款基于手机端的通信软件,以个人人际关系为核心,通过强关系和弱关系两种方式进行信息的生产和传递。所谓微信强关系,是指微信用户经过互相确认所形成的网络社交关系;所谓微信弱关系,是指微信用户未经彼此确认而形成的社交关系。从微信强关系来看,微信最基本的关系网络是基于现实生活关系的"同学""同事""亲戚""朋友"关系,这种关系都带有相互关注的特性,双方主要以点对点方式沟通信息。从微信弱关系来看,微信提供了许多功能,可以扩大社交范围。弱关系所传递的信息大致有两种,一种是用户信息,可以通过查找附近的人(基于地理位置的LBS)、摇一摇与漂流瓶等SNS功能,接触陌生用户;另一种是通过APP和公众平台等方式接收来自于陌生用户发布的信息。

**表3 微信用户社交关系类型**

| 关系类型 | 关系方 | 关系形成方式 |
| --- | --- | --- |
| 强关系 | 同学、同事、亲戚、朋友 | 手机通信录、QQ好友、搜号码、扫一扫 |
| 弱关系 | 陌生交友 | APP、公众平台 |

资料来源:互联网实验室2013年1月。

微信注重社交功能。用户社交范围可以分成三个层次:第一,熟人交际圈。微信最初的受众是熟人,即手机通信录好友和QQ好友。基于已经相对成熟的社交关系,传受双方在微信沟通中感情黏性进一步增强,由此形成稳定、成熟、联系最为频繁的熟人交际圈。第二,千米交际圈。微信设计了"查看附近的人"的功能,在用户所在位置1000米范围内的微信用户都能看到。它为用户提供了附近人的头像、昵称、签名及距离,让微信走近用户生活,以便用户之间产生进一步联系,也方便结识身边的朋友,向身边的人寻求帮助,或者推广工作业务。第三,陌生人交际圈。扫一扫、LBS定位、摇一摇和漂流瓶功能将微信的社交圈由熟人推向陌生人。

相对于微信,微博以单向关注的弱关系人际关系为主,易于人群的集结。在微博上实现社交的过程极为简单:通过添加"关注"即可成为对方的"粉丝","转发、私信"等功能也促进了彼此之间的交流。由这个添加"关注"行为所形成的是一种不对称人际关系。微博摒弃了SNS社交网站双向互动的紧密人际关系,以单向的跟随关系简化了社交关系。用户可以随意关注他人以接收信息,而不需要形成双向的好友确认关系,这个过程易于人群的集结。

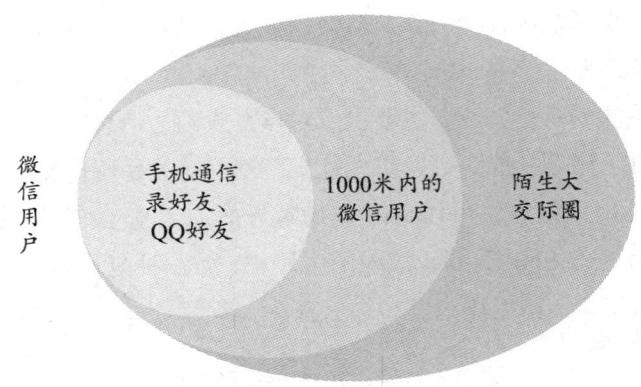

图3 微信的社交层次

（2）微信受众范围较窄

由于微信最基本的关系网络是基于现实生活关系的"同学""同事""亲戚""朋友"关系，因此线上的交往频度与线下真实社会的交往频度会趋同，整体来看，熟人之间的交往频度会高于陌生人之间的交往频度。但是由于双向关注的人际关联模式，必然导致作为网络舆论的受众方的范围狭窄，普通大众的交往范围基本维持在几百人的规模。

值得一提的是，微信公众平台大号及其粉丝之间具有弱关系属性，在一定程度上可以加大网络舆论受众方的范围，产生大规模传播的效果。但目前，微信对此进行了功能限制。

**5．案例分析：南周事件微信传播评估**

（1）微信朋友圈限制信息的自由流动，不利于事件的扩散传播

选取两个互为好友的用户A与用户B，观测两个用户各自的微信朋友圈中关于南周事件相关微信信息传播的实际效果。

观测案例中涉及的用户关系说明——用户A与用户B在微信上互为好友，即两者可以相互接收到且评论对方在朋友圈中分享的微信信息。

在该案例中除了A、B用户，还出现了用户C、用户D、用户E、用户F。这四个用户分别与用户A互为好友，但是与用户B不互为好友，即用户C、D、E、F对用户A的评论内容，用户B是无法接收到的。

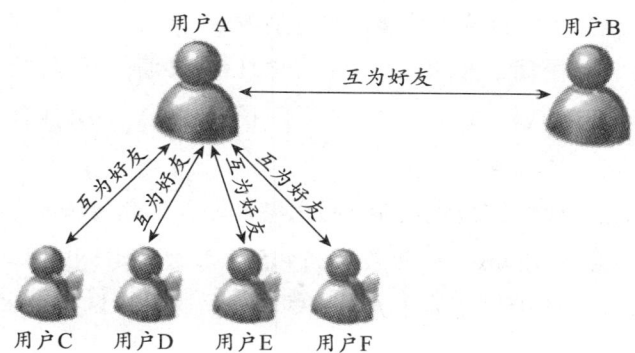

**图4　南周事件观测案例微信用户关系示意图**

注：只有互为好友的用户可以接受、评论对方的信息。

资料来源：互联网实验室2013年1月。

观测结果——用户A在微信朋友圈中分享了一条关于此事件的评论信息，从用户A微信朋友圈截图界面可以看到，用户B接收到了此信息，并做出了赞的评论。另外用户C、D、E、F分别给用户A进行了评论。右侧用户B的微信朋友圈界面截图显示，由于用户B与其他用户不构成好友关系，因此不能接收到用户C、D、E、F对用户A的评论。由此可见，由于微信朋友圈的产品机制限制了信息在不同朋友圈中的自由流动，导致朋友圈实际是一个封闭的讨论圈，缺少转发功能，难以形成圈子与圈子之间的传播。反映出，微信的产品机制的设计导致它无法对南周事件的大规模传播的情况。

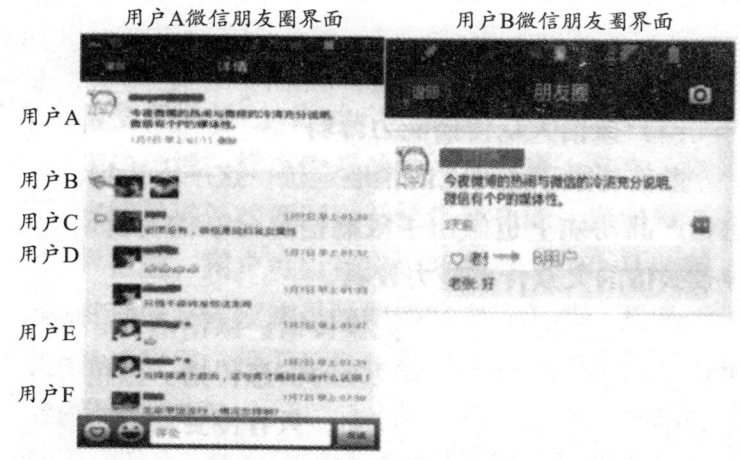

**图5　南周事件微信观测案例截图**

资料来源：互联网实验室2013年1月。

（2）微信信息不提供搜索功能，事件追溯难

将微信卷入到南周事件的传播中源于 2013 年 1 月 7 日吴法天微博爆料，"今天收到的微信，或许接近真相。不要问我谁发的。右键保存吧，或许一刷就没了。"

由于微信不提供内容搜索功能，可追溯性差，因此吴法天发布的微信实际上是发布到微博（http://weibo.com/1405603123/zdpsHejvR）上之后引发了广泛的传播。吴法天发布的相关微博的转发量达到了两千余次，评论 600 余条。

（3）采取关键字屏蔽措施

监测发现，在事件敏感期内，微信亦采取了关键词屏蔽措施，防止事件的扩散。2013 年 1 月 12 日微信出现关键词屏蔽，含"南方周末"字样的微信无法发送；2013 年 1 月 14 日测试屏蔽解除。

### 三、以自律机制为基础的治理探索

我们应该认识到，新技术的产生总是伴随负面作用，电信技术存在着"恶意"使用的现象。对微信而言，也是如此。微信在提供了交友便捷功能的同时，出现了一定数量的负面新闻，引起了社会关注。正如"互联网预言家"、《连线》杂志创始主编凯文·凯利（Kevin Kelly）所言，任何强有力的技术都会被强有力地加以滥用，换言之，如果没有强有力的滥用，说明这种技术本身还不够强大。可以说，微信也正是由于它自身的强大，而导致了人为的恶意使用。

#### 1. 微信遭遇的"恶意使用"问题

概括来看，微信被恶意使用，主要表现为：

（1）陌生交友

网络扩展了社会交往的范围，用户在陌生交友的选择渠道增多，微信作为网络衍生的社交工具，有可能被滥用。陌生人通过查看附近的人、摇一摇等功能对使用微信的人进行搭讪，甚至出现低俗、淫秽的谈话内容。媒体报道，通过微信等产品的陌生交友，产生了诸如一夜情甚至诈骗、抢劫、绑架、强奸等社会问题。

（2）信息过载

微信信息过载主要是指微信推送可能会造成的垃圾信息问题。微信的信息传达方式是通过实时推送来完成，推送不会让用户遗漏任何信息。然而，正如垃圾邮件一样，如果微信信息推送被滥用，就会降低用户体验，不可避免地给客户带来了困扰。例如，房产广告、保险推销等骚扰信息。

（3）隐私保护

微信涉及用户个人数据、隐私信息，如果保存和管理不得当，则存在泄露的可能性。例如，对通信录和手机备份资料没有安全设置或妥善保管。另外，用户利用LBS功能去做人际关系拓展的同时，也存在个人作息行踪信息泄露的问题。

**2. 治理对策：自律与监管**

网络新技术的发展必然会带来新的社会问题，在必要的时候，政府可加强规制，同时行业也需要加强自律。任何一款新型的技术，都会存在被滥用的可能，手机短信如此，微信也不例外。因此，微信也面临着如何加以规制的问题。

从法律法规角度来看，针对微信，现行法规需进行局部适应性调整。从现有的监管制度来看，由于我国网络立法主体甚多，有关部门颁布了大量行政规章，此外还有数量庞大的通告、通知、制度和政策类的规范性文件，这些法律法规能够有效地对互联网进行管理，也基本能够对微信加以规制。当然，明确针对微信的相关法律法规仍是空白，现行立法中，尚没有具体界定电子证据的类别，微信聊天记录等电子数据能否成为定案证据，需要刑事诉讼法修正案或司法解释进行界定。有关立法需要在局部做出适应性调整。

从世界各国监管体系的发展趋势来看，国际上也在加快调整监管机制。包括加强行业立法、竞争监管、服务质量、监管体制调整等。从亚太区域发展来看，中国周边国家和地区，包括韩国、中国香港、中国台湾等地区业已成立融合监管机构。即时通讯软件快速发展引发了一系列问题，从公平竞争、产业秩序甚至国家安全等方面触及监管边界，应当引起监管机构的关注。监管机构应当协调基础企业与即时通讯提供商之间的关系，在监管层面既要保护互联网企业的创新动力，又要保护电信企业的资源建设积极性。对于具有同等影响力、业务规模且同业竞争的市场主体，监管强度存在巨大差异，可能有失监管的公允性，不利于形成良性的产业秩序。与立法规制和政府监管相比，自律机制是一种成本较低、效果较好的有力工具。我国在互联网管理的长期过程中，已经建立了比较完善的行业自律机制。针对微信这一新兴技术应用的特性，加强行业自律非常必要。

针对不良信息，服务商沿用常见的技术过滤和内容分级手段。针对信息过载问题，服务商通过产品机制进行控制。针对目前对用户隐私和信息安全的保护与监管，服务商已经形成了较完备的保护机制，主要包括用户隐私保护机制和对违法不良信息的监管与处理机制。针对恶意使用引起的犯罪现象，服务商设定了举报机制。但是，应该看到，微信类软件要求读取手机通信录、短信等用户个人信息文件，具有定位、后台运行等功能，私有信息容易在用户不知情情况下被使用。当用户权益受到威胁，或者被不法分子利用时，服务商自律和措施仍不能消除问题。因此，行业和服务商仍然需要加强自律。另一方面，政府多部门联合监管仍然十分必要。根据微信的特点，顺应国际监管趋势，政府各监管部门应切实承担起明确的职责，形成监管合力。

（方兴东系浙江传媒学院互联网与社会研究中心主任、特聘教授；石现升系中国互联网协会副秘书长；张笑容、张静系浙江传媒学院互联网与社会研究中心特约研究员）

**参考文献：**

［1］公众平台被定义为一种向受众传播信息的开放平台，目前可以进行的传播包括三种形式：群发推送、自动回复、1对1交流。

［2］微信公众账号发布信息量受到两方面的限制，一方面微信官方对于群发推送有严格限制，另一方面由于前期出现用户将接受信息当作骚扰而取消关注的现象，公众号自觉限制推送量。

［3］《2013关于新媒体的猜想》，2013年1月10日，人民网-人民日报，http://leaders.people.com.cn/n/2013/0110/c178291-20153501.html。

# 我国传媒业建立和完善激励机制初探

刘社瑞

【摘要】西方管理学的激励理论可分为"内容型激励理论"和"过程型激励理论"。其理论对我国传媒业建立和完善激励机制富于启迪。我国传媒业正处于由计划经济向市场经济转轨的过程中,大锅饭、铁饭碗现象还存在。而"内部人控制"和单纯按绩效计酬的分配方式也反映了传媒业运行的不够成熟。我国传媒业建立和完善激励机制,其实质是构筑一种充满生机活力的文化。在激励模式上,需求激励仍受重视,团队激励、风险激励也适应了传媒业改革和发展的需要。

【关键词】传媒业;激励理论;激励模式

我国的传媒业作为一种文化企业,既担负着宣传党和国家的方针政策、传播科学文化信息的重任,又是一种经营实体,必须遵循市场经济规律,通过企业化管理发展壮大自己。建立和完善激励机制,适应了传媒业改革和发展的需要,是当前传媒业改革的重中之重。

## 一、激励理论及其启示

美国哈佛大学威廉·詹姆士教授的一项研究表明,企业员工在受到充分的激励时,可发挥其能力的80%—90%,而在仅保住饭碗不被开除的低水平激励状态下,员工只发挥其能力的20%—30%。由此可见,通过激励开发传媒业人力资源,促进传媒业发展,意义重大。

西方管理学界对激励问题做了大量研究,这些研究成果可简要地分为

"内容型激励理论"和"过程型激励理论"。在各种"内容型激励理论"中,"需求"始终是被关注的概念。美国心理学家马斯洛提出的需要层次理论认为,每个人都存在一个复杂的需求系统,追求这些需求的满足便形成了一种重要的激励力量。按照马斯洛的需求层级理论模式,人的需求总是由低向高发展的。但是,人在现实社会中生活,人的需求的满足度受制于各种复杂因素,当人的较高层级的需求得不到满足时,人会转而追求较低层级的需求。另一位研究激励的学者奥德弗因此提出了"挫折—退回"心理模式。人的需求是否都具有激励效力,在做了大量研究之后,赫茨伯格提出了"双因素"理论("激励—保健"因素),他认为,人的需求可以根据"满意感"与"不满意感"分为两组,第一组为"不满意感因素",如工作条件、部门决策、工资待遇等,称之为"保健因素";另一组是与工作成就、被赏识、挑战性工作等有关的因素,这些因素能使人产生"满意感",具有激励意义,称为"激励因素"。这两种因素不同但又有联系,如果没有"保健因素","激励因素"便不能奏效。

另一位美国学者麦克利兰在马斯洛需求层级模式较高层次上的现实表现方面做了长时期的研究,创立了"成就需要"激励理论。这一理论侧重于高成就需求者的特征;另外他也没有忽视个人对权力、归属需要的研究。他的研究被认为在开发员工的成就动因方面颇有"实用"价值。

如果说"内容型激励理论"注重对人的需求的研究,特别是对人较高层次需求的研究的话,那么,"过程型激励理论"则更加注意激励的现实过程。在有关"过程型激励"理论中,物质利益的因素往往和工作目标联系在一起。"等价理论"("公平理论")揭示出,人们总是将自己的报酬和投入之比与其他人的报酬和投入之比进行比较,如果两者之间存在差距,他们将因之受到激励或刺激从而多做或少做工作。人不会将自己的工作投入与报酬之间做出比较,只有在通过与他人比较时他才知道自己是否被公正对待。虽然这种比较带有个人的直觉因素,但却是不可忽视的。管理者应尽力消除导致不公平的客观诱因,并且加深员工对现有激励因素的理解,以消除对公平性的主观感觉。研究者还证明,个人需求的目标与组织的目标相和谐时,人的能力得到较好的发挥。目标取决于个人关心偏爱的程度以及可期望的价值。这一理论被称之为"期望—效价理论"。其创立者佛罗姆用这样一个公式表述了这种激励关系："动力＝效价 × 期望值"。"效价"是人对具体目标的反应态度，"期望值"是个人希望在实现目标中得到什么，反应越强烈，期望值越大，激励越大。以上对西方"激励"的有关理论做了一个简略的勾勒。应该说，各种激励理论都从不同的角度揭示了激励的动因，对我们富有启示意义。

首先，激励不可忽视人的需求。激励是建立在人的需求之上的，对人的需求起着启动、诱导、规范的作用。人的需求是多方面的，人既有生理的需求，也有精神的需求，建立激励机制应充分考虑人的需求的丰富性。

其次，激励应引导人的需求。一个运行良好的企业，对人的需求的激励有较好的引导作用。人处在组织中，在很大程度上不是为了单纯的物质利益，他对组织的归属感、对工作的兴趣以及对工作挑战性抱有浓厚的兴趣，组织应根据人的需求的这种特点，为员工创造成功的条件，引导员工实现较高层级的需求，如马斯洛描述的"自我实现"的需求，这样会极大地发掘出员工的潜力，创造出好的效益。

再次，激励机制应建立在公平的基础上。"等价理论"在对员工公平心理的研究上给予我们很多启示。公平合理的激励机制，能够消除导致员工不公平心理的客观诱因，从而激励员工努力工作。

最后，激励机制应充分考虑个人目标和组织目标的和谐性。个人对组织目标的认识和偏好程度，取决于个人在实现组织目标的过程中个人目标实现的程度。如果组织目标与个人目标是不一致的，个人在完成组织目标过程中不能达到个人的目标需求，个人的积极性就会受到挫折，从而影响组织目标的实现。

综上所述，我们认为，建立和完善激励机制，应以需求为动力，以公平为原则，以目标为主线，以人力资源的开发为检验标准。

## 二、我国传媒业在建立和完善激励机制方面存在的问题

我国传媒业从 20 世纪 80 年代以来，进行了一系列的改革，建立和完善有效的激励机制，也是业界人士所企盼的。但是，直到现在，我国传媒业在建立和完善激励机制方面还存在着诸多问题。

一是平均主义、大锅饭现象严重阻碍着建立和完善有效的激励机制。当前，我国传媒业正从全民所有制向混合经济成分转变，从计划经济下的行政机关体制向市场经济下的企业体制转变。这种转变最终会导致平均主义、大锅饭的打破。但是，在这种转变没有完成之前，平均主义、大锅饭现象还会存在；甚至在此现象打破之后，其长期以来在人们心中造成的影响还会存在。这是我们建立和完善激励机制现实的和心理的障碍。

二是"铁饭碗"问题。在计划经济条件下，企业职工的工作是有保障的，终身制的。我们把这种体制称之为"铁饭碗"。随着我国改革的深入，"铁饭碗"在事实上已经受到冲击。但在传媒业，特别是带有机关性质的传媒企业，"铁饭碗"的问题依然存在。这是因为，相对而言，传媒业竞争的程度不同于一般企业的激烈。加上人事上目前实行的"老人老办法"使"铁饭碗"得到保障，员工感受不到生存的压力。在这种体制下，激励收到的效果也是极其有限的。

三是"内部人控制"问题。我国的传媒业，经过20多年的改革，市场化程度已日益提高。但由于所有制和经营主体存在的两张皮现象，使得传媒业经营者掌握着比较大的权力空间，形成了经济学中"内部人控制"（即或者由管理人员、或者由工人控制）问题。这种"内部人控制"问题是传媒业"由计划经济体制向市场经济体制转轨过程中出现的一种潜在可能的现象"[1]。这一现象在激励方面的表现是传媒业实行的高薪酬、高福利。我国的传媒业自改革开放以来，特别是20世纪80年代中期以来，逐步成为自主经营、自负盈亏、自我约束、自我发展的经济单位，由于国家对传媒业实行了一系列优惠政策，传媒业得到很大发展，获得了较大的利润空间，这使得传媒业有可能实现高薪酬、高福利。这种高薪酬、高福利的取得，是国家政策带给传媒业的好处，并不是传媒业在市场竞争中得来的，其分配形式一般都带有平均主义色彩，造成了这些薪酬和福利分配的非效率，对员工的工作绩效起不到激励作用。

四是单纯按绩效计酬的分配方式。本来，实行绩效挂钩应该是激励的一种途径，但把这一点片面化对实现组织目标弊大于利。首先，传媒企业工作量化的标准很难确立。其次，单纯按绩效计酬会构成员工之间"你胜我负"的竞争，这样的竞争会引起人与人之间的敌意，在这种竞争的情形下，员工有可能不顾组织的利益，比如争抢信息资源，从而造成资源的浪费。最后，单纯按绩效计酬忽视了员工的发展和组织的长远利益。特别是新员工，在拥有资源和工作经验上和老员工相比均有较大差距，在单纯按绩效计酬的激励机制下，会产生挫折心理，为在竞争中求生存，他可能会采取短期行为，忽视个人发展的长远目标，造成竞争底气不足，前进道路维艰。

上述所列四个问题，都在某种程度上影响着我国传媒业建立和完善激励机制。平均主义、大锅饭、铁饭碗问题的最终解决，有赖于传媒业的充分市场化，而高薪酬、高福利和单纯按绩效计酬的激励方式，本质上也是市场经济条件下企业不成熟的表现。因此，建立和完善传媒业激励机制，开发传媒业人力资源，意味着把传媒业推向市场，通过市场规律建立起竞争规则，促使传媒业的成熟，使传媒业从业人员在竞争中脱颖而出。

### 三、激励文化和激励模式

激励不仅是刺激企业内部活力的一种手段，而且是一种文化、一种精神。建立和完善激励机制，其实质是为企业构筑起一种充满生机活力的文化。这种文化表现出两个特征：第一，个人目标与组织目标的协同性。从社会学的角度看，个人生活在群体之中，个人之所以要加入群体，是因为在群体中个人追求的目标便于实现。从理论上讲，组织的目标与个人的目标具有一致性，因为离开了具体的个人，群体是不存在的。但个人目标受制于群体的目标，群体对个人的目标具有启动、诱导、规范的功能。这种功能除了一定的规章制度约束之外，在深层上表现为个人与群体的文化联系。忽视了这种联系，任何规章制度都不能奏效。第二，政策与策略的一致性。政策和策略的一致性是通过政策的原则性和策略的灵活性体现出来的。在激励中把握好二者的关系是企业文化的活的灵魂。

如前所述，西方管理学界对激励理论做了大量研究，这些研究对我们探索传媒业激励模式富于启迪。根据我国传媒业的实际，本文列出下述三种激励模式供我国传媒业参考。

一是需求激励。需求激励的理论依据是马斯洛的需求理论。哈尔滨日报报业集团在需求激励方面可以给我们一些启示，该报业集团针对人的需求的多元化,"在激励机制上有所创新、有所震动,有针对性地满足成功者的多方面需求。"[2] 其具体做法是:一是奖德。奖德就是奖荣誉。在百分考核的基础上,按照企业精神评出"爱社奖""敬业奖""廉洁奖""开拓奖"。在颁奖方式上也采取生动活泼的形式,如召开家属联谊会,用奥斯卡金奖颁奖的形式,在全体员工家属面前隆重表彰自己的英雄。此外,通过媒体宣传,造成一种浓烈的气氛,激励广大员工奋发向上、体验成功。二是奖利。奖利就是奖金钱和物质。物质激励必须拉大档次,把原来人人有份的奖金变成重奖优秀者,平奖称职者,不奖不合格者。在住房上取消福利分房,代之以奖励分房。这一做法有效地激励了真正用心于事业的干部员工,使他们焕发出更大的创新力,为集团创造出更多的财富,同时也为更多的员工得到更大的实惠奠定了基础。三是奖分。奖分就是奖导向。其目标重在导向,重在及时激励,不让干实事的人吃亏。哈尔滨日报报业集团的上述做法成功地运用了需求激励理论,体现了人的多元需求,处理好了物质与精神、低层次需求与高层次需求的关系,值得媒介参考。

二是团队激励。有关激励的理论,比较注意个体的需求的激励,但随着社会的进步,从个体的需求以"满足—发展"的模式说明激励的问题已经很不够了。中国传媒业在改革之初,比较多的采取绩效挂钩的方式进行激励,如定量标准的制定,项目或栏目责任制等,都是根据个体的需求进行激励。这种激励模式对传媒业的发展管理产生过重大作用,犹如农村改革实行责任制,对解放农村生产力管理起过十分重要的作用一样。但时至今日,这种激励模式已经远远跟不上形势的发展。我国新闻传媒企业,近年来实施集团化改革,企业规模迅速扩大,在管理上由原来的比较单一的企业实施的以个人目标考核为主的模式正在向以集团内部各二级企业目标考核的管理方式转变。在激励上,相应地以塑造团队精神、实行团队激励为主要目标,这种激励方式适应了传媒的发展状况,能取得更好的激励效果。除集团化改制媒介企业外,发展得比较快的传媒企业,近年来迅速突破定量管理、项目管理的局限,开始实施走内涵式发展的道路。所谓内涵式发展是指在企业内部培植具有发展前景的可以相对独立的项目,使其逐步完善壮大,脱颖而出。与此相适应,这些企业一般采取团队激励的模式,即激励的方式已经不限于个人需求,而是针对团队发展的目标进行激励,刺激团队的协作精神,促进事业的发展。当然，团队激励与针对个人的激励是相辅相成的，只是在具体做法上各有侧重而已。

三是风险激励。风险激励模式的特点是，组织在实现一定的目标的过程中，将风险加以分摊，以激励个人或团队为完成一定的目标而奋斗。这种激励模式对个人或团队的需求不是给定的、静止的，而是不确定的、动态的。在风险激励的模式中，个人和团队做了什么不是被关注的问题，而做得怎样才是被关注的问题。这一模式突出了效益的因素，不仅利于组织目标的实现，而且利于个人需求目标的实现。目前有些传媒企业已在局部实行风险激励模式，这种激励模式主要有两种做法，其一是项目（栏目）风险承包方式，即采编部门或个人提出项目，投入资金由单位和个人共同分担风险，分配上采取企业分红办法。这一方式一般适用于较小型的项目，如图书出版社部分选题的开发制作，电视的部分栏目制作等。其二是领导班子成员风险抵押金制。如深圳特区报业集团制定了《深圳特区报业集团领导班子年度目标责任制方案》，对领导班子实行风险抵押金制，年底由社会审计组织对领导班子的目标责任制完成情况进行审计，并决定奖罚。这一做法对提高企业领导班子的责任心、协作精神、创新精神，能起到较好的激励作用。上述两种风险激励模式在我国许多企业中实行过，实践证明，这种激励方式有较好的激励作用。值得注意的是，在实施风险激励机制时，应加强监控管理机制，以确保国有资产的增值，提高激励的正效益。建立和完善激励机制，与我国传媒业改革的进程息息相关，我们相信，随着传媒业改革的发展，传媒业建立和完善激励机制也就呼之欲出了。

（作者单位：湖南大学新闻与传播学院）

**参考文献：**

［1］张德：《人力资源开发与管理》，清华大学出版社1996年版。

［2］戴昌钧：《人力资源管理》，南开大学出版社2001年版。

［3］王驰：《中国领导学新论》，湖南教育出版社1993年版。

［4］孟倩：《我国报业激励机制的特征分析》，《中国报业》2002年第2期，第50—56页。

[5] 石怀成:《人力资源的有效开发与管理是现代企业制胜的关键》,《中国报业》2001年第11期,第62—66页。

[6] 深圳特区报业集团人力资源开发中心:《大胆创新科学管理不断改革增强活力——深圳特区报业集团近几年人事制度改革的经验体会》,《中国报业》2001年第7期,第17—20页。

# 试析抗战时期《新华日报》的经营管理

刘洪

**【摘要】** 抗战时期的《新华日报》身处险恶的社会环境之中，它首先"调集精兵组建核心，制定章程定法度"，这为办好这份在国统区的中国共产党的机关报提供了有力的保障；在长达9年多的时间里，在纸张、油墨等物资奇缺的战争年代，它创造了"没停办过一天"的奇迹，其背后的具体措施则是"多方筹款财源广，为保发行出新招"。至于它的广告理念与经营方略至今仍启迪着后人。

**【关键词】**《新华日报》；经营管理；措施

《新华日报》从1938年1月11日创刊到1947年2月28日被国民党封闭，历时9年1个月18天，共出版3231期。这期间从未因资金或原料的不足而停刊过一天，足见其经营理念、管理措施有独到之处，在中国新闻史上留下了丰富的管理经验。这些经营理念与管理措施，在媒体走向市场的今天，愈加焕发出耀眼的光芒，给人以诸多启示。然而，过去学界对《新华日报》的研究，大多囿于报纸的文本，即意识形态、政治斗争、编辑思想诸方面的研究较多，而对报社经营管理的研究尚不多见。或者说，过去很少把《新华日报》作为一家企业来看待，只把它看作政治斗争的一个载体。实际上，《新华日报》也是一家出色的优秀企业，从经营理念到日常运转、从管理制度到事件处置，都值得借鉴。

## 一、精兵强将建核心

有力的领导班子是事业成功的基本保障，其成员的稳定是《新华日报》

一直保持出版的重要因素。尽管随着形势和任务的变化，《新华日报》的机构亦有所变化，但它的基本组织形态和领导核心，没有多大变化。为办好这张可以在国统区公开出版的机关报，中国共产党利用第二次国共合作的有利时机，从上海、南京等地抽调了一批政治坚定、才华出众的党员骨干负责办报，有不少人是刚从国民党监狱里走出来的"政治犯"。像熊瑾玎、朱端绶夫妇等。中共中央长江局成立了党报委员会，起初，以王明为主席，1938年11月，党的六届六中全会召开以后，王明的错误路线得到清算，将长江局改为南方局，由周恩来具体领导。对外另设董事会，王明（后为周恩来）为董事长，潘梓年为社长，华岗担任总编辑，熊瑾玎为总经理，编辑部主任是章汉夫。印刷部和营业部主任分别由袁冰和易吉光担任。杨放之主管专栏文章，负责撰写评论，包括社论、时评等。石西民负责编辑国内新闻，何云负责国际新闻，楼适夷负责《新华日报》的《团结》副刊。许涤新负责编辑《群众》周刊。采访课主任为陆诒，记者有张企程和杨慧琳（女）。而张企程还要帮助楼适夷编副刊。因此，人们开玩笑地说：《新华日报》只有两个半记者。显然，记者队伍偏小。这种情况一方面是因为战时的社会环境使然，另一方面，也和报纸所处的历史阶段有关。当时的媒体正处于由"重言论"向"重信息"转变的过渡时期，各报社无不把言论看作"闯市场，打天下"的重要手段。新成立的《新华日报》可以说是一套人马，两个班子，很适合在国统区的斗争需要。在报社具体管理上，各课职能如下：

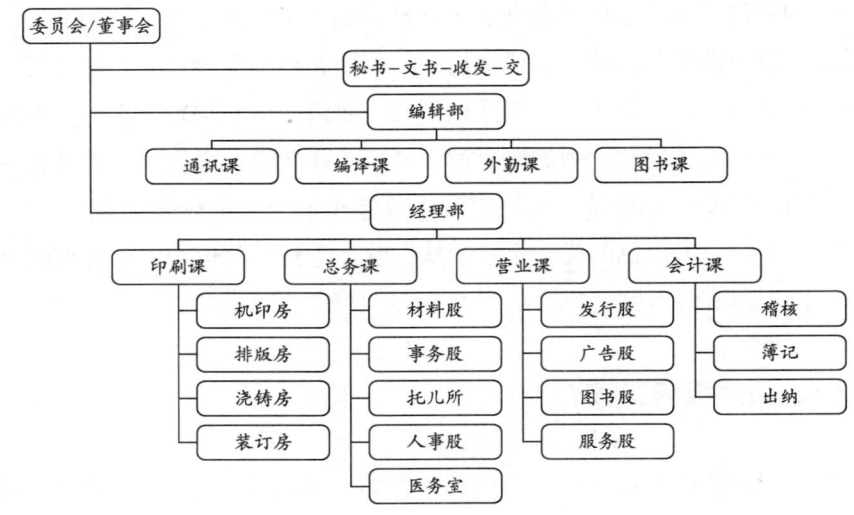

各人分工为：潘梓年对外代表《新华日报》，对内主要负责编辑部、《群众》周刊的政治方向和重大的编、采事务；熊瑾玎则主要负责行政、财务、人员生活和印报的纸张筹措等。总经理熊瑾玎是1938年5月初来报馆接任这一职务，直到1946年4月1日总馆决定迁上海，重庆《新华日报》转由中共四川省委领导，于刚继熊瑾玎任经理。当时新办一张报纸的开办费约3万元，而《新华日报》只有3000元。[1]时间紧，任务重，困难面前，潘梓年展示了他的经营才干，先在汉口府西一路买了一家停刊的报馆《壮报》的印刷厂，并在附近租了一些房屋作为营业部、编辑部和宿舍。又叫何云从南京将《朝报》印刷厂的全套设备及印刷工人盘过来。（何云后来创办了河北版《新华日报》，1942年5月20日在突破日军的封锁线时牺牲。）当时，一般的报馆多是小规模经营，用人不多，在组织建构上是：总编辑下设编辑、采访两课，较大的报馆才另设主笔，负责言论工作。

《新华日报》从制度上创新，学习苏联的办报经验，建立了编辑委员会，由潘梓年、华岗、章汉夫、杨放之、楼适夷、陆诒等组成。从此编委会制度引入中国，它对实行民主集中制，发挥集体的智慧起了积极作用。这可以说是中共报纸的特点。之后，这种形式一直沿用至今，形成了一种优良传统，至今，仍焕发出旺盛的生命力。

中共中央长江局从上海、南京等地调来了一批职工队伍，他们中既有在国统区从事地下革命活动的革命家，如潘梓年、华岗、章汉夫、钱之光等人，也有从事抗日救亡运动、学生运动、工人运动的骨干。他们都经受过严酷的斗争考验，政治上成熟，文化素养高，才思敏捷，善于写作。还有一批因南京沦陷，随《朝报》搬迁而来或招聘而来、业务熟练的印刷工人，如汤宝桐等人，他们具有高度的爱国主义热情和丰富的印刷经验。此外，通过湖北武汉地下党调来的易吉光、周何亮等人，他们熟悉湖北和武汉的情况，为报纸的创刊发行创造了有利条件。

在此特别值得一提的是总经理熊瑾玎和会计课长朱端绶夫妇，他们俩"出生入死，贡献甚大，最可信赖"（周恩来评语）。熊瑾玎认为"要做事，就要有钱"，主张创办经济实体。当年，何叔衡、毛泽东去上海参加"一大"的路费，就是熊瑾玎筹措的。在上海搞地下斗争时，他为党开设了三家酒店、一个钱庄，还和毛泽民等共同经营印刷厂、绸缎厂。这位熊老板经营有方，为党提供了大量的活动经费。为了不引起外界的怀疑，周恩来从湖南调来了19岁的党员朱端绶当"老板娘"。因熊、朱二人早年就认识，并互有好感，经周恩来促成，两人很快变成真正的夫妻。他们为党掌管着成千上万的资金，三女儿半岁时患肺炎，却因拿不出10块大洋的治疗费，以致孩子不治而亡。[1] 他们和"新华军"一道，齐心协力，在战火纷飞的社会环境里，不到一个月，就将编辑部、印刷厂房、机器设备、纸张、油墨、营业门面等准备妥当，于1938年1月11日正式创刊。

## 二、制定章程定法度

《新华日报》在诞生时，武汉已有各自发行量达数万份的三大报纸，即《大公报》《武汉日报》和《扫荡报》。《大公报》是民营的老牌报纸，在全国发行。《武汉日报》和《扫荡报》分别由武汉国民政府和国民党军事委员会主办。可以说《大公报》占着强大的市场份额，后两家则有着强硬的后台支柱。作为中共机关报的《新华日报》其经营规模、社会影响力、市场占有额，理应不居三家之下。这既是政治斗争的需要，也是报业市场竞争中的生意经。如何才能在复杂的政治斗争、激烈竞争的报业市场以及动荡不安的媒介生态环境中办好这份报纸？《新华日报》迎难而上，明确提出了自己的奋斗目标——"编得好，出得早，销得多"。

报社不仅要在政治上完成"出报"的任务，更要在市场上占有一席之地。那样，才能在国统区扩大自己的影响力，更好地完成党交给的宣传任务。为实现这一目标，《新华日报》制定了《报馆章程》，《章程》首先就对办报的宗旨做了十分明确的规定："本报以报道新闻、发扬文化、巩固抗日民族统一战线为宗旨。"它在《发刊词》中明确宣布："本报愿在争取民族生存独立的伟大斗争中作一个鼓励前进的号角"；"成为全国民众的共同呼声"；这一宗旨既符合自己作为中共中央机关报的基本特点和性质，也符合当时中华民族与日本侵略者的矛盾是主要矛盾的历史状况。它以旗帜鲜明的无产阶级的新闻观、独特的新闻视角、精辟深刻的言论，让报界眼睛一亮。它以"异类"挺立于国统区。

此外，报社对人事任免、奖惩、各部门的职责以及会议制度等都做了具体的规定。这就使得报社有了自己的法度,走上了办报的正规之路,避免当时普遍存在的"旋起旋落"的办报现象。

《新华日报》不仅从宏观上明确了自己的章程,更从微观层面确立了自己的行动准则。报纸刚创办一个多月,报馆即先后在郑州和武汉召开读者座谈会,请大家给报纸提意见,帮助改进工作。1938年2月14日、3月2日分别在报上发表两地座谈会纪要,以便鼓励各地读者都来给报纸提意见。1938年4月5日,报纸登出《答复读者意见的一封公开信》,综述读者的意见,主要有三点:一是要闻编排有缺点,只是简单地将消息罗列起来,很像是流水账,给人的印象鸡零狗碎。读者建议分类编辑,并加以分析解说。二是文字不通俗。文章的遣词造句不够通俗,标点符号一"顿"到底。读者建议用白话文。三是对社会的黑暗暴露不够。报社对读者的意见一一做了答复,能改进的地方立即着手改进。增添了《国际一周》和《战况十日》专栏,以帮助读者对一段时间的国内外形势获得比较全面的了解。读者的这些意见成了《新华日报》的一个标尺,对国民党中央社的电讯稿尽量改成通俗语言,对"暴露黑暗"也做了慎重处理。

《新华日报》创刊二周年时再次公开征求读者意见,请大家提出批评意见。1940年1月4日和5日,在头版登出《本报创刊二周年征求各界意见启事》。此后,编辑部选了其中的31封来信陆续发表。来信以青年工人居多,希望《新华日报》多办些副刊,指导青年的学习、工作和生活。报纸很快就有了明显的变化:一是恢复《一周国内述评》和《一周国际述评》这两个专栏,力求深入浅出,通俗易懂,让文化低的读者也能看得懂。二是加大信息量,扩大了报道范围,充实了消息内容。三是学术性文章通俗化。如潘梓年《怎样学习哲学?》,戈宝权的"苏联讲话":《什么叫联共存布?》等。四是连办专刊,如《妇女之路》《青年生活》《工人园地》《经济讲座》《文艺之页》《自然科学》。这些专刊大都是中共南方局给予指导并直接参办起来的。《妇女之路》得到了南方局妇女组长邓颖超、副组长张晓梅等的热情支持,《经济讲座》由许涤新主持,《青年生活》是刘光主办的,《自然科学》由几位学者编辑。他们是来自重庆大学、中央大学的知名教授,如谢立惠、梁希、潘菽、金善宝、涂长望、于铎等。周恩来对这个专刊特别重视,亲自出面邀请了几位著名学者来开办讲座。

通过这种信息的反馈,《新华日报》进一步明确了自己的办报准则,克服了盲目编报的缺点,其读者构成70%是工人,30%是教师、学生、公务员等各阶层人士。可以说,这种没有写入《章程》的"章程"是版面体现办报宗旨的桥梁,是记者采访、编辑组稿的行动指南,是报纸日常运作的准绳。有了这种具体的措施,还使编辑记者在规划版面、拟就标题、开辟专栏、推出专刊等方面摸索出了一些新的途径。从此,《新华日报》从宏观的办报方向,到微观的具体操作都形成了自己独有的规章制度,使自己一枝独秀,傲立于国统区。

### 三、物资运作创奇迹

办报纸必须有一定的物质条件为基础,要有厂房、印刷机、纸张、油墨等基本的物资保障。在厂房被敌机炸毁、特务刁难、各种物资奇缺的环境里,《新华日报》是怎样做到"没有因纸张"的原因而停办过一天的奇迹的?1938年7月14日,总经理熊瑾玎率领《新华日报》的先头部队23人(大多是女职工和家属)一到重庆,便四处寻租厂房、印刷机器。原有设备在途中被日军飞机炸毁。在国民党的严密监视下,把房子租给共产党是要冒很大风险的。因此,寻址建馆便成了头等大事。敦厚谦和的熊瑾玎和干练泼辣的朱端绶夫妇通过各种关系寻租报馆。当他得知南洋华侨胡文虎旗下的《星渝日报》准备停刊时,便以1500元押金和每月350元的租金将它的厂房和设备全部租了下来,后来又受让了《新蜀报》的三台平板印刷机。不久,因日军轰炸,报馆又在重庆化龙桥的"陈独立堂"一带建起了总馆,集编辑部、印刷厂、食堂、宿舍于一地。就这样,《新华日报》先后在重庆的虎头岩、庞家岩、民生路、化龙桥、沙坪坝、高峰寺等地分别建立起总馆、总经理部、营业部、采访部、发行科和多处发行站。可以说厂房、设备一旦解决了,也就意味着在相当长的时间内不用那么操心了,报馆也容易走上正轨。可是,日常大量使用的纸张,在物质奇缺的战争年代则总是让人揪心。加之国民党百般刁难,企图切断纸源,迫使《新华日报》自动停刊。特务头子戴笠就曾多次对其部下说:"要公开查封《新华日报》和《群众》周刊是不好办的,不准商人卖纸给他们,不许经济部给他们分配纸张,他们就会自己关门。"[2]

因此，解决纸张问题，则成了《新华日报》面临的艰巨任务。当时，《新华日报》每天用纸至少需要四五十令的新闻纸，熊瑾玎采取多种方法，如争取公平分配、零星收购和秘密造纸，解决了这一难题。

《新华日报》联合《新蜀报》等进步报刊与国民政府经济部进行斗争，要求公平分配报纸配额。但由于纸张奇缺，单靠向政府申请分配根本无法保证用纸。于是，总经理熊瑾玎充分利用各种社会关系，向一些进步纸商和党外朋友购纸。由于各报馆、出版社都需要纸，市面上出现了一纸难求的局面。这两种方法都是权宜之计，所得也是杯水车薪，无法从根本上解决纸源问题。对此，周恩来指示《新华日报》要自力更生，熊瑾玎提出：自筹纸厂，秘密造纸。造纸先后采取过合办纸厂、自己办纸厂等多种形式，从根本上解决了纸张供应的难题。1941年8月，《新华日报》决定让从新四军回来的苏芸以商人身份投资8万元，友好纸商王织森出资1万元，四川梁平县锦屏镇镇长欧仲武等认股1万元，共10万元资本，在锦屏镇创办了川东复兴纸厂。由苏芸任经理，王织森任副经理兼会计主任，欧仲武则在负责厂务。纸厂开工后，每天发运100担左右白报纸至重庆。川东复兴纸厂生产的纸，不仅保证了《新华日报》和三联书店的用纸，而且也给正中书局和立信图书用品社等文化企业供应了不少纸张，以减少不必要的麻烦。就这样川东纸厂还是逃脱不了国民党顽固派的魔掌，1941年底，重庆市社会局局长包国华以"操纵纸张市场、囤积居奇"等罪名，查封了川东复兴纸厂。不久，《新华日报》又与王织森达成协议：完全由王织森集资筹办建华纸厂，像川东复兴纸厂一样为《新华日报》供应纸张，直至1945年8月抗日战争胜利，从未中断。[2] 与此同时，苏芸、王帮藻和地下党荣县县委书记谢世荣以纸商的身份，在广安县阳河场的丁家坪建了造纸厂，总经理熊瑾玎根据周恩来的指示，要求苏芸做到"绝对保密，长期以资本家的身份办好这个纸厂，要使《新华日报》的用纸无后顾之忧"。[2] 为了使丁家坪纸厂取得合法地位，苏芸与重庆立信图书用品社达成协议：立信图书用品社为丁家坪纸厂办妥一切证明文件，纸厂则长期向该社供应纸张。重庆立信图书用品社的负责人是当时全国有名的会计师、国民政府的立法委员潘序伦，有较高的社会声誉和地位，当局对他的货物都是一路放行。这样，丁家坪的纸就有相当一部分顺利到达《新华日报》的手里。

此外，《新华日报》还先后办过文华纸厂和正大纸厂等，不仅保证了自己用纸，甚至还借纸给其他报馆。有一次《中央日报》存纸告罄，无法正常出报，总经理张明炜亲自到《新华日报》来求援。出于团结抗战的需要，《新华日报》立即借给了他四十令，解了燃眉之急。《中央日报》原定："一个星期必定还纸。"可是四个星期过去了，还是无纸可还，只好照价还钱。凭借这种关系，《新华日报》也向《中央日报》借用了一副大型铜模，铸成了一全套标题字。从此，我们的标题用字面貌一新。

### 四、多方筹款财源广

《新华日报》创刊后，每卖一张报纸，就要赔本五厘到一分；报馆开支逐月增加，开办费是 3000 元，每月的经费也是 3000 元。但 1938 年 10 月，报馆的开支已增加到 7000 元。[3]《新华日报》的经费来源有四类，一是党中央中南局的拨款，二是党员不定期的捐赠，三是办报收入，四是来自任宗德的无私资助。《新华日报》创办之初，第二次国共合作关系还比较顺利，南方局还能拨给相当数量的款项。当时，周恩来出任国民政府政治部副部长一职，月薪 240 元，王明、董必武、博古、林伯渠、吴玉章、邓颖超 6 位参政员每人月薪 350 元。这些个人的收入都以不同的方式成了抗战、革命活动或办报的经费。[4] 1941 年 1 月皖南事变后，国民党反动派封锁解放区，停止向八路军供应军饷与弹药，报馆的经营增加了困难，办报所需费用只有靠自行筹办。如中共贵州省毕节县工委通过自办的"群益书店"和"七月书店"（"七月文具体育用品社"之简称），募集到了 600 多块大洋，寄给重庆《新华日报》作为办报经费。[5] 至于《新华日报》的办报经营收入，包括发行和广告的收入，至今尚未看到较详细的资料，只能根据它发行量做一推算。《新华日报》公布的订报价格：每份 4 分，每月 1 元，半年 5.2 元，全年 10 元。如此，我们也就可以从理论上算出它每天的毛收入：发行量为 1 万份时，最多收入 400 元，达到它的最高值 5 万份时，收入 2000 元。[6] 实际收入要打个折扣。当时的《新华日报》的赠阅范围很广，除了向边区政府各部门、中共各级党组织赠阅外，还向国统区各地图书馆、各抗日团体、医院、难民收容所等机构赠阅，大约 3000 份之多。[7] 由此可以推算出，《新华日报》每天的卖报收入大概在280—1400元。《新华日报》的广告收入更难推算，因为它有不少广告是出于统战、公益、造势等非收入广告，也没有资料披露它的实际情况，故在此忽略不计。从下文也可以看出，《新华日报》的经营收入尚无法独自支撑起报社的正常运营。1947年1月11日《新华日报》社论《检讨与勉励》："许多民间报纸都依广告收入来弥补亏空，我们却没有大量的广告收入……报费的收入是不够养报的，在这物价高涨，报纸成本增高，读者购买力有限的条件下，多发一份就多亏一分本，就是各报都共有的经验。"上述三项收入难以维持报纸的正常运转，每当报社经费周转困难时，便找任宗德借款。任宗德1910年10月30日出生于四川乐山县一个三代经商的商业世家，祖父和父亲除了经营生意兴隆的旅馆——玉成栈之外，同时还从事获利丰厚的白蜡生意。[8]任宗德小学读的天主教会学校，中学在重庆度过，19岁时到北平私立华北大学预科读化学，课余时间自费到北平化学工艺社学习制作肥皂、酒精、煤油、牙膏等化工产品，掌握了扎实的化工知识，这为他后来办厂打下了坚实的基础。抗日战争爆发后，国内汽油匮乏，便用无水酒精代替汽油作燃料。任宗德看准行情，在江津投资创办了国防酒精厂，获利丰厚，仅两三年就拥有数百万美元的资产，在重庆算得上是有实力、有影响的大实业家。从1940年到1946年，任宗德为《新华日报》提供了大量周转资金。每当《新华日报》向任宗德借款时，他总是毫不犹豫地答应，要多少给多少，有时数百万元，甚至上千万元（旧币），都完全予以满足。报馆有钱就还，没钱就挂账，从不计利息。名义是"借"，实际是"赠"。到抗战结束时，尚未偿还的巨款，也就一笔勾销了。总经理熊瑾玎和财务科长朱端绶不止一次讲过："那时的国防动力酒精厂就是新华日报的'金库'随时需要就随时到周竹安那里去取用。"[9]任宗德的得力助手和高级参谋周竹安，是周恩来亲自安排的《新华日报》的联络员和党的特派员。他协助任宗德扩建厂房，更新设备，创建分厂，使酒精产量猛增。可以说，没有任宗德先生的慷慨解囊，《新华日报》完全是另一种情景。

## 五、为保发行出新招

当时报界的发行情景，一般都是各报将零售交由派报业公会（类似报纸发行协会）发售，本埠订户由报馆雇用报丁投递，外埠的就交给邮局投递，或通过邮局送到各地分销处，然后再由报馆的工作人员送达订户。重庆的派报业头子是地痞邓发清，他长期把持着派报业公会，积极投靠国民党顽固派，后因破坏《新华日报》发行有功，当上了国民政府的国大代表。为打破顽固派的封锁，《新华日报》摸索出一条崭新的、符合自己特点的发行渠道，即自建网点，自办发行。

《新华日报报馆章程》规定：在发行 1000 份以上的地区设立分馆，在销售 10 份以上的社会团体、机关、学校设立分销处。《新华日报》先后在重庆、广州、桂林、成都、西安、太行山等地设立了分馆，分销处则遍及湖北、湖南、陕西、河南、山西、江西、广东、广西、四川等省的许多城市。其中桂林分馆是广州沦陷后迁来。抗战时期的大后方，桂林的地位十分突出，它的政治环境比陪都重庆宽松，交通条件比昆明有优势，背靠西南，辐射华南及港、澳、南洋各地。加之李宗仁、白崇禧实行"三自三寓"政策（"三自"：自卫、自治、自给；"三寓"：寓兵于团、寓将于学、寓征于募。）广西成了当时全国的"模范省"。为了让文化城桂林及华南地区的读者及时看到《新华日报》，便出版了《新华日报》的桂林航空版，每周分两三次把纸型航运到桂林，再翻印发行。1939 年 1 月，国民党内政部以"未据独立声请登记，擅自出版，或翻印发行，核与出版法及抗战时期报社通讯社声情登记及变更登记暂行办法，均有未合"为理由，电令"停刊"了航空版。[10] 以后这个分馆仅设营业处，一般是四个人，先是有葛敏、李振南、阿霍和老陆，后来是卢杰、陈晃、郭枫和曹秋，[11] 负责出售从重庆运来的《新华日报》等进步书刊。

成都分馆是《新华日报》创办最早、坚持最久、牺牲最大的营业机构，它创建于 1938 年 2 月，后改为营业分处，人数不多，先后被查封数次，负责人罗世文、洪希宗等被反动派杀害，经理申同和在一次空袭中被炸死，报丁、报童被绑架、杀害或失踪的有 4 人。昆明营业分处则是《新华日报》坚持最久的一个地方发行机构，它是在总馆被封闭的同时才被迫撤销的。贵阳分销处，建立于 1938 年 8 月，几经顽固派的摧残，被迫撤销，其工作人员吴同尘、牟光远、陶浩等先后转到了总馆营业部。太行分馆主要负责各抗日根据地和敌后的发行。西安分馆则负责西北地区，如陕西、甘肃、宁夏、青海、新疆等省的发行。为确保发行工作不掣肘于人，《新华日报》于 1938 年

11月9日开始组建自己的报丁、报童。"皖南事变"之前,报馆有报童14人。这批报童年龄大都在十五六岁,最小的才11岁。之后,为打破顽固派对报纸的限制、封锁,报丁、报童的队伍不断扩大,最多时达80多人。报童多为城市流浪儿,报馆给他们的待遇是,免费供应吃住,卖报挣钱。每卖一份报纸,缴给报馆一半,自己留一半,报纸破损或被没收就报销,卖不完退回。中午补助一餐伙食,每顿一般吃三菜一汤,一荤二素,周末打一次"牙祭",每桌供应两碗肉。发给伞、草帽、口袋、草鞋等日用品。报丁的年龄稍大些,大约15至20来岁,一般有小学文化程度。他们的来源要有一定的"背景":通过报馆职工或地下党介绍,方可加入。因为他们掌握着一定的订户信息。任务是给订户送报,兼零售报纸或书刊,发展订户。待遇津贴费比其他部门高一些,福利也有所不同。发展的新订户,按份数给奖金。也就是说,报童负责零售,报丁负责订户的投递。当年的报丁李荣辉回忆说:

"我们每个报丁一天要送40—50份报纸。当时送报可不像现在这么简单。国民党特务知道谁订了《新华日报》,就会上门威胁,甚至安个罪名抓起来。所以,我们的订户,很多我都不知道名字,而且报纸也不是送到家里。而是送到某个指定的地点,像小饭馆、小卖部。我一般早上5点多出去,晚上天黑才回来,一天要走100多里路。"[12] 报丁、报童们每天穿行在山城大街小巷,为躲避搜查,常常要绕走许多路。与国民党军警、特务斗智斗勇。尽管环境恶劣他们仍热忱为读者服务,有些住在郊区的订户进一次城不容易,一些报丁就义务为他们在城里代买日用品,如香烟、肥皂、猪肉等。周恩来曾嘱咐报馆同志,要"一个人做两人的事,一分钱当两分钱用"。不少报丁、报童为了给报馆节省过河的船费,经常宁可绕道十几里。这些报丁报童"既坚强勇敢,又顽皮聪明,是在当时党的领导和经常教育下培养起来的一批可爱可敬的工作人员"。这种自建网点,自办发行的办法虽然成本高,但相对于被别人卡着脖子,只能印刷,不能发行的局面要有利的多。这套方法保证了不管是在什么样的环境下,都能把报纸发行出去,让国统区的民众听到共产党的声音,报童们"新华扫荡中央"(报童们将《新华日报》《扫荡报》《中央日报》合起来叫卖)的卖报声响彻山城上空。

### 六、广告理念誉天下

《新华日报》成立之初,就设立了广告课,非常注重广告的政治意义,注意它的社会影响,广告也成了密切党和群众关系的一条纽带。可以说,它的广告理念是办报宗旨的延伸。至于广告的商业属性则无法与民营的《大公报》和官办的《中央日报》相抗衡。造成这种局面,除了社会环境因素之外,也有报纸本身的特质:一是新报发行量有限;二是10家大报出"联合版",广告也就被迫停止了;三是"皖南事变"后,报纸缩减为一中张两个版面,广告版面大大压缩。因此,《新华日报》走了一条独特的广告之路,即突出社会效益,烘托广告氛围,争取广告收入。《新华日报》创刊不到10天,先后两次发表《广告课启事》,表明本报的广告理念,"本报业已出版,欢迎工商政学各界刊登广告,取费公道,收效宏大,并为社会服务起见,特设经济广告栏,取费尤廉,如蒙惠顾,请迁向本报广告课接洽为荷。"[4]一周后,进一步阐明了《新华日报》的广告理念:"本报秉巩固团结,'贯彻抗战到底 争取最后胜利'的初衷而创立,出版以来,荷蒙社会人士之赞助,本报感愧之余,益觉一文一字,都应该为抗战而努力,都应有益于读者,职是之故,广告一栏,亦拟严加选择,举凡违反社会进化规律、萎靡抗战情绪,提倡迷信或其他投机广告,恕不照登,最欢迎者厥为提倡国货、救亡文化及一切正当事业之开张,区区微忱,实根源于本报创立之宗旨……"这种注重广告社会效益的做法,是《新华日报》最显著的广告特色。当时国统区各报,甚至包括国民党报纸都竭力扩展广告业务,只要给钱,拿来便登,甚至连堂堂的《中央日报》还刊登算命的广告。如1948年1月4日,《中央日报》头版刊有一广告:"大哲学家吴剑秋标准命相,来人不要开口,能知军政商学前途、吉凶福祸、妻妾贤愚、子女多少。"还郑重其事地配上算命先生的照片。像这种宣传封建迷信以及淫秽、色情和虚假骗人的广告,极大地败坏了社会风气,引起各社会各界的强烈反感,全国报界多次发起自律行动,但最后都是我行我素,屡禁不止。相比之下,《新华日报》在办报经费十分困难的情况下,自觉抵制不良广告,从未刊登过虚假广告,给报界带来一缕清风。

翻开1941年1月1日之后的《新华日报》,人们会惊讶地发现,头版除了报头外,居然都是广告,连每期报头两侧的政治性广告画、标语、口号也都取消了，社论、消息、通讯等内容被放在了第二、三、四版。单从版面编排来看，《新华日报》加强了报纸的商业属性，削弱了政治属性。其实，恰恰相反，这样做的目的正是出于政治斗争的需要。因为许多读者反映阅读《新华日报》社论时，要遮住报头，不然，四周的特务一发现，便被强行撕毁报纸，甚至迫害读者。因此，建议把第一版全部改为广告，把社论等重要内容放在第二版以后。如此一来，读者就不会轻易暴露所读报纸，不易被特务发现。可见，《新华日报》广告版面的调整，也是一种政治斗争的方法和技巧。起初《新华日报》的广告多是些书刊、文艺以及零散的工商业广告，《新华日报》就将它们分门别类地集中起来，拟定一个主题，或开辟一个专栏，类似今天的分类广告。使各条广告既可以在内容上相互映衬，又使整个广告版面有条不紊、气势不凡。《新华日报》长期开辟的此类广告栏目有"出版消息""图书联合广告""商业联合广告"和"书业联合广告"等。如1938年5月4日，《新华日报》第一版以"配合全面抗战，展开文化工作"为主题，集中刊登了部分抗战书刊，旁边还附有插图：一盏明灯下，映衬着一本打开的书。后来这种专栏广告时常出现在《新华日报》上。如书店类的有：三联书店、读书生活出版社、文化生活出版社、群益出版社、国讯书店、上海图书杂志公司等。对戏剧影视类的广告，广告课的同志就将重庆市的10多家电影院组织起来，天天刊登联合广告。影片播出后，《新华日报》还组织影评/剧评，进一步扩大政治影响和广告效果。特别值得一提的是"永光明眼药水"，它从报馆迁来重庆起直到被查封为止，只要报纸没有广告稿时，就可刊出它的广告，并送来广告内容，尤其是在广告淡季，它的刊登显得广告业务长盛不衰，烘托了版面的广告氛围，利于吸引其他公司的广告。当时的媒介生态环境对《新华日报》来说，要开展广告业务是极其困难的。"四大家族"（蒋、宋、孔、陈）所掌控的企业、公司、银行和商号，是不准在《新华日报》上做广告的。为此，《新华日报》就从争取四川地方工商业者入手，因为他们深受"四大家族"的排挤打击，渴望得到共产党的支持。周恩来、潘梓年、熊瑾玎等同志通过"迁川工厂联会""星五聚餐会"等活动，向他们讲述了我党发展民族工商业的政策，对他们的处境深表同情。思想上的共鸣，加深了彼此的了解与认同，广告课的同志趁热打铁，宣传《新华日报》发行量大，在读者中威信高，在这样的媒体上刊登广告可以产生较好的宣传效果。于是，一些较大的公司开始在《新华日报》刊登广告，如大中百货公司、上川实业公司、中国兴业公司、民生公司、永兴隆商号、华华茶叶公司、新华贸易公司、利民酱油厂、蜀益烟草公司、南洋烟草公司、恒义升袜厂、金星钢笔厂、三友实业公司、红金龙香烟和联合眼镜公司等。此后又把地方银行的广告也拿到手，如川盐、川康、平民、和城与聚兴城等银行。就这样，《新华日报》有了自己的较稳定的广告客户群，广告收入也日益增多。

《新华日报》最精彩的广告要数"柏林制皂厂"，它与时代的结合度、调动社会的参与程度，可以说至今仍无人出其右。1945年2月5日，《新华日报》揭开了一场由现代广告社为"柏林制皂厂"策划的广告活动。该活动设置了一个由"柏林制皂厂"发起的竞猜盟军攻占德国首都柏林日期的游戏，将该企业生产的"柏林牌"肥皂与当时社会广泛关注的二战局势巧妙地结合起来，充分调动了广大民众希望早日打败法西斯的社会心理。这次竞猜活动历时两个多月之久，参与者"远及新疆、青海、甘肃、绥远、陕西、云南等地，远及国外印度，均纷纷函，前后收到函件共计八万五千四百八十二封之多……"可以想象，随着二战的进程，该活动愈加扣人心弦，到底是竞猜产品，还是竞猜战争？是竞猜广告，还是竞猜时局？可以说该活动已经将二战进程与游戏活动融合起来，将无名的新产品与世界驰名的柏林挂上钩，一下子打开了市场，成了知名产品。纵观《新华日报》的广告历程，不难发现，它的属性由刚开始时的政治性强，商业性弱，逐步发展为政治性强，商业性也强。随着抗日战争的胜利，国内经济迎来了复苏的新阶段，《新华日报》广告的经济效益也开始凸显，广告最多时，一天的收入，可供全报馆职工一个月的生活费。这些成绩的取得，都与《新华日报》先进的广告理念、竭诚为客户服务的态度以及高超的广告策划艺术分不开。总之，《新华日报》作为一份政党的机关报，在炮火纷飞、局势复杂、竞争激烈的环境里，历时9年多，愈办愈好，愈办愈强。采编树立了自己的新闻观，印刷组建了一流的队伍，发行构建了自己的网络，广告形成了自己的理念，筹款有自己的秘密渠道，所有这些，保证了《新华日报》的正常运转，出色地完成了党交给的宣传任务，成了被毛泽东同志称誉的"党的一个方面军。"

（作者单位：广西大学新闻传播学院）

第四部分　中国传媒经济学科影响力排名前 30 篇论文（数据截至 2015 年 6 月）

**注释：**

［1］徐焰、熊瑾玎：《中央机关红管家》，《北京青年报》2001 年 6 月 11 日。

［2］刘立群：《抗战时期〈新华日报〉的纸张从何而来》，《党史博览》2007 年第 2 期。

［3］韩辛茹：《新华日报史（上）》，中国展望出版社 1987 年版，第 48 页。

［4］童小鹏：《风雨四十年》，http：//www.dianzishu.net/book/sort03/sort035/14850.html。

［5］赵秀梅：《中共毕节县工委的建立及革命活动》，http：//www.bjrb.cn/news/newsview.asp？id=17303。

［6］重庆市档案馆、中国第二历史档案馆：《重庆卫戍总司令部会报秘书处关于该报发行数增加的情报》，《白色恐怖下的新华日报——国民党当局控制新华日报的档案材料汇编》，重庆出版社 1987 年版，第 588 页。

［7］韩辛茹：《新华日报史（上）》，中国展望出版社 1987 年版，第 47 页。

［8］任宗德：《川江烟波录：一个中国早期电影制片人的自述》，四川大学出版社 2005 年版，第 15 页。

［9］杨乐生、邰晋：《昆仑影业公司创始人、我党的好朋友任宗德》，《文史春秋》2001 年第 1 期。

［10］彭继良：《抗日战争时期的桂林的新闻事业》，丘振声：《桂林抗战文化研究文集》，漓江出版社 1992 年版，第 246 页。

［11］魏华龄：《桂林抗战文化史料》，漓江出版社 1995 年版，第 123—137 页。

［12］王晓映：《我给茅盾先生送过报》，http：//zl.xhby.net/system/2008/01/08/010181974.shtml。

# 中国传媒产业政府规制改革研究

尹明

**【摘要】** 近年来，西方发达国家逐渐放松了对传媒业的规制，并引入激励性规制，着力培育具有竞争力的跨媒体、跨国界的传媒企业。较短的成长周期和较高的投资回报率等因素使传媒产业被热捧为"朝阳产业"。而中国由于过于强调传媒的意识形态属性，传媒制度被界定为"事业单位，企业化管理"，两种完全不同的组织逻辑集于传媒一身。虽然中国传媒产业对内对外都进行了积极的改革，产业雏形已经形成，但许多制约传媒业发展的深层次问题，需要通过规制的突破来解放生产力，因此从规制经济学的角度对中国传媒产业的政府规制改革进行研究是十分必要的。

**【关键词】** 传媒产业；政府规制；规制手段

伴随着科学技术的迅猛发展，世界经济进入相互联系、融合的时代，传媒产业也面临着全球经济一体化的挑战。20世纪末以来，由于市场化和信息技术的进步，世界传媒发展有"三化"的趋势，即全球化、数字化和多样化。

全球化是学术界的共识，它包括三方面：一是传播对象全球化；二是媒介组织全球化；三是媒介影响力超越国界，具有全球性。数字化是指利用数字传播技术来传递信息，是世界传媒发展的又一个大趋势。网络数字技术在不断发展，传统媒体也在加快数字化步伐，转向数字化生存。多样化基本上是由三个层面构成的，包括供应的多样化、购买（获得途径）的多样化和消费的多样化。供应多样化的主要特点是以多媒体手段进行新闻传播活动，同时也体现在媒体之外的传播资源的供给。[1] 消费的多样化，包括受众的选择性接触、选择性释义等。

第四部分　中国传媒经济学科影响力排名前 30 篇论文（数据截至 2015 年 6 月）

除此"三化"外，在中国应该加上产业化。从中国来看，产业化或者说企业化正方兴未艾。中国传媒产业在改革、开放的大环境中，对内继续开展体制改革，积极推动企业化转型；对外拓展投资空间，开放力度越来越大，市场化改革进程在明显加快。传媒产业发展环境逐步优化，平面媒体政策相对放宽，广电媒体市场准入门槛渐渐降低，市场拓新先机开始显现，科技含量不断提高。同时，传统传媒产业进一步壮大，新兴传媒产业迅速成长。传媒业正呈现出强劲的产业化发展趋势，传媒产业雏形已经形成，其快速发展带动了相关行业的发展。在中国，传媒产业作为一个独立产业的重要性也已凸显。信息技术革新引发的产业升级正在对整个传媒产业的经营业务和运作模式产生深刻影响。

随着诸多大型跨国传媒集团正加快进军中国传媒市场的步伐，中国传媒市场已不再是一块平静之地，竞争压力不断增大。随着中国签署《公民权利和政治权利国际公约》、批准《经济、社会及文化权利国际公约》以及加入世界贸易组织，如何适应国际规则，如何规避可能的负面影响，如何解读跨国传媒集团传播战略，如何领导传统媒体实现变革以适应和改善新形势下的传播，如何有效监管以数字化媒介为手段进行的信息传播，已经成为中国传媒产业的规制者急需研究和必须处理好的问题。因此，必须借鉴国外的规制经验，分析中国传媒产业规制存在的问题，建立适合中国国情的传媒产业规制体系。

## 一、中国传媒产业政府规制的现状

随着《国家"十一五"时期文化发展规划纲要》等一系列纲要的颁布，政府对传媒产业的规制力度明显加大，表现为对目标远景的积极规划和对现实产业微观的执着规制。表明政府正在努力创造一个培育公平与效率兼顾的创新环境，为传媒业创新指明了未来的方向和可能的空间，大大降低了传媒产业对未来展望的不确定性。在传媒的主要分业中政府规制表现如下。

**1. 新闻出版业**

2006 年，文化体制改革进入全面推进和深化阶段。2006 年 7 月《新闻出版总署关于深化出版发行体制改革工作实施方案》颁布，提出了改革的总体思路和具体任务，出版单位转企改制正有条不紊地进行。积极探索融投资改革，上市融资取得一定进展。已有 7 家出版、发行、报业单位上市，融资总额 100 多亿元，增强了资本实力。《全国报业出版业"十一五"发展纲要》确定北京、上海、广州等城市为报业发展资源集聚中心，重点扶持 10 家左右具备条件的报业集团向综合性传媒集团发展；推动服务于国民经济支柱产业的行业类报纸以及满足重要细分市场受众需求的专业类报纸跨地区发展，跨媒体经营，形成一批专业型传媒企业集团。

另外为规范报刊发行秩序，首次对 11 个城市出版发行的都市类报纸统一进行发行量认证，并予以公布。这表明市场的力量和价值终于得到了公平体现。纲要中还首次提出了"黄金一代"报业人才的培育。说明了报刊业面临数字化转型，急需专业人才指点迷津；也表明报刊业面临前所未有的创新困境。

### 2．广播影视业

自 2003 年末始，国家广电总局放松了产业政策，陆续发布了《关于促进广播影视产业发展的意见》、《广播电视节目制作经营管理规定》等有关广播影视业中外合作、中外合资规定的五个总局令。《意见》降低了社会制作机构进入电视节目市场的门槛，扩大了融资渠道。一切迹象表明，政府主管部门正试图以"小步快走"的制度创新，来激活广播电视内容产业的升级。

另外，审计署发布的 2006 年 1 号公告提出，全面取消广电总局集中中央电视台收入留作自用的做法，并对中央电视台实行"事业单位，企业化管理"的新体制。这一举措既提高了行政力量的公信力，又给了央视更多的市场权力，有利于培育公平与效率兼顾的市场创新环境。

### 3．动漫产业

政府十分重视动漫产业的发展，先后出台了一系列的扶持政策。根据以往的经验，国产动画的收视率和广告效益，都要比境外动画低 30%—40%。若没有必要的规制仅靠市场逻辑，电视台肯定更愿意放境外动画。因而广电总局规定：国产动画片和境外动画片的全天播出时间为 7∶3，同时，在少儿节目的黄金时段，不得播出境外动画片。获得相对安全的生产和扩大再生产的环境是动画业创新与发展的第一步。在利好政策的刺激下，中国动漫产业逐渐繁荣。但动漫游戏产业还存在着资金不足、行业标准缺失、人才缺少、管理落后、渠道不畅及政策壁垒等问题，最缺乏的还是品牌意识、创业激情和有经营头脑的经营者,最重要的事情是全民对知识产权的意识和国家相关政策法规的完善。

**4. 互联网业**

针对迅速发展的互联网,政府提出了"法律规范、行政监管、行业自律、技术保障"的16字方针,陆续颁布了《中国互联网协会反垃圾邮件规范》《互联网文化管理暂行规定》《健康游戏忠告》《电子签名法》《关于进一步加强互联网管理工作的意见》等规范。2006年7月1日,《信息网络传播权保护条例》正式施行,规定了互联网上知识产权保护的基本原则和具体要求。正是这一条例的颁布,结束了报网之间的民间纷争,以原创为代表的报刊业的利益受到保护,为双方的互动合作、健康发展奠定了良好的基础,互联网行业和传统媒体之间成为"战略同盟"与"合作伙伴"。

## 二、中国传媒产业政府规制的弊端

从政策规制来讲,中国传媒规制正在趋于规范化,但由于中国经济正处在由计划经济向社会主义市场经济的转型期,政府规制又带有很大的随机性和主观性,又带来不少负面作用。政府规制的弊端主要如下。

**1. 缺少有国家法高度的专门法**

在中国传媒领域,效力最高的法律文件通常是国务院制定的行政法规,如《报纸管理暂行规定》《出版管理条例》《广播电视管理条例》,缺少《新闻法》《出版法》这样上升到国家法高度的分类法,更多的规制依据是相关部门制定的各种政策法规、条例,甚至是行政命令、行政措施、意见等,造成各种临时性的文件和内部通知满天飞。但是它们毕竟不够"分量",而且不稳定,经常要修修补补,难以保证规制的权威和完善。另外,中国有关传媒的司法解释也有不少,却内容含糊,不具体、不明确,可操作性差,甚至大多依靠党和国家领导人的讲话及其相关文件,往往容易让人钻空子。在传媒进入市场以后,市场其他参与人具有不依附于国家行政机关的独立地位,故而政府无法依据特别权力关系以行政命令的手段对其加以规制。

**2. 缺乏法定、独立的规制机构**

目前中国政府对传媒产业的规制,依据行政隶属关系,主要以行政手段直接干预和约束传媒的行为,很大程度上带有计划经济管理体制延续的性质。要对整个产业实行传统意义上的广泛规制,必然与市场经济的逻辑发生强烈冲突。中国传媒产业长期以来条块分割、多头规制,政府既是规制政策的制定者与监督执行者,又是具体业务的实际经营者,和企业有直接的利益关系。政企、政事、管办不分,使市场机制难以发挥有效配置资源的作用。规制机构要执行有力,必须具有独立性和权威性,规制机构的权力来源于法律的授予;规制机构的职能与政府的其他职能相分离,尽量减少政治或行政的因素影响,以免干扰规制机构依法公正地行使自己的权力,从而最大限度地实现公共利益。

### 3. 内容规制松紧失度

内容规制是规制机构按照保证文化安全、导向安全和产业安全原则,批准传媒机构的业务范围和开办新的业务品种。如对图书、音像、广播电视等重大选题的出版都实行选题报批制,未经批准不得擅自出版。此外还有政府实施传媒管理的补救制度,主要指惩办制度。如中国图书报刊、音像电子出版业严格实行事后审读制,一旦发现违禁内容,将销毁全部产品,并对出版单位实施严厉的惩罚,甚至取消出版资格。但政府对出版物、节目等的规制松紧失度,对一些内容的审查过于严格,增加了规制成本,降低了时效性,而对广告的规制形同虚设,不良广告行为泛滥,导致节目出口量小和公信力下降。惩办制度过于宽松,导致违法成本小于违法收益,违法仍有利可图。

### 4. 二元体制结构造成传媒产业主观上缺乏活力

中国已经组建的几十家传媒产业集团大多还都按照"事业体制,企业化运营"的二元体制结构在运行。由于体制上的障碍,产业结构单一,造成市场主体不明确,产权不明晰,投融资不顺畅,少有跨行业的投资和经营,缺乏多元化的赢利渠道,单纯依靠自身的滚动发展,因而增长缓慢,抗风险能力弱。当前,不管是广电还是报业,作为资产拥有者的国家和作为经营者的传媒单位法人,两者的权利和义务关系不明确,因此,相应地带来了传媒集团与各子媒体、公司之间的产权关系的不明确,从而影响媒体发展。

### 5. 寻租活动造成社会资源浪费

完备法律体系和制度保障的缺失,容易导致政府规制机构的权力滥用,这也造成了政府规制制度具有很大的弹性和随意性。通常政策越模糊,掌握政策

第四部分　中国传媒经济学科影响力排名前 30 篇论文（数据截至 2015 年 6 月）

的部门和个人的权力就越大，所以有时政府官员故意将政策制定得含糊不清。这个过程就是所谓的设租和寻租的过程，也就是滋生腐败的制度环境。规制俘虏理论证明许多管理者和被规制者最终变成了规制的既得利益者，于是他们就会寻找到各种各样的借口，利用政府赋予的合法权力来创造出更多的规制来。在中国传媒产业这样的渐进转型经济部门，一些政府部门通过行政垄断的方式来阻止市场竞争，维护本部门、本地区所属传媒机构的利益，实际上也是通过规则制定来设租和寻租。从社会总福利的角度看，社会效益损失严重。[2]

### 6. 对规制者的外部监督机制不健全

任何监督机制要取得良好的成效，不仅需要完善的内部监督，更需要严密、完善的外部监督机制。但是目前中国并没有针对规制者的完善的外部监督机制，这就为规制者滥用自由裁量权，如行政不作为、有法不依、执法不严，或随心所欲干涉市场，甚至人为造租、寻租创造了条件。规制的范围越广，规制的项目越细，政府规制部门的规模就越庞大，制定各种规章条例的费用、审查费用、监督费用、信息费用以及制裁费用等各种行政支出和规制费用也会不断地上升。

### 7. 知识产权的保护力度不够

传媒业涉及大量知识产权问题。在传媒业界，加强知识产权的研究和保护已是势在必行。当前传媒业知识产权纠纷的突出特点表现为：传媒内容和表现形式被剽窃、非法使用、改头换面的现象非常严重；传媒机构间的不正当竞争行为日渐凸显；原创性的知识产权权利人的市场份额正被逐渐挤占、侵蚀，原创的积极性受到挫伤。主要原因为：一是传媒业缺少代表广大作者利益的知识产权联盟组织；二是传媒业的领导层知识产权意识还比较淡漠；三是传媒业从业人员普遍缺乏系统、完整的知识产权教育训练；四是中国知识产权法律法规体系与市场经济体制的需求存在不适应的地方，保护知识产权的法律法规运行机制还不够健全，配套的政策还没有完全落实。

## 三、中国传媒产业政府规制改革的主要内容

### 1. 传媒产业组织政策的规制改革

判断新闻传媒产业结构和产业组织（传媒机构）的优化程度，主要标准

有三：一是新闻传媒产品和服务的供给能适应党和国家宣传任务的需要及社会对新闻传媒的需要；二是社会效益和经济效益；三是发展的潜力，包括竞争活力、竞争水平、集约化程度、技术水平和创新能力。[3]

产业结构和组织的优化可从以几方面着手。

（1）市场准入规制规范化、公开化

WTO的所有规则都是以贸易自由化为导向的，中国加入WTO后，将有力地促进传媒产业的竞争。因此，政府应放松传媒产业的进入规制，取消传媒企业的行政级别，鼓励公平竞争，形成有效竞争格局。

（2）有效规制传媒民资和外资准入

在确保文化安全、意识形态安全，以及国有经济在传媒业的主体地位的前提下，放松资本准入，"削平"产业准入障碍和投资门槛，依次开放媒体经营性业务、非新闻性内容业务、非时政新闻内容业务。规制的调整具体有：市场准入（机构、业务、人员）；资本准入（所有权、资本运作方式）；市场覆盖（地域、市场占有率）；内容标准（意识形态、文化传统和民族习俗）等。逐步建立以市场配置为主导的传媒发展机制，改变中国传媒产业的投资过分依赖政府，投资主体单一的现状，激发民间资本与外资的活力，为业外资本进入媒介产业提供良好的机遇，推动媒介产业的资产结构由一元化向多元化转变，由行政力量配置资源转变为由市场配置资源，使中国传媒产业逐步形成以市场为主导，产权明晰、产业完整、产业结构合理、国有为主、多种经济成分共同发展的产业格局。[4]

（3）逐步完善市场退出机制

长期以来，中国传媒实行的是审批登记制，新闻行政管理部门依法执行审批权，传媒缺乏受市场规律支配的准入与退出机制，并表现出了与传媒竞争机制的不适应性。2003年的报刊治理整顿，虽然取得了阶段性成果，使得一大批报刊停办而退出市场，但并未真正形成受市场规律支配的传媒的准入、退出机制，未能有效发挥对资源的优化配置作用。

**2. 建立现代产权制度和现代企业制度**

对传媒产业来说，解放生产力的关键在于从制度上确立产业主体的市场地位，从体制上完成传媒产业生产和流通方式向市场经济模式的转型。其中，体制层面的法律规范需要解决的核心问题是"两个制度"的问题，即建立现代产权制度和现代企业制度,这是推进传媒产业化发展的基本条件。现代产权制度就是要建立归属清晰、产权明确、保护严格及流转顺畅的经济制度。对可经营性资源、资产应依法评估,明确产权的归属,实现资产的所有权和经营权分离,维护出资人的权益,确保企业作为市场主体和法人实体的相应权利。现代企业制度是指在产权制度的基础之上,打破行业、地域的界限,对优质资源进行优化配置。优化配置并不意味着单纯的实行企业的强强联合,如组建庞大的传媒产业集团,而是产业体制和机制的建立,其中利益分配的机制,权力控制的适度,人、财、物优化配置的价值标准,企业并购的条件及投资融资渠道等应该在系统的法律规范内容当中体现出来。

**3. 强化资本运作的经营手段**

资本运作有着两大功能:一是通过各种合法融资渠道,以尽可能低的成本,获取发展所需要的资金,以保证传媒生产经营活动的正常开展;二是通过合理使用各种金融工具,依最优风险收益比率,盘活资金存量或将闲散资金投向市场或产业,增加收益。随着传媒业的发展,规模化发展已是大势所趋,要想在市场上立足,在竞争中不被打败,必须要向外扩张,扩张就需要大量的资本金。资本是重要的生产要素,它应该而且必须参与到生产经营活动中去,传媒就必须加快资本运作的步伐与速度,依托资本市场广泛开辟融资渠道,通过资本市场优化资源配置。

**4. 调整产业布局的政府规制**

各地传媒系统产业创新的内在冲动,成为传媒产业布局去行政化的天然努力,这种努力不仅改变了一省一区之内按照行政级别划分传播资源的旧格局,同时也改变了省际、区际之间平均化的传媒产业力量对比。各区域调度和整合社会资源为经济建设服务的能力不同,导致各地域媒体发展速度、规模与质量产生重大差异。传媒创新制度在中国的不同地区的发展并非齐头并进,而是分区域先后渐进。因此必须打破传媒领域自成体系、单兵独进的格局,按照合作发展、共创未来的原则,扩大合作领域,创新合作方式,在共同开发传媒资源、丰富生产内容、促进传媒要素流动、规范市场秩序和拓展市场营销等方面取得进展,拓展区域传媒产业和谐发展新格局。通过政策引导,联动发展,积极推动产业项目合作,用市场之手加大传媒业的关联度,积极促进东、中、西部传媒优势互补、共赢局面的形成。

**5. 提升传媒整合产业价值链能力**

传媒产业链应当是传媒业发展到高级阶段的产物，它把内容生产、技术开发、营销手段等诸多环节紧密联系在一起，形成一个上游开发、中游拓展、下游延伸的产业集群。传媒产业价值链的形成可使传媒集团明确自身在产业价值链中的位置，寻求以整合或者一体化的方式降低成本的途径，消除不增值作业，增加企业经营的差异性，取得竞争优势。而中国对传媒业的管理是根据不同载体来进行分割的，这严重影响了内容资源的整合和产业链的延伸。就机制构建而言，传媒产业链的构建离不开政府，尤其是离不开政府的产业规制助推。传媒产业作为中国的一个特殊产业，在一定程度上决定了必须要正确处理政府与传媒产业链构建之间的关系。问题的核心在于构建的重点应该交由市场来完成，在政府规制的正确引导下，遵循市场规律，探索一条市场推动型的产业链构建之路。[5]

**6. 加强知识产权的保护力度**

传媒经济是知识经济、脑力经济，离开了创新，就没有生存空间。中国传媒产业在发展中缺少这种创新意识，致使产业缺少活力，传媒业知识产权纠纷不断，原创的积极性受到挫伤，最终无法解放和释放生产力，影响了产业的发展。从整体上来讲，传媒业属于版权产业，不仅要培养创新能力，而且要保护创新的成果，那么知识产权的价值就不言而喻了。要加大传媒业知识产权保护，对于中国政府来说，应该适应网络发展和高科技应用的需要，加强版权条例等相关法律法规的立法，健全运行机制和配套政策；要让侵权方承担更多的举证责任，将民事侵权行为刑事化，加大惩罚力度，这对版权侵权有很大的威慑作用；建立集体版权组织，通过企业自律和行业协会解决知识产权问题；建立版权交易中心，国际版权交易可以在这个平台上实现。

**参考文献：**

[1] 阮志孝：《传媒发展大趋势对我国舆论引导的挑战》，《今传媒（学术版）》2007年第6期。

[2] 戴元初：《中国传媒产业规制的结构与重构》，《青年记者》2006年第2期。

[3] 陈妮：《我国传媒产业的发展与管制探究》，西南财经大学硕士论文，2006年。

[4] 杨丽娅：《WTO框架下中国传媒产业生存与发展的法律环境》，《齐鲁学刊》

2005年第6期。

［5］魏静：《中国传媒产业链整合》，《经济视角》2007年第8期。

［6］于立：《规制经济学学科定位中的几个问题》，《东岳论丛》2005年第1期。

［7］钟庭军、刘长全：《论规制、经济性规制和社会性规制的逻辑关系与范围》，《经济评论》2006年第2期。

［8］禹建强：《传媒市场化的陷阱》，中国传媒大学出版社2005年版。

［9］李良荣：《从单元走向多元——中国传媒业结构调整与结构转型》，《新闻大学》2006年第2期。

# 关于报业集团上市的几点思考

袁舟

目前北京青年报、广州日报、深圳报业等国内报业集团上市融资的准备工作正在进行,如果能够成功上市,对国内报业产业化、提高经营管理水平所产生的正面影响当不言而喻。本文欲概括海外报业上市的一些主要特点,就上市的目的、模式和对经营管理的影响等方面,联系国内报业集团上市实际提出几点思考。

国外的报业大多为中小型企业。而中小企业主要是通过利用内部未分配利润积累而进行业务扩张,包括购买新设备或设施,或是并购其他企业,这样可在创造更多的企业财富同时,保证企业的稳定发展。海外报业上市的主要特点包括:(1)报业到股市上集资,是为了满足业务急剧发展的资金需求,例子有上市后成为美国报业巨头的道琼斯公司、甘尼特公司、耐特-里德公司和纽约时报公司。(2)美国广播业和电影业公司多在20世纪中期完成上市,相比之下,美国的报业集团上市较迟,多发生于20世纪60年代以后。报业集团上市后并购、资产重组和摘牌活动频繁。(见表1)[1](3)国家可对报业上市进行政策干预;如1974年以前,新加坡的主要报纸都由豪门或私人团体所有,国家对报纸业务的经营和财务缺乏监管。因此,政府认为报纸容易受人利用、操纵而谋求私利,进而可能危及到国家安全;同时,各家报纸之间陷入恶性竞争,造成严重资源浪费并削弱了本国报纸产业实力。从20世纪70年代开始,新加坡政府便开始推行报纸改制,通过法令规定各报必须重新组建成为由公众持股的上市公司。(4)报纸整体上市,以广告和发行收入为主要赢利模式;报业公司多选择所在国股票市场上进行首次公开售股(IPO)。

第四部分　中国传媒经济学科影响力排名前 30 篇论文（数据截至 2015 年 6 月）

表 1　美国报业上市情况

| 时间 | 公司名称 | 上市地点 |
| --- | --- | --- |
| 1938 年 | 道琼斯公司<br>时代镜报公司（2000 年被论坛报公司以 80 亿美元收购，创美国报业收购金额之最） | 美国 |
| 1967 年 | 甘尼特公司 | 美国 |
| 1969 年 | 耐特报业公司<br>里德出版公司（作者注：耐特与里德在 1974 年合并，成立耐特 – 里德公司）<br>李企业公司<br>纽约时报公司 | 美国 |
| 1970 年 | Media General 公司 | 美国 |
| 1971 年 | 华盛顿邮报公司 | 美国 |
| 1972 年 | Harte-Hanks 公司（1984 年私有化） | 美国 |
| 1981 年 | A.H.Belo 公司 | 美国 |
| 1983 年 | 论坛报公司 | 美国 |
| 1986 年 | 普利策出版公司 | 美国 |
| 1988 年 | McClatchy 报业公司<br>E.W.Scripps 公司 | 美国 |
| 1989 年 | 中央报业公司 | 美国 |
| 1993 年 | Harte-Hanks 传播公司 | 美国 |
| 1994 年 | Hollinger 国际公司 | 美国 |
| 1996 年 | Providence 报公司（同年被 A.H.Belo 收购） | 美国 |

一般说来，传媒公司股票上市的主要益处包括：（1）企业可以筹得大量自有资金，能迅速改善公司财务状况，有利于提高和扩充内容生产的质量和能力。（2）可利用股票收购其他公司，如 TOM 集团用出让股票不是付现金的方式对其他企业进行收购。（3）利用股票激励员工。授予员工股票认购权是一个激励、挽留优秀员工的有效经济手段。（4）利用股市对企业业绩进行客观评价。

不利因素包括：（1）上市公司如何回报股东是衡量其业务表现的根本标准。董事会代表股东利益，是最高权力机构，如果公司的业绩达不到要求，董事会有权要求业务重组,甚至撤换管理人员,这有可能导致管理人员注重短期效益,而忽视再投资和长远发展。(2)公司上市必须遵守有关法规,受到严格条件限制,因而筹资准备时间长而且成本高。(3)上市公司应以股东的价值最大化为最终目标。简单来说,如果股价越高,拥有公司股票的股东的价值就越大,但媒体企业以其特殊社会职责不同于一般上市企业,必须在股东利益和公众利益之间寻找平衡,国外上市传媒时常被批评为只顾商业利益而忽视社会责任。

到目前为止,国内报业集团上市还没有一家进入发布募股书(prospectus)的阶段,因此无法和海外上市报业集团做较全面的比较。不过,海外报业上市的经验仍有参考价值,值得业界人士思考。

## 一、报业整体上市应是国内报业集团成为公共公司的发展方向

目前国内报业集团计划上市主要有北京青年报的分拆模式,即将广告、发行和印刷等非编辑业务组成北青传媒公司上市;有广州日报通过向上市公司注入非编辑资产与现金而"借壳"上市模式;深圳报业集团除在选择这两个模式之外,也考虑报纸整体上市的可能性。受到政策的限制,报纸整体上市难度最大,但却是报业成为公共公司的最佳途径,值得继续争取。如果是分拆或"借壳"上市,股民投资的对象实际上还是以办报为核心业务的母报集团。现在的媒体报道也把北青传媒和广州日报部分资产"借壳"上市称为北京青年报和广州日报上市。由此,分拆或"借壳"上市如果经营不善、业绩不好,不仅会对母报集团造成经济损失,也会带来负面社会影响。

海外有先例可以参考。2000年6月,新加坡报业控股分拆了多媒体部门成立新加坡报业控股亚洲网有限公司,并以每股0.6新元(约合人民币3元)的价格在新加坡股票交易所上市。2001年10月,报业控股亚洲网拥有9700万元现金(包括报业控股投资5500万元),但股价已跌至0.1新元上下。有鉴于外部经济环境恶化,要取得显著盈利遥遥无期,报业控股决定以每股现金0.3元,向亚洲网的其他股东提出全面收购。亚洲网又成为报业控股的一家独资子公司。此举遭到不少小股东的反对,他们提出,当初购买报业控股亚洲网的股票,是考虑到其后面有报业控股这样一个资金充裕的蓝筹股母公

司,可以保证长期发展。报业控股虽因此兑现3700万新元的净利,但也付出了社会成本。[2]

此外,在目前市场条件下,赢利高的大型报业集团为进一步发展筹资渠道较多,也比较容易,上市并非唯一选择。因此,国内报业集团计划上市除筹资外,更重要的动机,还是借此推进报业产业化经营,引进现代化企业管理,做大做强报业集团。但对任何报纸来说,内容生产即是核心业务。在分拆或"借壳"上市不涉及采编业务的条件下,怎样可以在整个报业集团实施现代化企业管理、改变报业单位的事业机关化性质,尚不得知。媒体企业股票属于"周期性"股票,易受经济衰退和其他经济环境因素影响而起伏不定。(参见表2)

表2 新加坡报业控股股价历年走势

|  | 2003 | 2002 | 2001 | 2000 | 1999 |
|---|---|---|---|---|---|
|  | S$ | S$ | S$ | S$ | S$ |
| 最高收市价 | 20.50 | 24.70 | 29.10 | 37.20 | 34.50 |
| 最低收市价 | 15.50 | 15.40 | 18.70 | 25.30 | 12.20 |
| 8月31日收市价 | 18.70 | 19.60 | 19.80 | 27.70 | 28.00 |
| 8月31日本益比 | 18.33 | 23.61 | 22.76 | 31.84 | 30.77 |

资料来源:《2003年新加坡报业控股年报》。

作者注:受国内外经济形势不景气和业务衰退影响,新加坡报业控股股价从2000年后出现大幅滑落。

在广告收入由于经济不景气而出现下降的情况下,公司提高经济效益的最直接、最有效的手段便是降低员工成本和其他开支。如这样的市场化运作只能在分拆业务或"借壳"中进行,而不触及办报的核心业务,全面推进报业集团市场化将有难度。

## 二、国内报业集团首次售股应争取在国内股票市场上进行

一个并没有什么国际性业务和影响的国内报纸选择在海外首次公开发行上市股票,是否能够获得海外股民的青睐,值得观察。毕竟海外投资者不如国内投资者那样对本国媒体有兴趣,对其运作和未来发展了解也有限。另外,

自从网络经济泡沫破裂后,海外股民在投资股市时比从前谨慎得多,更加看重企业未来的赢利能力。因此,如条件许可,国内报业集团首次售股还是应争取在国内股票市场上进行。

### 三、上市须制定可行的商业模式

好的商业模式,将能给企业带来在本行业的竞争优势,使其获得比同行竞争者更高的利润。成熟的投资者都会认真评估上市媒体的商业模式。那种以为现在凡媒体股必受投资者追捧的看法,多少有些一厢情愿。从海外过去几年的上市媒体业绩来看,从事电视节目制作和电影的媒体公司的股价,高于经营电视台、频道和报纸的公司股价。在国内,一些具有媒体背景的上市公司由于受到"壳"内原有的不良因素的影响,加上经营不善,企业业绩并不理想,内部机制也没有完全实现市场化。上市媒体企业为取得长远发展,必须拿出一个让投资者满意的商业模式及战略发展规划。如果没有一个切实可行的商业模式,上市后发生并购、资产重组和摘牌也不是没有可能。

### 四、改变经营组织结构、提高管理水平

上市公司的董事会代表股东利益,有权撤换管理人员。这和国内报纸由党组、社委会从上而下管理体系截然不同。公司管理层为股东权益做出的最大贡献,就是投资、经营那些回报率大于资本的机会成本的核心业务。上市公司面对的是成千上万的股东,每日的股市是市场对本企业价值的客观估价,如果股价长期低迷,管理层又拿不出办法来,股东可以要求其下岗。由此,公司上市将对报业领导人提出更高的专业经营要求。从国外上市报业集团实践来看,总经理可以不懂编务,但必须是经营专家;总编辑必须是资深新闻工作者,除应知道如何节约成本以外,可以不懂经营。在日常运作中,总经理不干涉编务,一心经营;总编辑有责任为读者生产最好、最受欢迎的内容和服务,确保经营成功。这和有的国内报业老总在操心集团经营之余,每晚还坚持看大样,形成鲜明对比。国内报业集团不论是用哪种形式上市,那种经营、编采一肩挑的领导方式,都不能适应上市企业的现代化组织结构

和管理体系。

## 五、合理利用股票激励员工

现代企业管理注重处理内外"利益相关者"（stakeholders）关系，以取得企业的和谐发展。为保留优秀员工，上市公司给予股票认购权是一个有效的经济激励手段，这也是员工勤奋工作的经济动力。但如果是分拆或是"借壳"上市，报业集团需要在激励上市部门员工的同时，照顾到非上市部门"利益相关者"的福利。如果是集团内部人人都被授予低于首次发售价的股票认购权，对上市部门的员工似乎不公；如果不给编辑部门员工股票认购权，也会造成内部矛盾。国外有的报业集团在子公司上市时，只给子公司员工股票认购权，对其他集团员工则以首次发售价格优先售股。但这依然不能根本解决内部利益不平等的矛盾，也影响到日后各部门之间的合作。

## 结语

国内报业集团上市有助于推动报业产业化的进程，也将面临多种问题。有的问题是政策限制所致，如上市时将经营和编辑部门分离，这在海内外并无成功先例可以参考。分拆或"借壳"上市，并不完全适用于报业集团产业化的需要。报纸业务整体上市，仍是报业集团组建公共公司的未来发展方向。还有的问题是上市本身带来的，如对经营者提出了更高的专业要求、合理利用股票激励员工等，应该重视。

（作者原为新加坡报业控股高级经理，现为长江新闻与传播学院教授）

**参考文献：**

[1] Picard, R.G.（2002）The Economics and Financing of Media Companies. NY: Fordham University Press.

[2] 袁舟：《媒体集团的经营与管理：新加坡报业集团的成功之道》，汕头大学出版社2003年版。

# 新加坡新闻传媒控制模式透视

孙发友　李艳华

新加坡是一个多元文化社会。在这个拥有420万人口、683万平方公里土地的城市国家里，汇聚了中华文化、欧美文化、印度文化和马来文化。多元就意味着"无元"，因而有人将新加坡称为文化的边缘地带。[1]意思就是说：从文化上来讲，新加坡是一个没有归宿点的国家。然而，就是这种本土文化的缺失感培植了新加坡强大的融合力和创造力。自1965年建国以来，新加坡从"文化边缘"中奋起，积极进行融合，创造出了自己的行为模式，形成了独有的"亚洲价值观"。显然，新加坡是个充满创造力的国家。

新加坡的创造力也体现在其传媒管理模式上。新加坡的新闻媒介史并不长，大约只有100多年，其中报刊出版业的历史稍长一些，而广播、电视业则是在20世纪40年代和60年代才出现。1974年以前，新加坡的主要传媒都是私人和私有团体所有，国家对传媒缺乏控制力，因而政府担心传媒会被人利用、操纵而谋利，进而危及国家安全。同时，各种传媒出于文化背景不同的需要，出现了"舆论导向"混乱的局面："英文报纸采取的是殖民地政府的立场；华文报则提倡华语、华文教育及华文沙文主义，向中国看齐；马来报鼓动争取马来人的权利和特权，宣扬马来民族主义，并和马来西亚与印尼的马来回教民族认同；淡米尔文报则保持当地淡米尔人与他们祖先——淡米尔那都——之间的联系。"[2]因此，从20世纪70年代开始，新加坡推行了传媒改制，从而创造出了"控制＋开放"的新闻传媒管理模式。

第四部分　中国传媒经济学科影响力排名前 30 篇论文（数据截至 2015 年 6 月）

## 一、传媒管理机构

新加坡的媒介主要管理机构是 MDA（Media development Authority），一般翻译为传媒发展局。它由原来的广播管理局，影片、刊物局合并而成。它们分属于新闻、通讯、艺术部。MDA 的监督范围包括报纸、电影广播、电影制作、动画制作、多媒体服务、随选视讯、3G 多媒体等。MDA 下属有两个组，分别是战略计划组、信息技术组。再下面还包括了产业发展部、策划部等。为了确保媒体公平竞争，他们要求传媒市场要透明，不搞暗箱操作，防止主导媒体滥用市场优势，打击对手。同时要确保从业人员的素质，不合格的要淘汰掉。MDA 还有权干预媒体竞争中的一些重大行为，如传媒公司合并要取得他们的同意，对违规的媒体他们有权做出处以 100 万新元罚款的决定。

随着互联网络的出现，其传播带来的问题也引起了人们的重视。新加坡是世界上第一个公开宣布对互联网实行管制的国家。1991 年，新加坡的准政府组织"国家计算机委员会"开始实施对网络的管理，并组织力量对网络传播的社会效果进行研究。近几年，国家计算机委员会与国家科学技术委员会和新加坡大学组成技术小组，研究通过过滤器来检查控制网络信息内容。新加坡的 MDA 与国家计算机委员会，从行政和技术两个方面对国内传媒实行管制。

## 二、对传媒所有权的控制

从传媒所有权方面考察，新加坡的报刊和广播电视采取了不同的体制。在新加坡，广播电视传媒（如 SBC）基本属官方经营，报纸则是社会公众及集团所有。而其中最具特色、最有意义的是后者。

新加坡境内目前有英文、华文、马来文和淡米尔文 4 种语言的报纸，其中主要的报纸都属新加坡报业控股（Singapore Press Holding）旗下，如《海峡时报》（英文）、《联合早报》（中文）、《Berita Harian》（马来文）、《Tamil Murasu》（淡米尔文）等。20 世纪 70 年代前，新加坡政府对报纸控制不严，报纸基本私有。从 20 世纪 70 年代初开始，新加坡推行了传媒改制。1975

年1月1日,《报章与印务馆法令》开始实施,报纸改制正式启动;2002年,新加坡又通过了《报章与印务馆(修正)法案》。经过多次修改,新加坡《报章与印务馆法令》更为完善,其中重要内容是关于政府对报刊的控制和资本集中度问题,其精髓则可用一句话概括为:"政府控制、公众所有、集团经营。"

"政府控制"。根据《报章与印务馆法令》规定:报纸必须由上市公司经营;报业公司的股票分为管理股和普通股,管理股占总股份的1%,并且只能出售或转让给有关部长所批准的个人或机构;报业公司不得拒绝向有关部长批准的个人或公司出售或转让其股票;管理股和普通股持有人在其他方面享有均等效益,但在投票决定任命等事项时,一张管理股票相当于200张普通股票;没有部长批准,管理股票不能做资产抵押,也不可卖给普通股票持有人或在股票市场上出售。管理股的设立在所有权方面保证了政府对传媒的控制。

"公众所有"。是相对于私人公司而言。《报章与印务馆法令》规定,报业公司必须上市,在股市上筹集资本;而且任何人不得持有超过总股本5%以上的股份,互相有关系的股东也可集体拥有总共不超过12%的股份;外国人不得拥有超过9%的股份。以此保证传媒所有权的分散和公众对传媒所有权的分享。

"集团经营"。新加坡报纸只准报业公司经营,新加坡最大报业公司是新加坡报业控股(SPH),它是新加坡最大的出版公司。在政府的许可下,报业控股已经垄断了报业许多年。新加坡报业控股包括日报和非日报共15种,日发行量在142.4万份。

### 三、对传媒许可证的控制

1920年,英国殖民地政府首次在新加坡制定《印务馆法令》,规定出版商必须每年申请执照。1960年,殖民地政府修订这个法令,规定出版业主必须每年申请准印证。新加坡独立后的《报章与印务馆法令》规定,国家新闻及文艺部长有批准或拒绝签发报纸出版许可证的决定权,任何人都不得未经许可出版报纸,任何人都不得无证印刷和协助印刷任何报纸。新加坡报纸出版许可证期限为一年,但可以更新。在新加坡,设立电台和电视台都必须申请经营执照,执照的期限和条件由广播管理局决定,广播管理局的许可证不得转让。

新加坡对网络管理十分重视。相关法规条文规定:互联网服务商每年要到广播管理局注册,一些较为敏感话题的网址(如讨论政治和宗教问题)也必须登记。在互联网上设立电台和电视台,也必须要经广播管理局审批,并统一管理。

### 四、对传播内容的控制

新加坡前总理李光耀曾经说过:"大众传播媒体的效力能左右人们的态度和影响人们的行为。毫无疑问,只要经过一段持续不懈的时间,它便影响到人们的观念与信仰态度,和所信奉的政策与纲领的态度。"[3]在新加坡的历史上,传媒不负责任的报道曾经引起多次暴乱和流血事件。因此,新加坡对传媒传播内容十分关注,如媒介出现了错误,政府会做出迅速而有效的反应。新加坡对新闻传播内容控制得十分严格,如《不良刊物法令》规定,出版物如果描述表达或设计色情、恐怖、犯罪、暴力以及毒品等,政府主管机关可以将这类出版物查禁或销毁;涉及种族和宗教的出版物如果煽动不同种族和宗教团体之间的敌对情绪,也将受到同样对待;进口、出版、销售、提供、展示、发行或复制受禁出版物均属违法行为;无正当理由拥有被禁出版物属违法行为,可被处以2000新元以下的罚款或不超过一年的监禁。

在对网络传播内容控制方面,新加坡动手较早,措施得力。1994年新加坡向公众提供网络服务,并随后颁布了管理法规,并执行严格的网上信息检查制度。这项检查制度规定:

——进入家庭的信息比那些进入工商业的信息要接受更严格的检查。新加坡政府对商业和非商业使用信息做了具体的划分,商业信息应该尽可能自由。

——年轻人调用的信息比成年人使用的信息要接受更严格的检查。

——面向公众的信息要比面向私人的信息接受更严格的检查。面向私人的信息只能被限制在一定程度上。

——对有关艺术和教育方面的信息采取宽松的态度。[4]

## 五、对从业人员的控制

新加坡《报章与印务馆法令》规定,报业公司的董事必须是新加坡公民;在有关委任或开除任何董事或报馆职员的投票表决中,政府可通过选择性地发给某些股东管理股达到对报业集团的控制。《法令》还规定,报纸总编辑人选必须获得新闻及艺术部长批准。实际上,是政府为报业公司选派总编辑。

新加坡报业高层管理人员中,大部分都曾在政府担任过要职。如报业控股前主席林金山就任内阁成员达17年之久,担任过新加坡财政部长等职。前交通部常任秘书陈钦从2002年7月开始担任报业控股集团总裁。另外,陈钦的前任张奕民也出身于政界,曾任交通部常任秘书、国内安全部负责人等职。由此可见,新加坡政府对媒体领导层的控制程度。

另外,新加坡对新闻从业者的具体行为也有很多规定,如任何新闻从业人员若因发表某则新闻或文章,或因对某则新闻或文章采取某种立场而获取来自国外酬金的话,将被处以5万新元以下罚款或3年以下监禁,或者两者并罚。[5]

## 六、小结

以上通过对新加坡传媒控制行为的描述,我们可以概括出这么两个主要特征。

一是坚持"管"与"放"的统一。应该说,新加坡政府与传媒关系的最大特征是管制。而且这种管制十分严格,不亚于任何一个集权主义国家。在新加坡法律很多,大到管国计民生,小到限吃糖吐痰。就传媒而言,就有《报章与印务馆法令》《不良刊物法令》等多项法规,从上面的描述看到,传媒公司在所有权、人事权等各个方面都受到政府的严格控制。但是,在"管"的同时,新加坡政府也关注到了"放"。他们给传媒公司相应的权利和为它们创造一个很好的发展空间,如传媒资本只要不是过于集中,其市场是开放的;政府很少干预传媒公司日常事务等。

二是坚持社会效益与经济效益的统一。新加坡对传媒"严控",完全是出于对社会效益的追求。新加坡是一个文化根底不深的小国家,他们对动乱的承受力十分有限。因而,实现社会安定、形成"统一的价值观"是他们的始终目标。显然,传媒在其中起着十分重要的作用。新加坡在追求"社会效益"的同时,也意识到了传媒经济效益的重要性。新加坡传媒公司是完全的企业,其行为完全按市场规则运作。所以,追求经济效益成为传媒公司最根本的目标。新加坡模式证明,传媒的社会效益与经济效益并非一组对立关系,一方效益的获得并非要以牺牲对方为前提,传媒企业的市场化运作并不影响政府对舆论导向的控制,只要处理得好,两者可以形成一种良性互动,达到双赢。如报业控股集团在《报章与印务馆法令》颁布之后的十几年中,股东资金增加了6.5倍,年净利增加了4倍,股息增加了6倍,集团成为新加坡第六大上市公司,市值达73亿新元,是1989年的4倍多。[6]

新加坡是一个开放的现代化国家,同时又是一个控制严密的国家,正是在这个"严"与"放"之中,形成了新加坡特有的传媒管理模式。新加坡模式,已经得到了包括西方国家在内的世界很多国家的认同和模仿。我国传媒业目前正在进行深层次改革,其中政府与传媒业的关系问题、资本市场问题、社会效益与经济效益关系问题是较为核心的问题。显然,新加坡传媒管理模式对我们有一定的参考价值。

(作者单位:华中科技大学新闻与信息传播学院)

**参考文献:**

[1] 郭振宇:《迈向一个融合的21世纪见》,《第四座桥——跨世纪的文化对话》,新世界出版社1999年版,第242页。

[2][3] 李光耀:《李光耀40年政论选》,新加坡联合早报编,1995年。

[4] 奈特:《internet为我所用——新加坡对internet的管理一瞥》,《中国计算机用户》,1997年第23期。

[5] 新加坡政府网:http//statues.age.gov.sg。

[6] 袁舟:《新加坡如何实行报业改制》,《当代传播》2004年第4期。